Rf se
REVUE FRAN[...]
DE SOCIO-É[...]

Éditorial. De la socio-économie des logiciels à l'analyse de la gratuité dans un système capitaliste. Itinéraires de recherche
François-Xavier Devetter, p. 5

Dossier
Sociologie économique et économie critique. À la recherche du politique, p. 11

Introduction au dossier Sociologie économique et économie critique. À la recherche du politique
Alexandra Bidet, Florence Jany-Catrice, François Vatin, p. 11

Performativité de l'économie ou pouvoir symbolique ?
Bruno Ambroise, p. 19

La « centralité des banques » dans les réseaux d'administrateurs. Les conditions sociales de l'émission monétaire
François-Xavier Dudouet, Éric Grémont, Antoine Vion, p. 37

Variétés de financiarisation et accroissement des inégalités
Olivier Godechot, p. 51

Subordonner le travail ou l'ordonner à un futur commun ? Pour de nouveaux contrats d'engagement dans l'entreprise
Blanche Segrestin, p. 73

Pétrole et lien social. Pour une responsabilité politique de l'entreprise
Cécile Renouard, p. 89

L'Afrique entre « malédiction des ressources » et « émergence » : une bifurcation ?
Géraud Magrin, p. 105

La discrète filière de l'autorickshaw.
Une ethnographie de la mondialisation
Yann Philippe Tastevin, Olivier Pliez, p. 121

La chimie verte, une fausse rupture ?
Les trajectoires de la transition écologique
Martino Nieddu, Franck-Dominique Vivien, p. 139

Produire et vendre du saumon transgénique.
Délimitations et démarcations d'une marchandise
Sandrine Barrey, p. 155

Gouverner par les incitations.
La diffusion d'une logique incitative dans le droit du travail
Olivier Leclerc, Tatiana Sachs, p. 171

L'éthique de la mutualité et l'esprit du capitalisme.
Don et *care* ou les faces cachées de la valeur
Philippe Chanial, p. 187

Comptabilité privée et action publique.
Les transformations de l'État et du capitalisme
Corine Eyraud, p. 201

Défaire l'arbitraire des faits.
De l'art de gouverner (et de résister) par les « données probantes »
Isabelle Bruno, p. 213

L'État de l'utopie. La question de l'État dans les pensées critiques contemporaines
Razmig Keucheyan, p. 229

Revisiter la question de l'État à la lumière de la crise de l'Europe.
État extérieur, situé ou absent
Robert Salais, p. 245

Notes critiques, p. 263

Le néolibéralisme comme objet de recherche : autour de deux livres clefs
Jacques-Olivier Charron, p. 263

Sociologie des marchés : étudier les marchés autrement
Fabien Eloire, p. 267

Des logiques d'action entrepreneuriale aux limites de l'entrepreneuriat : un dictionnaire inachevé
Bernard Convert, Christian Mahieu, p. 273

Comptes rendus d'ouvrages, p. 277

Pierre Alary et Elsa Lafaye de Micheaux (dir.) – ***Capitalismes asiatiques et puissance chinoise : diversité et recomposition des trajectoires nationales***
Clément Séhier, p. 277

Robert Salais – ***Le viol d'Europe : enquête sur la disparition d'une idée***
Michael Zemmour, p. 279

Thomas Reverdy – ***La construction politique du prix de l'énergie : sociologie d'une réforme libérale***
Fabien Eloire, p. 282

Susi Geiger, Debbie Harrison, Hans Kjellberg, Alexandre Mallard – ***Concerned Markets: Economic Ordering for Multiple Values***
Anaïs Daniau, p. 285

Philippe Batifoulier – ***Capital Santé : quand le patient devient client***
Sylvain Vatan, p. 287

Bruno Boidin – ***La santé, bien public mondial ou bien marchand ? Réflexions à partir des expériences africaines***
Philippe Batifoulier, p. 289

Anne Eydoux, Bernard Gomel (dir.) – ***Apprendre (de l'échec) du RSA : la solidarité active en question***
Laura Nirello, p. 291

Annie Jolivet, Anne-Françoise Molinié, Serge Volkoff (dir.) – ***Le travail avant la retraite : emploi, travail et savoirs professionnels des seniors***
Laurence Lizé, p. 293

Sonia Rocha – ***Allocations sociales et pauvreté au Brésil : le bon combat ?***
Paul Cary, p. 298

Jean-Michel Servet – ***La vraie révolution du microcrédit***
Antoine Heemeryck, p. 301

Michel Lallement – ***L'âge du faire : hacking, travail, anarchie***
Lara Alouan, p. 302

Comptes rendus de thèses soutenues, p. 307

Éditorial

François Horn. De la socio-économie des logiciels à l'analyse de la gratuité dans un système capitaliste. Itinéraires de recherche

François-Xavier DEVETTER
Clersé-Université Lille 1, Telecom Lille
francois-xavier.devetter@telecom-lille.fr

Notre ami François Horn nous a quittés le 16 juin 2015. Il était, depuis la fondation de la *Revue française de socio-économie* en 2008, l'un de ses membres les plus actifs. Son parcours de recherche et ses activités universitaires constituent une belle illustration de ce que peut être une démarche socio-économique.

1. Partir d'un objet circonscrit pour ouvrir des questions plus larges dans le cadre d'un parcours cohérent

Son parcours de recherche a débuté au milieu des années 1990, au sein de l'équipe de recherche dirigée par Jean Gadrey sur la socio-économie des services, à partir de l'analyse d'un champ bien spécifique, l'économie des logiciels, qu'il connaissait d'autant plus finement qu'il avait lui-même une formation en informatique. Pour appréhender cet objet, il a, dès le départ, choisi d'en comprendre la complexité en soulignant la diversité des « mondes de production » possibles. Les logiques marchandes ou industrielles classiquement étudiées et convoquées cohabitent avec d'autres modèles de production et d'organisation. Il a montré, avec brio, que les motivations des acteurs étaient loin de se réduire à une rationalité instrumentale, fût-elle complexe. Elles peuvent au contraire relever de logiques plurielles qui expliquent le succès ou l'échec de certaines organisations. C'est la compréhension de ces modèles alternatifs de production et des diverses

DOI: 10.3917/rfse.hs1.0005

rationalités des acteurs qui les sous-tendent, et qui s'écartent ou contournent plus ou moins intentionnellement la logique capitaliste instrumentale, qui a alors constitué le cœur des recherches de François Horn. Ce champ où se confrontent des « entreprises archétypes du capitalisme d'une part et une intense activité désintéressée d'autre part » [Horn, 2014] lui a permis, en mobilisant de multiples outils et méthodes, de faire émerger des questions de recherches bien plus riches : en changeant le travail, en transformant la relation d'emploi, mais également en modifiant la notion même de droits de propriété, ces nouvelles formes de production rejaillissent sur des enjeux sociopolitiques décisifs. Parmi ceux-ci, il a abordé deux interrogations majeures : comment fonctionnent les communautés produisant les logiciels libres ? Comment expliquer l'engagement des individus dans ces activités désintéressées ? C'est ainsi que François Horn a pu questionner et réinterpréter des concepts essentiels comme celui de « gratuité ». Les concepts mobilisés, et notamment l'économie des conventions et la notion de « mondes de production », réinterprétés à partir des travaux fondateurs de Robert Salais et Michael Storper, lui ont également permis de lire différemment les transformations en cours dans d'autres activités de service, comme ceux du *care* ou du *clean* que l'on retrouve dans le champ des services à la personne. La confrontation des apports de l'économie des services avec le cadre théorique de l'économie des conventions a été, sur ces différents thèmes, un ensemble de cadres théoriques hybridés particulièrement féconds.

2. Une grille d'analyse plurielle et fondamentalement socio-économique

Une autre caractéristique des travaux de François Horn est leur ancrage dans des approches profondément socio-économiques, ce qui explique sans doute pourquoi il a accepté dès ses débuts d'accompagner l'aventure de la RFSE. La diversité des rationalités des acteurs et le refus d'analyser les actes désintéressés comme des formes « cachées » d'utilitarisme, l'importance de l'encastrement social des relations économiques, le poids des conflits sociaux et des rapports inégalitaires étaient pour lui autant de problématiques stimulantes et de signifiants de l'insuffisance des seuls outils de l'économie *mainstream* pour saisir les dynamiques du capitalisme contemporain tant au niveau des choix individuels que du fonctionnement global d'un secteur d'activité. La récente crise financière a, elle aussi, mis en évidence les limites, voire l'aveuglement, de ces théories *mainstream*, comme il le rappelait dans un édito de 2010 qu'il avait écrit pour la RFSE : « L'utilisation de modèles de plus en plus sophistiqués, où la fuite en avant dans la virtuosité technique ne suffit pas à masquer la fragilité des hypothèses et de la croyance en leur infaillibilité… jusqu'au dur verdict de la réalité » [Horn, 2010].

La pratique de la pluridisciplinarité n'a jamais été pour lui un « placage » ou un simple ajout instrumenté de méthodes ou de matériaux issus de la sociologie, mais a toujours correspondu à une « hybridation réciproque », pour reprendre ses propres termes. Cette démarche qui s'est progressivement approfondie lui a permis, ainsi qu'à ses coauteurs, de développer des contributions particulièrement originales sur la gratuité à l'ère du numérique ou encore, et avant même l'engouement qu'on lui connaît, sur la notion de biens communs. Enfin, cette « élaboration conjointe » d'une problématique de recherche a récemment abouti à l'articulation « d'un thème traditionnellement étudié par la science économique (la réussite économique d'un produit) et un thème familier de la sociologie (l'analyse d'un projet militant) ».

Le cadre conceptuel construit dans cette contribution [Demazière *et al.*, 2013] est opportun pour analyser des secteurs bien plus divers que ceux que François Horn a eu le temps d'aborder.

L'étude de collectifs – non seulement les communautés de production de logiciels qu'il connaissait sur le bout des doigts, mais également les structures associatives, les coopératives, etc. – reposant sur un « projet » pourrait s'appuyer avec profit sur le cadre théorique élaboré par François et ses coauteurs. Les « projets » concernent les valeurs militantes des communautés, ainsi que les normes de fonctionnement du collectif, les références partagées, etc. ; elles dépendent de la réussite économique d'un « produit », c'est-à-dire les performances, les attributs techniques, mais aussi les modes d'organisation du travail, etc. On le voit, c'est un champ riche en questions qui est ouvert.

3. Garder en tête l'encastrement social et l'utilité sociale de la recherche sans pour autant céder sur les exigences de rigueur

Au-delà des analyses sectorielles qu'il a pu mener, c'est aussi à la compréhension de la dynamique du capitalisme contemporain que s'attachait François Horn. Cette posture se nourrissait aussi de la révolte qui l'animait et de la volonté de dénoncer les ravages sociaux, écologiques et humains d'un modèle économique tout entier devenu néolibéral. L'existence de voies alternatives ou de stratégies de contournement de la relation de travail classique était alors mise en exergue. Ainsi, si François Horn n'a jamais fait la moindre concession à la rigueur scientifique, il s'est toujours attaché à traiter de questions qui sont au cœur des enjeux sociaux, comme les nouveaux modes de propriété et de production ou, plus récemment, les emplois de mauvaise qualité et la compréhension des rapports sociaux et des logiques structurelles qui les génèrent. Les questions traitées n'étaient jamais, avec lui, désincarnées et apparaissaient, au contraire, toujours étudiées en lien avec les acteurs concernés. La recherche devait répondre à une demande sociale et avoir un sens politique. En cela, comme il le rappelait dans son édito de la RFSE en 2010, « le développement des théories critiques, le dialogue entre elles et leurs capacités à formuler des analyses et des propositions concrètes attirant l'attention peuvent contribuer à l'essor de mouvements sociaux critiques de l'ordre existant ».

Ce n'est donc pas un hasard si François était également très engagé professionnellement en faveur du pluralisme, d'abord au CNU (Snesup), mais aussi à l'Association française d'économie politique (AFEP) dont il suivait l'actualité avec passion. Il était aussi un militant politique infatigable, d'abord à la Ligue communiste révolutionnaire puis au Nouveau parti anticapitaliste.

4. Un engagement sur les multiples dimensions du métier universitaire

Ce texte serait très incomplet si nous ne rappelions pas l'investissement de François Horn dans les tâches pédagogiques et administratives. Prendre la direction d'un UFR et s'y consacrer pleinement n'est pas le choix de la facilité. Dans ce domaine aussi, François nous fournit un bel exemple. Et s'il n'a pas cédé aux pressions de certains de ses collègues en laissant de côté le projet d'habilitation à diriger des recherches, il n'en a pas moins joué un rôle fondamental dans le cheminement et l'encadrement de doctorants et d'autres collègues. Il avait un vrai talent pour faire émerger et aider à structurer les réflexions des autres. Sa démarche scientifique était profondément altruiste et désintéressée. C'est peut-être aussi pour cela qu'il avait si bien compris la complexité des motivations individuelles dans des communautés non marchandes.

Références

Demazière D., Horn F., Zune M. (2013), « Concilier projet militant et réussite économique du produit. Le cas des logiciels libres », *Réseaux*, n° 181, p. 25-50.

Horn F. (2010), « Éditorial. La théorie économique dominante, victime collatérale de la crise ?», *Revue française de socio-économie*, n° 6, 2e semestre, p. 3-10.

Horn F. (2014), « Itinéraire d'une recherche d'un économiste avec des sociologues sur un nouvel objet : les logiciels libres », *Revue française de socio-économie*, n° 13, 1er semestre, p. 267-275.

Rappel bibliographique

2014 - « Itinéraire d'une recherche d'un économiste avec des sociologues sur un nouvel objet : les logiciels libres », *Revue française de socio-économie*, n° 13, p. 267-275.

2013 - « Concilier projet militant et réussite économique du produit. Le cas des logiciels libres », *Réseaux*, n° 181/5, p. 25-50 (avec D. Demazière et M. Zune).

2013 - « Can working and employment conditions in the personal services sector be improved ? », *Cambridge Journal of Economics*, vol. 37, n° 2, mars, p. 299-321 (avec F.-X. Devetter et F. Bailly).

2012 - « Services à la personne ou renouveau de l'emploi domestique ? », *L'Homme et la société*, n° 185-186/3, p. 197-221 (avec F.-X. Devetter).

2012 - « Est-il possible d'améliorer les conditions de travail et d'emploi dans le secteur des services à la personne ? Une analyse en termes de mondes de production », *Économies et sociétés, série AB – Socio-économie du travail*, n° 6, p. 1101-1128 (avec F.-X. Devetter et F. Bailly).

2011 - « Interprétations localement différenciées d'une politique nationale : l'exemple des services à la personne », *Revue française des affaires sociales*, n° 4, octobre-décembre, p. 135-158 (avec F.-X. Devetter et F. Jany-Catrice).

2011 - « Pour une socio-économie du numérique », *Revue française de socio-économie*, n° 8, p. 31-38 (avec B. Convert et M. Zune).

2011 - « Logiciel libre : des stratégies de gratuité "à but lucratif" », *Documentaliste Sciences de l'information*, vol. 48, n° 3, septembre.

2011 - « Ethnographie de terrain et relation d'enquête. Observer les "communautés" de logiciels libres », *Sociologie*, 2011, vol. 2, p. 165-183 (avec D. Demazière et M. Zune).

2011 - « Mirage des services à la personne. La malédiction du balai », *Le Monde diplomatique*, n° 690, septembre (avec F.-X. Devetter).

2010 - « Édito. La théorie économique dominante, victime collatérale de la crise ? » *Revue française de socio-économie*, n° 6, p. 3-10.

2009 - « La socialisation dans les "communautés" de développement de logiciels libres », *Sociologie et Sociétés*, vol. XLI, n° 1, p. 217-238 (avec D. Demazière et M. Zune).

2009 - « Les développeurs de logiciels libres : militants, bénévoles ou professionnels ? », in D. Demazière, C. Gadéa (dir.), *La sociologie des groupes professionnels. Acquis récents et nouveaux défis*, La Découverte, Paris, p. 285-295 (avec D. Demazière et M. Zune).

2009 - « Sociabilité et contrôle social dans les collectifs de développement de logiciels libres », in S. Nicourd (dir.), *Le travail militant*, Presses universitaires de Rennes, Rennes, p. 117-126 (avec D. Demazière et M. Zune).

2008 - « Les mondes de la gratuité à l'ère du numérique : une convergence problématique sur les logiciels libres », *Revue française de socio-économie*, n° 1, p. 47-65 (avec D. Demazière et M. Zune).

2007 - « The functioning of a free software community: entanglement of three regulation modes – control, autonomous, and distributed », *Sciences Studies*, vol. 20, n° 2, p. 34-54 (avec D. Demazière et M. Zune).

2007 - « Des relations de travail sans règles ? L'énigme de la production des logiciels libres », *Sociétés contemporaines*, n° 66, p. 101-125 (avec D. Demazière et M. Zune).

2006 - « La dynamique de développement des "communautés" du logiciel libre : conditions d'émergence et régulations des tensions », *Terminal, technologie de l'information, culture et société*, n° 97-98, p. 71-84 (avec D. Demazière et M. Zune).

2004 - *L'économie des logiciels*, La Découverte, coll. « Repères », Paris, 124 p.

Introduction au dossier

Sociologie économique et économie critique : à la recherche du politique

Alexandra BIDET
alexandra.bidet@ens.fr

Florence JANY-CATRICE
florence.jany-catrice@univ-lille1.fr

François VATIN
vatin@u-paris10.fr

1. Introduction

Alors que s'affirme le renouveau d'une sociologie des faits économiques, on observe une insatisfaction croissante à l'égard de l'économie standard, dont le discours est de plus en plus souvent jugé inadéquat au regard des grands défis contemporains. La crise financière mondiale de l'automne 2008, la crise grecque doublée d'une crise de la souveraineté en 2015, les désastres et menaces écologiques en chaîne, mais aussi la montée des inégalités économiques et sociales, sont autant d'épreuves de réalité pour ces édifices intellectuels. Conséquemment, on assiste au retour d'une interrogation classique sur la dimension politique des faits économiques, soit au retour de l'*économie politique* face à la tendance de l'économie standard à naturaliser des « lois » économiques, à universaliser les concepts et à standardiser les méthodes.

Depuis 2004, le groupement de recherche (GDR-CNRS) « Économie & Sociologie » a entrepris de structurer ce champ de recherches dans l'espace français. Un premier bilan a été réalisé en 2009 par la publication, sous la direction de Philippe Steiner et François Vatin, d'un *Traité de sociologie économique*, rassemblant les principaux spécialistes français du domaine [Steiner, Vatin, 2013]. De son côté, la *Revue française de socio-économie* a prolongé cette entreprise, en offrant, deux fois par an, un panorama des recherches en cours dans ce champ. Le GDR comme la RFSE se sont positionnés à distance d'une théorie économique autoréférentielle et close sur elle-même, fondée sur une anthropologie irréaliste et une vision désocialisée des acteurs, peu compatibles avec les acquis des sciences sociales.

Partir, *a contrario*, à la recherche du politique dans l'activité économique suppose de saisir celle-ci dans son fonctionnement concret et son environnement social, de prendre en considération ses structures institutionnelles et ses formes de vie variées. Que l'on nomme cette pratique de

DOI: 10.3917/rfse.hs1.0011

recherche « économie politique institutionnaliste » [Caillé, 2007 ; Convert *et al.*, 2008] ou « sociologie économique », l'idée est bien d'analyser les faits économiques à partir de leurs enjeux sociaux au sens large, historiques, institutionnels et politiques.

En juin 2014, à l'initiative du GDR, et dans le cadre propice du château de Cerisy, un colloque réunissant économistes, politistes, sociologues, mais aussi anthropologues, géographes, gestionnaires, philosophes, juristes et historiens s'est attaché à interroger le caractère politique des faits économiques. Sans évidemment épuiser les questions, ce « Cerisy » a été l'occasion de dresser un nouveau bilan des recherches variées menées en France dans ce domaine. Les débats féconds, favorisés sans doute par l'hébergement de l'événement dans ce lieu bas-normand un peu hors du temps, ont confirmé la nécessité politique et scientifique de la constitution d'un espace intellectuel, résolument interdisciplinaire, compris, non pas comme une instrumentation de l'une des sciences sociales par l'autre, la sociologie servant alors de faire-valoir ou de cas illustratif à la construction théorique de l'économie, mais comme la construction d'un espace propre, où la pratique interdisciplinaire vise l'hybridation réciproque [1].

De toute évidence, les contributions de ce *Hors-série* n'épuiseront pas l'ensemble des questions que réveille (ou éveille) la lecture de l'intitulé du dossier proposé ici, « Sociologie économique et économie critique : à la recherche du politique ». D'autant que la malléabilité du concept de « politique » rend les débats opportuns, tout en les servant par l'ambiguïté du propos. La mondialisation des rapports économiques, processus historique de longue période, mais qui s'est accéléré et institutionnalisé au cours des dernières décennies, est inséparable d'autres dimensions des mutations observables, qu'il s'agisse du statut et du rôle des États, de la gestion des territoires, des transformations du droit, des cadres cognitifs et moraux mêmes des personnes. Le champ de la recherche ainsi ouverte est large, et ses enjeux multiples, scientifiques, mais aussi politiques. Partir à la recherche de la dimension politique des faits économiques, ou construire intellectuellement son retour, c'est tenter d'élaborer de nouvelles médiations entre sens commun et constructions scientifiques, et proposer ainsi des schèmes d'intelligibilité de l'économie, scientifiquement heuristiques, mais également appropriables par les citoyens « ordinaires » dans le débat public. Cette visée emprunte, dans ce dossier, quatre voies : le politique comme pouvoir économique (§ 2) ; le politique comme capacité collective et réflexive à penser le futur (§ 3) ; la mise à l'épreuve des catégories de pensée comme activité politique (§ 4) ; le politique comme renouvellement de la morphologie de l'État (§ 5).

2. Le politique comme pouvoir économique

La dimension politique des faits économiques peut d'abord être recherchée dans la question classique du pouvoir économique. Celui-ci exulte dans le champ de la finance, étudié dans deux contributions de ce *Hors-série*. D'abord explorée du point de vue de la centralité bancaire, envisagée par Dudouet *et al.*, sociologues, comme une domination sociale et économique sur la vie des affaires, la domination de la

[1] *Comme le rappelait récemment François Horn. Voir l'éditorial à propos de notre confrère dans ce même Hors-série de la* Revue française de socio-économie.

finance recouvre une capacité à faire valoir une expertise, un pouvoir d'entregent ou un prestige. Les récentes crises financières pourraient d'ailleurs être, défendent les auteurs, le symptôme d'une perte de ce pouvoir, défendent les auteurs, au profit d'une bureaucratisation de la finance, autre forme dans laquelle, au demeurant, le politique peut s'exprimer. La finance est également explorée par le sociologue Olivier Godechot qui étudie ici son lien avec les inégalités. Il montre que la concomitance des deux progressions tient surtout à la constitution d'une rente sur les marchés financiers. L'appropriation par une minorité de cette rente astronomique interroge, à l'issue de la lecture de l'article, sur le rôle du politique pour échapper à ce cercle vicieux de la domination de la financiarisation, que l'auteur entend ici comme un phénomène d'extension du commerce des titres sur les marchés financiers.

Pour d'autres, dont les tenants de la sociologie de la performativité[2], le pouvoir économique tiendrait, en quelque sorte en amont de ces analyses, dans la « performativité » de la théorie économique elle-même, dans sa capacité à faire advenir ce qu'elle conçoit, et dans le pouvoir normalisateur de cette puissance. On peut alors explorer l'origine et les appuis des relations inégales qu'un tel pouvoir performatif désignerait. Mais n'est-ce pas par abus de langage que l'on accorde, en empruntant ce concept à la linguistique, ce pouvoir performatif à la théorie économique ? Ne faut-il pas trouver d'autres explications à la capacité de domination symbolique qu'exerce depuis deux siècles la pensée économique dans la société occidentale, explications alors euphémisées par cette notion par trop englobante de performativité ? C'est le point de vue soutenu par le philosophe Bruno Ambroise, dans un article intitulé « Performativité de l'économie ou pouvoir symbolique ? ». Cet article peut aussi être lu comme une invitation à réhabiliter le politique comme contrepoint au pouvoir symbolique exercé par une partie importante de la profession des économistes.

3. Le politique comme capacité collective et réflexive à penser le futur

La notion de politique peut être entendue dans un registre plus optimiste, celui de la capacité collective des hommes à penser leur futur. Quels chemins s'offrent-ils à nous ? Quelles bifurcations dans les trajectoires collectives sont-elles pensables ? Peut-on imaginer l'institution entreprise autrement que comme un seul centre de profit, profit qu'il conviendrait de maximiser au bénéfice de ses actionnaires ? Comment les peuples peuvent-ils se saisir des opportunités que leur livre le sol qu'ils habitent ? La mondialisation s'effectue-t-elle seulement « par le haut » ou peut-elle être appropriée par les populations des pays du « Nord » comme du « Sud » désormais interconnectés dans des réseaux denses et complexes ?

Blanche Segrestin, gestionnaire, bouscule les visions ordinaires de l'entreprise dans un article sur « le travail : subordonné ou ordonné vers un futur commun ? ». L'auteure suggère de rompre avec les représentations économicistes du salariat et invite à renouveler la lecture du contrat de travail à partir de contrats d'engagements qui, s'ils étaient appliqués, pourraient ordonner le travail « autour d'un futur désirable », au

[2] *Voir par exemple Muniesa, Callon [2009].*

lieu de le subordonner. Dépasser le pouvoir symbolique de l'expertise économique nécessite, on le voit ici, de réhabiliter la force politique des collectifs, mise au service d'une utopie concrète, esquissée mais encore en devenir. Dans cette veine, la philosophe Cécile Renouard rappelle, à partir de principes éthiques, le rôle et la responsabilité politiques de l'entreprise multinationale. Au nom de la responsabilité sociale des entreprises, les firmes multinationales ont souvent un rôle délétère sur les territoires qu'elles investissent. Pour sortir de ce cercle infernal, en partie forgé par l'artifice visant à autonomiser la sphère économique du politique, Renouard invite, elle aussi, à réhabiliter l'économie politique. Ce n'est qu'à cette condition que la production, la distribution et les échanges de biens et services pourront œuvrer à l'amélioration du lien social. Géraud Magrin, géographe, identifie quant à lui, alors même que le paysage est souvent présenté de manière assombrie, des espaces de bifurcation possibles, comme autant de marges de manœuvre politiques, dans les trajectoires de développement actuellement à l'œuvre en Afrique. Selon lui, les possibilités de bifurcation sont notamment liées aux dynamiques internes, aux luttes et aux résistances des collectifs à venir. Enfin, Yann Philippe Tastevin, anthropologue et Olivier Pliez, géographe, montrent, à partir d'une fine monographie de l'introduction du rickshaw (ou tchouk-tchouk) en Égypte, que les décloisonnements géographiques dans lesquels se réalise le commerce obligent à prendre une distance avec l'histoire post-coloniale. Identifier, dans ces échanges marqués par une « mondialisation par le bas », les pratiques, les lieux, les acteurs, les échelles qui défient « l'establishment économique », permet de réhabiliter ici aussi le politique, non seulement dans un rôle renouvelé des États, mais également dans les espaces collectifs, divers, que se créent les acteurs.

4. Une mise à l'épreuve de nos catégories de pensée comme activité politique

La capacité à déployer une action réellement politique, c'est-à-dire engageant des choix quant aux façons de vivre ensemble, suppose une mise à l'épreuve de nos catégories de pensée et d'action, toujours héritées d'états antérieurs du monde. Quelles catégories faut-il aujourd'hui remettre en question ou inventer pour dessiner des possibles souhaitables ? Comment dire l'homme et la nature ? Suffit-il d'accoler l'adjectif « vert » à la chimie ou à l'énergie pour régler la question écologique ? Le recours croissant au lexique de l'incitation, dans la législation du travail, est-il souhaitable ? L'expérience des mutuelles peut-elle nous aider à rénover nos options économiques ? Ce sont ces questions auxquelles invite la lecture de plusieurs des contributions de ce *Hors-série*. À partir d'une étude de la chimie doublement verte, les économistes Martino Nieddu et Franck-Dominique Vivien étudient les dynamiques d'innovation technologiques, rappelant qu'elles ne peuvent être découplées, dans leur analyse comme dans les pratiques, des mouvements institutionnels et des stratégies d'acteurs. Alors que les principes de la chimie doublement verte ou de la bio-économie annoncent promouvoir des processus « gagnant-gagnant » d'un point de vue économique et écologique, les trajectoires sont *de facto* moins univoques. La surabondance de solutions techniques freine les capacités de l'action collective. Dans tous les cas, les fictionnelles « visions du futur » portées par les acteurs constituent un défi intellectuel et politique majeur et, pour les auteurs, un front de recherche à poursuivre.

Comme si le politique était une manière d'en découdre avec la neutralité axiologique ou l'univocité supposées des choix techniques. Ces questions, qui ne sont pas neuves, se voient aujourd'hui exacerbées dans le contexte des inquiétudes écologiques. Si l'on décèle le politique dans la capacité d'énoncer des options techniques, ou de définir la chimie verte, on le repère aussi dans les opérations de qualification juridique d'entités nouvelles du vivant génétiquement modifié, qu'il faut, un peu comme dans le cas de la finance, réussir à domestiquer pour mettre les produits « sous contrôle », comme l'écrit Sandrine Barrey. Dans un article portant sur la production et la vente du saumon transgénique, la sociologue étudie les opérations de démarcation diverses (légales, bureaucratiques, techniques) qui visent la recherche, la production et la commercialisation de ces nouveaux produits. Barrey souligne aussi le rôle joué par les « contestataires » dans ces délimitations. Ces nouveaux produits apparaissent alors chargés d'une signification proprement politique.

Dire ce qu'il en est – en toute généralité – de la technique ou de l'économie, voire de l'Homme, telle est aussi une prétention de la théorie de la rationalité instrumentale. Deux autres contributions proposent une analyse critique de celle-ci, qui trame encore l'anthropologie sous-jacente à des pans entiers de l'économie et de la sociologie. Le sociologue Philippe Chanial propose ainsi une relecture croisée du *care* et du don pour explorer les valeurs autres qu'économiques produites par l'économie sociale, en l'espèce ici, les mutuelles. Si le don et le *care* sont des excipients indispensables à la production de valeur économique, ils sont bien menacés au sein de ces espaces par l'extension de conceptions réductrices de la valeur. Faire reconnaître la valeur sociale des activités de don et de *care* n'apparaît pas alors seulement, pour Chanial, comme un exercice de pensée, mais comme une exigence politique. Dans ce cas précis, l'éthique mutualiste est convoquée comme le ressort intentionnel de l'engagement et de l'action collectifs.

Dans « Les mutations de l'instrumentation du droit du travail : regard sur les incitations », Olivier Leclerc et Tatiana Sachs, tous deux juristes, proposent une analyse des dispositifs s'appuyant sur des logiques incitatives : en quoi consiste la spécificité de ces dispositifs et que produisent-ils ? Les auteurs soulignent que la *conception* de ces dispositifs repose entièrement sur l'hypothèse que le destinataire de la règle serait exclusivement mû par une rationalité instrumentale. Ces dispositifs légaux participent ainsi d'un processus de dépolitisation de l'espace salarial, orienté par les pouvoirs publics. Cette contribution pourrait ouvrir sur une dernière question délibérément provocatrice : plus généralement que reste-t-il de politique dans le pouvoir étatique ? C'est ce à quoi s'attelle la dernière série de contributions.

5. Le politique comme renouvellement de la morphologie de l'État

Si l'activité politique, entendue au sens large [Bidet *et al.*, 2015] pense, dans le présent, la pluralité des mondes possibles, pour identifier le souhaitable, elle peut aussi nourrir une réflexion renouvelée sur l'État, à l'activité duquel on l'a trop souvent réduite. Que faire, en la matière, de l'héritage intellectuel marxiste ? C'est tout le projet de Razmig Keucheyan, sociologue, qui étudie, à partir de différents auteurs marxistes (Harvey, Arrighi, O'Connor), comment on peut tenter de réarticuler l'État et l'économique. La mondialisation met-elle en péril l'État ? Doit-on se réjouir de son affaiblissement ou, au contraire, faut-il créer les conditions de son renouvellement ? L'Europe est-elle à même de fournir un nouvel horizon collectif ? Les modalités contemporaines d'évaluation de l'action étatique sont-elles ou non porteuses de progrès collectif ? Que penser, en particulier, de l'application à la gestion publique d'une métrologie empruntée à la comptabilité privée ? Comment revivifier le débat démocratique quand le chiffre semble s'imposer par son apparente objectivité ? Ces questions sont pour partie abordées ici par quatre auteurs.

Corine Eyraud, sociologue, propose une analyse globale couplant transformations de l'État et transformation du capitalisme. À partir d'un examen de la diffusion de la comptabilité d'entreprise dans les schèmes publics, elle met en évidence la captation de plus en plus importante de ressources publiques par des intérêts privés. Isabelle Bruno, politiste, réinterroge quant à elle le « gouvernement par les faits » à la lumière de la prolifération de technologies évaluatives qui entendent fournir aux décideurs comme à l'opinion publique des données chiffrées systématiques comme autant de preuves incontestables. À partir d'une perspective foucaldienne, elle souligne la singularité de cette manière d'exercer le pouvoir politique, qui procède par l'administration de « preuves », notamment pour orienter les conduites. Les sources de résistance politique, relevant de logiques comparables, sont aussi explorées. Enfin, Robert Salais, économiste, propose un article théorique, à l'interface des sciences sociales et de la philosophie politique, sur la question des rapports entre État, marché et démocratie. Cet article vient confirmer le retour d'analyses théoriques de l'État, du pouvoir et de la démocratie [3]. À partir de sa fine connaissance de l'Union européenne, et d'une construction intellectuelle héritée de l'économie des conventions dont il est l'un des fondateurs, Salais défend l'idée que seul « l'État situé » est à même de refonder et de développer une Europe démocratique qui saura faire toute sa place à la subsidiarité, donc à la richesse de la diversité.

À la lecture du riche ensemble d'articles réunis dans ce *Hors-série*, dont on n'a présenté ici que quelques clefs de lecture possibles, on se convaincra que, dans l'ensemble de ces questions, les choix collectifs apparaissent toujours en débat par-delà les différentes formes d'expertise et l'apparente autorité du chiffre. En conséquence, le politique s'avère bien une dimension constitutive, et même centrale et décisive, de l'activité économique.

[3] *Par exemple et sans souci ni d'exhaustivité ni d'homogénéité, sur la seule rentrée littéraire de l'automne 2015 : C. Fleury, 2015,* Les irremplaçables, *Gallimard, Paris ; P. Rosanvallon, 2015,* Le bon gouvernement, *Seuil, Paris ; Roland Gori, 2015,* L'individu ingouvernable, *Les Liens qui libèrent, Paris ; E. Morin, 2015,* Penser global, *Robert Laffont, Paris ; E. Maurin, 2015,* La fabrique du conformisme, *Seuil, coll. « La République des idées », Paris ; F. Lordon, 2015,* Imperium. Structures et affects des corps politiques, *La Fabrique, Paris.*

Bibliographie

Bidet A., Boutet M., Chave F., Gayet-Viaud C., Le Méner E. (2015), « Publicité, sollicitation, intervention. Pistes pour une étude pragmatiste de l'expérience citoyenne », *SociologieS* [En ligne], Dossiers, pragmatisme et sciences sociales : explorations, enquêtes, expérimentations, URL : http://sociologies.revues.org/4941.

Caillé A. (2007), « Vers une autre science économique (et donc un autre monde) ? », *Revue du Mauss*, n° 30, p. 5-32.

Convert B., Jany-Catrice F., Sobel R. (2008), « Éditorial. Prouver le mouvement en marchant. Contexte, enjeux et ambitions de la RFSE », *Revue française de socio-économie*, n° 1, 1er semestre, p. 3-7.

Muniesa F., Callon M. (2009), « La performativité des sciences économiques », in Ph. Steiner, F. Vatin (dir.), *Traité de sociologie économique*, Presses universitaires de France, Paris, p. 289-324.

Steiner Ph., Vatin F. (dir.) (2013), *Traité de sociologie économique*, Presses universitaires de France, Paris, 2e édition corrigée et enrichie.

Performativité de l'économie ou pouvoir symbolique ?

Bruno AMBROISE
CNRS, CURAPP-ESS
bruno.ambroise@u-picardie.fr

Une partie de la sociologie économique inspirée de l'anthropologie des sciences et des techniques mobilise le concept de performativité pour identifier les processus par lesquels l'économie comme discipline (ou comme science) produirait le réel qu'elle prétend décrire. Nous revenons sur la définition du concept pour rappeler ce qu'il permet de penser et nous émettons des doutes à l'égard de la pertinence heuristique de son emploi par cette nouvelle approche, qui nous semble notamment oublier les enjeux de pouvoir susceptibles de structurer l'efficacité performative.

Performativy of Economics or Symbolic Power ?

A new trend in economic sociology, based on science and technology studies (STS), uses the concept of "performativity" to identify certain ways in which economics is said to create the economic reality it is supposed to be about. My aim is to clarify what the concept of performativity can really explain. I express doubts concerning the relevance of such an approach, especially because it loses sight of the dimensions of power that structure performative efficiency.

Mots clés : performativité, discours, économie, pouvoir symbolique, réalité économique

Keywords: performativity, language, economics, symbolic power, economy

DOI: 10.3917/rfse.hs1.0019

1. Introduction

Le succès d'un concept philosophique est toujours imprévisible. Mais si l'on en fait l'aune à laquelle on mesure la fécondité de ce concept, alors il n'est pas exagéré de dire que le concept de « performatif », défini par John L. Austin dans les années 1940-1950 [Austin, 1979], puis celui, dérivé, de « performativité » ont été particulièrement fructueux, tant depuis une vingtaine d'années ils ont échappé à la philosophie pour irriguer de multiples champs de recherche, allant de la linguistique[1] – son champ d'application premier – jusqu'aux études de gestion[2], en passant par les études sur le genre[3]. Une des dernières disciplines à avoir investi le concept est la sociologie économique : depuis maintenant une quinzaine d'années, plusieurs publications de ce domaine recourent massivement à la « performativité » pour en faire un usage censé permettre à cette sociologie de saisir certains phénomènes sociaux spécifiquement économiques[4]. Ces études, prenant le plus souvent appui sur l'anthropologie des sciences et des techniques développée par Michel Callon et Bruno Latour [Callon, 1986 ; Latour, 1991], recourent en effet au concept de « performatif » pour comprendre comment certaines théories ou modélisations économiques parviennent à construire le réel qu'elles prétendent décrire, notamment certains marchés financiers. Utilisé ainsi dans une optique résolument constructiviste, ce concept permettrait de comprendre comment l'économie ne se borne pas à décrire le monde économique, mais contribue aussi à le construire. Tel est le principe – et l'enjeu – d'une école qu'on a pu qualifier de « sociologie performativiste » [Brisset, 2014].

L'ambition – limitée – de cette étude sera d'explorer, non pas la validité empirique des recherches menées au sein de cette école, mais l'usage qui est fait du concept de performativité, afin d'examiner si, d'un point de vue épistémologique, il est adéquat aux objectifs poursuivis et correspond à l'ambition explicative qu'il sert. En effet, lorsqu'Austin introduit le concept en philosophie du langage (avant de l'abandonner très rapidement), il a un objectif bien précis : faire exploser de l'intérieur la conception positiviste du langage, selon laquelle les énoncés n'ont de sens véritable qu'à décrire le monde. Le concept de performatif sert alors à identifier des énoncés qui ont un sens en fonction des actions réalisées par le langage lui-même – *et non pas par autre chose*. Bien sûr, le fait que le langage ait pu être le point d'appui de tout un ensemble d'actions subséquentes n'a jamais été un problème pour la philosophie du langage et n'a jamais été nié par quiconque depuis qu'Aristote lui a consacré un traité : la *Rhétorique*, au IVe siècle avant notre ère [Aristote, 2014]. Mais Austin entendait identifier une action *intrinsèque* du langage – faite *en* parlant. Ce point est d'importance, car il conditionne le phénomène recouvert par le concept et, par conséquent, sa capacité explicative. Il s'agira donc ici de voir si les emprunts du concept de performativité opérés par une certaine sociologie économique respectent véritablement le concept, c'est-à-dire l'utilisent pour penser ce qu'il permet de penser, sachant que

[1] *Voir, par exemple, O. Ducrot [1991].*
[2] *Voir les travaux de F. Cooren.*
[3] *Les travaux les plus connus dans ce domaine sont certainement ceux de J. Butler, notamment Butler [1999] et Butler [1993].*
[4] *On peut considérer que le travail fondateur est ici Callon [1998]. Reste que Callon lui-même, quand il emprunte le concept à Austin, le modifie parfois pour le transformer en « performation » ; voir Callon [2007]. Nous verrons que ce changement n'est pas anodin, mais qu'il revient à se faciliter un peu trop la tâche.*

l'appréciation en est d'autant plus compliquée qu'Austin lui-même l'a très rapidement rejeté au motif qu'il reposait sur une dichotomie douteuse [Austin, 1970, p. 124-125].

Précisons-le immédiatement, notre objectif n'est naturellement pas d'empêcher la sociologie, l'économie, ou n'importe quelle autre science humaine ou sociale d'user d'un concept philosophique, pour en faire la chasse gardée du philosophe. Bien au contraire, il nous semble important que les concepts philosophiques puissent irriguer d'autres disciplines et être employés pour penser le monde économique et social. C'est tout leur intérêt : cette irrigation fait précisément la force et la pertinence d'un concept conçu à l'origine par la philosophie. Nous sommes donc tout à fait disposés à ce que les sciences sociales lui empruntent des concepts. Encore faut-il que ces emprunts soient maîtrisés – condition indispensable à leur fécondité heuristique et à la clarté conceptuelle : ce n'est qu'à être claire sur les concepts employés qu'une discipline peut gagner en pouvoir explicatif. Or il n'est pas totalement certain que ce soit le cas en l'espèce.

Non pas, non plus, que nous souhaitions dénier l'importance des travaux réalisés dans le champ de la sociologie « performativiste » : il est tout à fait probable qu'ils mettent au jour des processus intéressants et importants, et que l'économie comme science (*economics*) affecte ou modifie, d'une manière ou d'une autre, son objet, à savoir l'économie comme réalité (*economy*). Mais il n'est simplement pas sûr qu'il s'agisse toujours là d'une quelconque forme de « performativité », et il n'est donc pas sûr que l'usage du concept ne serve pas à travestir d'autres formes d'efficacité, dont la compréhension gagnerait à ce qu'elles soient appelées autrement. Et, réciproquement, il n'est pas sûr que l'usage – même modifié – du concept permette de penser (ou de rendre compte de) ce qu'il est censé identifier selon les tenants de la sociologie performativiste.

Historiquement, en effet, le concept sert à identifier un phénomène particulier, qui n'advient qu'en fonction de conditions assez précises, sur lesquelles il convient d'être au clair avant d'en chercher les manifestations dans les régions parfois les plus surprenantes du monde social. Tout d'abord, il s'agit d'une efficacité *du langage*. En tant que théorie, la science économique est bel et bien exprimée par un langage : c'est un discours théorique ; on peut donc tout à fait se demander si les énoncés de la science économique sont performatifs – c'est-à-dire s'ils créent ce dont ils prétendent parler, à l'image de la promesse, du baptême ou du jugement. En effet, les exemples insignes d'énoncés performatifs repérés par Austin sont des énoncés qui, en disant, font ce qu'ils disent : en promettant, je ne dis pas seulement que je promets, je promets ; en baptisant, je ne dis pas simplement que je baptise, je baptise ; en déclarant l'accusé coupable, je condamne. Ce qui importe ici est que l'énoncé performatif fait quelque chose (généralement ce qu'il dit) *en* disant. Mais est-ce que les énoncés économiques font en disant – au même titre ? Les effets repérés par Michel Callon, Fabian Muniesa et Donald MacKenzie sont-ils accomplis par le langage au sens où celui-ci parvient à faire exister ce à propos de quoi il porte ? Cela n'est pas sûr, comme en témoigne déjà le recours parfois fait au concept éloigné de « performation », qui implique pour sa part la mise en œuvre de techniques et de dispositifs non langagiers[5]. Nous

[5] *Voir Muniesa, Callon [2009].*

considérerons ici que le concept de « performation » ne nous intéresse pas – précisément parce qu'il n'introduit de fait aucune rupture conceptuelle qui serait impensable au moyen du concept de « réalisation » : le fait que des techniques et des dispositifs fassent des choses n'a en effet rien de surprenant. Ce qui nous intéresse, c'est bel et bien la volonté de cette sociologie de recourir au concept de « performatif[6] » pour penser au moins une certaine efficacité du *discours économique* en tant qu'il parle de la réalité économique.

Pour mieux éclairer cet usage, nous commencerons par revenir sur le concept de performatif tel qu'il a été défini par Austin pour mieux saisir ce qu'il permet de penser et quel type d'efficacité il caractérise. Nous verrons comment il se prolonge sous la forme de « l'efficacité illocutoire » qui, tout comme la performativité, a des conditions bien définies de réussite. Nous nous demanderons alors si la théorie financière est performative – et si elle peut l'être – avant de la comparer aux énoncés juridiques qui disposent pour eux d'une autorité symbolique leur permettant précisément d'avoir ce type d'efficacité. Cette comparaison nous amènera à contraster l'approche de la sociologie de la performativité avec la sociologie des biens symboliques d'inspiration bourdieusienne qui, on le verra, pourrait s'avérer plus féconde pour appréhender une éventuelle performativité de l'économie.

2. Qu'est-ce que l'efficacité performative ?

Comprendre ce que le concept de performatif permet de penser impose de revenir sur le geste définitionnel qui l'a circonscrit. Il ne convient bien sûr pas ici d'examiner en détail le développement de la théorie austinienne de l'efficacité du langage, ni les débats compliqués dans lesquels il s'inscrit[7], mais seulement d'éclairer certains points nodaux. Tout d'abord, Austin a construit ce concept dans les années 1940 au cours d'un séminaire commun avec Herbert L. A. Hart sur le droit : il remarque alors que certains énoncés juridiques (les « *operatives* ») ont un statut particulier en ce qu'ils ne décrivent rien, mais participent à l'exécution d'un acte juridique. Cette observation lui permet de contester la thèse alors dominante soutenue par le positivisme logique, selon laquelle seuls les énoncés qui décrivent le monde – et sont donc susceptibles d'être soit vrais soit faux – ont vraiment du sens. En effet, les énoncés juridiques sont parfaitement sensés et pourtant ils ne décrivent rien. Ils ne sont pas ce qu'Austin appelle des énoncés « constatifs ».

Or c'est le cas de toute une constellation d'énoncés qui ne disent rien du monde, mais bien plutôt le modifient : ils *agissent*. Comment Austin met-il au jour cette catégorie d'énoncés ? Il les repère au moyen de leurs échecs : en effet, quand ces énoncés ratent, ils ne ratent pas dans une quelconque fonction représentative – autrement dit, ils *ne sont pas faux* – mais ils sont victimes d'« échecs ». Or un échec est le propre d'une *action* en tant qu'elle est une opération qui vise un but (qu'il soit ou non atteint). Un énoncé constatif est pour sa part soit vrai, soit faux ; il n'échoue pas en tant qu'acte,

[6] Recours au concept qui a fait florès et qui est devenu commun : on parle ainsi désormais des « phénomènes performatifs » repérés par MacKenzie ; voir par exemple l'excellent texte de Godechot [2009], où l'on observera que l'emploi du terme n'apporte strictement rien à l'analyse.
[7] Pour plus de détails, voir B. Ambroise [2008] et Ambroise [2011].

mais seulement en tant que représentation. Austin qualifiera par contraste de « performatifs » ces énoncés qui sont soit ratés, soit réussis, car ils ont précisément le statut d'action (au sens propre [8]). Le concept d'énoncé performatif sert ainsi à identifier tous ces énoncés qui sont susceptibles de rater car ils accomplissent, en eux-mêmes, une action. Comme le dit Austin : ce terme « indique que produire l'énonciation est exécuter une action » [Austin, 1970, p. 42]. C'est le cas, entre autres, de la promesse, du baptême, du pari ou du mariage. Ce que je fais en disant une promesse, cela consiste précisément à promettre et non pas à décrire (de manière vraie ou fausse) quelque chose qui serait déjà là. Au contraire, un énoncé constatif présuppose une réalité préalable qu'il décrit. Mais, justement, il n'y a rien que la promesse puisse décrire préalablement à son effectuation : c'est l'énoncé de la promesse qui semble mettre au jour la promesse elle-même [9]. Il en irait de même avec le mariage, le baptême, etc. Il s'agit là d'énoncés performatifs qui réalisent bel et bien une action, en mettant, semble-t-il, au jour la réalité dont ils parlent.

Cette caractérisation semble particulièrement opérante dans le cas du droit qui, en tant que discours, parvient à faire intervenir dans le réel ce dont il parle. Ainsi, un jugement (par exemple, « la cour déclare l'accusé coupable »), dès lors qu'il est énoncé par un juge dans les bonnes circonstances, va exister comme tel dans le réel : après que le jugement a été rendu, l'accusé est bel et bien « coupable ». Le jugement, en un certain sens, fait exister la culpabilité de l'accusé en la certifiant. En attestant quelque chose, il le met au jour. Il semble alors tentant de généraliser cette capacité performative des énoncés juridiques à d'autres types d'énoncés – et, le cas échéant, à ceux proférés par la théorie économique, qui agiraient comme autant de « verdicts ».

Reste qu'Austin va très rapidement abandonner la distinction entre les énoncés constatifs et les énoncés performatifs, puisqu'il va, pour ainsi dire, généraliser la dimension « performative » à tous les énoncés, en montrant que tous les énoncés font quelque chose. En effet, même un énoncé constatif consiste à faire quelque chose au sens illocutoire : une affirmation, qui n'est pas rien. Autrement dit, dire le vrai (ou le faux) suppose une action réussie : un acte assertif [10].

C'est en raison de cette généralisation qu'on assiste au rejet par Austin de la distinction initiale au profit d'une distinction entre l'acte « locutoire », l'acte « illocutoire » et l'acte « perlocutoire ». Cette tripartition permet selon Austin de caractériser tout énoncé en tant qu'il réussit – c'est-à-dire en tant qu'il parvient à dire quelque chose dans le discours. L'acte locutoire caractérise alors la fonction signifiante d'un énoncé : un énoncé, s'il réussit, veut dire quelque chose. L'acte perlocutoire correspond aux effets qui s'ensuivent de la production d'un énoncé (par exemple, la conviction qu'il emporte, la colère qu'il génère, etc.). C'est l'acte illocutoire qui va nous importer ici, puisqu'il reprend à sa charge la dimension performative, mais généralisée : c'est l'acte fait *en* disant. En disant, par exemple, qu'il pleut à Cerisy, *j'affirme* qu'il pleut – c'est-à-dire réalise, le cas échéant, une assertion réussie si mon énoncé a le statut d'une

[8] Il faudrait revenir sur la qualification d'action ici attribuée aux énoncés. Nous ne le ferons pas ici ; voir encore B. Ambroise [2008].

[9] Sachant qu'il faut s'entendre sur ce qu'on entend ici par « réalité ».

[10] Ce qui n'est pas réduire la vérité à une réussite pragmatique ; nous y reviendrons.

assertion susceptible d'être évaluée comme vraie ou fausse (ce qui n'est pas le cas si, par exemple, je parle de Cerisy alors que je ne connais rien de Cerisy). De la même façon que, en disant que je promets de faire la vaisselle ce soir, je promets de faire la vaisselle ce soir et par là réalise, le cas échéant, une promesse susceptible d'être sincère ou pas (ce qui n'est pas le cas si, de toute façon, je viens de casser toute la vaisselle). On trouve bien dans tous ces cas des actes réalisés, qui sont susceptibles d'être évalués selon certaines dimensions.

Or cette généralisation, qui pourrait sembler aller dans le sens de la sociologie « peformativiste » en sous-entendant que tout discours, y compris le discours économique, réalise une action, invite toutefois à reconsidérer la réalité de l'acte réalisé : qu'est-ce qui est réalisé au travers de l'action illocutoire (ou performative, si l'on veut conserver le terme initial) [11] ? Si l'on admet qu'une action se caractérise notamment par un changement du monde qu'elle opère, qu'est-ce qui est changé par un énoncé performatif ou par un acte illocutoire ? Répondre à cette question nécessite de passer par l'examen des conditions de réussite de ces énoncés.

3. Les conditions de réussite des énoncés performatifs ou de l'acte illocutoire

Bien sûr, tous les énoncés ne réussissent pas à faire quelque chose *du simple fait* de leur énonciation. Il ne suffit précisément pas de dire que je promets pour promettre, de la même façon que quiconque ne parviendra pas à marier ou à baptiser. Dans son explication de l'efficacité prêtée à la parole, Austin va mettre au jour des conditions – des conditions de « félicité » par opposition aux « conditions de vérité » – qui permettent aux énoncés d'être performatifs ou encore d'avoir une « force illocutoire ».

> « (*A.1*) Il doit exister une procédure conventionnelle, reconnue et acceptée, qui a un certain effet conventionnel, et qui doit comprendre l'énonciation de certains mots par certaines personnes dans certaines circonstances.
>
> (*A.2*) il faut que, dans chaque cas, les personnes et les circonstances particulières soient celles qui conviennent pour qu'on puisse invoquer la procédure en question.
>
> (*B.1*) la procédure doit être exécutée par tous les participants, à la fois correctement et (*B.2*) intégralement.
>
> (*Γ.1*) lorsque la procédure – comme il arrive souvent – suppose chez ceux qui recourent à elle certaines pensées ou certains sentiments, lorsqu'elle doit provoquer par la suite un certain comportement de la part de l'un ou de l'autre des participants, il faut que la personne qui prend part à la procédure (et par là l'invoque) ait, en fait, ces pensées ou sentiments, et que les participants aient l'intention d'adopter le comportement impliqué. De plus,
>
> (*Γ.2*) ils doivent se comporter ainsi, en fait, par la suite. » [Austin, 1970, p. 49]

[11] Lequel a toutefois perdu de son sens en ce qu'il était initialement défini par un contraste avec les énoncés constatifs, qui n'a plus de pertinence.

Autrement dit, un énoncé n'a d'efficacité performative (ou illocutoire) que s'il lui correspond une procédure conventionnellement définie qui détermine ce qu'il faut faire, et dans quelles circonstances. Cette efficacité se caractérise elle-même par l'obtention de certains effets, accompagnés de certains sentiments, comportements, etc., de la part des personnes mises en relation par cet énoncé. On assiste donc bien chez Austin à une conception profondément conventionnelle de l'efficacité performative, qui fait dépendre celle-ci de la bonne effectuation, réglée, de certaines procédures dans certains contextes appropriés. Ainsi, il faut non seulement être la bonne personne pour baptiser (par exemple, être un prêtre reconnu par l'Église catholique), mais aussi le faire dans certaines circonstances (peut-on baptiser un pingouin ?, demande Austin), de manière complète avec tous les codes appropriés, et avoir certains comportements et manières de pensée appropriés (le prêtre ne peut pas être nu, injurier tous les convives et croire que le futur baptisé est le diable lui-même). C'est le rôle des conventions que de fixer cette procédure et les circonstances dans lesquelles elle est susceptible d'être correctement utilisée [12].

Or cette définition conventionnelle de l'efficacité illocutoire a des conséquences 1) quant à l'effet obtenu, 2) quant à l'obtention de l'effet.

> « […] cet acte illocutoire […] est lié en divers sens à la production d'effets :
>
> 1) Un acte illocutoire n'aura pas été effectué avec bonheur, ou avec succès, si un certain effet n'aura pas été produit. Cela ne signifie pas pour autant que l'acte illocutoire soit lui-même la production d'un certain effet. Simplement, on ne peut pas dire que j'ai averti un auditoire s'il n'a pas entendu ce que j'ai dit ou ne l'a pas pris en un certain sens. Un effet doit être produit sur l'auditoire pour qu'un acte illocutoire puisse être exécuté. […] L'effet consiste généralement à provoquer la compréhension de la signification et de la valeur de la locution. […]
>
> 2) Il ne faut pas confondre la façon dont l'acte illocutoire "prend effet" avec la production de conséquences, au sens d'entraîner de façon "normale" tel ou tel état de choses, c'est-à-dire au sens d'un changement dans le cours habituel des événements. Ainsi, "Je baptise ce bateau le *Queen Elizabeth*" a pour effet de nommer ou de baptiser ce bateau. […]
>
> 3) Nous avons dit que nombre d'actes illocutoires appelaient par convention une "réponse" ou une suite […] » [Austin, 1970, p. 124-125 – trad. modifiée].

On le comprend, l'effet obtenu tient à une transformation immédiate, qui ne se confond pas avec les simples conséquences de l'acte (renvoyées par Austin à l'acte perlocutoire). Cet effet se manifeste notamment dans la façon dont l'auditoire comprend ce que j'ai dit. En réalité, cet effet réside *dans la qualification nouvelle donnée par l'auditoire à ce qui est produit*. Une nouvelle caractérisation de l'échange discursif intervient en effet suite à l'acte performatif/illocutoire : cet énoncé est pris *comme* promesse, ou *comme* baptême, ou *comme* assertion (selon les circonstances, les

[12] *Un autre problème est celui de savoir ce qu'Austin veut dire exactement par « conventionnel » : il ne l'a jamais explicité, mais rien n'indique qu'il souscrivait à une conception individualiste de la convention, qui ferait naître celle-ci d'un contrat.*

personnes, etc.). Autrement dit, ce qui est dit gagne un nouveau *statut*[13]. Cela tient précisément à la définition conventionnelle de l'acte illocutoire, qui met en jeu un élément essentiel dans la réussite de l'acte :

> 1) Un acte illocutoire […] consiste généralement à provoquer la compréhension de la signification et de la force de la locution. L'exécution d'un acte illocutoire inclut donc l'obtention de sa bonne compréhension et de sa reprise (*securing uptake*). [Austin, 1970, p. 125 – trad. modifiée]

En effet, pour advenir, un acte illocutoire doit être reconnu comme tel par la communauté de locuteurs à laquelle il s'adresse, ce qui en retour le dote d'un certain statut venant modifier l'état du monde. Mais, et cela importe de manière décisive, cette modification, on le comprend, peut être qualifiée d'ordre « symbolique » (l'effet produit a lieu dans un ordre qu'on peut qualifier de symbolique) : il s'agit d'une modification qui tient à la reconnaissance accordée par les locuteurs à certains énoncés, selon le respect d'une procédure, conventionnellement définie, etc. Il y a bien sûr tout un jeu possible entre les situations d'énonciation, les contextes de reconnaissance, les procédures mises en œuvre, etc., que l'on peut étudier. Pour le dire autrement, il est vain de vouloir trouver une capacité de modification matérielle dans l'efficacité illocutoire ou performative. (Ce serait supposer que l'on peut modifier le réel matériel par le simple mouvement d'une volonté ou décision commune.)

On peut alors suivre une proposition d'A. Reinach [1913], reprise ensuite par M. Sbisà [Sbisà, 1984 ; 1989], et considérer que la seule chose que modifie l'acte de parole, c'est la modalité déontique des relations entre les locuteurs et les interlocuteurs : un acte illocutoire/performatif mettrait bien au jour quelque chose de nouveau, à savoir *des droits, des attentes et des obligations nouveaux* (conventionnellement mis en place). Tel est le cas des promesses, des baptêmes et de tous les exemples d'énoncés clairement performatifs[14]. On peut produire le même type d'analyse pour des énoncés descriptifs[15]. On peut donc reprendre l'analyse reinachienne des obligations générées dans l'interaction interpersonnelle en considérant qu'elles sont des produits dotés d'une existence propre. On peut ainsi admettre que le propre des actes de parole est d'avoir pour effet des modifications de type juridique dans le monde, c'est-à-dire des devoirs et des obligations nouvelles, sans faire de celles-ci autre chose que des *modalités relationnelles entre les agents engagés dans l'interaction discursive*.

Il s'agit ainsi de considérer que les droits et obligations nouveaux, qui sont le type d'« états » créés par les actes performatifs, n'existent qu'en tant que, dans une relation d'interlocution donnant lieu à un acte de parole, le locuteur s'engage vis-à-vis de l'interlocuteur à faire ce qui est demandé par la définition conventionnelle de l'acte de parole réalisé. L'état créé se ramène alors à une modification de la relation entre le locuteur et l'interlocuteur, qui prend une modalité déontique particulière, toujours en fonction de certaines conventions et sous certaines conditions.

[13] *Pour une analyse inspirée d'Austin sur ce point, mais qui s'en éloigne, voir Searle [1998].*

[14] *Il est à noter que, selon Reinach, il ne peut pas s'agir de réalités psychiques ou mentales, car elles n'auraient pas l'objectivité suffisante, contrairement à ce que pourrait admettre Searle. Voir Searle [1998] et notre étude Ambroise [2005].*

[15] *Voir Sbisà [1984].*

C'est dire qu'un acte performatif, quand il réussit, consiste essentiellement à introduire conventionnellement dans le monde une nouvelle *normativité*. Qu'en est-il maintenant pour l'économie ?

4. La théorie économique ou financière est-elle performative – et peut-elle l'être ?

Tout d'abord, rappelons que ce qui nous importe ici, c'est l'économie en tant que discours et non en tant qu'ensemble de techniques ou de mises au point théoriques de techniques (modes de calculs, etc.). Dans le cas de l'économie comme ensemble de techniques, il n'y aurait pas de difficulté à penser son efficacité (puisque ce qui définit une technique est précisément d'agir sur le monde) ; dans le cas où l'économie est entendue comme la mise au point de techniques de calcul, son efficacité n'est pas non plus difficile à penser, même si elle passe par des médiations : c'est ce qu'on appelle l'application de la théorie – d'une certaine façon, il s'agirait là des effets perlocutoires identifiés par Austin.

Or ce sont aussi les effets directs de l'économie en tant que discours ou théorie qu'a voulu d'abord saisir Callon à l'aide du concept de performativité, comme l'indiquent les passages suivants :

> « Ma thèse est que les sciences de la vie et les sciences naturelles, tout autant que les sciences sociales, contribuent à la mise en place [*enacting*] de la réalité qu'elles décrivent (Law and Urry 2004). Le concept de performativité nous permet de sortir de cet apparent paradoxe. » [Callon, 2007, p. 315]

> « Comment un discours peut-il être à la fois en dehors de la réalité qu'il décrit et participer à la construction de cette réalité en agissant sur elle comme un objet ? À cette question paradoxale, le concept de performativité fournit une réponse convaincante et générale. » [Callon, 2007, p. 316]

> « L'idée est d'établir la mesure dans laquelle le concept de performativité, qui implique que tout discours agit sur son objet [*sic*], s'applique à la science en général et à l'économie en particulier. » [Callon, 2007, p. 316]

Dans des formulations plus récentes et d'ambition plus générale, Callon et Muniesa disent :

> « La notion de "performativité" empruntée à la pragmatique du langage, met en évidence le fait que les sciences en général, sociales en particulier et économiques dans le cas examiné dans ce chapitre, ne se limitent pas à représenter le monde : elles le réalisent, le provoquent, le constituent aussi, du moins dans une certaine mesure et sous certaines conditions. En linguistique, on dit d'un énoncé qu'il est performatif quand il instaure ce dont il parle. [...] Étendue et adaptée aux sciences, cette intuition permet de qualifier les situations dans lesquelles l'objet sur lequel porte un travail scientifique n'est pas simplement constaté ou décrit, mais modifié, voire appelé à exister. » [Muniesa, Callon, 2009, p. 289]

> « La question des théories économiques et de leur portée performative ne doit pas [...] être laissée dans l'ombre. [...] Il arrive que le savoir académique produise

simultanément des corps de doctrine et les mondes, notamment inscrits dans les périmètres universitaires, dans lesquels ces corps peuvent avoir raison. Mais il arrive aussi que les doctrines sortent des facultés et de leurs centres de recherche, pour constituer, ailleurs et avec d'autres, des milieux qui leur soient favorables. » [Muniesa, Callon, 2009, p. 297]

Il est clair que l'ambition exprimée ici consiste à utiliser le concept de performativité pour comprendre comment la science constitue, au moins en partie, son objet. Précisons immédiatement que le sens donné ici par Callon et Muniesa à « constituer » n'entend pas équivaloir à la simple construction des hypothèses explicatives ou à la perspective prise sur l'objet – thème bien connu de l'épistémologie française, qui n'a jamais remis en cause une quelconque forme de « réalisme scientifique » et une distinction ontologique claire entre la théorie et l'objet qu'elle étudie. Or, ici, « constituer » est bien employé comme synonyme de « appeler à exister » ou de « provoquer », pour reprendre un verbe employé plus récemment par Muniesa [Muniesa, 2014]. En ce sens, l'usage du concept de performatif s'avérerait exact, puisque ce concept sert bien à identifier ce genre de processus : en promettant, par exemple, j'amène à l'existence une promesse, je la crée.

Il convient tout d'abord de mettre en garde contre une première confusion, selon laquelle la performativité permettrait de voir « la vérité comme une réussite » [Callon, 2007, p. 306], et qui assimile ainsi la performativité au fait de « rendre vrai ». On aura compris que ce n'est précisément pas le cas : la vérité est une dimension d'évaluation possible de la réussite de certains énoncés – qui ne sont précisément pas « performatifs » pour Austin, mais « constatifs », et ont à ce titre des conditions de félicité différentes. Les énoncés dotés de performativité n'ont précisément rien à voir avec les énoncés susceptibles d'être vrais. Certes, lorsqu'il généralise la dimension illocutoire, Austin en vient également à qualifier les assertions d'actes illocutoires, mais précisément au sens où leur dimension illocutoire spécifique est celle de l'assertion (avec des conditions de félicité spécifique), et pas autre chose. Par conséquent, le concept de performativité n'a précisément rien à voir avec celui de vérité. Dès lors, cela n'a pas de sens de dire qu'un énoncé performatif rend « une théorie plus vraie en la réalisant » – tout au plus la réalise-t-elle et, le cas échéant, on pourra rétrospectivement considérer que la théorie est vraie. Mais il ne s'agira pas du même acte de langage : à un énoncé performatif réalisant quelque chose peut succéder un énoncé constatif constatant l'éventuelle validité de la théorie réalisant la chose. Il ne s'agit pas du même niveau de discours. Autrement dit, on ne gagne rien à confondre « performativité » et « vérité », alors que le concept intervient dans une autre dimension d'analyse [16].

Reste que l'enjeu véritable est de savoir si la théorie économique réalise « performativement » ce dont elle parle. Dans leur article de 2009, Muniesa et Callon avancent plusieurs exemples qui iraient dans le sens de cette idée, précisant bien que la réalisation ne concerne pas seulement les croyances des individus – ce qu'ils appellent la « performation psychogène », qui ne serait qu'un cas possible d'influence [Muniesa, Callon, 2009, p. 298-299] (et dont l'enjeu est pourtant central, comme on le verra

[16] *Sur ce point, voir la critique vigoureuse de D. Bloor [1999].*

plus tard). Selon eux, la modification opérée dans ces cas concerne bien également la *réalité* décrite : il s'agit de « situations dans lesquelles les sciences économiques performeraient "seules" et par leur propre force la réalité qu'elles décrivent » [Muniesa, Callon, 2009, p. 299]. Sans revenir en détail sur ces exemples [17], il nous faut les évoquer pour comprendre qu'en réalité, quasiment aucun des cas examinés n'est un cas d'action performative au sens propre – d'où peut-être le recours à la notion ambiguë de « performation » au cours du texte, comme si les deux termes étaient tenus pour équivalents par les auteurs (qui s'en défendent pourtant).

1) Un premier cas avancé est celui du « processus de mise en marché des quotas de pêche ». Il s'agit de l'établissement de quotas de pêche en Scandinavie, qui correspond à une extension de la mise sur le marché d'éléments naturels, dans un but écologique. Or, soutiennent les auteurs, « les systèmes de quotas individuels négociables apparaissent comme des construits caractéristiques, voire emblématiques, d'un raisonnement économique de type néoclassique : c'est en rendant marchandes les choses que les agents économiques deviennent raisonnables et arrêtent de les gaspiller » [Muniesa, Callon, 2009, p. 304]. Autrement dit, la construction d'hypothèses théoriques conduirait ici à la réalisation du modèle dans la réalité. Or ce processus, tout à fait remarquable, peut bien avoir « les différentes composantes de toute performation économique » [Muniesa, Callon, 2009, p. 306], il ne correspond en rien à une action performative, où la parole fait naître ce dont elle parle. Il s'agit tout au plus de la transformation du monde économique par des dispositifs qui n'ont rien de langagier ou théorique : comme le soulignent les auteurs eux-mêmes, la réalité est ici modifiée par des lois, des négociations, des dispositifs sociotechniques, etc., c'est-à-dire par tout un ensemble de médiations qui provoquent certaines modifications du réel.

Dans ce cas, l'efficacité proprement linguistique se situe à la rigueur dans le moment où tous les acteurs deviennent convaincus de la validité du modèle, donc en amont des processus de performation. Ce phénomène permettrait certes de retenir l'hypothèse selon laquelle « sans la mobilisation des modèles économiques, l'instauration de marchés aurait été proprement impensable » [Muniesa, Callon, 2009, p. 306]. Mais ce processus de légitimation des croyances nécessite alors plutôt de faire appel à une forme d'explication en termes d'autorité des agents produisant le discours économique – cette autorité qu'on pourrait, en suivant Bourdieu [2002], qualifier de « symbolique » et qui réussirait à faire en sorte que les agents économiques reconnaissent la validité de la théorie économique proposée. On pourrait alors bien y trouver une forme de « définition performative » du comportement économique légitime [18] – mais ce n'est précisément pas ce que prétendent y trouver Muniesa et Callon, ni ce qui les intéresse.

[17] *L'autre exemple classique et censément plus probant est donné par MacKenzie dans son étude de la construction des marchés dérivés par la théorie financière. Autrement plus complexe, cette étude a néanmoins été critiquée par Brisset [2016]. Reste en effet que, même dans ce cas, l'efficacité dont il est question est bien celle d'une mise en œuvre de certains comportements suite à la compréhension d'une certaine théorie : il y a donc bien réalisation, autoréalisatrice, si l'on veut, d'une théorie ; mais cette réalisation dépend de la plasticité du monde social, capable de se modifier en fonction du comportement de ses agents, mais pas d'une réalisation performative d'un discours qui agirait sur le réel.*

[18] *Sur la reprise, par Bourdieu, des analyses d'Austin sur la performativité, voir Ambroise [2012].*

2) Le deuxième cas est celui des instruments pédagogiques mis en œuvre dans l'industrie de l'éducation entrepreneuriale :

> « Les instruments pédagogiques mis en œuvre dans l'industrie de l'éducation entrepreneuriale (tels que le système des "cas" développé par la Harvard Business School) ont une dimension performative dans le sens où ils véhiculent, grâce à un agencement narratif particulier, des manières de faire susceptibles d'être reprises par des diplômés ayant acquis des responsabilités importantes au sein de grandes entreprises. » [Muniesa, Callon, 1999, p. 307]

L'idée est donc que les acteurs économiques en viennent à être formés, dans leurs croyances et leurs pratiques, par des écoles qui fondent l'éducation qu'elles délivrent sur certains principes et modèles d'actions économiques. Nul ne songe à discuter cette idée, probablement tout à fait exacte et judicieuse. Mais, là encore, on ne voit pas en quoi les apprentissages mentionnés auraient « une dimension performative ». Comme tout apprentissage, ils ont certes une dimension pédagogique ; mais en tant qu'outils (« instruments »), la performativité n'est pas une qualité qu'ils peuvent détenir : ils ont pour vocation d'apprendre et donc de *convaincre*. Lorsqu'il s'agit d'apprentissages réalisés au moyen de la parole – et non pas par la simple inculcation corporelle de principes d'action et de réaction, qui se passe de l'intervention du discours –, nous avons affaire à de parfaits exemples d'actes perlocutoires dans les termes d'Austin, c'est-à-dire d'effets produits consécutivement à la parole, dépendant de la bonne volonté des agents concernés et de la compréhension qu'ils ont des enseignements. Mais l'enseignement ne produit pas ce qu'il enseigne : un enseignement peut tout à fait inculquer des modèles de raisonnement qui vont se traduire dans le réel par certains effets, ceux-ci ne sont pas produits par l'enseignement en tant que discours, mais en tant qu'il forme des individus qui font le choix de le mettre en œuvre. Et l'on pourra même suspecter qu'une (bonne) partie des enseignements peuvent être mis en œuvre précisément parce qu'ils s'appuient sur des théories vraies (et non pas parce qu'ils rendent les théories « plus vraies »).

Dès lors, si l'explication proposée permet bien de comprendre comment les modèles des économistes ont pesé sur les choix réalisés dans le monde occidental au début des années 1960 [Muniesa, Callon, 1999, p. 309], on ne voit pas en quoi cela n'est pas le résultat d'un « simple » processus de conviction, d'adhésion (et éventuellement de procédés plus ou moins retors), plutôt que l'effet d'une quelconque forme de performativité.

3) Le troisième cas mentionné, sur lequel on passera rapidement, est celui de préconisations qui ont l'effet… de préconisations ! Il s'agit de cas où des disciplines « produisent des dispositifs, mais également des résultats et des préconisations que leurs promoteurs présentent comme une aide à la rationalisation des systèmes d'allocation marchande » [Muniesa, Callon, 1999, p. 309]. Ces disciplines ont donc pour but avoué de modifier le monde économique réel. Cette fois, on trouve bien une forme d'efficacité illocutoire, en tant qu'un des moyens utilisés par ces disciplines est le conseil, qui est un acte illocutoire spécifique : conseiller, c'est inciter à agir d'une certaine façon ou à produire certaines choses, en valorisant l'effet recherché. L'effet illocutoire est alors l'incitation produite. Mais la réalité conseillée n'est pas produite par le conseil

(ou la préconisation) lui-même : elle découle éventuellement, si on le suit, ce qui là encore relève de la bonne volonté des acteurs, des dispositifs matériels qu'ils mettent en œuvre, etc. Il faut là encore dissocier ce qui relève de l'ordre illocutoire – l'incitation produite par le conseil, qui est d'ordre symbolique – et ce qui relève de l'ordre perlocutoire – les éventuels effets dans le réel socio-économique produits suite au désir de se conformer à l'incitation. Mais les effets socio-économiques envisagés ne sont nullement produits de manière illocutoire par ce qui est dit.

4) Le dernier cas avancé, celui des économies nationales et notamment de l'économie égyptienne, est le plus complexe et le plus probant. L'idée est en effet que « le programme de la performativité apporte un nouvel éclairage [...], en soulignant le rôle qu'ont joué et que continuent à jouer au moins dans certains cas les savoirs économiques et les instruments économiques dans la constitution, puis la gestion politique de ces réalités qu'on appelle économies nationales » [Muniesa, Callon, 1999, p. 313]. Or la réalité « économie nationale » semble bien dépendre, pour être constituée comme telle, d'instruments de calcul et de mesure qui servent à faire advenir cette réalité : elle est produite du fait même d'être calculée. Reste que, là encore, les instruments de calcul enregistrent (ou pas) des mouvements réels. À supposer que l'on voie de l'efficacité illocutoire ici, alors elle concerne le « concept » de l'économie nationale, qui permet ensuite de l'identifier. Dans ce cas, l'exemple serait un cas probant d'efficacité performative : une certaine théorisation économique produit la réalité économique qu'il entend décrire – mais il s'agit d'une création symbolique, en ce sens que la réalité « économie nationale » dépend autant, pour son existence, de sa définition que des mouvements socio-économiques que celle-ci circonscrit. Cela suppose alors que la théorie économique réussisse à imposer la *définition* de la réalité considérée. Il s'agit d'un cas de définition performative, qui crée non pas les mouvements socio-économiques mesurés, mais le cadre symbolique – le concept – qui unifie l'ensemble des mouvements mesurés en une réalité conventionnelle.

On trouve donc peut-être un cas relativement probant de réalisation performative dans les exemples donnés. Mais il n'est pas certain qu'il soit le paradigme de l'efficacité que voulaient identifier Callon et Muniesa à l'aide du concept, puisque la réalisation qu'il opère concerne uniquement une réalité de type symbolique (ou « conceptuelle »)[19].

Dès lors, si l'on synthétise notre propos, que voudrait dire que l'économie comme théorie est performative ? Cela supposerait (au moins) quatre choses :

1. qu'elle fait – immédiatement ou directement – advenir ce qu'elle dit *en* le disant ;
2. que, par conséquent, il existerait une convention qui lui a donné cet usage (quel que soit le statut de cette convention : implicite, rituel, explicite) ;
3. que les agents appliquant cette convention reconnaissent la validité de cet usage du discours économique pour faire advenir ce qu'il décrit ;
4. que ce qui advient relève alors (nécessairement) de l'ordre symbolique produit de cette reconnaissance commune et qu'il soit d'ordre normatif comme noté auparavant.

[19] *Ce qui n'est toutefois pas rien.*

La réunion de ces quatre conditions n'est certainement pas impossible par principe : rien n'empêche a priori que le discours économique puisse avoir cet usage. Mais à quoi correspondrait-il alors ? En fait, il faudrait alors que le discours économique se donne comme légitime et produise de ce fait la représentation légitime de l'ordre économique. Dans ce cas, ce qui est produit est d'ordre représentationnel et normatif, et détermine bien ensuite les agents à produire cette réalité (dès lors qu'ils accordent une légitimité à ce discours). Or c'est précisément ce que Bourdieu a appelé, en travaillant à partir d'Austin, une « définition performative » [Bourdieu, 2001] : un discours définit la réalité de telle manière qu'il incite les agents à agir en fonction de cette définition pour la réaliser. Mais ce qui est réalisé par le discours est bel et bien d'ordre représentationnel ou symbolique, et suppose une forme d'autorité qui lui permet de l'accomplir en étant reconnu comme légitime pour le faire [Ambroise, 2011b].

C'est pourquoi, pour bien comprendre ce point, il peut être utile de comparer le discours économique avec le discours du droit, qui a effectivement des effets performatifs immédiats, notamment parce qu'il est soutenu par l'institution qui lui donne une force ou une efficacité immédiates – et non pas transitives (il ne s'agit pas seulement de « faire faire [20] »). Le droit (dans son aspect législatif et judicatif) est bel est bien un exemple de discours performatif au sens où, par le discours, il dit ce qui est : il fait advenir, en disant, ce qu'il dit être. « Le prévenu est jugé coupable », « Il est interdit de fumer dans les lieux publics », etc., sont des cas clairs d'institutions [21]. Y a-t-il un énoncé doté d'un effet similaire en théorie économique ou financière ? Ce ne serait possible que si le marché existait du simple fait de dire ce qu'il est.

Dès lors, si par « marché » on entend quelque chose qui n'est jamais qu'une construction dépendant de la représentation des acteurs, en ce sens, la théorie est susceptible de faire advenir ce dont elle parle [22]. Mais cela suppose alors de comprendre le « marché » d'une certaine façon, par exemple comme le fait F. Lebaron en considérant le marché comme ordre symbolique marchand, c'est-à-dire comme « l'ensemble des processus indissociablement sociaux et cognitifs qui permettent au marché d'exister à la fois comme référence mentale et comme espace d'action pour les agents sociaux » [Lebaron, 2009, p. 255].

Comment dès lors la théorie économique peut-elle produire le « marché » ainsi compris ? Uniquement si elle parvient à se faire valoir comme juste ou adéquate dans les esprits de tous les gens concernés. Autrement dit, il y a des conditions – qui ne sont pas seulement techniques et matérielles, mais aussi sociales et politiques – pour cette bonne réalisation [23]. Il faut que cette théorie ait l'autorité pour se faire valoir – et, si l'on veut, pour être mise en œuvre, en place, performée. Il faudrait alors peut-être plutôt mobiliser les analyses de Bourdieu sur l'autorité symbolique et les conditions

[20] *Voir, là encore, l'analyse de Brisset [2014].*

[21] *Pour une analyse de l'efficacité du droit en termes de performativité, voir l'étude classique du collègue d'Austin, Hart [1961].*

[22] *Mais peut-on encore parler de théorie scientifique ? Ce n'est pas sûr, car son usage ne serait plus seulement « scientifique », c'est-à-dire observationnel – mais cette indistinction est précisément ce que revendique la sociologie des sciences et des techniques défendue par Callon et Latour.*

[23] *On peut renvoyer ici aux analyses de Lebaron [2009] et de Godechot [2009] qui insistent sur toutes les opérations juridiques et institutionnelles prévalant à la mise en place des marchés financiers.*

permettant à un énoncé d'avoir cette autorité symbolique. Ce serait à une compréhension *politique* des effets produits par le discours économique que l'on serait reconduit, en ce qu'elle devrait expliciter les ressorts de cette efficacité du discours économique [24] qui peut faire prendre pour légitime (et seule légitime) la représentation du monde économique qu'il propose.

5. Conclusion

L'enjeu de cette étude était de rappeler que, si le langage économique a une efficacité de type performatif, c'est uniquement parce qu'on lui donne une autorité qu'il ne gagne qu'en respectant certaines conditions très particulières. Il ne peut performer le monde que s'il fonctionne à la manière du droit, c'est-à-dire que si on lui accorde la reconnaissance lui permettant d'avoir cette efficacité. Et dans ce cas, l'efficacité certaine qu'il peut avoir, c'est celle qui consiste à définir les comportements économiques légitimes, les théories légitimes – autrement dit une efficacité de type normatif, qui n'échappe pas aux rapports de pouvoir et qui, en ce sens, est politique.

Il convient donc de compliquer l'analyse offerte par les tenants de la sociologie dite « performativiste » – et non pas de la rejeter en totalité : s'il y a quelque chose de l'ordre de la performativité dans les modèles économiques, elle n'est pas là où les théoriciens de la performation la cherchent, mais en amont, dans la capacité de certaines théories à s'imposer comme valides et à se donner les moyens pour faire en sorte que le monde corresponde à ce qu'elles disent. Mais cela suppose autre chose que des techniques, des dispositifs socio-matériels (qui eux-mêmes ont bien sûr leur importance décisive) : plutôt un dispositif de reconnaissance et donc des acteurs dotés d'une capacité à reconnaître une forme d'autorité (symbolique) et le pouvoir d'institution de nommer (ce qui présuppose une autorité) [25]. C'est alors peut-être plutôt vers d'autres exemples qu'il faut se tourner, comme l'édiction de normes économiques (ou en relation avec le monde économique), la création de partenaires sociaux représentatifs, etc. [26]

Bibliographie

Ambroise B. (2005), « Le problème de l'ontologie des actes sociaux : Searle héritier de Reinach ? », *Les Études philosophiques*, n° 1, p. 55-71.

Ambroise B. (2008), *Qu'est-ce qu'un acte de parole ?*, Vrin, Paris.

Ambroise B. (2011a), « J. L. Austin : de la philosophie du langage ordinaire à la conception de la parole comme action », in S. Laugier, S. Plaud (dir.), *Lectures de la philosophie analytique*, Ellipses, Paris, p. 179-196.

Ambroise B. (2011b), « Le contexte social de l'acte de parole », in L. Baugnet, T. Guilbert (dir.), *Discours en contextes*, Presses universitaires de France, Paris, p. 105-124.

[24] Plus exactement : de certains discours économiques face à d'autres. Il faut toujours penser une pluralité de discours prétendant dire la vérité sur le monde social et étant dotés, respectivement, de plus ou moins d'autorité symbolique, relayée par différents moyens, pour se faire valoir.

[25] C'est précisément la piste que développe Brisset [2014], en s'inspirant de l'économie des conventions.

[26] C'est une piste de travail qui, d'un point de vue théorique, avait précisément été avancée par Frédéric Lordon au sein de l'école de « la régulation » [Lordon, 1999].

Ambroise B. (2012), « Bourdieu et le langage : une théorie de la pratique et du pouvoir linguistiques », in F. Lebaron, G. Mauger (dir.), *Lectures de P. Bourdieu*, Ellipses, Paris, p. 193-206.

Aristote (2014), *Rhétorique*, in *Œuvres*, vol. 1, Gallimard, « Bibliothèque de la Pléiade », Paris.

Austin J. L. (1970), *Quand dire c'est faire* (trad. fr. de G. Lane), Seuil, Paris.

Austin J. L. (2011), « Les énoncés performatifs » (trad. fr. de B. Ambroise), in B. Ambroise, S. Laugier (dir.), *Textes-clés de philosophie du langage*, vol. 2, Vrin, Paris, p. 233-260.

Bloor D. (1999), « Anti-Latour », *Studies in History and Philosophy of Science*, vol. 30, n° 1, p. 81-112.

Bourdieu P. (2000), *Les structures sociales de l'économie*, Seuil, Paris.

Bourdieu P. (2001), *Langage et pouvoir symbolique*, Seuil, Paris.

Brisset N. (2015), « Comment (et pourquoi) repenser la performativité des énoncés économiques ? », *L'homme et la société*, n° 197-198, à paraître.

Brisset N. (2014), « Performativité des énoncés de la théorie économique : une approche conventionnaliste », thèse de doctorat de l'Université de Lausanne et de l'Université Paris 1 – Panthéon Sorbonne.

Brisset N. (2016), « Economics Is not Always Performative: Some Limits for Performativity », *Journal of Economic Methodology.*

Butler J. (1993), *Bodies that Matter*, Routledge, London.

Butler J. (1999), *Gender Trouble*, Routledge, London.

Callon M. (1986), « Éléments pour une sociologie de la traduction. La domestication des coquilles Saint-Jacques dans la baie de Saint-Brieuc », *L'Année sociologique*, n° 36, p. 169-208.

Callon M. (1998), *The Laws of the Market*, Blackwell, London.

Callon M. (2007), « What does it Mean to Say that Economics is Performative ? », in D. MacKenzie, F. Muniesa, L. Siu (dir.), *Do Economists Make Markets; On the Performativity of Economics*, Princeton University Press, Princeton (N.J.), p. 311-357.

Ducrot O. (1991), *Dire et ne pas dire*, Hermann, Paris.

Godechot O. (1999), « Concurrence et coopération sur les marchés financiers », in Ph. Steiner, F. Vatin (dir.), *Traité de sociologie économique*, Presses universitaires de France, Paris, p. 609-648.

Hart H. L. A. (1994), *The Concept of Law* (2nd ed.), Oxford University Press, Oxford.

Latour B. (1991), *Nous n'avons jamais été modernes. Essai d'anthropologie symétrique*, La Découverte, Paris.

Lebaron F. (1999), « La formation des économistes et l'ordre symbolique marchand », in Ph. Steiner, F. Vatin (dir.), *Traité de sociologie économique*, Presses universitaires de France, Paris, p. 249-288.

Lordon F. (1999), « Croyance économique et pouvoir symbolique », *L'Année de la régulation*, vol. 3, p. 169-207.

MacKenzie D. (2007), « Is Economics Performative? Option Theory and the Construction of Derivative Markets », in D. MacKenzie, F. Muniesa, L. Siu (dir.), *Do Economists Make*

Markets? On the Performativity of Economics, Princeton University Press, Princeton (N.J.), p. 54-86.

Medina J. (2006), *Speaking from Elsewhere*, Suny, Albany.

Muniesa F., Callon M. (2009), « La performativité des sciences économiques », in Ph. Steiner, F. Vatin (dir.), *Traité de sociologie économique*, Presses universitaires de France, Paris, p. 289-324.

Muniesa F. (2014), *The Provoked Economy, Economic Reality and the Performative Turn*, Routledge, London.

Reinach A. (1913), « Die apriorischen Grundlagen des Bürgerlichen Rechtes », *Jahrbuch fûr Philosophie und phänomelogische Forschung*, vol. 1, p. 685-847 ; trad. fr de R. de Calan, *Les fondements a priori du droit civil*, Vrin, Paris.

Sbisà M. (1984), « On Illocutionary Types », *Journal of Pragmatics*, 8, p. 93-112.

Sbisà M. (1989), *Linguaggio, ragione, interazione. Per una teoria pragmatica degli atti linguistici*, Il Mulino, Bologna.

Searle J. R. (1998), *La construction de la réalité sociale* (trad. fr. de C. Tiercelin), Gallimard, Paris.

La « centralité des banques » dans les réseaux d'administrateurs

Les conditions sociales de l'émission monétaire

François-Xavier DUDOUET
IRISSO, Université Paris Dauphine
dudouet@dauphine.fr

Éric GRÉMONT
OpesC
eric.gremont@opesc.org

Antoine VION
Aix-Marseille Université, LEST-LabexMed
antoine.vion@univ-amu.fr

Depuis plus d'un siècle, les analyses de réseaux appliquées aux conseils d'administration des grandes entreprises (*interlocking directorate studies*) ont régulièrement observé la tendance qu'ont les banques à occuper une position plus centrale que les autres entreprises. Pour expliquer ce phénomène, les sociologues se sont principalement intéressés aux rapports de dette et d'actionnariat, en négligeant tout ce que la théorie économique pouvait apporter sur le rôle joué par les banques dans l'émission monétaire et l'intermédiation financière. Suivant ce point de vue, nous avançons l'idée que la centralité bancaire est avant tout l'expression d'une forme de collégialité régulant l'émission monétaire à destination des grandes entreprises, alors que la disparition progressive du phénomène serait le signe de l'émergence d'une régulation bureaucratique dominée par les banques centrales et les grandes institutions financières.

Bank Centrality in Corporate Networks. The Social Conditions of Money Creation

For more than one century, interlocking directorate studies have provided evidence of bank centrality in corporate networks. Scholars have paid attention to immediate

DOI: 10.3917/rfse.hs1.0037

financial relations between bank and industry, such as credit and shareholding, but not to financial intermediation and money creation. We think that economic theory of money creation is worth bringing back in. From such a theoretical perspective, bank centrality seems to be better understood as a form of collegial regulation of money creation, while the absence of such a phenomenon indicates the rise of bureaucratic regulation by central banks and global financial institutions.

Mots clés : *interlocking directorate*, finance, émission monétaire, réseaux sociaux

Keywords: interlocking directorate, finance, creation of money, social networks

1. Introduction

La propension des banques à occuper une position centrale dans les réseaux d'administrateurs est l'un des enjeux récurrents, si ce n'est le plus crucial, des *interlocking directorate studies*[1]. Aussi loin que l'on remonte dans cette tradition, la position centrale des banques s'impose comme une constante. Plusieurs obstacles ont pourtant empêché l'émergence d'une interprétation consensuelle du phénomène. En premier lieu, la question de la « centralité bancaire » a longtemps été enfermée dans celle du « contrôle bancaire », à savoir le pouvoir que les institutions financières étaient en mesure d'exercer sur les firmes industrielles [Hilferding, 1970 [1910], House of Representatives, 1913]. Or, si la « centralité bancaire » est un fait objectif résultant de la métrique des réseaux[2], le « contrôle bancaire » est quant à lui une théorie qui intervient au mieux comme une interprétation de la première. En second lieu, comme l'illustrait bien la revue de cette littérature par Mizruchi et Marquis [2006], les *interlocking directorate studies* sont restées très dépendantes d'une approche interactionniste consistant à apprécier l'ensemble du réseau à partir des propriétés de chaque lien. En d'autres termes, à expliquer le tout par les parties. Or le fait que les liens *interlocks* perdurent au-delà des individus et des institutions qui les portent montre qu'il se joue autre chose que la confrontation de stratégies singulières. En troisième lieu, l'analyse des relations financières entre banque et industrie, couramment mobilisée pour rendre compte du « contrôle bancaire », s'est trop souvent cantonnée à des formes immédiates et évidentes de relations que sont la dette et la participation au capital. Ce faisant, elles ont laissé en point aveugle l'intermédiation boursière et, plus largement, les mécanismes de l'émission et de la circulation monétaires. Le but

[1] *Il s'agit d'une démarche sociologique qui étudie, depuis le début du XX*e *siècle, les réseaux d'administrateurs entre grandes compagnies [Fennema, Schijf, 1979 ; Scott, 1997]. Un lien* interlock *existe lorsqu'un individu affilié à une institution siège dans le conseil d'administration d'une autre institution [Mizruchi, 1996].*

[2] *Il s'agit le plus souvent de la centralité dite de degré, c'est-à-dire du décompte du nombre de nœuds voisins d'un nœud. Plus ce nombre est important, plus la centralité sera considérée comme forte.*

de cet article est d'éclairer ces points sans préjuger de la nature des liens particuliers entre chaque « banque » et chaque « industrie », mais de s'appuyer, davantage que les études passées, sur le rôle et le fonctionnement de la monnaie dans les économies capitalistes. Pourquoi ne pas appliquer à l'analyse de réseau *Les règles de la méthode sociologique* [Durkheim 1988 [1894]] et tenter d'expliquer le fait social qu'est la « centralité bancaire » par cet autre fait social qu'est la monnaie [Simiand, 1932] ?

Dire que la monnaie est un fait social ne suffit pas à rendre compte des réseaux d'administrateurs et de la « centralité bancaire ». Nous avons besoin pour cela de mieux comprendre le rôle que les banques et plus généralement les institutions financières jouent dans le fait monétaire, tout particulièrement en relation avec les grandes entreprises cotées.

Afin de proposer une nouvelle interprétation de la « centralité bancaire », nous rappellerons donc d'abord les principales thèses en présence dans la littérature sur les *interlocks* (§ 2). Nous présenterons alors notre interprétation de la « centralité bancaire » comme révélatrice du rôle particulier que jouent les institutions financières dans la circulation de l'argent (§ 3). Pour finir, nous nous demanderons ce que l'évolution des *interlocks* et de la centralité bancaire peut nous apprendre sur les formes de régulation sociale de l'émission monétaire (§ 4).

2. La centralité bancaire

2.1. La centralité bancaire dans les *interlocking directorate studies*

« Les banques sont le socle des réseaux entre grandes entreprises. Même si les autres types d'entreprises sont provisoirement au premier plan et si quelques-unes d'entre elles y demeurent, les plus grandes banques commerciales y restent année après année[3] » [Bearden *et al.*, 1975 cité in Scott, 1997, p. 114]. Cette affirmation se vérifie à double titre : en premier lieu parce que la « centralité bancaire » a depuis été confirmée par de nombreuses études, mais aussi parce qu'elle se trouve être au principe même des travaux pionniers des *interlocking directorate studies*. Dès le début du XXe siècle, Otto Jeidels [1905] avait, en effet, montré que six banques berlinoises entretenaient pas moins de 1 350 liens avec l'industrie allemande, elle-même organisée en cartel[4]. Une enquête parlementaire américaine conduite par le sénateur Pujo [House of Representatives, 1913] mit au jour une structure similaire à partir de la banque J. P. Morgan et de ses alliés. Établi suite à la crise financière de 1907, le comité Pujo dénonça l'entrelacement des liens sociaux et financiers qui organisait le contrôle bancaire sur l'industrie. La « centralité bancaire » était donc méthodologiquement au fondement des premières études *interlocks*, même si, rappelons-le, ce n'est pas la centralité pour elle-même qui était recherchée – et pour cause, les résultats auraient été tautologiques –, mais le contrôle des banques sur la grande industrie et, de là, sur l'ensemble de l'économie. Ce qui passerait aujourd'hui pour un biais

[3] *Traduit par nous.*
[4] *Cité dans Fennema et Schijf [1979].*

méthodologique s'est finalement révélé être une propriété profonde des réseaux *interlocks*. Ainsi, dans leur étude longitudinale, menée cette fois sur un réseau complet[5], Bearden et ses collègues démontrèrent que, même si les firmes industrielles pouvaient parfois présenter un score de centralité supérieur, c'étaient les grandes banques commerciales qui arrivaient le plus régulièrement en tête. Depuis, d'autres études menées sur des réseaux complets n'ont cessé de confirmer la régularité de la « centralité bancaire ». Dans une étude portant sur la période 1904-1974, Mizruchi [1982] a montré que les banques new-yorkaises demeuraient au cœur des réseaux d'affaires, bien que les liens aient connu d'importantes variations sur la période. De même, la chute brutale du réseau entre 1982 et 1994 n'a pas remis en cause la prééminence des banques commerciales, malgré la forte baisse de leur score de centralité [Davis, Mizruchi, 1999][6]. Au Royaume-Uni, jusqu'à la Seconde Guerre mondiale, la centralité bancaire est surtout visible en province, là où se situent des relations d'affaires étroites entre industrie et *country banks*, alors que les banques de la City s'investissent très peu dans l'industrie au profit du commerce international, de l'assurance maritime et des bons d'État [Scott, 1997]. Ce n'est qu'avec la crise des années 1930, et surtout la Deuxième Guerre mondiale, que les banques de la City commencent à devenir dominantes dans le réseau national. Ainsi, en 1976, parmi les dix entreprises présentant le plus haut score de centralité de degré, huit sont des banques. Bien que suivant des configurations et des dynamiques très différentes, la centralité bancaire a aussi été observée au Canada, en Australie et en Nouvelle-Zélande. Scott [1997, p. 130] concluait qu'il avait été établi que « les banques jouaient un rôle central dans les réseaux de grandes entreprises de toutes les économies anglo-saxonnes[7] ». Le même phénomène a été observé en Europe [Fennema, Schijf, 1979] et semble persister malgré une forte tendance à l'érosion des *interlocks* [Heinze, 2004 ; Heemskerk 2007 ; Dudouet *et al.*, 2012]. La régularité avec laquelle la centralité bancaire a été observée à des intensités diverses incite clairement à la concevoir comme une propriété structurale des réseaux *interlocks* et à s'interroger sur sa signification.

2.2. Du contrôle à l'hégémonie bancaire

La « centralité bancaire » ne signifie pas le « contrôle bancaire ». La première est une observation, la seconde une thèse qui utilise la première comme justification. La thèse du contrôle bancaire a été développée aussi bien par les parlementaires américains que par les marxistes, mais ce sont ces derniers qui, par la suite, ont le plus défendu cette approche [Fennema, Schijf, 1979]. La thèse marxiste du contrôle bancaire s'appuie essentiellement sur l'ouvrage de Rudolf Hilferding *Das Finanz Kapital* [1910] qui fut l'un des premiers à théoriser le pouvoir des banques sur l'industrie et à y associer explicitement les *interlocks*[8] :

[5] On appelle réseau complet, un réseau pour lequel ont été définis préalablement les nœuds composant le réseau et pour lesquels sont recherchés les liens existants entre eux à l'exclusion de tout autre.
[6] La moyenne des scores de centralité des banques commerciales passe de 16,4 à 10,3, contre 8,4 à 7,2 pour les firmes non financières.
[7] Traduit par nous.
[8] Rudolf Hilferding appartient, comme Otto Bauer, Karl Renner ou Max Adler, au courant marxiste de « l'école autrichienne ». Il a suivi, avec Ludwig von Mises ou Joseph Schumpeter, ses contempteurs libéraux, l'enseignement d'Eugen von Böhm-Bawerk, le père de cette école [Longuet, 2006].

> « La banque, non seulement peut accorder davantage de crédit à la société par actions qu'à l'entreprise privée, mais peut aussi placer une partie de son capital en actions pour une durée plus ou moins longue. Dans tous les cas, la banque prend un intérêt durable à la société par actions, qu'elle doit, d'une part, contrôler pour assurer le bon emploi de son crédit et, de l'autre, dominer le plus possible en vue de s'assurer toutes les transactions financières qui rapportent des bénéfices.
>
> Tout cela explique l'effort que font les banques pour exercer une surveillance constante sur les sociétés par actions auxquelles elles sont intéressées, et cela en se faisant représenter au conseil d'administration. Cette représentation assure en même temps la garantie que la société laisse faire par la banque toutes les autres transactions financières en rapport avec les émissions. D'un autre côté, la banque s'efforce, pour répartir le risque et élargir son cercle d'affaires, de travailler avec le plus grand nombre de sociétés possibles. D'où la tendance à cumuler de tels postes de membres des conseils d'administration. » [Hilferding, 1970, p. 181]

Les auteurs d'inspiration marxiste ont généralement retenu d'Hilferding que les banques cherchaient à contrôler les entreprises afin de sécuriser leurs engagements financiers, entendus comme des créances ou des participations au capital. Ils ont ainsi assimilé relations de dettes et d'actionnariat avec les représentations dans les conseils et le pouvoir des banques sur l'industrie. Ce faisant, ils ont omis l'autre dimension essentielle qu'est le rôle d'intermédiation boursière joué par les banques auprès des sociétés par actions : « Les autres transactions financières en rapport avec les émissions » (*ibid.*). Cette omission a perduré lorsque le renouveau des *interlocking directorate studies*, dans les années 1970, a revitalisé la thèse du contrôle bancaire contre les doctrines managérialistes [9] [Zeitlin, 1974 ; Mariolis, 1975]. Toutefois, la preuve d'une corrélation satisfaisante entre liens *interlocks* et liens financiers directs n'a jamais été apportée [Mizruchi, 1996].

Un banquier peut, en effet, siéger au conseil d'administration d'une firme sans qu'il existe aucune relation d'endettement ou d'actionnariat. D'autres relations fonctionnelles peuvent exister comme l'intermédiation boursière [Hilferding, 1970 [1910]] ou encore l'échange d'informations [Mokken, Stokman, 1978]. Comment, dès lors, réduire la « centralité bancaire » à une relation univoque de pouvoir des banques fondée uniquement sur la dette et le capital ?

Par ailleurs, si la thèse du contrôle bancaire suppose un échange de dirigeant entre la banque et l'industrie, elle ne dit rien des nombreux cas où ce sont les industriels qui siègent au conseil des banques. Forts de ce constat, Mintz et Schwartz [1985] ont avancé l'idée d'une hégémonie bancaire dans un système de gestion collective du capital marqué par des interdépendances asymétriques. Selon eux, le contrôle

[9] Reprenant la distinction proposée par Berle et Means [1982 [1932]] entre propriété et pouvoir sur la firme, le courant managérialiste défendait l'idée que les dirigeants des grandes firmes cotées bénéficiaient d'une assez large autonomie vis-à-vis de leurs actionnaires, banquiers ou familiaux. Dans la « nouvelle société managériale » [Burnham, 1941], le contrôle du capital était supposé prendre le pas sur la propriété, faisant des managers les véritables détenteurs du pouvoir sur l'entreprise.

s'exercerait moins par des stratégies volontaires que par une forme de coordination implicite issue d'un système de contraintes mutuelles. Ainsi, la centralité des banques ne serait pas le fruit d'une stratégie mûrement réfléchie, mais la conséquence d'une succession de cooptations non coordonnées qui aboutissent néanmoins à positionner les banques au cœur du réseau interfirmes [Scott, 1997]. De ce point de vue, la « centralité bancaire » est moins l'expression d'un pouvoir de contrôle financier que d'une domination sociale et économique sur la vie des affaires : « Un ensemble disparate d'institutions de crédit contrôle l'accès au capital, mais les conseils d'administration des banques sont les arènes institutionnelles dans lesquelles les principaux créanciers et débiteurs se réunissent pour déterminer le cadre dans lequel ce crédit peut être utilisé [10] » [Scott, 1997, p. 140]. On a ici l'idée d'un espace social cohérent, mais non consciemment organisé, qui gérerait l'allocation des ressources financières. Si les grandes corporations sont des organisations bureaucratiques par excellence [Weber, 1995], leur direction est quant à elle de nature collégiale [11]. Cette collégialité s'observe d'abord au niveau de la firme, par la structure formelle du conseil d'administration et des différents comités exécutifs qui la composent, mais aussi, et surtout, entre les firmes. Le système de directions imbriquées qu'incarnent les *interlocks* constitue une forme interorganisationnelle de collégialité, plus informelle, qui ne va pas sans faire écho à la discipline sociale mise en avant par Emmanuel Lazega [2001], où la capacité d'influer sur l'action collective tient moins dans l'autorité formelle que dans l'expertise professionnelle, l'entregent et le prestige social. Or la sociologie américaine a négligé cette propriété structurale pour concevoir les *interlocks* sous un mode essentiellement interactionniste.

Cette orientation interactionniste se constate de manière très claire dans le célèbre article de Mizruchi [1996] où l'auteur déclare explicitement s'intéresser à la nature des liens et aux effets qu'ils peuvent avoir sur les firmes. Pourtant, un réseau complet est un tout et non une somme de parties. Il faut dès lors reposer la question des conditions et des modes d'existence de la « centralité bancaire » comme structure sociale. Cela revient tout simplement à reprendre en les systématisant les présupposés du comité Pujo, à savoir que la « centralité bancaire » est l'expression d'un monopole sur la monnaie (*money trust*) [12]. Comment ne pas voir posé ici le problème sociologique d'un groupe social détenteur du monopole de l'émission et de la circulation monétaires ?

Jusqu'à présent, les études *interlocks* ont saisi cet enjeu essentiellement d'après les relations de dette et de participation au capital [Mizruchi, Marquis, 2006]. Mais ces formes de relation, pour visibles qu'elles soient, ne représentent que le sommet de l'iceberg des relations financières possibles, d'autant plus lorsque les entreprises sont cotées en bourse. Plus que des créanciers ou des actionnaires, les institutions financières sont avant tout des pourvoyeurs de monnaie, des agents de la circulation

[10] Traduit par nous.

[11] Sur l'opposition entre bureaucratie et collégialité, voir notamment Lazega [2001] qui reprend la distinction faite par Weber dans Économie et Société.

[12] Tout particulièrement quand l'État n'émet pas directement de la monnaie comme c'était le cas aux États-Unis au début du XX*e siècle. Les États sont toujours, d'une certaine façon, émetteurs de monnaie, même quand ils ne la frappent pas directement. L'émission de dettes sur les marchés, pour autant qu'elle trouve preneur, peut être considérée comme une forme d'émission monétaire.*

monétaire. Leur rôle vis-à-vis des entreprises cotées, dont il est essentiellement question dans les études *interlocks*, dépasse largement la dette ou la participation au capital. Il est donc important de replacer les institutions financières dans le circuit de l'argent et non pas seulement sur le plan du crédit et de l'actionnariat.

3. Les marchés financiers

Si les relations de dettes et de capital ne suffisent pas à rendre compte de la « centralité bancaire », cela ne veut pas dire qu'on ne peut y trouver d'autres motifs financiers. Rappelons d'abord la distinction entre capital productif et capital financier et soulignons le rôle des banques dans l'intermédiation boursière.

3.1. Capital productif et capital financier

Scott [1997] avait raison de rappeler qu'Hilferding avait été mal lu quand, pour expliquer la domination des banques sur l'industrie, on opposa le capital financier (entendu comme capital des banques) au capital industriel (celui des industries). En fait, la différence entre ces deux types de capital n'est pas une distinction entre secteurs d'activité, mais une différence beaucoup plus subtile entre deux circuits de l'argent qui, pour être liés, n'en sont pas moins séparés [Hilferding, 1970 [1910]].

Le capital productif est l'évaluation monétaire des moyens employés par l'entreprise pour mener à bien son activité économique (salaires, fournitures, machines, bâtiments, stocks) [13]. Par opposition, le capital financier exprime la quantité d'argent employée pour valoriser les titres de l'entreprise, notamment lorsqu'ils sont échangés sur les marchés financiers [14]. Or ces deux types de capitaux ne sont pas assimilables l'un à l'autre. Il existe entre eux une différence de nature juridique et économique. Dans le cadre des sociétés par actions, le droit stipule que la propriété de la société ne peut être confondue avec la propriété des actionnaires (personnes morales ou physiques distinctes de la société). Cela signifie que le capital productif est la propriété exclusive de la société, et non celle des actionnaires qui ne sont propriétaires que du capital social, autrement dit des actions. Or les actions ne sont pas des titres de propriété sur la société, mais des biens mobiliers ouvrant certains droits sur celle-ci, notamment celui de toucher une part des bénéfices et de voter en assemblée générale. L'actionnaire ne peut jamais perdre plus que ce qu'il a investi. Cette protection des investisseurs a pour effet de séparer nettement le capital de la firme de celui des actionnaires et donc de générer deux ordres de valorisation économique distincts : le capital effectivement employé par l'entreprise et le capital social qui peut éventuellement être échangé sur les marchés financiers. Le lien entre les deux types de capitaux existe, mais il réside uniquement dans les émissions d'actions et les versements de dividendes. La quantité de monnaie levée au moment d'une émission peut être effectivement convertie en capital productif, mais ce n'est pas nécessairement

[13] *On se distinguera d'Orléan [1999] sur l'idée que le capital productif n'est pas la propriété des actionnaires mais de l'entreprise.*

[14] *Les titres en question peuvent bien sûr être des actions de sociétés, peu importe qu'elles soient industrielles ou financières, mais aussi des obligations. Par souci de clarté, nous ne traiterons dans les lignes qui suivent que des actions qui correspondent de toute façon à la grande majorité des titres émis par les entreprises sur les marchés de valeurs.*

le cas, et surtout le capital financier correspondant à la valeur des actions échangées existe ensuite par lui-même indépendamment du capital effectivement employé par l'entreprise. Par exemple, fin 2012, la valorisation boursière de Peugeot était de 1,9 milliard d'euros pour un chiffre d'affaires de 55 milliards d'euros et des pertes annoncées à 5 milliards d'euros [15]. Dans le même temps, Google présentait une valorisation boursière de 233 milliards de dollars pour un chiffre d'affaires de 50 milliards de dollars et un bénéfice établi à 10 milliards de dollars [16]. La valorisation boursière est donc logiquement décorrélée du capital productif d'une firme, puisque celle-ci dépend des profits attendus, non du capital productif. L'investissement productif est donc une fonction seconde, voire marginale [Théret, 2008 ; 2014], des marchés financiers, même si, suivant les époques et les secteurs d'activité, les bourses peuvent accompagner ce type d'investissement. En règle générale, la fonction première des marchés financiers est de fixer le prix des parts sociales, c'est-à-dire le prix des droits aux bénéfices. Les actionnaires n'ont aucun droit direct sur ce capital productif. Tout au plus peuvent-ils espérer une quote-part perceptible sous forme de dividendes en cas de liquidation de la société. Si on ajoute à cela que la rémunération de l'actionnaire se situe au moins autant dans le cours de bourse que dans les dividendes [17], on cessera d'établir tout lien de nécessité avec l'entreprise, si ce n'est comme source de légitimation du fonctionnement des marchés financiers.

3.2. L'intermédiation boursière

L'avantage premier du marché actions [18] est que l'investisseur peut à tout moment sortir de la firme dans laquelle il a investi pour placer son capital ailleurs, contrairement à l'actionnaire de long terme dans une société dont le capital ne fait pas l'objet d'une cotation, ou au créancier qui est étroitement et durablement lié aux résultats, bons ou mauvais, de l'entreprise. Les banques ont moins intérêt à s'engager de la sorte qu'à encourager un marché financier dynamique et à le pourvoir en monnaie [19]. Lorsqu'une entreprise entreprend d'introduire des actions sur les marchés financiers, elle le fait rarement elle-même. Elle passe par un intermédiaire qui fait l'avance en capital et qui « place » ensuite les titres auprès de ses clients ou d'autres investisseurs (assureurs [20], fonds divers, clients des banques de dépôt). Le métier originel des banques de marché est de servir d'intermédiaires entre les entreprises et les actionnaires, non d'être elles-mêmes actionnaires. Ces opérations sont

[15] *PSA Peugeot Citroën, Document de référence 2012.*

[16] *United States Securities and Exchange Commission, Annual report pursuant to section 13 or 15(d) of the securities exchange Act of 1934. For the fiscal year ended December 31, 2012. Google Inc.*

[17] *La principale source de rémunération de l'actionnaire, et plus encore des acteurs de marché, repose sur les différences de cours, plus que sur les dividendes. La variation de la valeur d'une action sur une seule séance peut représenter plusieurs années de dividendes. C'est cela qu'achètent principalement les acteurs de marché.*

[18] *Nous employons ici le terme « marché actions » de façon générique et non au sens strict. Il faudrait en effet inclure ici les titres générés par des offres publiques (notamment les échanges d'actions), dont les modalités sont plus régulées que sur un marché classique.*

[19] *Contrairement aux acteurs de marché purs (traders) qui sont, a priori, indifférents à la hausse ou à la baisse des cours [Weber, 2010 [1894 et 1896]], les banques ont plutôt intérêt à ce que les marchés soient en croissance, car cela augmente la masse monétaire en circulation. De plus, les émissions de titres ont plus de chance de réussir et seront plus fréquentes sur des marchés haussiers que sur des marchés baissiers. Ainsi, l'orientation des marchés à la hausse est pour les banques une source continue de profits. Cela peut même devenir le cœur des stratégies bancaires au point de faire passer au second plan le financement des firmes.*

[20] *Les sociétés d'assurance se doivent de placer des capitaux supposés couvrir des risques ou des besoins à venir, elles sont parmi les premiers usagers des marchés actions, même si elles ne sont pas tenues d'y recourir.*

les plus lucratives, car, contrairement aux autres métiers de la banque, elles sont peu risquées tout en assurant le maximum de bénéfice. La banque se contente d'avancer le capital demandé par la firme en échange de ses actions, puis de revendre ensuite les actions auprès des investisseurs (petits porteurs, fonds d'investissement, compagnies d'assurance) tout en encaissant de confortables plus-values. Ce procédé est si intéressant que les banques cherchent généralement à se libérer des risques de créances en demandant aux entreprises de convertir tout ou partie de leur dette en actions. En siégeant dans les conseils d'administration, les banques gardent la mainmise sur ces émissions de titres. À y regarder de près, les augmentations de capital via le marché appellent moins que les autres modes de financement externes (dette et participation au capital) le contrôle des banques. En revanche, l'émission de titres requiert des relations étroites de confiance entre l'entreprise émettrice et l'intermédiaire financier. La banque joue son crédit dans le placement des actions qui doivent être émises au « juste prix », c'est-à-dire conformément aux bénéfices attendus. De son côté, l'entreprise doit respecter sa promesse, non seulement vis-à-vis des actionnaires, mais plus encore vis-à-vis des institutions financières dans leur ensemble, qui lui apportent leur crédit. Avant même les questions de dette ou d'actionnariat, les banques occupent une position structurellement incontournable pour les sociétés cotées.

4. Structures sociales de l'émission monétaire

Toutefois, le rôle des banques ne se limite pas au financement du capital, qu'il soit productif ou financier, mais touche l'ensemble des opérations financières qui font le quotidien de la vie des entreprises : tenue de compte, affacturage, compensation, moyens de paiement, etc. Autant d'opérations qui participent au premier chef de l'émission et de la circulation monétaire.

4.1. L'émission monétaire dans les systèmes économiques modernes

Pour de nombreux penseurs comme Schumpeter, Keynes ou Friedmann, la monnaie n'existe pas par elle-même : elle est constamment créée et détruite par les banques. Schumpeter [2005] considère un marché se tenant une fois par semaine et dans lequel toute la production de la semaine écoulée serait échangée. La banque fournirait au début du marché la quantité de monnaie nécessaire aux échanges (création de la monnaie) sous forme d'escompte des biens produits. Tous les biens ayant été achetés au cours du marché, chacun serait en mesure de rembourser son escompte et il n'y aurait plus d'argent en circulation (destruction de la monnaie). En réalité, poursuit-il, dans la mesure où les échanges se tiennent en permanence, les quantités de monnaie en circulation sont sans cesse détruites et créées. Le système bancaire dans son ensemble contrôle non seulement l'accès à la monnaie mais encore contribue-t-il matériellement à la quantité de monnaie disponible. Le crédit créant la monnaie et son remboursement la détruisant, le système bancaire peut générer de la monnaie sans limite, pour autant que la masse de crédit grossisse à un rythme supérieur à celui auquel les créances s'apurent. Cette faculté extraordinaire octroyée aux banques ne peut être justifiée, pour Stiglitz et Weiss [1998], que par les services qu'elles rendraient à l'économie dans son ensemble :

> « Alors que la concession faite aux banques de n'avoir que des réserves partielles amplifie l'impact macroéconomique des politiques bancaires, les externalités positives que génèrent les actions de sélection et de contrôle exercées par les banques suggèrent que cet octroi de droits de seigneuriage (moins de 100 % de réserves) se justifie comme un optimum de troisième rang au problème consistant à trouver les incitations adéquates au financement de l'investissement par les banques, en présence d'externalités positives considérables générées par la dette bancaire[21]. » [Stiglitz, Weiss, 1998, p. 8]

L'habillage néoclassique de l'explication économique joue plus comme un écran de fumée que comme une élucidation du phénomène. La référence à une sous-optimalité du « droit de seigneuriage » des banques n'exprime rien d'autre que l'existence d'un monopole de fait sur l'émission de la monnaie-crédit et sur les rentes associées qu'elle génère. Pour autant, l'exercice d'un privilège comme les formes d'autorité sont rarement, ou pas durablement, l'expression d'une volonté s'imposant unilatéralement à d'autres [Weber, 1995][22]. Pour être durable, il exige non seulement l'adhésion au moins implicite de ceux qui y sont soumis, mais, plus encore, une forme de partage dans la mise en œuvre, autrement dit une forme de distribution de ses bénéfices à la manière dont un chef de guerre s'emploie à redistribuer le butin. Dès lors, on peut essayer de concevoir la « centralité bancaire » non plus seulement d'après les mécanismes de financement des firmes et des marchés de valeurs, mais plus largement en rapport avec les principes mêmes de l'émission monétaire.

4.2. Évolutions de la « centralité bancaire »

La première piste consiste à rechercher les rapports entre « centralité bancaire » et disponibilité monétaire. Dans les périodes où la monnaie serait rare, la « centralité bancaire » tendrait à augmenter, les relations sociales venant au secours du déficit d'un accès facile à la monnaie. Inversement, dans les périodes d'expansion monétaire, l'abondance de capitaux rendrait les relations privilégiées avec les institutions financières moins primordiales. C'est ainsi que l'on peut relire l'étude de Mizruchi [1982]. La forte « centralité bancaire » qu'il constate avant la Première Guerre mondiale correspond à une époque de croissance très forte, mais aussi de difficultés chroniques de financement dans un système monétaire fragile. La baisse des *interlocks* entre les années 1912 et 1935 est certainement d'abord attribuable au Clayton Act adopté en 1914 qui instaure des limites aux échanges d'administrateurs, mais cette période correspond aussi à la mise en place d'un système monétaire plus efficient sous l'égide de la Federal Reserve, et surtout à un afflux considérable de capitaux en provenance d'Europe. La crise de 1929 est d'abord une crise du crédit, autrement dit une phase de destruction monétaire faisant suite à une phase d'expansion. Mizruchi remarque

[21] *Traduit par nous.*

[22] *Weber n'applique pas son concept de « domination » au pouvoir exercé par les banques en vertu de leur position monopolistique [Weber, 1995, p. 287]. Weber [2014] va même jusqu'à parler explicitement du monopole exercé sur le loyer de l'argent par la banque centrale en considérant qu'il ne s'agit pas d'une domination pleine et entière au sens où elle n'appellerait pas l'assujettissement explicite de ceux qui y ont recours. Il est très probable que, influencé par la pensée de Böhm-Bawerk, il ait considéré toute forme de monopole économique comme foncièrement illégitime et que pour cette raison il ait exclu le pouvoir des banques des formes de domination légitime. Pourtant, dans le monde de la finance, il existe une croyance véritable en la légitimité des banques à détenir le monopole de l'émission monétaire.*

une nouvelle densification des *interlocks* jusqu'aux années 1970, avec des liens entre entreprises financières et non financières en forte augmentation entre 1935 et 1964. Jusqu'en 1971, les États-Unis connaissent une relative stabilité monétaire, renforcée par les accords de Bretton Woods qui lient le dollar à l'or. La sortie de l'étalon or introduit une nouvelle phase d'expansion monétaire qui, malgré les crises de 1987 et 1999-2000, n'a vraiment éclaté qu'en 2007. Durant toute cette période, les *interlocks* n'ont cessé de diminuer aux États-Unis et la « centralité bancaire », même si elle n'a pas disparu, a beaucoup faibli [Davis, Mizruchi, 1999]. La corrélation entre « centralité bancaire » et disponibilité monétaire doit donc être plus systématiquement explorée.

La seconde piste est que la collégialité qui présidait à la coordination de l'allocation des ressources financières a peu à peu laissé la place à une organisation plus hiérarchisée, bureaucratique, très liée aux politiques monétaires des banques centrales. La baisse tendancielle des réseaux *interlocks* et de la « centralité bancaire » peut signifier que l'allocation de monnaie entre grandes entreprises repose de moins en moins sur une discipline de conseil [White, 1992 ; Lazega, 2001], mais de plus en plus sur des logiques bureaucratiques. On assiste, en effet, depuis une quarantaine d'années, à une transformation phénoménale de la finance dont le point d'orgue a certainement été la crise de 2008 et la faillite de Lehman Brothers. Que le monde des affaires américain ait été incapable de sauver un acteur de cette taille, ou tout simplement ne l'ait pas voulu, montre assez que ce monde avait cessé d'exister en tant que communauté. Cet échec de la collégialité du monde des affaires américain se traduit aujourd'hui par une dépendance complète des marchés et de ses agents à l'égard des émissions monétaires de la banque centrale [23], au point que la valeur des titres, et pas seulement celle des actions, soit plus corrélée à la politique monétaire des banques centrales qu'à la santé financière des émetteurs : firmes ou État.

Ainsi, la diminution de la centralité bancaire et plus généralement des liens *interlocks* s'inscrit dans un vaste mouvement de « bureaucratisation de la finance » [Clark, Thrift, 2005] qui a vu peu à peu l'entregent et le crédit personnel faire place à des outils rationnels de gestion. On peut distinguer plusieurs indices allant en ce sens. En premier lieu, les efforts de normalisation technique ont pu contribuer à dévaloriser les relations interpersonnelles de confiance au profit de procédures formelles d'identification et de contrôle. Les institutions de normalisation constituées au moment de la décorrélation du dollar avec l'or ont ainsi marqué une interdépendance accrue entre les établissements financiers et les banquiers centraux, eux-mêmes de plus en plus coordonnés au sein de la Banque des règlements internationaux. En second lieu, l'essor de la finance depuis une quarantaine d'années s'est accompagné d'une rationalisation accrue des pratiques financières [Montagne, Ortiz 2013]. Les choix d'investissement obéissent ainsi de plus en plus à des procès préconstruits d'évaluation et de justification qui limitent les comportements opportunistes. L'époque où le

[23] Nous parlons de dépendance à l'égard des émissions et non de la banque centrale. Le pouvoir sur la Federal Reserve repose en effet sur des mécanismes bien plus complexes que la seule autorité de ses membres. Une certaine forme de collégialité peut s'y retrouver, mais sans doute réduite aux acteurs les plus puissants de la finance. Il n'en demeure pas moins que les banquiers centraux occupent aujourd'hui une position centrale dans le champ économique [Lebaron, 2010].

premier banquier des États-Unis pouvait affirmer que son principal critère de jugement pour prêter de l'argent était la personnalité de l'homme en face de lui [House of Representatives, 1913, p. 136] paraît bien lointaine.

5. Conclusion

En associant trop étroitement les réseaux d'administrateurs aux relations de dette et de capital, l'explication de la centralité bancaire par la thèse du contrôle bancaire n'a pas suffisamment pris en compte les autres intérêts financiers qui pouvaient lier les banques aux sociétés cotées. De même, l'attention portée à la singularité des liens plus qu'à la structure d'ensemble des réseaux *interlocks* a empêché d'apprécier la « centralité bancaire » comme un phénomène collégial de gestion de la monnaie. La disparition progressive des *interlocks* et de la « centralité bancaire » peut dès lors s'apprécier à l'aune des transformations de l'émission monétaire. Les années 1980-2000 sont ainsi apparues comme celles d'un changement profond de la régulation monétaire[24]. La bureaucratisation de la finance a certainement considérablement modifié les rapports entre institutions financières et grandes corporations, en bouleversant les logiques traditionnelles de régulation collégiale des affaires. Le lien que les réseaux *interlocks* pouvaient établir entre les cadres de l'émission monétaire et ceux du financement des firmes laisse progressivement la place à des formes d'administration financière légale-rationnelle.

Aux États-Unis, la financiarisation a achevé de faire disparaître le petit milieu de la *corporate elite* [Mizruchi, 2013] et les grandes corporations sont parfois considérées comme condamnées [Davis, 2013]. On peut se demander si la disparition des *interlocks* est irrémédiable et si elle est propre à l'Occident. Il n'en demeure pas moins qu'une grande partie de la réponse réside dans les mécanismes sociaux de l'émission de la monnaie.

Bibliographie

Bearden J., Atwood W., Freitag P., Hendricks C., Mintz B., Schwartz M. (1975), « The Nature and Extent of Bank Centrality in Corporate Networks », Paper to the American Sociological Association (non publié).

Berle A. A. Jr., Means G. C. (1982) [1932], *The Modern Corporation and Private Property*, The MacMillan Company, New York.

Burnham J. (1941), *The Managerial Revolution: What is happening in the world*, Belknap Press of Harvard, Cambridge.

Carruthers B. G., Stinchcombe A. L. (1999), « The social structure of liquidity: Flexibility, markets and states », *Theory and Society*, 28, p. 353-382.

Clark G. L., Thrift N. (2005), « The Return of Bureaucracy: Managing Dispersed Knowledge in Global Finance », in K. Knorr Cetina, A. Preda (dir.), *The Sociology of Financial Markets*, Oxford University Press, Oxford, p. 229-249.

[24] Notons que le sociologue qui, dans les années 1980, adressait les plus violentes critiques aux interlocking directorate studies, Arthur Stinchcombe, a été un chantre des nouveaux mécanismes de création monétaire et d'organisation de la liquidité [Carruthers, Stinchcombe, 1999].

Durkheim É. (1988) [1894], *Les règles de la méthode sociologique*, Flammarion, Paris.

Davis G. F., Mizruchi M. S. (1999), « The Money Center Cannot Hold: Commercial Banks of Corporate Governance », *Administrative Science Quarterly*, 44, p. 215-239.

Davis G. F. (2013), « After the Corporation », *Politics & Society*, 41, p. 283-308.

Dudouet F.-X., Grémont E., Vion A. (2012), « Les administrateurs d'entreprises financières, intermédiaires privilégiés dans les réseaux d'affaires européens », in A. Mendez, R. Tchobanian, A. Vion (dir.), *Travail et compétences dans la mondialisation*, Armand Colin, coll. « Recherches », Paris, p. 35-46.

Fennema M., Schijf H. (1979), « Analysing Interlocking Directorates: Theory and Methods », *Social Networks*, 1, p. 297-332.

Heinze T. (2004), « Dynamics in the German system of corporate governance? Empirical findings regarding interlocking directorates », *Economy and Society*, 33-2, p. 218-238.

Heemskerk E. M. (2007), *Decline of the Corporate Community. Network Dynamics of the Dutch Business Elite*, Amsterdam University Press, Amsterdam.

Hilferding R. (1970) [1910], *Le capital financier : étude sur le développement récent du capitalisme*, Minuit, Paris.

House of Representatives, *Report of the Committee appointed pursuant to House Resolutions 429 and 504 to investigate the Concentration of Control of Money and Credit, submitted by Mr. Pujo*, February 28, 1913. House Report n° 1593, 62nd Congress, 3rd Session, Washington D.C., Government Printing Office.

Jeidels O. (1905), *Das Verhältnis der Deutschen Grossbanken zur Industrie mit besonderer Berücksichtigung des Einsenindustrie*, Duncker und Humblot, Leipzig.

Lazega E. (2001), *The Collegial Phenomenon. The Social Mechanism of Cooperation among Peers in a Corporate Law Partnership*, Oxford University Press, Oxford, New York.

Lebaron F. (2010), *La crise de la croyance économique*, Éditions du Croquant, Bellecombe-en-Bauges.

Longuet S. (2006), « Les économistes autrichiens (1870-1940) », *Cahiers d'économie politique*, 51, p. 7-25.

Mariolis P. (1975), « Interlocking directorates and the control of corporations », *Social Science Quarterly*, 56, p. 425-439.

Mintz B., Schwartz M. (1985), *The Power Structure of American Business*, Chicago University Press, Chicago.

Mizruchi M. S. (1982), *The American Corporate Network, 1904-1974*, Sage, Beverly Hills.

Mizruchi M. S. (1996), « What Do Interlocks Do? An Analysis, Critique, and Assessment of Research on Interlocking Directorates », *Annual Review of Sociology*, 22, p. 271-298.

Mizruchi M., Marquis C. (2006), « Interlocking directorates », in J. Beckert, M. Zafirovski (dir.), *International Encyclopedia of Economic Sociology*, Routledge, London.

Mizruchi M. S. (2013), *The Fracturing of the American Corporate Elite*, Harvard University Press, Cambridge.

Mokken R. J., Stokman F. N. (1978), « The 1972 Intercorporate network in the Netherlands (Traces of Power IV) », Working paper.

Montagne S., Ortiz H. (2013), « Sociologie de l'agence financière : enjeux et perspectives. Introduction », *Sociétés contemporaines*, 92, p. 7-33.

Orléan A. (1999), *Le pouvoir de la finance*, Odile Jacob, Paris.

Rinaldi A., Vasta M. (2005), « The Structure of Italian Capitalism, 1952-1972: New Evidence Using the Interlocking Directorates Technique », *Financial History Review*, 12-2, p. 173-198.

Schumpeter J. A. (2005), *Théorie de la monnaie et de la banque*, L'Harmattan, Paris.

Scott J. (1997), *Corporate Business and capitalist classes*, Oxford University, Oxford.

Simiand F. (1932), *Le salaire, l'évolution sociale et la monnaie : essai de théorie expérimentale du salaire introduction et étude globale*, Alcan, Paris.

Stiglitz J. E., Weiss A. (1998), « Bank as social accountants and screening devices for the allocation of credit », NBER Working Paper n° 2710, National Bureau of Economic Research.

Théret B. (2008), « Les trois états de la monnaie. Approche interdisciplinaire du fait monétaire », *Revue économique*, 59-4, p. 813-841.

Théret B. (2014), « Pourquoi on ne peut sortir de la crise financière qu'en sortant de la globalisation financière elle-même : un argumentaire », *Teorica politica*. (À paraître).

Weber M. (1994) [1920], *L'éthique protestante et l'esprit du capitalisme*, Pocket, Paris.

Weber M. (1995) [1920], *Économie et société*, Pocket, Paris.

Weber M. (2010) [1894 et 1896], *La Bourse*, Allia, Paris.

Weber M. (2014) [1920], *La Domination*, La Découverte, Paris.

White H. (1992), *Identity and Control: A Structural Theory of Social Action*, Princeton University Press, Princeton.

Zeitlin M. (1974), « Corporate Ownership and Control: The Large Corporation and the Capitalist Class », *American Journal of Sociology*, 79-5, p. 1073-1119.

Variétés de financiarisation et accroissement des inégalités [1]

Olivier GODECHOT
Sciences Po, MaxPo et OSC-Cnrs
olivier.godechot@sciencespo.fr

Nous étudions l'impact de la financiarisation sur la montée des inégalités au sein de dix-huit pays de l'OCDE de 1970 à 2011 et nous mesurons les rôles respectifs de diverses formes de financiarisation : la croissance du secteur financier, la croissance de l'un de ses sous-composants, les marchés financiers, la financiarisation des entreprises non financières et celle des ménages. Nous testons ces impacts grâce à des modèles de régression de panel à effets fixes sur données agrégées au niveau national. Nous utilisons comme variables dépendantes l'indice de Gini de la base SWIID, les mesures d'inégalité interdéciles de l'OCDE et les parts des revenus touchées par les fractions les mieux rémunérées grâce à la *World Top Income Database*. Nous montrons d'abord que la part du secteur de la finance dans le PIB est un moteur important de l'inégalité dans le monde, qui explique de 20 % à 40 % de son accroissement entre 1980 et 2007. Lorsque nous décomposons cet effet du secteur financier, nous constatons que cette évolution est principalement tirée par l'augmentation du volume des transactions boursières et par le montant des actions détenues à l'actif du bilan des banques. Au contraire, la financiarisation des entreprises non financières et celle des ménages ne jouent pas un rôle important. Sur la base de ce test d'inégalité, nous interprétons donc la financiarisation comme étant essentiellement un phénomène de marchéisation, défini comme la croissance de l'activité sociale consacrée au commerce des titres sur les marchés financiers.

Varieties of Financialisation and Increase in Inequalities

We study the impact of financialization on the rise in inequality in 18 OECD countries from 1970 to 2011 and we measure the respective roles of various forms of financialization: the growth of the financial sector, the growth of one of its subcomponent, the financial markets, the financialization of non-financial firms and that of households. We test these impacts thanks to cross country panel regressions in OECD countries. As dependent measures we use both Solt's [2009] Gini index, World Top Income Database, and OECD inter-deciles inequality measures. We show first that the share of finance sector within the GDP is a substantial driver of world inequality, explaining from 20 % to

[1] *Je remercie Moritz Schularick d'avoir partagé ses précieuses données sur l'endettement [Jordà et al., 2014] et Ariel Reshef pour ses conseils, ainsi que les rapporteurs anonymes pour leurs critiques constructives.*

DOI: 10.3917/rfse.hs1.0051

40 % of its increase from 1980 to 2007. When we decompose this financial sector effect, we find that this evolution was mainly driven by the increase in the volume of transactions in national stock-exchanges and by the volume of shares held as assets in banks' balance sheet. On the contrary, financialization of non financial firms and of households does not play a substantial role. Based on this inequality test, we therefore interpret financialization as being mainly a phenomenon of marketization, redefined as the growing amount of social energy devoted to the trade of financial instruments on financial markets.

Mots clés : financiarisation, marchéisation, inégalités de revenu, OCDE

Keywords: financialization, marketization, income inequality, OECD

1. Introduction

À l'automne 2011, au pied des plus grandes places financières de la planète, le mouvement social #OCCUPY a dénoncé conjointement le poids excessif de la finance et l'enrichissement des plus riches (avec le slogan « We are the 99% ! »). Cette double dénonciation rencontre le programme de recherche des années 2000 autour de la notion de financiarisation [Krippner, 2005 ; van der Zwan, 2014]. Un de ses axes consiste à aller au-delà de l'étude interne de la finance et à appréhender les conséquences de son développement sur la cohésion sociale. Or l'une des transformations les plus remarquables des sociétés de marché au cours des quarante dernières années est l'augmentation des inégalités. Celle-ci se manifeste par la hausse de la part des plus prospères dans la masse des salaires, des revenus ou des richesses [Piketty, Saez, 2003 ; Atkinson, Piketty, 2010 ; Piketty, 2013]. La financiarisation est-elle responsable de cette transformation majeure ? La décomposition sectorielle des fractions les mieux loties a déjà mis en évidence que les rémunérations élevées dans la finance contribuent de manière substantielle à l'accroissement des inégalités, expliquant ainsi entre un sixième et un tiers de leur hausse aux États-Unis [Philippon, Reshef, 2012 ; Bakija *et al.*, 2010], la moitié en France [Godechot, 2012] et les deux tiers au Royaume-Uni [Bell, Van Reenen, 2013]. Ce mouvement est-il spécifique à ces quelques pays ? On peut désormais répondre en mettant en relation les données agrégées sur les inégalités telles que la *Word Top Income Database* alimentée par les recherches de Tony Atkinson, Thomas Piketty et leurs collaborateurs, et des données macroéconomiques sur l'activité financière produites par les organismes internationaux. Kus et Dünhaupt ont ainsi déjà mis en évidence pour les pays de l'OCDE que, depuis une vingtaine d'années, plusieurs indicateurs de financiarisation étaient significativement corrélés à la hausse des inégalités mesurée par l'indicateur de Gini et par la part du top 1 % [Kus, 2013 ; Dünhaupt, 2014]. La présente contribution à la fois confirme et prolonge ces derniers travaux en analysant plus finement les impacts de la financiarisation à plusieurs niveaux de la distribution des rémunérations d'une part (rapports interdéciles et part des fractiles supérieurs du top 10 % au top 0,01 %), en étudiant une plage temporelle plus large (1970-2012) et, enfin, en analysant plus systématiquement l'impact sur la hausse des inégalités des différentes variétés de financiarisation identifiées jusqu'ici. En effet, la notion de financiarisation est pluridimensionnelle : elle peut renvoyer à l'augmentation du secteur financier dans son ensemble, à celle des seules activités de marché, ou au-delà à la financiarisation des secteurs institutionnels non financiers, qu'il s'agisse des entreprises ou des ménages. Nous montrons ainsi que, mesurée à l'aune de son impact sur les inégalités, la financiarisation est avant tout un phénomène de marchéisation, que nous proposons de définir comme l'accroissement de l'activité sociale dévolue au commerce des titres sur les marchés financiers.

2. Les variétés de la financiarisation. Retour sur les apports de la littérature

La notion de financiarisation a d'abord été forgée par des auteurs post-keynésiens ou néomarxistes comme un nouveau « régime d'accumulation dans lequel le profit se réalise plus par des canaux financiers que par la production et le commerce des marchandises » [Krippner, 2005]. Un des acquis de ces travaux est de montrer que cette accumulation entame celle du capital productif [Stockhammer, 2004 ; Orhangazi, 2008 ; Hecht, 2014 ; Tomaskovic-Devey *et al.*, 2015 ; Alvarez, 2015]. La financiarisation n'en reste pas moins une notion multiple, pour ne pas dire floue, lorsqu'elle est définie comme « l'importance croissante des motifs financiers, des marchés financiers, des acteurs financiers, et des institutions financières dans les activités économiques locales et internationales » [Epstein, 2005, p. 3].

En première approche, la manière la plus simple de la mesurer grâce aux outils comptables est de calculer la part des revenus, des salaires ou des profits réalisés dans le secteur finance, banques et assurances. La part du PIB réalisée dans ce secteur a été ainsi multipliée par 1,7 aux États-Unis depuis 1980, passant de 5 à 8 % [Greenwood, Scharfstein, 2013]. Elle augmente à un rythme proche dans les autres pays de l'OCDE [Philippon, Reshef, 2013]. Cette évolution va de pair, paradoxalement, avec une augmentation du coût des services financiers [Philippon, 2014 ; Bazot, 2014] et laisse présumer l'existence de rentes [Tomaskovic-Devey, Lin, 2011] alimentées par la dérégulation financière [Krippner, 2011 ; Philippon, Reshef, 2012] et captées par ses salariés les mieux payés [Godechot, 2012 ; Bell, Van Reenen, 2013 ; Boustanifar *et al.*, 2014]. L'approche sectorielle agrège toutefois des activités financières très différentes, des activités de réseau plus traditionnelles dont l'extension dans les années 1960 et 1970 (nommée « bancarisation ») ne semble pas avoir augmenté les inégalités, et de nouvelles activités de marché, en forte croissance depuis le milieu des années 1980 [Greenwood, Scharfstein, 2013]. Ce pourrait être moins la financiarisation qui alimente les inégalités que la marchéisation de la finance. Celle-ci combine à la fois la titrisation – la transformation d'actifs financiers, en particulier des créances, en titres financiers négociables sur le marché – et la croissance du volume d'échange pour chaque titre. Elle entraîne le développement de structures d'intervention sur les marchés (en particulier les salles de marché) avec leur organisation sociale spécifique et leur mode de répartition des salaires. De nombreux travaux soulignent le potentiel inégalitaire de ces activités en France, au Royaume-Uni ou aux États-Unis [Godechot, 2012 ; Bell, Van Reenen, 2013]. Au niveau international, les indicateurs d'activité des marchés financiers et la croissance des titres dans les bilans bancaires sont corrélés avec l'augmentation de l'indice de Gini et de la part du 1 % [Kus, 2013 ; Dünhaupt, 2014].

Le capital humain, très important dans les activités de marché, et les politiques d'incitation, deux facteurs que l'on pourrait rendre responsables de cette corrélation, n'expliquent que faiblement les écarts de salaire et, partant, les inégalités [Godechot, 2011 ; Philippon, Reshef, 2012]. Récemment, une explication néoclassique des salaires financiers a été proposée à partir d'un mécanisme marchand de type superstar [Célérier, Vallée, 2015]. La taille des activités financières contribuerait à démultiplier le talent. Si un opérateur financier peut obtenir sur un portefeuille un rendement d'un epsilon supplémentaire par rapport à son collègue, alors il est rentable de lui attribuer un portefeuille plus important et il peut réclamer une rémunération supplémentaire de cet epsilon multiplié par la taille du portefeuille qu'il gère. Cette interprétation, qui repose sur un assortiment marchand parfait des hiérarchies de talent « inné » et des tailles de portefeuille, a sans doute une certaine pertinence mais rend difficilement compte de certains phénomènes patents de rente, comme les carrières bien meilleures obtenues par les étudiants des écoles de commerce d'élite entrés sur le marché du travail en période de boom financier, par rapport à ceux entrés en période de crise financière [Oyer, 2008]. Une explication plus réaliste peut être donnée de ces rémunérations et des inégalités qui en découlent par un mécanisme de hold-up [Godechot, 2006 ; Godechot, 2014]. Elle diffère de la théorie des superstars, en élargissant la notion de « talent » non plus au seul talent « inné » (ou acquis lors des études), mais aussi au « talent » acquis sur le tas et plus généralement à l'ensemble des ressources accumulées dans l'entreprise financière. La finance permet plus qu'ailleurs de s'approprier individuellement du capital humain (savoirs, savoir-faire, etc.) et du capital social (clients, équipes), et de les mouvoir ailleurs – ou de menacer de le faire. Les salariés qui peuvent transporter l'activité obtiennent alors des rémunérations considérables, lesquelles, loin d'être anecdotiques, pourraient nourrir la dynamique inégalitaire contemporaine.

Toutefois, la financiarisation ne limite pas ses effets aux seuls marchés financiers. Elle déborde les frontières des secteurs institutionnels et concerne aussi les entreprises non financières. Ces dernières ont été ainsi profondément transformées par la nouvelle doctrine managériale de la valeur actionnariale [Useem, 1996 ; Fligstein, 2002]. Celle-ci, forgée par des économistes universitaires libéraux [Jensen, Meckling, 1979] et portée par des cabinets de conseil [Froud *et al.*, 2000 ; Lordon, 2000], s'est diffusée à la faveur d'une lutte entre raiders, investisseurs institutionnels et patrons pour la domination dans le champ économique [Heilbron *et al.*, 2014]. Elle prône le *downsize and distribute* contre le *retain and reinvest* traditionnel [Lazonick, O'Sullivan, 2000] et donne aussi la priorité à la rémunération des actionnaires par le versement de dividendes ou le rachat d'actions. Elle favorise par ailleurs le recours à l'endettement (comme source de financement et comme discipline) et à des plans de rémunération généreux et incitatifs sous forme de stock-options pour les PDG [Jensen, Murphy,

1990 ; Dobbin, Jung, 2010]. Cette nouvelle orientation non seulement réduit l'investissement productif [Orhangazi, 2008 ; Hecht, 2014], mais favoriserait les inégalités par plusieurs canaux : augmentation des versements de dividendes qui alimentent les revenus des plus fortunés, rémunération à la fois plus incitative et plus élevée pour les P-DG et les cadres exécutifs, salaires des catégories moyennes et inférieures soumis à la pression de la restructuration. Dünhaupt trouve ainsi que la priorité donnée aux dividendes des actionnaires va de pair avec une hausse des inégalités [Dünhaupt, 2014].

En outre, les entreprises non financières consacrent à la manière des banques une part importante de leurs activités aux opérations financières [Krippner, 2005]. Elles acquièrent ainsi d'importants portefeuilles de titres financiers et accompagnent la vente de biens et de services par la vente de crédits permettant aux consommateurs de les acquérir, en particulier dans l'automobile. Ce mouvement, quoique différent, est vu comme un indicateur de l'orientation vers l'actionnaire et favoriserait les inégalités pour les raisons évoquées ci-dessus. En outre, il y contribue aussi en marginalisant le travail productif par rapport au travail financier. Il va de pair avec un recul de la part du travail dans la valeur ajoutée en France [Alvarez, 2015] et aux États-Unis [Tomaskovic-Devey *et al.*, 2015], ainsi que dans ce pays, avec une hausse des inégalités et une hausse des rémunérations patronales [Lin, Tomaskovic-Devey, 2013].

La promotion de la valeur actionnariale d'une part, et ce que nous proposons de désigner comme leur bancarisation d'autre part ne sont toutefois pas complètement congruents. En effet cette bancarisation va à l'encontre de l'impératif de dédiversification et de concentration sur les activités du cœur de métier promu par la doctrine de la valeur actionnariale et soutenu en particulier par les analystes financiers [Zuckerman, 1999 ; Dobbin, Jung, 2010]. Crotty [2005] propose néanmoins de les réconcilier en expliquant que la financiarisation soumet à la fois les entreprises non financières à de nouvelles contraintes (l'orientation vers l'actionnaire) tout en leur permettant de profiter de nouvelles opportunités (la bancarisation).

Les travaux sur la financiarisation mettent enfin l'accent sur un troisième secteur institutionnel : les ménages [Martin, 2002]. La promotion du « capitalisme populaire » dans les années 1980 et plus encore des retraites par capitalisation [Montagne, 2006] a orienté l'épargne des ménages vers la détention de titres financiers. Par ailleurs, dans le cadre d'une croissance atone et d'une crise de l'État providence, le recours à l'endettement a été le moyen pour eux de maintenir ou d'accroître leur niveau de vie [Streeck, 2014], en particulier sous forme de crédit hypothécaire, mais aussi de crédit à la consommation [Poon, 2009] ou de crédit étudiant. Le rôle crucial de l'endettement dans la crise financière de 2007-2008 (à travers le rôle des *subprimes*) a conduit à une réévaluation du rôle de l'endettement des ménages sur la dynamique de financiarisation. Elle en serait une composante majeure et son accroissement contribue significativement à l'éclatement régulier de crises financières [Jordà *et al.*, 2014]. La financiarisation des ménages peut contribuer aux inégalités par plusieurs canaux : les ménages les plus riches, qui peuvent pour cela s'endetter à bas coût, investissent dans des placements plus lucratifs [Piketty, 2013 ; Fligstein, Goldstein, 2015], les ménages modestes pour maintenir leur niveau de vie, s'endettent eux à des taux élevés, et paient des intérêts élevés sur les crédits, qui via la titrisation, sont détenus par les ménages riches [Kumhof *et al.*, 2015]. Enfin la financiarisation croissante des ménages accroît le rôle d'intermédiation de l'industrie financière qui touche des revenus pour ce rôle.

3. Données et modèle

Le champ de l'étude porte essentiellement sur dix-huit pays de l'OCDE pour lesquels nous disposons de mesures d'inégalité et de mesures de financiarisation [2].

Vu que les indicateurs synthétiques d'inégalité (comme l'indice de Gini, de Theil, etc.) résument de manière insatisfaisante toute une distribution, il est intéressant d'étudier les écarts de revenu à différents niveaux de la distribution. Nous utilisons ici comme variables dépendantes l'indice de Gini contenu dans la base SWIID 4.0 [Solt, 2009], les ratios interdéciles d'inégalité de l'OCDE D5/D1 (ratio de la médiane D5 sur le seuil supérieur du premier décile D1), D9/D1 (ratio du seuil supérieur du neuvième décile D9 sur le seuil supérieur du premier décile D1) et D9/D5 (ratio du seuil supérieur du neuvième décile D9 sur la médiane D5), et à partir de la *World Top Income Database* la part des revenus touchée par les 10 %, 1 %, 0,1 % et 0,01 % les mieux rémunérés (cf. descriptif des variables dans le tableau A1 des annexes électroniques [3]). L'augmentation des inégalités sur l'ensemble considéré est générale et patente depuis 1980 (figure 1 et figures A1 à A8) : de 1980 à 2007, l'indice de Gini est multiplié par 1,2 (passant de 0,37 à 0,43), le ratio D9/D1 par 1,1 (passant de 2,9 à 3,2), la part du top 1 % est multipliée par 1,6 (passant de 6,5 % à 10,2 % de la masse des revenus), et celle du top 0,01 % par 2,7 (passant de 0,5 % à 1,4 %).

Nous utilisons comme variables explicatives des indicateurs des différentes formes de financiarisation et quelques variables de contrôle disponibles pour l'ensemble des pays – le PIB par personne, le taux de syndicalisation, le taux d'importation – dont la littérature sur les inégalités souligne le possible impact [Kristal, 2010 ; Volscho, Kelly, 2012]. Nous avons vérifié par ailleurs que l'inclusion de variables de contrôle supplémentaires disponibles pour un échantillon plus restreint (tels que les investissements dans les NTIC ou la part des salariés diplômés du tertiaire) ne modifie pas sensiblement nos conclusions sur nos variables d'intérêt.

Le modèle de base que nous utilisons est celui des moindres carrés ordinaires sur données de panel avec des effets fixes pays g_i et des effets fixes temps pour chaque année p_t et des erreurs types robustes pour données de panel pour tenir compte de l'autocorrélation temporelle des séries [Beck, Katz, 1995].

$$\textit{Inégalité} = \textit{Financiarisation}_{i(t-1)} + \textit{Contrôles}_{i(t-1)} + g_i + p_t + \textit{erreur}_{it} \qquad (1)$$

[2] *Ces pays sont l'Allemagne, l'Australie, le Canada, le Danemark, l'Espagne, les États-Unis, la Finlande, la France, l'Irlande, l'Italie, le Japon, la Nouvelle-Zélande, la Norvège, les Pays-Bas, le Portugal, le Royaume-Uni, la Suède, la Suisse. La part du top 0,1 % n'est pas définie pour la Finlande, et celle du top 0,01 % pour la Finlande, l'Irlande, la Nouvelle-Zélande, la Norvège.*

[3] *Pour des raisons de place, nous ne présentons au sein du corps de l'article que les résultats essentiels et nous renvoyons le lecteur aux annexes électroniques disponibles à l'adresse http://www.cairn.info/loadextraweb.php?ID_ARTICLE=RFSE_HS1_0051 pour la description des variables (tableau A1), pour les figures présentant leurs évolutions (figures A1 à A23), pour les régressions complètes et les variantes (tableaux A2 à A21).*

Figure 1. Évolution de la part des revenus touchée par les 1 % les mieux rémunérés

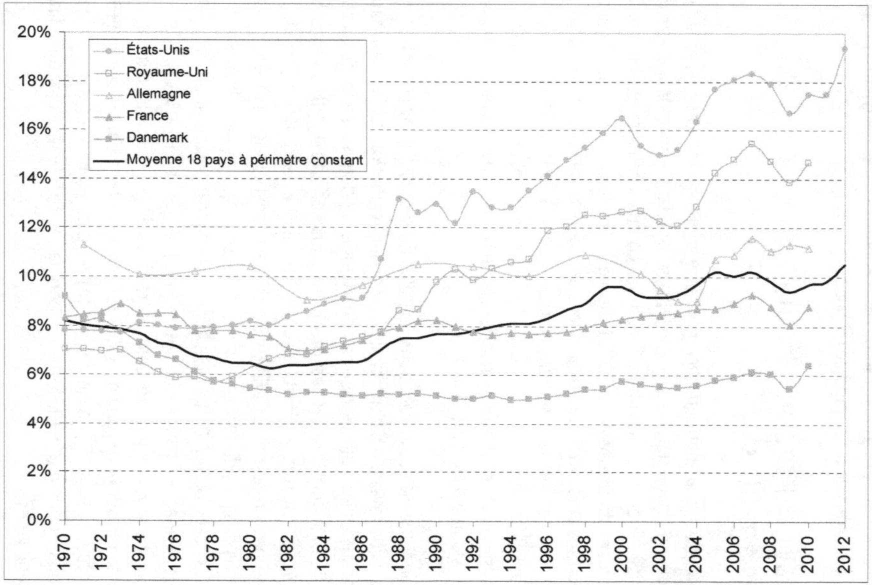

Note : En 2012, les 1 % les mieux rémunérés aux États-Unis percevaient 19,3 % des revenus nationaux. Pour faciliter la lecture, seuls cinq pays sont représentés. La moyenne (avec correction pour rester sur périmètre constant) est calculée sur dix-huit pays (avec, outre ceux représentés, l'Australie, le Canada, la Finlande, l'Irlande, l'Italie, le Japon, les Pays-Bas, la Nouvelle-Zélande, la Norvège, le Portugal, l'Espagne, la Suède, la Suisse). Sources : World Top Income Database : http://topincomes.parisschoolofeconomics.eu/ et Piketty [2013].

L'introduction de l'effet fixe pays permet de prendre en compte l'hétérogénéité inobservée constante dans le temps. Par conséquent, l'indicateur de financiarisation mesure non pas les différences entre pays qui pourraient résulter de variables confondantes inobservées constantes, mais uniquement l'effet de ses variations intrapays sur les variations intrapays d'inégalité. L'effet fixe temps capture des variations temporelles communes aux différents pays. La variable de financiarisation capturera donc uniquement les effets des variations temporelles intrapays spécifiques à chaque pays. L'introduction d'un retard d'un an permet d'asseoir une interprétation causale de nos résultats. En annexe, nous testons des variantes de panel dynamique pour corroborer les résultats de notre modèle de base.

4. L'impact du secteur financier sur les inégalités

En première approche, la financiarisation peut être approchée assez simplement par la part de l'activité économique (à savoir le PIB) réalisée dans le secteur financier (qui réunit à la fois la finance et l'assurance[4]) dans les comptes économiques nationaux sectoriels réunis et standardisés par l'OCDE (figure 2). D'une part, les transformations financières les plus emblématiques de la financiarisation (comme l'irruption des marchés financiers) ont eu lieu précisément dans ce secteur. D'autre part, la plupart des transformations financières ayant lieu hors du secteur des entreprises financières se traduisent aussi par des opérations financières que l'on retrouve au moins en partie dans la valeur ajoutée du secteur financier.

Le tableau 1 indique l'effet des variations du poids du secteur financier sur les variations des écarts de revenu à différents niveaux de la distribution. La financiarisation n'a pas d'effet sur les inégalités lorsqu'on appréhende ces dernières avec l'indicateur synthétique de Gini (dont la qualité est médiocre[5]), mais affecte significativement les écarts interdéciles et la part des fractiles supérieurs. Elle n'a pas d'effet sur le ratio D5/D1, mais elle augmente les ratios D9/D5 et D9/D1. Un écart-type de finance augmente de 0,12 écart-type la part du top 10 %, de 0,23 celle du top 1 %, de 0,28 celle du top 0,1 % et de 0,41 celle du top 0,01 %. Ces premières indications montrent que l'effet inégalitaire de la financiarisation est d'autant plus fort que l'on monte dans l'échelle de distribution des revenus. Pour le redire autrement, si l'on croît notre régression et si l'on se concentre sur la séquence 1980-2007 d'approfondissement des inégalités (cf. figure 1 et figures A1 à A8), un cinquième de l'accroissement de la part dévolue au top 1 %, un quart pour le top 0,1 % et 40 % pour le top 0,01 % résultent de la financiarisation (tableau A3).

[4] La délimitation entre finance et assurance n'est pas toujours disponible et elle semble quelque peu hétérogène d'une année ou d'un pays à l'autre.

[5] Solt estime l'indice de Gini tous les trois ans à partir de la base du Luxemburg Income Study et complète ensuite les données pour les années manquantes par interpolation [Solt, 2009]. Ceci conduit la variable à manquer de grain. En outre, des évolutions pour certains pays paraissent curieuses et à contre-tendance de ce que l'on sait par ailleurs (cf. le Danemark dans les années 1970 - figure A1).

Figure 2. Évolution de la part de la finance dans le PIB

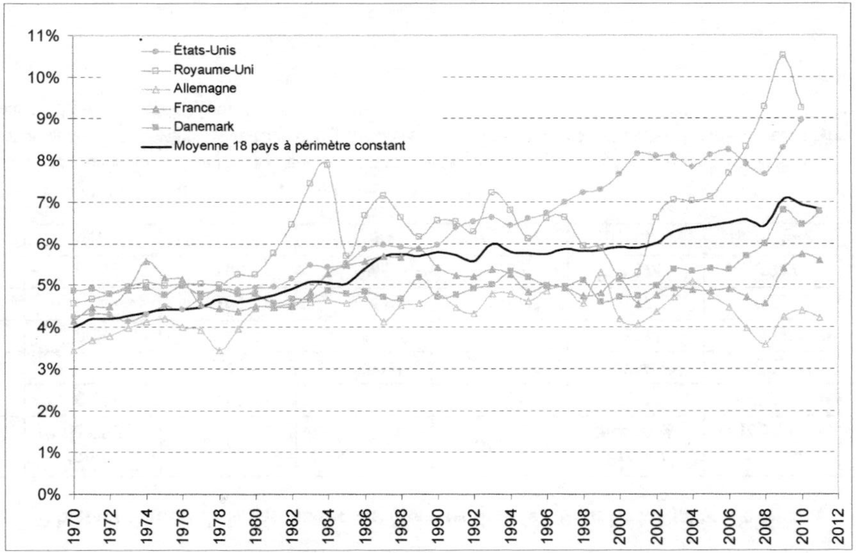

Note : En 2010, le secteur financier constituait 9 % du PIB aux États-Unis. Pour faciliter la lecture, seuls cinq pays sont représentés. La moyenne (avec correction pour rester sur périmètre constant) est calculée sur dix-huit pays (avec outre ceux représentés, l'Australie, le Canada, la Finlande, l'Irlande, l'Italie, le Japon, les Pays-Bas, la Nouvelle-Zélande, la Norvège, le Portugal, l'Espagne, la Suède, la Suisse). Sources : OCDE Stan V3 (http://stats.oecd.org/), complété par Euroklems V3 (http://www.euklems.net/) et OCDE stan V4, avec correction additive pour continuité.

Tableau 1. Impact de la part du secteur financier dans le PIB sur les inégalités de revenu

	Indice de Gini	D5/D1	D9/D1	D9/D5	Part du top 10 %	Part du top 1 %	Part du top 0,1 %	Part du top 0,01 %
PIB par tête (t-1)	-0,51***	0,62***	0,34**	0,13*	-0,21*	0,04	-0,02	0,02
Taux de syndicalisation (t-1)	-0,27***	-0,16**	-0,23***	-0,25***	-0,36***	-0,23***	-0,1**	-0,14***
Taux d'importation (t-1)	-0,15***	0,41***	0,17*	-0,03	-0,11**	-0,13**	-0,15**	0,17*
Finance & assurance/PIB (t-1)	-0,04	-0,04	0,16**	0,18***	0,12***	0,23***	0,28***	0,41***
R^2 aj. « within »	0,150	0,081	0,086	0,152	0,174	0,147	0,127	0,229
Nb. obs./pays/années	673/18/42	391/18/42	391/18/42	391/18/42	604/18/42	623/18/42	538/17/42	368/14/42

Lecture : modèles MCO avec effets fixes pays et années et des erreurs types corrigées pour données de panel.

***p < 0,001, **p < 0,01, *p < 0,05, ·p < 0,1. La définition des variables et leurs sources sont détaillées en annexe électronique dans le tableau A1.

Nous présentons ici les paramètres standardisés « démoyennisés » par pays pour comparer les effets des différentes variables en termes d'écarts-types intrapays : un écart-type intrapays de part de finance dans le PIB en plus augmente la part du 1 % de 23 % d'écart-type.

Nous contrôlons par ailleurs cet effet de la financiarisation (outre les effets fixes pays et période) par trois variables : la variation du revenu par tête, celle du taux de syndicalisation et celle du taux de pénétration des importations. Comme dans les travaux précédents [Alderson, Nielsen, 2002 ; Kristal, 2010 ; Volscho, Kelly, 2012], nous trouvons que la syndicalisation a un effet réducteur des inégalités en limitant plus particulièrement la concentration des revenus au sein du décile supérieur et l'écart de son seuil avec la médiane. L'ouverture aux importations, qui cherche à approcher les effets de la globalisation [Sassen, 2001] et de la concurrence extérieure, n'a des effets inégalitaires que pour le bas de la distribution. Au contraire, sur le haut de la distribution, les effets sont plus contradictoires et vont plutôt dans le sens d'une réduction des inégalités. Enfin, le PIB par tête capture l'effet de la croissance moderne, dont on discute du caractère désormais plus inégalitaire [Cohen, 1997]. Cet effet se rencontre notamment au niveau des groupes médians, en particulier au sein de la moitié inférieure, mais en revanche ne joue pas sur la concentration des revenus au plus haut niveau de la distribution.

On pourrait s'inquiéter de l'effet de variables inobservées du fait du nombre limité de variables de contrôle. En annexe, on introduit sur les sous-échantillons pour lesquels ces variables sont disponibles un indicateur, d'une part, de l'informatisation (tableau A4) et d'autre part, de capital humain (tableau A5). La puissance statistique est diminuée du fait de la réduction de l'échantillon, mais les conclusions restent globalement les mêmes. On pourrait également craindre que l'introduction du seul secteur financier ne capture aussi l'effet d'autres évolutions sectorielles qui lui sont corrélées. L'effet de la finance se maintient relativement aux autres secteurs lorsque l'on introduit l'ensemble de la partition sectorielle. L'effet du secteur financier est l'un des plus significatifs et des plus robustes sur l'ensemble de la distribution des revenus[6] (tableau A6).

À ce problème d'hétérogénéité inobservée discutée au-dessus s'ajoute un risque de causalité inverse. Est-ce la financiarisation qui génère des inégalités ou les inégalités qui favorisent la financiarisation ? Les élites sont en effet fortement consommatrices de services financiers et l'accroissement de leurs ressources pourrait augmenter la valeur ajoutée de ce secteur. En outre, l'endettement des ménages modestes a pu être favorisé comme solution pour ne pas laisser leur niveau de vie se détériorer relativement à celui fortement croissant des ménages les plus riches [Kumhof *et al.*, 2015]. On s'assure en annexe tout d'abord que la corrélation entre financiarisation et inégalité (ici le top 1 %) est plus forte lorsque l'indicateur de financiarisation est retardé d'un an que lorsqu'il est simultané ou avancé (tableau A7). On mesure différents modèles qui cherchent à tenir compte de l'éventuelle dynamique entre variables dépendantes et variables explicatives : modèles avec variables dépendantes retardées (tableau A8), modèles dynamiques de Blundell-Bond (tableau A9) et modèles à correction d'erreur (tableau A10). Ces modèles confirment l'effet significatif de la financiarisation sur la concentration des revenus en haut de la distribution.

[6] Notons un effet positif du secteur agricole sur les inégalités de revenu déjà remarqué ailleurs [Alderson, Nielsen, 2002]. La réduction du poids du secteur agricole a ainsi contribué à la réduction des inégalités dans les années 1970. Le secteur de la construction est aussi sensiblement lié à la hausse des inégalités pour le haut de la distribution, sans que les mécanismes sous-jacents ne soient très clairs.

Les statistiques sectorielles de l'OCDE permettent enfin de décomposer le partage capital-travail de la valeur ajoutée. Sans surprise, la baisse de la part du travail dans le partage de la valeur ajoutée dans les secteurs non financiers est corrélée à l'augmentation des inégalités (tableau A11). En revanche, plus la part du travail est importante dans le secteur financier, plus les inégalités le sont dans l'économie, et ce, même en contrôlant la part du secteur financier dans l'ensemble de l'économie (dont la contribution reste positive). Ceci signifie donc que l'augmentation des inégalités est due non seulement à l'augmentation de la part du secteur financier dans les profits, mais plus encore à l'augmentation de la part de ce dernier au sein de la masse salariale. Ce résultat contraste avec ceux de Tomaskovic-Devey et Lin [2011] qui estiment que les deux tiers de l'augmentation de la rente financière découlent de la hausse des profits financiers.

5. Les variétés de financiarisation

Nous souhaitons désormais analyser l'impact de la financiarisation, à la fois au-delà et en deçà de l'indicateur synthétique sectoriel de la section précédente. La financiarisation a été vue avant tout comme un mouvement de transformation des entreprises non financières, en les soumettant aux nouvelles contraintes de création de valeur pour l'actionnaire, laquelle privilégie le recours à l'endettement (multiplication par 1,2 entre 1990 et 2007 – figure A12) et le versement de dividendes nets pour les actionnaires (multiplication par 1,1 – figure A13), et en les poussant à agir comme de quasi-banques en attribuant des crédits et en acquérant des titres financiers (multiplication dans les deux cas par 1,8 – figures A14 et A15).

La soumission à la valeur actionnariale ne contribue que modérément à la hausse des inégalités (tableau 2, lignes 1 et 2). L'endettement des entreprises va clairement de pair avec un secteur financier plus important. Mais son impact sur les inégalités est assez hétérogène selon les indicateurs proposés : positif pour l'inégalité en bas de la distribution (D5/D1) et pour la concentration au plus haut (top 0,1 %), il est en revanche négatif sur la part du top 10 %. La priorité donnée à la rémunération des actionnaires a de même des effets hétérogènes sur les inégalités, positifs dans le haut de la distribution comme dans Dünhaupt [2014], mais très modérés et significatifs seulement pour la part du top 10 %, et négatifs pour le ratio D9/D5. Ce résultat en demi-teinte vient peut-être du fait que dans certains pays, en particulier les États-Unis, l'orientation vers l'actionnaire se traduit plus par des politiques de rachat de titres que par le versement de dividendes [Hecht, 2014].

La bancarisation des entreprises non financières n'est pas associée à une augmentation des inégalités intrapays. Au contraire, ce mouvement est à la fois corrélé négativement et significativement à l'accroissement du secteur financier et à la hausse des inégalités (tableau 2, lignes 3 et 4). Il s'agit moins ici d'interpréter causalement ce résultat (ce qui supposerait d'en détailler plus avant les mécanismes) que de constater qu'il contredit le lien positif établi pour les secteurs non financiers étasuniens [Lin, Tomaskovic-Devey, 2013]. La divergence peut devoir à une différence de champ (États-Unis *versus* OCDE), de sources et de définition des variables. Lin et Tomaskovic-Devey se concentrent en outre sur les effets de bancarisation des entreprises non financières sur la seule dynamique des inégalités intrasectorielles (hors secteur

Tableau 2. Impact de la financiarisation des entreprises non financières sur les inégalités de revenu

		Finance /PIB	Indice de Gini	D5/D1	D9/D1	D9/D5	Part du top 10 %	Part du top 1 %	Part du top 0,1 %	Part du top 0,01 %
1	Endettement/PIB (t-1)	0,17***	-0,03	0,13*	0,09	0,04	-0,07*	0,01	0,05·	0,05
	Nb. obs./pays/années	563/16/42	600/16/42	373/16/42	373/16/42	373/16/42	536/16/42	555/16/42	503/15/42	384/13/42
2	Dividendes nets distribués/EBE (t-1)	-0,36***	-0,043	0,031	-0,085	-0,13*	0,14**	0,086	0,13	-0,072
	Nb. obs./pays/années	289/15/42	304/15/42	224/15/30	224/15/30	224/15/30	266/15/42	280/15/42	226/13/42	150/10/42
3	Revenus financiers / EBE (t-1)	0,08	-0,12*	-0,36***	-0,33***	-0,09	-0,4***	-0,3***	-0,23**	0,07
	Nb. obs./pays/années	289/15/42	304/15/42	224/15/30	224/15/30	224/15/30	266/15/42	280/15/42	226/13/42	150/10/42
4	Actifs financiers/PIB (t-1)	-0,09	-0,17·	-0,3***	-0,16*	0,04	-0,35***	-0,19***	-0,15·	-0,18·
	Nb. obs./pays/années	267/16 /23	287/16 /23	236/16 /23	236/16 /23	236/16 /23	260/16 /23	260/16 /23	225/14 /23	165/11/23

Lecture : chaque cellule correspond à un modèle différent. Tous les modèles sont estimés avec la méthode des MCO avec effets fixes pays et années et des erreurs types corrigées pour données de panel. Nous utilisons aussi le PIB par tête, le taux de syndicalisation et le taux d'importation en variables de contrôle ainsi que, pour les modèles de la ligne 4, l'indice boursier pour contrôler la montée du prix des actifs financiers. Les modèles complets sont détaillés en annexe (tableaux A12 à A15).

***p < 0,001, **p < 0,01, *p < 0,05, ·p < 0,1. La définition des variables et leurs sources sont détaillées en annexe électronique dans le tableau A1.

Nous présentons ici les paramètres standardisés « démoyennisés » par pays pour comparer les effets des différentes variables en termes d'écarts-types intrapays.

financier). Or il se peut que cette dynamique soit à contre-tendance de l'évolution des inégalités agrégées au niveau de l'économie (alimentées notamment par le différentiel croissant des rémunérations entre le secteur financier et non financier). Enfin, les variables de dividendes et d'actifs financiers issues de la comptabilité nationale ne sont pas consolidées et les indicateurs utilisés peuvent capturer aussi une tendance à la filialisation de la production.

La financiarisation des ménages est appréhendée par trois variables : la montée des placements financiers au sein de l'épargne des ménages, que ceux-ci soient directement en actions (multipliés par 1,8 entre 1990 et 2007 – cf. figure A16) ou qu'ils soient gérés pour compte de tiers dans un organisme de placement collectif (multipliés par 4,7 au cours de la même période – figure A17), et la montée de l'endettement (multiplié par 1,6 – figure A18).

La transformation de l'épargne en faveur de la détention des titres financiers se fait plus particulièrement en faveur de la gestion intermédiée par des entreprises financières de type fonds de pension, grâce à des mesures propices à leur développement, en particulier aux États-Unis [Montagne, 2006 ; Saez, Zucman, 2014]. C'est d'ailleurs cette forme-là de financiarisation qui est corrélée avec la croissance des inégalités, en particulier en contribuant à l'écartement des déciles, mais aussi en impactant la concentration au plus haut niveau (tableau 3).

De même, la montée de l'endettement contribue sensiblement à l'augmentation des inégalités en milieu de distribution, et dans une moindre mesure à la concentration des rémunérations à son sommet. Au vu de ces premières statistiques, la financiarisation des ménages contribue plus à l'augmentation des inégalités que celle des entreprises.

Examinons enfin deux facteurs de transformation interne du secteur financier liés à la montée en puissance des marchés financiers et à la substitution du commerce de titres financiers aux relations personnalisées de crédit : d'une part l'accroissement du volume de titres échangés sur les Bourses nationales, multiplié par 11 entre 1990 et 2007 (figure A19) et d'autre part le gonflement des titres financiers détenu à l'actif des banques, multiplié par 3,2 pendant la même période (figure A21).

Les modèles de la première ligne du tableau 4 confirment les travaux de Dunhaupt [2014] et Kus [2013] en montrant clairement que l'activité de marché, mesurée par le volume de transactions, contribue à l'accroissement des inégalités. Ils apportent en plus la confirmation que l'impact s'accroît au fur à mesure que l'on monte dans la distribution des revenus : un écart-type de volatilité en plus augmente ainsi d'un demi-écart-type la part du dix millième supérieur des revenus. Les modèles de la deuxième ligne montrent quant à eux l'impact crucial non seulement du gonflement des bilans bancaires, mais aussi de leur marchéisation. L'encours de crédit n'a pas de rôle significatif robuste. En revanche, les actions possédées dans le bilan des banques sont très significativement corrélées à l'augmentation des inégalités, et ce d'autant plus que l'on met la focale au plus haut niveau.

Quel bilan tirer de ces différents résultats ? Les différentes dimensions de l'activité financière sont fortement intriquées, rendant leur interprétation « toutes choses

Tableau 3. Impact de la financiarisation des ménages sur les inégalités de revenu

		Finance /PIB	Indice de Gini	D5/D1	D9/D1	D9/D5	Part du top 10 %	Part du top 1 %	Part du top 0,1 %	Part du top 0,01 %
1	Actions et autres participations des ménages hors organisme de placement collectif/PIB (t-1)	-0,29***	-0,25**	-0,16*	-0,25***	-0,24***	-0,18***	-0,04	0,06	0,1
	Parts d'organismes de placement collectif/PIB (t-1)	0,1	0,41***	0,3***	0,55***	0,5***	0,07	0,11*	0,17**	0,36***
	Nb. obs./pays/années	245/15/23	263/15/23	219/15/23	219/15/23	219/15/23	238/15/23	238/15/23	211/14/23	155/11/23
2	Endettement/PIB (t-1)	0,52***	0	0,1	0,29**	0,27***	0,03	0,11*	0,17***	0,17**
	Nb. obs./pays/années	563/16/42	600/16/42	373/16/42	373/16/42	373/16/42	536/16/42	555/16/42	503/15/42	384/13/42

Lecture : chaque cellule correspond à un modèle différent. Tous les modèles sont estimés avec la méthode des MCO avec effets fixes pays et années et des erreurs types corrigées pour données de panel. Nous utilisons aussi le PIB par tête, le taux de syndicalisation et le taux d'importation en variables de contrôle ainsi que pour les modèles de la ligne 1, l'indice boursier pour contrôler la montée du prix des actifs financiers. Les modèles complets sont détaillés en annexe (tableaux A16 à A17).

***p < 0,001, **p < 0,01, *p < 0,05, ·p < 0,1. La définition des variables et leurs sources sont détaillées en annexe électronique dans le tableau A1.

Nous présentons ici les paramètres standardisés « démoyennisés » par pays pour comparer les effets des différentes variables en termes d'écarts-types intrapays.

Tableau 4. Impact de la marchéisation du secteur financier sur les inégalités de revenu

		Finance /PIB	Indice de Gini	D5/D1	D9/D1	D9/D5	Part du top 10 %	Part du top 1 %	Part du top 0,1 %	Part du top 0,01 %
1	Volume de transactions à la Bourse/ PIB (t-1)	0,39***	0,1*	-0,06	0,18*	0,22***	0,24***	0,28***	0,3***	0,49***
	Nb. obs.	356/18/23	385/18/23	308/18/23	308/18/23	308/18/23	355/18/23	355/18/23	285/15/23	206/12/23
2	Encours de crédit à l'actif/PIB (t-1)	0,42***	-0,07	-0,05	-0,06	-0,05	-0,14·	-0,06	0,18**	0,08
	Actions et fonds d'investissement à l'actif/PIB (t-1)	0,12	0,31**	-0,08	0,15	0,26*	0,14*	0,17*	0,43***	0,61***
	Nb. obs.	267/16/23	287/16/23	236/16/23	236/16/23	236/16/23	260/16/23	260/16/23	225/14/23	165/11/23

Lecture : Chaque cellule correspond à un modèle différent. Tous les modèles sont estimés avec la méthode des MCO avec effets fixes pays et années et des erreurs types corrigées pour données de panel. Nous utilisons aussi le PIB par tête, le taux de syndicalisation et le taux d'importation en variables de contrôle ainsi que l'indice boursier pour contrôler la montée du prix des actifs financiers. Les modèles complets sont détaillés en annexe (tableaux A18 à A19).

***p < 0,001, **p < 0,01, *p < 0,05, ·p < 0,1. La définition des variables et leurs sources sont détaillées en annexe électronique dans le tableau A1.

Nous présentons ici les paramètres standardisés « démoyennisés » par pays pour comparer les effets des différentes variables en termes d'écarts-types intrapays.

Tableau 5. Tableau d'ensemble

	Finance /PIB	Indice de Gini	D5/D1	D9/D1	D9/D5	Part du top 10 %	Part du top 1 %	Part du top 0,1 %	Part du top 0,01 %
Parts d'organisme de placement collectif détenues par les ménages/PIB (t-1)	-0,12	0,28***	0,38***	0,43***	0,24**	-0,08	-0,01	-0,01	0,15*
Endettement des ménages/PIB (t-1)	0,18·	-0,08	-0,28**	-0,14	-0,03	-0,21**	-0,12·	0,04	0,39**
Volume des transactions boursières/PIB (t-1)	0,39***	-0,08	-0,12	0,18·	0,38***	0,22**	0,28***	0,24**	0,21·
Actions et fonds d'investissement à l'actif des banques/ PIB (t-1)	0,26**	0,14	-0,3***	-0,01	0,24**	0,04	0,19*	0,44***	0,66***
Nb. obs./pays/années	245/15/23	263/15/23	219/15/23	219/15/23	219/15/23	238/15/23	238/15/23	211/14/23	155/11/23

Lecture : tous les modèles sont estimés avec la méthode des MCO avec effets fixes pays et années et des erreurs types corrigées pour données de panel. Nous utilisons aussi le PIB par tête, le taux de syndicalisation et le taux d'importation en variables de contrôle, ainsi que l'indice boursier pour contrôler le prix des actifs financiers.

***p < 0,001, **p < 0,01, *p < 0,05, ·p < 0,1. La définition des variables et leurs sources sont détaillées en annexe électronique dans le tableau A1. Les modèles complets sont détaillés en annexe (tableau A20).

Nous présentons ici les paramètres standardisés « démoyennisés » par pays pour comparer les effets des différentes variables en termes d'écarts-types intrapays.

égales par ailleurs » quelque peu délicate[7], sans compter le fait que le cumul des données manquantes des différentes séries peut réduire sensiblement la puissance statistique. Dans le tableau 5, nous tentons l'exercice avec les quatre variables les plus liées à l'accroissement des inégalités dans les modèles qui précèdent : l'épargne sous forme de placements collectifs, l'endettement des ménages, le volume de transactions boursières et le montant de titres financiers à l'actif des banques. Premier résultat frappant, l'effet inégalitaire de l'endettement des ménages disparaît dès lors que l'on contrôle par l'activité boursière. Ainsi, ce n'est pas tant la croissance de l'activité financière de crédit aux particuliers, somme toute traditionnelle, qui favoriserait les inégalités, que sa marchéisation récente, laquelle a aussi fortement contribué à la crise financière [Fligstein, Goldstein, 2010]. L'impact de l'épargne placée collectivement est de même sensiblement amoindri par l'introduction des indicateurs d'activité des marchés financiers, mais conserve néanmoins un effet positif significatif sur l'écartement interdécile. Le volume de transactions à la Bourse et les titres à l'actif des banques conservent en revanche leur pouvoir explicatif et rendent particulièrement compte de la concentration des rémunérations au sein des fractions les plus prospères. Le volume de transactions a au final l'effet le plus robuste, entraînant des variations de 0,2 à 0,4 écart-type des indicateurs d'inégalité considérés.

6. La financiarisation est une marchéisation

Ce tour d'horizon statistique corrobore sur un périmètre géographique large le lien – dénoncé par #OCCUPY – entre financiarisation et croissance des inégalités. Il permet en outre de mesurer l'impact respectif de ses différentes formes. Celle des entreprises non financières n'y contribue pas lorsqu'elle prend la forme d'une bancarisation, ou peu sous la composante de l'orientation vers l'actionnaire. La financiarisation des ménages la nourrit plus, mais pour autant qu'elle est accompagnée par la délégation de compétences à des intermédiaires financiers (sous la forme de fonds de pension) et par la titrisation des crédits. Au sein du secteur financier, ce n'est pas toute l'activité financière qui favorise l'accroissement des inégalités. L'activité traditionnelle de crédit aux ménages et aux entreprises a peu d'impact. Ce sont donc les activités nouvelles autour des marchés financiers qui favorisent le plus leur développement, comme le montrent l'impact des actions au bilan des banques et le volume de transactions. Un des aliments importants de l'accroissement des inégalités tient au fait que sur les marchés financiers, le mode organisation du travail permet à certains acteurs (traders, vendeurs et plus encore chefs de salle) de s'approprier une partie des actifs clés, de les mouvoir ailleurs (ou de menacer de le faire) et, partant, d'en collecter les fruits [Godechot, 2006]. Mesuré à l'aune du test inégalitaire, ce qu'on appelle financiarisation est donc moins un accroissement de l'ensemble des activités financières qu'un phénomène de marchéisation.

Le lien entre finance et inégalités tient donc surtout à la constitution d'une rente sur les marchés financiers et à son appropriation par une minorité. Certains aspects de ce phénomène sont bien expliqués tandis que d'autres demandent à être encore

[7] *Lorsqu'une activité financière implique (quasi) mécaniquement une autre, alors la variable représentant la première doit être plutôt vue comme une variable d'interaction que comme une variable dont l'effet pourrait être mesuré indépendamment des autres.*

explorés. La théorie des *superstars*, et plus encore celle du *hold-up*, rendent bien compte de la distribution très inégale de cette rente. En outre, son origine commence à être élucidée. La dérégulation financière des trente dernières années, créant de nouveaux marchés, en est l'origine principale [Philippon, Reshef, 2012 ; Philippon, Reshef, 2013 ; Boustanifar *et al.*, 2014]. Nous retrouvons donc logiquement sur nos données un lien entre dérégulation financière et inégalités de revenu (cf. tableau A21). En revanche, les raisons de la persistance de cette rente sont moins connues. Pourquoi croît-elle à moyen terme et ne se réduit-elle pas avec le temps par libre entrée et diffusion du savoir-faire nécessaire à son exploitation ? La concentration bancaire, qui limite la concurrence, y contribue sans doute, comme le montre son impact positif significatif sur les ratios D9/D1, D9/D5 et sur la part du top 0,01 % (cf. tableau A21). Les sauvetages fréquents du secteur par l'État alimentent aussi artificiellement sa rentabilité. Enfin, la théorie du hold-up pourrait, elle aussi, apporter des éléments. Si l'organisation du travail financier ne peut empêcher un certain degré appropriation des actifs clés par certains salariés et si les entreprises ne peuvent non plus indexer les contrats de travail à cette éventualité, alors cette appropriation devient un coût irrécupérable (*sunk cost*) nécessaire à l'existence de l'activité financière. Par libre entrée, les profits des entreprises du secteur financier pourraient baisser jusqu'au niveau de ceux des autres secteurs, tandis que les salariés qui peuvent s'approprier des actifs resteraient mieux payés qu'ailleurs. À la limite, la rente pourrait n'être touchée que par certains salariés. Démêler les raisons de la persistance à long terme de la rente financière permettrait de mieux comprendre la dynamique inégalitaire du capitalisme contemporain.

Bibliographie

Alderson A. S., Nielsen F. (2002), « Globalization and the Great U-Turn: Income Inequality Trends in 16 OECD Countries », *American Journal of Sociology*, 107 (5), p. 1244-1299.

Alvarez I. (2015), « Financialization, Non-Financial Corporations and Income Inequality: The Case of France », *Socio-Economic Review*, mai, mwv007. doi: 10.1093/ser/mwv007.

Atkinson A., Piketty T. (2010), *Top incomes: A global perspective*, Oxford University Press, Oxford.

Bakija, J., Cole A., Heim B. T. (2010), « Jobs and income growth of top earners and the causes of changing income inequality: Evidence from US tax return data », Working Paper, Williamstown: Williams College.

Bazot, G. (2014), « Financial consumption and the cost of finance: Measuring financial efficiency in Europe (1950-2007) », PSE Working Papers No. 2014-17.

Beck N., Katz J. N. (1995), « What to do (and not to do) with time-series cross-section data », *American Political Science Review*, 89 (3), p. 634-647.

Bell B., Van Reenen J. (2013), « Extreme wage inequality: pay at the very top », *American Economic Review*, 103 (3), p. 153-157.

———. (2014), « Bankers and their Bonuses », *Economic Journal*, 124 (574), F1-21.

Boustanifar H., Grant E., Reshef A. (2014), « Wages and Human Capital in Finance: International Evidence, 1970-2007 », Working Paper, University of Virginia.

Célérier C., Vallée B. (2015), « Returns to Talent and the Finance Wage Premium », SSRN Scholarly Paper ID 2393110, http://papers.ssrn.com/abstract=2393110.

Cohen D. (1997), *Richesse du monde, pauvretés des nations*, Flammarion, Paris.

Crotty J. (2005), « The neoliberal paradox: the impact of destructive product market competition and "modern" financial markets on nonfinancial corporation performance in the neoliberal era », in *Financialization and the world economy*, Edward Elgar Publishing, Cheltenham-Northampton, p. 77-110.

Dobbin F., Jung J. (2010), « The misapplication of Mr. Michael Jensen: how agency theory brought down the economy and why it might again », in *Markets on Trial: The Economic Sociology of the U.S. Financial Crisis, Research in the Sociology of Organizations*, 30 Part B, p. 29-64.

Dünhaupt P. (2014), « An empirical assessment of the contribution of financialization and corporate governance to the rise in income inequality », IPE Working Paper 41/2014, Berlin School of Economics and Law, Institute for International Political Economy (IPE), https://ideas.repec.org/p/zbw/ipewps/412014.html

Epstein G. A. (2005), *Financialization and the world economy*, Edward Elgar Publishing, Cheltenham.

Fligstein N. (2002), *The Architecture of Markets. An Economic Sociology of Twenty-First Century Capitalist Societies*, Princeton University Press, Princeton.

Fligstein, N., Goldstein A. (2010), « The anatomy of the mortgage securitization crisis », *Markets on Trial: The Economic Sociology of the U.S. Financial Crisis, Research in the Sociology of Organizations*, 30 Part A, p. 29-70.

Froud J., Haslam C., Johal S., Williams K. (2000), « Shareholder value and financialization: consultancy promises, management moves », *Economy and Society*, 29 (1), p. 80-110.

Godechot O. (2006), « Hold-up en finance », *Revue française de sociologie*, 47 (2), p. 341-371.

———. (2011), « Le capital humain et les incitations sont-ils les deux mamelles des salaires dans la finance ? », *Revue d'économie financière*, 104 (4), p. 145-164.

———. (2012), « Is finance responsible for the rise in wage inequality in France? », *Socio-Economic Review*, 10 (3), p. 447-470.

———. (2014), « Getting a Job in Finance. The Strength of Collaboration Ties », *European Journal of Sociology*, 55 (1), p. 25-56.

Greenwood R., Scharfstein D. (2013), « The growth of modern finance », *Journal of Economic Perspectives*, 27(2), p. 3-28.

Hecht J. (2014), « Is net stock issuance relevant to capital formation? Comparing heterodox models of firm-level capital expenditures across the advanced and largest developing economies », *Cambridge Journal of Economics*, 38 (5), p. 1171-1206.

Heilbron J., Verheul J., Quak S. (2014), « The origins and early diffusion of "shareholder value" in the United States », *Theory and Society*, 43 (1), p. 1-22.

Jensen M. C., Meckling W. H. (1979), *Theory of the firm: Managerial behavior, agency costs, and ownership structure*, Springer.

Jensen M. C., Murphy K. J. (1990), « Performance pay and top-management incentives », *Journal of Political Economy*, p. 225-264.

Jordà O., Schularick M., Taylor A. M. (2014), « The great mortgaging: housing finance, crises, and business cycles », NBER Working Paper No. 20501.

Krippner G. R. (2005), « The financialization of the American economy », *Socio-Economic Review*, 3 (2), p. 173-208.

———. (2011), *Capitalizing on crisis*, Harvard University Press, Harvard.

Kristal T. (2010), « Good Times, Bad Times Postwar Labor's Share of National Income in Capitalist Democracies », *American Sociological Review*, 75 (5), p. 729-763.

Kus B. (2013), « Financialisation and Income Inequality in OECD Nations: 1995-2007 ». *Economic and Social Review*, 43 (4), p. 477-495.

Lazonick W., O'Sullivan M. (2000), « Maximizing shareholder value: a new ideology for corporate governance », *Economy and Society*, 29 (1), p. 13-35.

Lin K.-H., Tomaskovic-Devey D. (2013), « Financialization and US Income Inequality, 1970-2008 », *American Journal of Sociology*, 118 (5), p. 1284-1329.

Lordon F. (2000), « La création de valeur comme rhétorique et comme pratique. Généalogie et sociologie de la valeur actionnariale », *L'Année de la régulation*, 4, p. 117-167.

Martin R. (2002), *Financialization of everyday life*, Temple University Press, Philadelphia.

Montagne S. (2006), *Les fonds de pension : entre protection sociale et spéculation financière*, Odile Jacob, Paris.

Orhangazi Ö. (2008), « Financialisation and capital accumulation in the non-financial corporate sector: A theoretical and empirical investigation on the US economy: 1973-2003 », *Cambridge Journal of Economics*, 32 (6), p. 863-886.

Oyer P. (2008), « The making of an investment banker: Stock market shocks, career choice, and lifetime income », *Journal of Finance*, 63 (6), p. 2601-2628.

Philippon T. (2014), « Efficiency and Benefit-Cost Analysis of the Financial System », *Journal of Legal Studies*, 43 (S2), p. S107-120.

Philippon T., Reshef A. (2012), « Wages and Human Capital in the US Finance Industry: 1909-2006 », *Quarterly Journal of Economics*, 127 (4), p. 1551-1609.

———. (2013), « An international look at the growth of modern finance », *Journal of Economic Perspectives*, 27(2), p. 73-96.

Piketty T. (2013). *Le capital au xxie siècle*, Seuil, Paris.

Piketty T, Saez E. (2003), « Income Inequality in the United States, 1913-1998 », *Quarterly Journal of Economics*, 118 (1), p. 1-41.

Poon M. (2009), « From new deal institutions to capital markets: Commercial consumer risk scores and the making of subprime mortgage finance », *Accounting, Organizations and Society*, 34 (5), p. 654-674.

Saez E., Zucman G. (2014), « Wealth inequality in the United States since 1913: Evidence from capitalized income tax data », NBER Working Paper No. 20625.

Sassen S. (2001), *The Global City: New York, London, Tokyo*, Princeton University Press, Princeton.

Solt F. (2009), « Standardizing the world income inequality database », *Social Science Quarterly*, 90 (2), p. 231-242.

Stockhammer E. (2004), « Financialisation and the slowdown of accumulation », *Cambridge Journal of Economics*, 28 (5), p. 719-741.

Streeck W. (2014), *Buying Time: The Delayed Crisis of Democratic Capitalism*. Verso Books, Brooklyn.

Tomaskovic-Devey D., Lin K.-H. (2011), « Income dynamics, economic rents, and the financialization of the US economy », *American Sociological Review*, 76 (4), p. 538-559.

Tomaskovic-Devey D., Lin K.-H., Meyers N. (2015), « Did Financialization Reduce Economic Growth? », *Socio-Economic Review*, mai, mwv009. doi : 10.1093/ser/mwv009.

Useem M. (1996), *Investor capitalism: How money managers are changing the face of corporate America*, Basic Books, New York.

Van der Zwan N. (2014), « Making sense of financialization », *Socio-Economic Review*, 12 (1), p. 99-129.

Volscho T. W., Kelly N. J. (2012), « The Rise of the Super-Rich Power Resources, Taxes, Financial Markets, and the Dynamics of the Top 1 Percent, 1949 to 2008 », *American Sociological Review*, 77 (5), p. 679-699.

Zuckerman E. W. (1999), « The categorical imperative: Securities analysts and the illegitimacy discount », *American Journal of Sociology*, 104 (5), p. 1398-1438.

Subordonner le travail ou l'ordonner à un futur commun ?

Pour de nouveaux contrats d'engagement dans l'entreprise

Blanche SEGRESTIN [1,2]
MINES ParisTech, PSL Research University
blanche.segrestin@mines-paristech.fr

Le salariat n'a cessé d'être mis en cause de manière récurrente depuis plus de cent ans. Mais paradoxalement, c'est à l'inverse sa possible disparition qui est crainte aujourd'hui, dans la mesure où elle entraînerait celle de nombreux mécanismes de protection sociale. Ce paradoxe invite à réinterroger la représentation du salariat. Dans cet article, nous suggérons que la lecture économique classique du salariat comme la condition de celui qui loue ses services ou sa capacité de travail a pu enfermer la représentation du salariat. La reconnaissance du rôle et des effets réels du management moderne conduit au contraire à renouveler la lecture du contrat de travail. Et elle invite à envisager de nouvelles formes de contrats d'engagement qui ordonneraient le travail autour d'un futur désirable au lieu de le subordonner.

Subordinate or ordered to common futures? Towards new forms of engagement in business companies

Although the wage system has been contested for more than one century, the possibility that it could disappear that is greatly feared today, as it could means the lost of numbers of mechanisms of social welfare. This paradox calls for a new look on what we call the employment relationship. In this article, we suggest that the traditional understanding of the wage earner as the one who rents his/her services or capabilities may be restrictive. We argue that this approach overlooks both the role and the real effects of modern management. This analysis suggests new forms of « commitment contract » instead of

[1] *Chaire Théorie de l'entreprise. Modèles de gouvernance et création collective.*
[2] *Cet article est le résultat d'un programme de recherche interdisciplinaire soutenu par le Collège des Bernardins (2009-2014) ainsi que du projet de recherche soutenu par l'ANR (projet IMpACT, 2014-2017).*

DOI: 10.3917/rfse.hs1.0073

« employment contract » to see workers as engaged in the building of desirable futures instead of subordinates.

Mots clés : salariat, contrat de travail, engagement, mission, management

Keywords: wage system, employement contract, engagement, mission, management

1. Introduction

Le salariat fait partie des notions incessamment réinterrogées. Hier à propos des ruptures conventionnelles ou du contrat unique, le débat est aujourd'hui relancé sur le sujet du statut d'auto-entrepreneur ou du travail bénévole [Simonet, 2010]. Il semble prédire la fin de l'ère du salariat [Pennel, 2015], car si le nombre de salariés reste bien supérieur en France aux travailleurs non salariés, les formes d'emploi tendent à se diversifier et hybrider davantage travail indépendant et salariat [Petit, Thévenot, 2006]. Les salariés peuvent gagner en autonomie en même temps qu'en responsabilité, quand dans le même temps se développent des formes de parasubordination chez les indépendants [Chauchard, Hardy-Dubernet, 2003]. Paradoxalement, si les débats sont récurrents, les revendications semblent s'être inversées : tandis qu'au début du xxe siècle, on réclamait plutôt la suppression du salariat et de la relation asymétrique qu'il légalisait, on semble aujourd'hui davantage craindre la disparition du salariat et l'ensemble des dispositifs de protection sociale qu'il entraîne : « Le contrat de travail est un échange de subordination contre protection. Veut-on abandonner cette combinaison ou la transformer ? » [A. Lyon-Caen, *La Tribune*, 10 octobre 2007].

Ces débats et leurs paradoxes sont symptomatiques de la difficulté à saisir la notion de salariat. Comme l'a souligné récemment F. Vatin, la sociologie – sans doute parce qu'elle était trop étroitement liée à la relation de salariat – n'en a fait que tardivement un objet de recherche à part entière [Vatin, 2007]. La sociologie du travail elle-même aurait été encline à rabattre le travail sur le rapport salarial et la norme économique [Bidet, 2011]. Mais cette lecture marchande, outre qu'elle passe à côté du « vrai boulot », souffre de deux limites majeures : la première est qu'elle ne permet pas de légitimer la relation de subordination, dont la justification est de plus en plus problématique [Ferreras, 2012]. La seconde est qu'elle n'offre guère de prise pour concevoir des alternatives à la subordination, dépasser l'opposition entre travail indépendant et salariat ou poser les bases au xxie siècle d'un nouveau contrat de travail plus conforme aux aspirations individuelles et collectives.

Ces dernières années, la recherche a toutefois considérablement progressé. On comprend mieux à la fois l'histoire, la conception et le destin du salariat et du contrat de travail [Cottereau, 2002 ; Pasquier, 2010]. On saisit aussi beaucoup mieux comment les mutations des activités productives ont affecté la réalité du travail [Vatin, 2014].

Et on mesure du même coup mieux la place qu'a occupée la lecture économique du salariat et comment les représentations « marchandes » de la relation de travail ont pu façonner les normes du salariat et le droit du travail. Dans cet article, nous voudrions partir de ce renouvellement des sciences sociales sur le salariat pour souligner combien la réflexion a été orientée par une lecture économique traditionnelle du salariat. En modélisant le salariat comme une relation marchande, cette lecture a en partie occulté les effets réels du management sur les individus. Elle a masqué la rupture qu'a constituée la naissance du contrat de travail à la fin du XIXe siècle. Or, si on prend en compte le rôle du management, la légitimité de l'autorité de gestion peut être mieux fondée et on peut rendre compte de l'adhésion des individus à un projet collectif, tout en veillant à encadrer ses effets de manière plus équitable. En l'occurrence, au lieu d'accepter une relation – toujours suspecte – de « subordination », ne faut-il pas conceptualiser l'adhésion à un projet de création collective ? Et au lieu de concevoir des individus subordonnés, c'est-à-dire soumis aux ordres d'un dirigeant, ne faut-il pas réfléchir à un contrat d'engagement dans un futur souhaité et commun ? Nous proposons ici de considérer un contrat d'association ou de coopérative qui associerait les individus non pas sur leur apport mais sur leur engagement dans un projet commun. Et nous montrons que cette piste n'est pas déconnectée de la réalité, mais qu'elle trouve d'ores et déjà plusieurs déclinaisons dans l'histoire et, actuellement, dans les « entreprises à mission » [Levillain, 2015].

2. Le salariat : histoire d'une impossible réforme ?

La notion de salariat est d'autant plus difficile à saisir qu'elle se déploie dans des réalités très hétérogènes et qu'elle a profondément changé de forme au cours de l'histoire. Comme l'a remarqué F. Vatin, ce sont surtout les juristes et les économistes qui ont modelé cette notion d'un point de vue théorique [Vatin, 2007]. Mais l'histoire est aujourd'hui bien connue, et nous nous bornerons, dans le cadre de cet article, à souligner quelques jalons de l'histoire moderne du salariat.

2.1. Les contrats de louage au XIXe siècle

Depuis la Révolution, la possibilité de rompre la relation de travail constitue une réelle avancée sociale par rapport aux relations de servage ou aux corporations [Didry, Brouté, 2006]. Dans les faits, la contractualisation de la relation n'a été effective que très progressivement [Deakin, 2009 ; Le Goff, 2004]. Mais cette orientation est réaffirmée par le Code civil : la relation de travail fait l'objet d'un contrat synallagmatique. Cottereau cite le premier projet de Code civil, proposé par Cambacérès le 22 août 1793 et son article 3 :

> « Le bail de main-d'œuvre est un louage, l'ouvrier qui promet sa peine, le matelot qui s'engage pour une course, l'homme de gage qui loue ses services, sont de vrais bailleurs ; celui qui les emploie est le preneur. »

Le Code civil (1804) formalise donc la relation d'emploi comme une relation de louage, en reprenant la vieille notion romaine, qu'il s'agisse de louage *de service* (traditionnellement davantage associé aux travaux des domestiques) ou de louage *d'ouvrage*. Cette formalisation est indéniablement un progrès pour les libéraux. Le contrat de travail est assimilé à un contrat de gré à gré, caractérisé à la fois par la liberté (notamment de rompre le contrat) et la sécurité qu'il est censé procurer au salarié dans la mesure où la rétribution de ce dernier est convenue d'avance et ne dépend pas des aléas du marché. Le salariat permet donc simultanément la liberté du travail, le fonctionnement d'un marché du travail et la sécurité d'une rémunération convenue d'avance.

Le contrat de louage est ainsi assimilé à une prestation de service ou, plus exactement, à une relation marchande où « le travail s'objective en une chose vendue » [Supiot, 1994 [2007]]. L'analyse marxiste clarifiera le modèle au milieu du XIXe siècle. Pour Marx, « le temps pendant lequel l'ouvrier travaille est le temps pendant lequel le capitaliste consomme la force de travail qu'il lui a achetée ». Ce n'est pas le travail, c'est la force de travail que le prolétaire vend. Dans cette vision, le salaire est le prix d'une quantité de travail. Du coup, l'*entreprise* est l'affaire de l'employeur et la « chose travaillée » ne rentre pas dans les termes de l'échange, ce qui explique que le salarié n'a pas de droit sur le produit de son travail ou sur le produit de sa vente.

Cette lecture marchande, il faut le souligner, est largement dominante, bien au-delà des courants marxistes. On retrouve par exemple exactement la même analyse chez Charles Gide, alors professeur au collège de France, en 1924 [Gide, 1924]. À cette époque, le droit du travail se met progressivement en place, mais la référence au contrat de louage est toujours de mise. Charles Gide définit alors le salariat de la manière suivante :

> « Situation de l'homme qui, n'ayant pas les moyens de produire pour lui-même, est obligé de louer ses services, ses bras, sa personne » [Gide, 1924, p. 4].

Le salariat s'oppose donc à la condition du travailleur libre, c'est-à-dire celui qui vend ses produits et qui est propriétaire des résultats: « Le travailleur salarié est celui qui a renoncé par avance à toute propriété sur les produits de son travail ou les services qu'il est en état de rendre », écrit Gide [p. 4].

2.2. Le contrat de travail au XIXe siècle, objet de multiples griefs

L'apparition du contrat de travail, à la toute fin du XIXe siècle [Cottereau, 2002 ; Lefebvre, 2009] donne un nouveau visage au salariat. Et certains livrent alors une interprétation très différente de la relation : au lieu d'y voir une relation marchande, le professeur « d'économie et de législation industrielles », A. Boissard, interprète le contrat de travail comme un contrat d'association :

> « Le contrat de collaboration, ou contrat de travail proprement dit, est une convention par laquelle une personne s'engage à collaborer à une entreprise de production donnée par une prestation de travail intellectuel ou physique, et renonce vis-à-vis des autres parties contractantes à sa part dans la propriété du produit commun éventuel, moyennant une rémunération périodique et forfaitaire, ou salaire, calculée soit à proportion de la durée, soit à proportion de l'intensité du travail fourni, soit d'après toutes autres bases arrêtées par les parties » [p. 78].

Néanmoins, cette approche restera minoritaire et, sur le fond, ne change pas la propriété des résultats, ce qui explique comment l'introduction du contrat de travail est apparue comme une normalisation d'une relation de domination économique. La notion de subordination serait venue en quelque sorte entériner une asymétrie juridique et économique : en reconnaissant la soumission à l'ordre patronal, le contrat de travail aurait permis de reconnaître en contrepartie la responsabilité des employeurs ; la loi de 1898 sur les accidents du travail est un bon marqueur de ce retournement.

Dans les faits, l'introduction du contrat de travail n'a toutefois ni modifié ni atténué les griefs formulés à l'égard du salariat. Au contraire. On peut synthétiser ces griefs selon deux dimensions.

2.2.1. Un partage inéquitable et inefficace de la valeur créée

Le premier grief tient au caractère injuste, mais aussi inefficace, du partage de la valeur créée. Le salarié se caractérise par le fait qu'il « n'acquiert à aucun moment de droit sur la chose travaillée. Cette dernière ne participe jamais de l'échange des prestations » [Supiot, 1994, p. 60]. Comment expliquer une telle règle alors que, dans le Code civil, ce sont des principes très différents d'*équité naturelle* qui sont institués : si une chose est créée par « mélange » de matières et main-d'œuvre, alors les principes de l'équité naturelle devraient prévaloir dans l'allocation des droits de propriété (art. 565 du Code civil) ? Faut-il considérer que la certitude d'un salaire fixe et la sécurité procurée aux travailleurs justifient le renoncement à ces principes d'équité naturelle ? Cet argument a été maintes fois critiqué tant la sécurité est fictive, dès lors notamment que les salariés peuvent être mis au chômage [Bureau, 1902]. Et on pourrait ajouter aujourd'hui que les salariés ne sont pas sans être affectés de multiples façons par les choix de gestion (employabilité, compétences, etc.). Surtout, la critique est également d'ordre économique, car l'absence d'incitation est susceptible de conduire, ainsi que le souligne Ch. Gide, à une « stérilisation » du travail.

2.2.2. Un assujettissement non justifié

Le second grand grief exprimé à l'encontre du salariat concerne le concept même de subordination. Pour la jurisprudence, le lien de subordination est caractérisé par l'exécution d'un travail sous l'autorité d'un employeur qui a le pouvoir de donner des ordres et des directives, d'en contrôler l'exécution et de sanctionner les manquements de son subordonné. L'étymologie du terme renvoie bien à une dépendance et à une relation d'infériorité[3]. Le salarié accepte donc le « pouvoir de direction » de l'employeur, ainsi que son pouvoir normatif (règlement intérieur). Mais quelle est la légitimité d'un tel pouvoir [Verdier, 1990] ? Et comment accepter que les salariés, citoyens dans la cité, soient dans l'entreprise dans une condition d'infériorité, « aux ordres » [Ferreras, 2012] ? Si d'aucuns parlent de « soumission volontaire », A. Supiot y voit une aporie du Code du travail. Et les justifications avancées restent irrecevables : d'une part la propriété des actifs ne saurait justifier un droit de donner des directives sur les individus, quand bien même ils utiliseraient ces actifs [Chaigneau, Vernac, 2012]. D'autre part, si un salarié consent contractuellement à la subordination, c'est alors la dépendance économique, mais non la légitimité de l'autorité, qui semble être au fondement de la subordination [McMahon, 2013].

[3] *Étymol. et Hist. 1. 1610 « Dépendance par rapport à ce qui a un rang supérieur » (P. Coton,* Institution catholique, *t. 1, p. 105, in* R. Philol. fr., *t. 43, p. 133) ; 2. 1872 gramm. (Littré). Dér. de* subordonner* *d'apr. le b. lat.* subordinatio, -onis *« délégation » déb. vie s., in Blaise,* Lat. chrét., *dér. de* ordinatio, -onis *« action de mettre dans un ordre »,* v. ordination, *préf.* sub- *marquant une position inférieure.*

2.3. Quelles alternatives au salariat ? « Voici le terrible problème »

Dès lors, la recherche d'alternatives a été permanente tout au long du XXe siècle. En 1924, Charles Gide écrivait : « Le salariat, aux yeux des coopérateurs et de bon nombre d'esprits, même modérés, ne paraît pas un régime qui puisse être accepté comme normal et définitif. » Et l'auteur de poursuivre : « Mais alors, par quoi le remplacer ? Voilà le terrible problème » (p. 17). Sans prétendre faire ici une synthèse des pistes discutées au long du XXe siècle, on peut repartir de l'analyse que dresse alors Charles Gide : il constate que tous les bords politiques sont à la recherche de solutions pour abolir le salariat. Mais à l'issue d'une analyse systématique, il arrive à la conclusion qu'il n'y a pas vraiment de solution. Plus exactement, son analyse économique l'amène à considérer, outre la voie marxiste, deux grandes alternatives qui préfigurent, d'après nous, l'essentiel des options envisagées au cours du XXe siècle.

2.3.1. La voie coopérative

La première voie consiste à s'attaquer à la répartition de la propriété des moyens de production. C'est évidemment la voie poursuivie par le mouvement coopératif dont Charles Gide est l'un des grands défenseurs. Selon lui, revenir à la production autonome (entrepreneurs indépendants ou en commandites d'ateliers) n'est pas réaliste dans un contexte d'industrialisation. La voie coopérative est plus pertinente. Mais Gide lui-même est conduit à reconnaître que le développement des coopératives n'est pas de nature à supprimer la subordination. Si les salariés sont les principaux actionnaires dans une coopérative de production, celle-ci est surtout adaptée aux secteurs où les besoins en capitaux sont limités, mais d'abord, où les salariés sont eux-mêmes des professionnels autonomes, avec des enjeux de coordination faibles entre eux. Et dès lors qu'il faut une organisation centralisée, la coopérative ne permettra pas de transformer les salariés en administrateurs. Gide constate :

> « Il y a une sorte d'incompatibilité entre le fait d'être employé dans une entreprise pendant la journée et puis le soir, à l'assemblée, d'être l'administrateur qui dirige. Quand cet employé aura été réprimandé durant la journée par ses chefs, n'aura-t-il pas la tentation le soir de faire punir, à son tour, celui qui l'aura puni au cours du travail ? Il y a là une sorte d'alternance des fonctions qui risque de rendre impossible toute espèce d'administration et de saper toute autorité. » [Gide, 1924, p. 28]

Si la coopérative de production a prouvé, depuis sa reconnaissance en droit en 1867, qu'elle était à la fois robuste et attractive pour de nombreuses professions, elle semble avoir pâti d'une certaine ambiguïté concernant le rôle du management : la subordination a toujours ainsi semblé difficilement compatible avec la possibilité d'être en position de nommer ou d'évaluer les dirigeants.

2.3.2. La voie d'une nouvelle répartition des résultats

Au final, Gide renonce à proposer l'abolition du salariat. Il suggère toutefois une alternative. La seconde voie consiste en effet à abolir les profits plutôt que le salariat. Cette piste renvoie à tout un ensemble de propositions qui seront débattues et dans certains cas, mises en œuvre ultérieurement. Depuis 1967, les grandes entreprises sont par exemple obligées de négocier des plans de participation « aux fruits de l'expansion », associant ainsi les salariés aux augmentations de capital rendues possibles par la croissance de l'entreprise [Despax, 1968].

Ainsi, les principales propositions pour dépasser les limites du salariat ont schématiquement oscillé entre d'une part une réallocation de la propriété (et des droits de contrôle afférents) et d'autre part une réaffectation des résultats. Certes, d'autres modèles ont été suggérés (management participatif, représentation des salariés aux conseils d'administration, etc.). Surtout, le droit du travail a renforcé la protection sociale et s'est continuellement efforcé de corriger la vision purement contractuelle de la relation de travail en essayant de rétablir des éléments « institutionnels ». On est ainsi dans une forme d'échange entre l'acceptation d'une subordination contre la prise en charge par l'entreprise, mais aussi très rapidement par l'État des risques sociaux [Deakin, 2009]. Comme l'a très bien montré Supiot, la relation contractuelle « incorpore » *de facto* des dispositions du droit du travail qui qualifie le « statut » du salarié et lui adjoint tout un ensemble de dispositions obligatoires. Toute la réglementation (hygiène et sécurité, etc.) est associée au contrat qui dote le salarié d'un véritable statut. Le contrat est une forme de déclencheur de l'application systématique d'un ensemble de normes, indépendamment de la volonté des parties [Supiot, 1994 [2007]]. Malgré tout, la vision contractuelle prime sur une vision « communautaire » et la représentation marchande de la relation est restée dominante, en dépit de la difficulté à penser l'autorité dans ce cadre. Et surtout, peut-on ajouter, sans que les effets réels de cette autorité sur les individus salariés puissent alors être réellement ni reconnus ni gérés.

3. La mutation du salarié par le management : une relecture du contrat de travail

La lecture classique du salariat sous-estime beaucoup le rôle et les effets du *management*. Dans les théories économiques modernes de l'entreprise, la relation hiérarchique apparaît comme un moyen de réduire les coûts (coûts d'agence, coûts de transaction, etc.). D'autres analyses, comme celle de F. Vatin, ont mis l'accent sur la nécessité d'une fonction managériale dans l'activité productive, ne serait-ce que pour juger du caractère productif et positif d'une activité collective. Mais même si elle est reconnue comme un moyen de construire de nouvelles richesses, la hiérarchie est rarement vue comme un vecteur de *transformation* des capacités individuelles. Or la naissance du management moderne à la fin du XIXe siècle va précisément bouleverser les relations de travail dans la mesure où il va prendre en charge le développement de nouvelles compétences et de nouveaux métiers. La naissance du contrat de travail, bien loin d'être la simple suite logique d'une domination économique dans les faits, peut être interprétée comme la conséquence de ce bouleversement.

3.1. Une rupture sous-estimée dans l'histoire du salariat : le management moderne

Car l'introduction en droit du contrat de travail a constitué une vraie rupture. Elle a pris à revers l'ensemble de la jurisprudence et des doctrines juridiques du XIXe siècle :

tandis que depuis cent ans, la jurisprudence s'efforçait de sortir du louage de services pour ne pas reproduire les relations de servitude, le contrat de travail à l'inverse, rabat précisément le louage d'ouvrage sur le louage de services [Bessy, 2007]. Selon Cottereau, on passe alors d'un schéma libéral contractuel fondé sur l'exigence de consentements réciproques à un schéma fondé sur la dissymétrie de l'échange entre « subordination protégée du salarié » d'une part et « gouvernement exclusif de l'entreprise par l'employeur » d'autre part. C'est un véritable « coup de force » dogmatique [Cottereau, 2002, p. 1526].

Ce « coup de force » est aujourd'hui mieux compris si l'on prend en compte l'apparition du management moderne. Pour Berle et Means, l'apparition de l'entreprise moderne (« *modern corporation* ») est une véritable révolution, notamment par rapport à la propriété : elle consacre une transformation profonde des relations au sein de l'entreprise. Avec le management moderne, les statuts des uns et des autres sont bouleversés :

> « *The status of those involved, worker or property owner, was radically changed. The independent worker who entered the factory became a wage laborer surrendering the direction of his labor to his industrial master. The property owner who invests in a modern corporation so far surrenders his wealth to those in control of the corporation that he has exchanged the position of independent owner for one in which he may become merely recipient of the wages of capital*[4]. » [Berle, Means, 1932, p. 5]

Dit autrement, fournisseurs de travail et fournisseurs de capital voient leurs statuts transformés dans la mesure où l'usage de leur potentiel passe sous la direction du management [Berle, Means, 1932]. Ce mouvement peut être perçu comme la mise en coupe réglée par les ingénieurs de l'organisation du travail : le salarié se soumettrait à une rationalité scientifique et désincarnée, et non plus à une autorité personnelle [Pillon, Vatin, 2007]. Mais, comme nous l'avons développé ailleurs avec Armand Hatchuel, la fonction managériale apparaît surtout en réaction aux organisations capitalistes classiques, et dans un contexte d'accélération du progrès technologique et scientifique [Segrestin, Hatchuel, 2012]. Constatant que les salariés ne disposent pas *a priori* des compétences ou des outils nécessaires pour les nouvelles technologies, il ne s'agit plus de produire, mais de produire du nouveau. Il s'agit donc d'organiser, au sein d'un collectif rationalisé, le développement de *nouvelles* méthodes ou de *nouveaux* savoir-faire. C'est là l'enjeu du « *scientific management* », qui spécialisera des ingénieurs dans l'étude et la spécification des processus de travail. Et pour le salarié, c'est une transformation radicale : pour participer aux processus d'innovation, il doit renoncer à son corpus de connaissances, pour adopter les méthodes développées par le management. L'organisation ne coordonne pas seulement des agents de la production, elle transforme les acteurs pour explorer de nouveaux modes de production.

Si la notion de salariat demeure, comme celle de contrat de société, cette continuité cache une mutation radicale dans la relation de travail et d'association.

[4] *Notre traduction : « Le statut des parties concernées, travailleurs ou propriétaires, a été radicalement changé. Le travailleur indépendant qui est entré dans l'usine est devenu un salarié subordonnant la direction de son travail à un dirigeant d'entreprise. Le propriétaire qui investit dans une société moderne subordonne de même sa richesse à ceux qui contrôlent la société, de telle sorte qu'il a échangé sa situation de propriétaire indépendant avec une situation où il reçoit simplement un traitement pour le capital. »*

3.2. D'une relation d'échange à une relation transformatrice

Il faut dès lors penser le contrat de travail dans des termes très différents d'une relation marchande. Afin de le décrire de manière simplifiée, nous parlerons de « potentiel d'action » pour désigner l'ensemble des capacités d'action d'un individu. Ce potentiel d'action individuel renvoie donc aussi bien au patrimoine individuel au sens classique qu'aux prestations qui sont dues à l'individu (ses créances), aux compétences ou au « capital humain » [Becker, 1964], ou encore au capital relationnel ou réputationnel… La notion de potentiel généralise ainsi l'idée de patrimoine comme celle de force de travail. Elle permet de rendre compte du développement de compétences par les apprentissages en situation de travail. Elle a aussi le mérite de sortir du clivage traditionnel entre capital et travail, tout en permettant de revisiter la notion de subordination : en acceptant les directives de l'employeur, le salarié ne cède pas de droit sur son corps ou sur son potentiel. Il ne cède pas non plus ses capacités d'action. Pour être plus précis, *il cède le droit de gérer ces capacités*, autrement dit de décider de l'usage qui en sera fait, et donc de leur valeur future.

Si, pour un individu donné, un potentiel d'action P donne accès à un espace d'action {A}, alors sa capacité propre de gestion lui fera choisir un flux d'activité « a » dans {A} de manière à maximiser son potentiel final, c'est-à-dire son potentiel transformé par l'activité menée : P' = a(P). Dans la relation marchande, on peut dire que le salarié met à disposition son potentiel (P) contre un salaire (noté s). Le salaire rétribue le travail, c'est-à-dire le flux d'activité (noté a) mis en œuvre à partir du potentiel d'action P.

Or, dans le contrat de travail, il faut prendre en compte le fait que le flux d'activité, qui transforme le potentiel de l'individu, est cette fois décidé par l'autorité de gestion (G) :

P' = a(P), avec a défini par G

Tableau 1. Deux lectures possibles du salariat

	Notations – Potentiel individuel initial du salarié P – Activité (a) • permettant de produire x quantités d'un bien (vendu au prix p) • transformant le potentiel : P' = a(P) – Salaire (s) pour rémunérer (a)
Relation marchande	**Mise à disposition d'une capacité de travail P** Résultats pour l'équipe (salariés et employeur) : – pour l'employeur : recette = p.x – s – pour le salarié : salaire s (pas de prise en compte des effets δP = P' – P (positifs ou négatifs) de l'activité sur les salariés)
Relation de création collective	**Habilitation de l'employeur pour développer le potentiel initial** Résultats pour l'équipe (salariés et employeur) : – développement des potentiels individuels δP > 0 – vente des produits de l'activité pour financer l'activité (résultat collectif)

Par rapport à la lecture marchande, cette relecture invite à prendre en compte les effets sur les individus des choix de gestion.

- Tout d'abord, les effets du management peuvent être négatifs. De ce point de vue, les risques ne sont pas assumés par les actionnaires seulement.
- Ensuite, le management vient aussi enrichir les potentiels individuels. Les flux d'activité sont déterminés dans l'entreprise, non pas seulement pour réduire les coûts de coordination, mais pour développer les potentiels individuels et pour en déduire des capacités collectives nouvelles. La naissance de l'entreprise moderne, avec les contrats de travail, a été rendue nécessaire parce qu'il s'agissait de gérer des *processus de création collective* [Segrestin, Hatchuel, 2012].

Cela signifie que la responsabilité du développement des potentiels individuels incombe, dans une relation de création collective, au management. Alors qu'actuellement, les salariés sont souvent enjoints d'être acteurs de leur parcours, et de participer à la performance collective pour mieux développer leur propre employabilité [Monchatre, 2010], la reconnaissance du rôle du management revient à assigner la responsabilité des apprentissages au management. Et dans cette perspective, le potentiel renvoie moins à l'idéologie des « talents » ou des « dons » individuels qu'à des capacités « en puissance », qu'il s'agit d'actualiser et de développer au sein d'une action collective.

Nous pouvons ainsi reprendre les deux principales critiques qui étaient faites au salariat dans la première partie pour souligner comment elles sont déplacées.

3.2.1. Création collective et répartition des résultats

Concernant le partage de la valeur créée, cette lecture du salariat force à prendre en compte les effets réels de la subordination dans la mesure où la relation transforme son potentiel, positivement ou négativement [Segrestin, Hatchuel, 2009]. La participation à l'entreprise, en tant que délégation de gestion de son potentiel d'action, permet de rendre compte des risques pris par les individus quant à leur réputation, leur employabilité, leur carrière, etc. Mais on peut aussi souligner que, pour penser une répartition juste des fruits de la collaboration, il ne faut pas se limiter au versement d'un salaire ni même au partage des bénéfices comptables : il faut prendre en compte l'ensemble des potentiels créés par l'action collective. En particulier, il faudrait intégrer dans les calculs de répartition aussi bien la valeur des actions pour les actionnaires que l'employabilité pour les salariés. Cet élargissement est d'autant plus critique que les effets des choix de management, notamment en situation d'innovation radicale, sur les individus ne sont pas connaissables *ex ante* [Knight, 1921].

3.2.2. Autorité de gestion et nouvelle rationalité de l'engagement individuel

Concernant ensuite la légitimité de l'autorité, l'analyse est profondément révisée. Au lieu de sceller une domination économique, l'introduction du contrat de travail a pu être perçue comme une avancée sociale majeure et pas seulement parce qu'elle introduisait la possibilité de mécanisme de protection sociale. Elle traduisait l'abandon d'une théorie marchande du travail pour une nouvelle théorie du potentiel (ou « *goodwill* ») : la représentation de la capacité de travail comme « commodité » laissait place à l'idée d'un potentiel recelant des possibilités infinies et à construire. Commons parle d'une théorie du travail et de ses « *unknown possibilities* ». Le management a alors le devoir d'inventer de nouvelles manières d'utiliser les potentiels individuels pour construire des richesses nouvelles [Commons, 1919]. Et la participation du salarié retrouve une forme de rationalité là où la subordination apparaissait comme une distorsion de la rationalité individuelle : comment expliquer en effet qu'un individu se soumette à un autre malgré l'indétermination des obligations qui pèseront sur lui ? Et comment expliquer qu'un individu se comporte dans l'intérêt de son employeur et non dans le sien propre[5] [Freeland, 2009] ? Cette apparente distorsion de la rationalité peut se justifier si on inverse la proposition : l'individu salarié confie le développement de son potentiel à son employeur. Il conserve bien une rationalité maximisatrice dans la mesure où l'intégration au sein d'un collectif peut ouvrir davantage de perspectives que l'action individuelle. Mais on peut souligner que cette rationalité est enrichie et peut prendre en compte des aspirations variées, et pas uniquement financières.

Ainsi, l'autorité dans l'entreprise trouverait ses fondements non pas dans la propriété du capital ou des moyens de production, mais dans la possibilité de générer des richesses futures. Et la critique du salariat change alors d'objet : au lieu de chercher à abolir la relation asymétrique, l'enjeu n'est-il pas plutôt d'assurer que les dirigeants, à qui sont confiés les potentiels des salariés, sont compétents pour concevoir des usages générateurs de richesse ? Et qu'ils mobilisent les potentiels à bon escient, c'est-à-dire dans un sens désirable par les salariés eux-mêmes ? Ne s'agit-il pas alors de donner aux salariés un droit de contrôler que le processus de création collective est à la fois efficace et équitable ?

4. Des contrats d'engagement dans l'inconnu : la voie des « entreprises à mission »

Charles Gide, on l'a vu, tout en renonçant à abolir le salariat, préconisait le développement des coopératives et l'abolition du profit. L'analyse qui précède montre toutefois qu'une autre voie est envisageable si l'on s'efforce de mieux décrire le caractère transformateur du contrat de travail. La hiérarchie est difficilement acceptable si son autorité provient de la propriété d'un capital et qu'elle peut faire exécuter par les salariés une activité donnée, sans partager les résultats ni assumer les effets de cette activité. Mais, comme on l'a dit, la propriété d'une chose ou d'un capital ne confère pas en soi d'autorité sur un individu. Il faut inverser le raisonnement : supposons que des individus investissent une équipe de management d'une certaine autorité et lui confient la mission de développer leur potentiel. Dans ce cas, l'autorité de gestion est chargée de concevoir le flux d'activité qui permettra de construire des potentiels nouveaux. Il s'agirait plutôt d'une relation de service où le management est chargé de développer les potentiels des salariés. Quelle serait alors la forme du contrat possible ?

[5] Selon R. Freeland [2009], la loi confère trois caractéristiques à la relation de travail : 1) obéir à l'employeur ; 2) agir au nom et dans l'intérêt de l'employeur et non dans le sien propre ; 3) en tant que mandataire, agir pour le compte de l'employeur et non pour le sien. Un employé peut par exemple être puni de ne pas donner d'information ou de ne pas révéler sa compétence.

Et comment définir la relation, autrement que par la subordination, dès lors qu'elle suppose malgré tout un engagement des salariés ?

Une voie semble possible, qui n'est assurément pas la seule, mais qui mérite d'être explorée : c'est celle où les salariés acceptent de s'engager et d'habiliter les dirigeants d'une certaine autorité si, en contrepartie, le contrat d'engagement spécifie la mission confiée aux dirigeants et les potentiels qu'ils sont chargés de développer (voir tableau 2).

Tableau 2. Du contrat de travail au contrat d'engagement

Contrat de travail	**Relation de subordination** Mise à disposition de P contre (s) (quel que soit a)
Contrat d'engagement	**Relation de mission** Potentiel P confié à G pour construire un potentiel P' (potentiel visé)

Plutôt que d'attribuer à l'employeur un pouvoir de direction pour un usage indéterminé et sans contrôle, ne serait-il pas possible en effet de prévoir un engagement des salariés sur des missions particulières qu'ils assigneraient à l'employeur ? Cela inverse le raisonnement habituel : la hiérarchie n'a pas nécessairement autorité pour juger quelle production mettre en œuvre afin de transformer l'état du monde dans un sens préférable. L'autorité de gestion peut se voir assigner une mission : il s'agirait alors de définir les propriétés attendues par les salariés des actions collectives. Et la spécification d'une mission ouvrirait du même coup la possibilité d'un contrôle. Un contrat d'engagement pourrait se décrire de la manière suivante : c'est un contrat par lequel un individu accepte de reconnaître une autorité de gestion, et de renoncer ainsi à son autonomie de gestion, pour confier au management la gestion de son potentiel dans une perspective spécifiée et contrôlable.

Dans les faits, il convient de souligner que le droit des sociétés a déjà en partie intégré dans les obligations de l'employeur des missions, notamment sur la préservation des potentiels initiaux : l'employeur par exemple est tenu de ne pas dégrader l'employabilité de ses salariés. Mais le droit du travail a vraisemblablement intégré les obligations normales d'un « employeur ». Il serait possible d'aller beaucoup plus loin et d'avoir des contrats qui engagent les managers, non pas seulement en tant qu'employeurs, mais en tant que chargés de concevoir l'activité collective dans une certaine finalité. Les contrats pourraient ainsi préciser des objectifs quant au respect de l'environnement, ou bien au développement du territoire… Mais ils pourraient aussi incorporer des objectifs plus novateurs en dotant les collectifs d'objets encore inconnus, par exemple le développement d'une architecture de ville à énergie positive, ou d'une nouvelle génération de thérapies contre le cancer, etc. La notion de contrat d'engagement, pourvu que soit spécifié son objet (i.e. la mission des dirigeants), est alors d'autant plus féconde qu'elle rend possible l'engagement sur des objets désirables, mais partiellement inconnus : ces « inconnus communs » [Weil, Le Masson, 2011 ; Le Masson, Weil, 2014], tels que de nouvelles thérapies pour une maladie aujourd'hui incurable ou un moyen de transport écologique, sont en effet à la fois mobilisateurs et porteurs de progrès scientifiques, humanitaires ou environnementaux.

Peut-être que Charles Gide ou ses contemporains auraient pu, en se déprenant de la lecture économique du contrat de travail, envisager un tel contrat d'engagement collectif à côté des coopératives. Ils auraient pu proposer une forme de coopérative « de l'inconnu » et non pas une coopérative associant les salariés qui seraient également apporteurs de capitaux. Peut-être d'ailleurs cette idée de contrat d'engagement n'est-elle pas étrangère au modèle allemand d'entreprise et de codétermination. Dans ce modèle, les salariés, sans être associés au contrat de société et sans disposer de parts du capital social, participent au « conseil de surveillance » avec les actionnaires. Cette pratique du conseil de surveillance a été généralisée par une loi de 1937 à la suite d'un débat qui a duré plus de vingt ans au début du xxe siècle sur l'évolution du droit des sociétés vers un droit de l'entreprise (« *Unternehmensrecht* »). La loi de 1937 reconnaissait et renforçait l'autorité des dirigeants d'entreprise, mais celle-ci était soumise en contrepartie à une clause d'intérêt commun (la « *Gemeinwolhklausel* »). Cette clause stipulait que le directoire (« *Vorstand* ») devait :

> « *manage the company in the best interests of the enterprise and its entourage as well as the common benefit of the people and the realm* » (Sec. 70 AktG 1937)[6] (traduction de Köhler, 2001).

Selon G. Teubner, cette clause définissait en quelque sorte la mission à l'aune de laquelle le conseil de surveillance opérait son contrôle sur l'action du management : elle devait permettre de mettre en cause les dirigeants avec des dispositions qui pouvaient aller jusqu'à provoquer la révocation du directoire et demander des réparations en cas de dommages [Teubner, 1985]. En pratique, et notamment parce qu'elle a été associée dans l'histoire allemande au *Führerprinzip*, cette clause n'a toutefois jamais été mobilisée de manière contraignante. On peut faire l'hypothèse que les débats des années 1920 avaient bien abouti à introduire en droit une mission des dirigeants. Leur autorité était ainsi reconnue en droit, mais dans le même temps, son exercice faisait l'objet d'une surveillance de la part de l'ensemble des parties soumises à cette autorité (actionnaires et salariés).

À l'heure où des sociétés de missions (*purpose-driven corporations*) sont introduites aux États-Unis, il est sans doute possible de reprendre la question de la réforme sur contrat de travail en sortant de l'opposition entre salariat et travail indépendant. Les sociétés américaines, telles que les *Flexible Purpose Corporations* (FPC), ne changent ni le périmètre du contrat de société ni le droit de contrôle exclusif des actionnaires sur la gestion. Mais elles engagent les associés sur une mission d'entreprise [Levillain *et al.*, 2014 ; Levillain, 2015]. Ce faisant, elles empêchent que les finalités de l'entreprise ne soient rabattues, à l'occasion d'un changement d'actionnariat par exemple, sur l'intérêt exclusif des associés. Si une super-majorité des actionnaires approuve leurs formulations, les dirigeants auront alors des missions (*special purposes*) autres que celle du profit, comme des objectifs caritatifs ou environnementaux. Les FPC peuvent ainsi chercher, selon la loi, à « accentuer les effets positifs ou minimiser les effets négatifs à court ou à long terme des activités sur : (i) les salariés, les fournisseurs, les clients ou les créanciers de la FPC ; (ii) la communauté et la société ; (iii) l'environnement » (texte de loi californienne SB 201, traduite par nos soins).

[6] « Der Vorstand hat unter eigener Verantwortung die Gesellschaft so zu leiten, wie das Wohl des Betriebs und seiner Gefolgschaft und der gemeine Nutzen von Volk und Reich es fordern. »

Mais ces sociétés, dont l'objet peut engager d'autres parties et viser des intérêts communs ou généraux, restent malgré tout exclusivement contrôlées par les représentants des actionnaires. Pour être cohérent avec la fonction managériale, et la nature des projets collectifs, nous avons suggéré un contrat de société à mission qui reconnaisse l'engagement des salariés : en spécifiant une mission (d'ordre scientifique, social ou environnemental) de l'entreprise, les associés devraient soumettre le choix ou la révision de la mission à l'approbation des salariés. Et la société devrait également mettre en place un conseil de surveillance ou conseil de mission, parallèlement au conseil d'administration, où siégeraient des représentants des salariés, voire de toutes les parties prenantes engagées : ce conseil aurait vocation, à la différence du conseil d'administration actuel, à évaluer la stratégie menée au regard de la mission. Son rapport serait alors opposable et le conseil d'administration devrait le prendre en considération. On construirait alors un contrat d'engagement collectif où les salariés ne seraient pas « sub-ordonnés » : ils pourraient manifester leur adhésion au projet d'entreprise et participer à la définition de la mission et à l'évaluation de la gestion à l'aune de cette mission [Segrestin *et al.*, 2014].

Dépasser les apories dans lesquelles une lecture économique réductrice a enfermé le salariat : tel est l'objectif d'une proposition comme le contrat d'engagement ou d'une coopérative de l'inconnu. Il ne s'agit à ce stade que de propositions, dont les modalités concrètes restent largement à définir. Il reste par exemple à voir comment, en pratique, l'expression d'une mission pourrait assurer un équilibre entre le développement des potentiels des parties. Ou bien s'il faudrait envisager, en complément d'une mission commune, des dispositifs de solidarité pour compenser d'éventuelles disparités dans les évolutions de potentiels. De la même manière, les conditions de révision et de renouvellement des « futurs communs » sont à préciser. Mais à ce stade, le principe d'un contrat d'engagement vise surtout à montrer qu'il est possible d'inventer de nouvelles formes d'organisation collective du travail. Et c'est sans doute une condition pour rendre possible l'exploration de nouveaux ordres sociaux et de mondes plus équitables.

Bibliographie

Becker G. (1964), *Human Capital: a Theoretical and Empirical analysis*, Columbia University Press, New York.

Berle A., Means G. (1932), *The Modern Corporation and Private Property*, Transaction Publishers, New Brunswick, New Jersey.

Bessy C. (2007), *La contractualisation de la relation de travail*, Droit et Société, Paris.

Bidet A. (2011), *L'engagement dans le travail. Qu'est-ce que le vrai boulot ?*, Presses universitaires de France, Paris.

Bureau P. (1902), *Le contrat de travail, le rôle des syndicats professionnels*, Félix Alcan, Paris.

Chaigneau A., Vernac S. (2012), « Repenser la propriété et la responsabilité des personnes morales », in B. Roger (dir.) *L'entreprise, formes de la propriété et responsabilités sociales*, Parole et Silence/Lethielleux, Paris.

Chauchard J.-P., Hardy-Dubernet A.-C. (dir.) (2003), *La subordination dans le travail*, La Documentation française, Paris.

Commons J. R. (1919), *Industrial goodwill*, McGrow-Hill Book Company, New York.

Cottereau A. (2002), « Droit et bon droit. Un droit des ouvriers instauré, puis évincé par le droit du travail (France, xixe siècle) », *Annales. Histoire, Sciences sociales*, vol. 57, p. 1521-1557.

Deakin S. (2009), « Legal origin, juridical form and industrialization in historical perspective: the case of the employment contract and the joint-stock company », *Socio-Economic Review*, vol. 7, p. 35-65.

Despax M. (1968), « La participation des salariés aux fruits de l'expansion des entreprises en France », (ordonnance du 17 août 1967 et décret du 19 décembre 1967), *Les Cahiers de droit*, vol. 9, p. 365-390.

Didry C., Brouté R. (2006), « L'employeur en question, les enjeux de la subordination pour les rapports de travail dans une société capitaliste », in H. Petit, N. Thévenot (dir.), *Les nouvelles frontières du travail subordonné, approche pluridisciplinaire*, La Découverte, Paris.

Ferreras I. (2012), *Gouverner le capitalisme ? Pour le bicamérisme économique*, Presses universitaires de France, Paris.

Freeland R. (2009), « The social and legal bases of managerial authority », *Entreprises et Histoire*, n° 57, p. 194-217.

Gide C. (1924), *Le programme coopératiste et le salariat : trois leçons du cours sur la coopération au Collège de France*, Association pour l'enseignement de la coopération, Paris.

Knight F. (1921), *Risk, Uncertainty, and Profit*, Hart, Schaffner & Marx, Boston.

Le Goff J. (2004), *Du silence à la parole. Une histoire du droit du travail*, Presses universitaires de Rennes, Rennes.

Le Masson P., Weil B. (2014), « Réinventer l'entreprise : la gestion collégiale des inconnus communs non appropriables », in B. Roger, B. Segrestin, S. Vernac (dir.), *L'entreprise, point aveugle du savoir*, Sciences Humaines, Paris.

Lefebvre P. (2009), « Subordination et "révolutions", du travail et du droit du travail (1776-2010) », *Entreprises et Histoire*, vol. 57, p. 45-78.

Levillain K. (2015), « Les entreprises à mission. Formes, modèle et implications d'un engagement collectif », doctorat, Mines ParisTech.

Levillain K., Hatchuel A., Segrestin B. (2014), « Normer l'entreprise pour l'émanciper ? Vers de nouvelles options juridiques », in B. Segrestin, B. Roger, S. Vernac (dir.), *L'entreprise, point aveugle du savoir ?*, Sciences Humaines, Paris.

McMahon C. (2013), *Public capitalism. The political authority of corporate executives*, University of Pennsylvania Press, Philadelphia.

Monchatre S. (2010), « Déconstruire la compétence pour comprendre la production des qualifications », *Interrogations*, n° 10, mai (en ligne : http://www.revue-interrogations.org/Deconstruire-la-competence-pour).

Pasquier T. (2010), *L'économie du contrat de travail. Conception et destin d'un type contractuel*, LGDJ, Paris.

Pennel D. (2015), « Vers la fin du salariat ? », in J.-M. Daniel, F. Monlouis-Félicité (dir.), *L'État providence à bout de souffle ? Réinventer notre modèle social*, Institut de l'Entreprise, Eyrolles.

Petit H., Thévenot N. (dir.) (2006), *Les nouvelles frontières du travail subordonné, approche pluridisciplinaire*, La Découverte, Paris.

Pillon T., Vatin F. (2007), « La question salariale : actualité d'un vieux problème », in F. Vatin (dir.), *Le salariat. Théorie histoire et formes*, La Dispute, Paris.

Segrestin B., Hatchuel A. (2009), « Subordination formelle, subordination réelle : pour un contrat de participation ? », communication au Forum de la régulation.

Segrestin B., Hatchuel A., Levillain K., Vernac S. (2014), « "L'objet social étendu" : une voie pour réaligner le droit et la théorie des parties prenantes », *Finance Contrôle Stratégie*, vol. 17.

Simonet M. (2010), *Le travail bénévole. Engagement citoyen ou travail gratuit ?*, La Dispute, Paris.

Supiot A. (1994 (rééd. 2007)), *Critique du droit du travail*, Presses universitaires de France, Paris.

Teubner G. (1985), « Corporate Fiduciary Duties and their Beneficiaries », in K. J. Hopt, G. Teubner (dir.), *Corporate Governance and Directors Liabilities*, De Gruyter, Berlin.

Vatin F. (dir.) (2007), *Le salariat : histoire, théorie et formes*, La Dispute, Paris.

Vatin F. (2014), *Le travail. Activité productive et ordre social*, Presses universitaires de Paris Ouest, Paris.

Verdier J.-M. (1990), *Droit du travail*, Dalloz, Paris.

Weil B., Le Masson P. (2011), « Les collèges de l'inconnu : les régimes de conception de la nouvelle puissance industrielle », colloque final ANR programme Entreprise, ANR.

Pétrole et lien social. Pour une responsabilité politique de l'entreprise

Cécile RENOUARD
ESSEC Business School et Centre Sèvres
renouard@essec.edu

L'article définit la responsabilité politique de l'entreprise au service de la maximisation du lien social et écologique. Il s'agit d'étudier les modèles économiques au prisme des principes d'une « éco-justice », qui sous-tend une telle responsabilité politique de l'entreprise. Une confirmation empirique de cette perspective normative non idéale est fournie par les résultats d'enquêtes menées depuis dix ans dans des zones touchées par l'activité pétrolière dans le delta du Niger, au Nigeria. La conception dominante de la RSE, telle qu'elle est mise en œuvre par le secteur extractif, loin d'atténuer les effets sociétaux négatifs de l'activité économique, contribue à accentuer la détérioration du lien social.

Oil and Social Ties. For a Political Responsability of the Firm

This paper defines a firm's political responsibility as being at the service of maximising social and ecological ties. The aim here is to study economic models on the basis of principles stemming from an «eco-justice», which underpins companies' political responsibility. This research examines the oil industry in Nigeria. Surveys carried out in the areas affected by oil production for over ten years offer empirical evidence of this non ideal normative perspective. The dominant conception of CSR, as applied in extractive industries, actually contributes to deteriorating social ties, instead of mitigating the negative social effects of economic activity.

Mots clés : RSE, lien social et écologique, capital social, éco-justice, Nigeria, compagnies pétrolières

Keywords: CSR, social and ecological ties, social capital, eco-justice, Nigeria, oil companies

DOI: 10.3917/rfse.hs1.0089

1. Introduction

Si l'on admet qu'une condition et une dimension fondamentale du développement est le lien social, la qualité relationnelle à l'intérieur d'une société, comment apprécier les responsabilités des entreprises à cet égard ? Une première objection, massive, consiste à souligner que les entreprises ont pour mission de fournir des biens et services (supposés utiles) et que ce sont les acteurs publics qui ont en charge la régulation des institutions afin de promouvoir un lien social de qualité. Une distinction forte a d'ailleurs été faite par un certain nombre de penseurs, comme Hannah Arendt [1958], entre la sphère politique, concernée par les enjeux du monde commun à bâtir, et la sphère économique, concernée par les questions relatives aux besoins de base, de nature non politique. Dans la ligne d'analyses critiques de cette dichotomie entre l'économique et le politique [Sennett, 2010 ; Disselkamp, Sobel, 2011 ; Ferreras, 2012], la perspective de philosophie politique, pratique ici défendue, consiste à souligner que les enjeux économiques sont des enjeux politiques et à montrer les impasses auxquelles conduit une perspective sur l'entreprise qui la réduit à une organisation économique mue par une rationalité gestionnaire. Cette conception est étroitement liée à la pensée dominante sur la responsabilité sociale de l'entreprise (RSE) qui raisonne à l'intérieur du paradigme néoclassique. Le présent article définit une responsabilité politique de l'entreprise au service de la maximisation du lien social et écologique. Il s'agit d'étudier les modèles économiques au prisme des principes d'une « éco-justice », qui sous-tend une telle responsabilité politique de l'entreprise [Renouard, 2014a]. Une confirmation empirique de la perspective normative non idéale ici présentée est fournie par les résultats d'enquêtes menées depuis dix ans dans des zones touchées par l'activité pétrolière dans le delta du Niger, au Nigeria.

Dans un premier temps, la littérature sur le lien social comme capital social est mise en parallèle avec les façons dont les pratiques relatives à la RSE, à l'éthique des affaires et au développement durable ont été élaborées. Leur trait commun est une conception instrumentale, qui puise ses origines dans les courants de pensée à la fois utilitariste et contractualiste. Nous montrons en particulier comment la conception dominante de la RSE, telle qu'elle est mise en œuvre par le secteur extractif, loin d'atténuer les effets sociétaux négatifs de l'activité économique, contribue à accentuer la détérioration du lien social. Dans un deuxième moment, nous nous intéresserons aux conditions d'une contribution des entreprises au lien social et écologique. Les principes d'une éco-justice sont définis et appliqués aux entreprises, en particulier au cas du secteur pétrolier au Nigeria.

2. Le capital social et la RSE, moyen ou fin ?

La notion de capital social est la façon privilégiée dont à la fois le champ académique et les acteurs économiques, en particulier les agences internationales (comme la Banque mondiale et le PNUD), ont traité des enjeux relatifs au lien social et de son importance pour la croissance économique. Cette littérature a vu une expansion forte ces trente dernières années, depuis la définition par Pierre Bourdieu, en 1980, du capital social comme « l'ensemble des ressources actuelles ou potentielles qui sont liées à la possession d'un réseau durable de relations plus ou moins institutionnalisées d'interconnaissance et d'inter-reconnaissance ». La perspective développée par le sociologue tend à souligner les bénéfices et profits tirés par un individu de sa participation à un groupe, qui « sont au fondement de la solidarité qui les rend possibles » [Bourdieu, 1980, p. 2]. Ces différents groupes d'appartenance se caractérisent par une forte homogénéité ; Bourdieu file la métaphore financière, en l'élargissant du capital financier au capital social et au capital culturel pour insister sur leur rendement d'autant plus important que leur valeur est élevée (liée par exemple au fait d'appartenir à une famille de « grand nom »).

2.1. La double face du capital social

Dans les pays anglo-saxons, c'est Coleman qui contribue à faire émerger cette notion, reprise et popularisée ensuite par Putnam [1993, 2000]. Coleman souligne que le capital social est l'effet positif de la fermeture sociale, celle-ci étant source de liens assurant une cohésion sociale au sein d'un groupe ; il s'agit donc de promouvoir un tel environnement qui facilite la confiance et la coopération entre acteurs [Coleman, 1988, 1990]. Coleman et Bourdieu considèrent l'un et l'autre le capital social comme des ressources relationnelles qui peuvent être accumulées tout au long de la vie à travers différents investissements sociaux et donner accès à différents biens et opportunités.

À propos du lien qui existe entre le capital social et le capital économique et culturel, Bourdieu montre comment le capital social est souvent accru par l'appartenance à un milieu socioculturel privilégié et par l'étendue des réseaux et biens possédés par les membres. De ce point de vue, la théorie du capital social souligne le rôle instrumental de celui-ci vis-à-vis de la croissance économique. Cette perspective est fortement accentuée par Burt [1992] à travers la théorie des trous structuraux : dans nos sociétés en réseaux, un individu réussit financièrement s'il est capable de repérer des trous, des « niches » dans les réseaux qui constituent la vie sociale, et de les combler par une activité économique adaptée.

De façon convergente, Luc Boltanski et Ève Chiapello [1999] caractérisent les sociétés capitalistes contemporaines comme marquées par le passage d'un management hiérarchique à une évaluation par les pairs, au sein de sociétés de plus en plus horizontales, en réseaux, où les gagnants sont les personnes mobiles et connectées. L'analyse de Boltanski et Chiapello met en évidence une double figure qui correspond selon nous à une double compréhension du capital social : le faiseur de liens et le mailleur. Le faiseur est celui qui utilise les trous structuraux à son profit personnel, de façon exclusivement privée, comme un avantage compétitif, sans s'intéresser au tissu social en tant que tel ; le mailleur est celui dont l'activité contribue à créer du lien social, de façon coopérative, sans se rendre indispensable au maintien des relations qu'il a suscitées.

Ce deuxième versant, centré sur la qualité du lien social, apparaît dans une partie de la littérature sur le capital social, notamment dans les analyses de Putnam [2000] : les enquêtes menées par ce dernier aux États-Unis montrent qu'une détérioration du capital social, une baisse de la participation des citoyens à des groupes, compromettent la vie démocratique et ont des effets négatifs sur la croissance économique.

De façon générale, la littérature sur le capital social mobilisée par les institutions internationales définit celui-ci de façon très floue [Méda, 2002]. L'aspect principal, qui est aussi celui des économistes contemporains mettant l'accent sur cette notion [Algan, Cahuc, 2014], est relatif à la confiance, dans sa dimension instrumentale [Fukuyama, 1995 ; Guiso *et al.*, 2004]. Les travaux mentionnés par ces chercheurs indiquent que les sociétés dont le niveau de confiance interpersonnelle généralisée est bas sont des sociétés dans lesquelles la croissance économique est en panne. Notons une difficulté importante de ces études : elles reposent sur des questions extrêmement larges comme celle de la confiance généralisée envers les autres, sans distinction entre la confiance envers les proches, les personnes connues et des inconnus…

Nous voulons mettre en évidence la valeur intrinsèque et pas seulement instrumentale de la qualité relationnelle. À cet égard, notre perspective rejoint celle de Coleman quand il souligne que l'un des aspects par lesquels le capital social se distingue d'autres capitaux est son statut de bien public [Coleman, 1988, p. 119]. Il s'agit donc de reconnaître que sa dimension instrumentale est seconde par rapport à sa valeur intrinsèque, ou qu'à tout le moins cette dernière ne peut être écartée d'un projet de développement économique et social. Plusieurs études montrent la valeur intrinsèque qu'accordent des personnes à la coopération, indépendamment de toute incitation ou motivation économique [Bowles, Polania-Reyes, 2012 ; Kahneman, Tversky, 2011]. Il s'agit dans cette perspective de favoriser le lien social de qualité non pas seulement parce que c'est une condition de la réussite économique, mais aussi parce que c'est une donnée fondamentale du vivre-ensemble.

Notre propos se situe dans la ligne des approches en philosophie politique pratique qui opèrent un va-et-vient entre une conception normative sur les fins – relatives à la personne humaine et au vivre-ensemble – et une analyse des moyens concrets de les réaliser dans la diversité des contextes des sociétés humaines. Une telle théorie non idéale justifie à la fois le recours à une analyse critique du fonctionnement social en référence à ces fins, à des valeurs et droits réels fondamentaux défendus comme constituant des conditions d'une vie digne, et la mobilisation de connaissances tirées de différentes disciplines (économie, science politique, sociologie, etc.) en vue de soumettre ces analyses théoriques à l'épreuve des faits, d'interpréter ces derniers et de favoriser des chemins de transformation effective des sociétés.

2.2. Les limites de la conception instrumentale de la RSE : éléments théoriques

Il apparaît que la façon dont la RSE a été promue dans la théorie et la pratique du management des entreprises relève d'une conception instrumentale privative qui fait le jeu de la première face du capital social (dans la ligne de Bourdieu) et non pas de son verso, son statut de bien public. Dès lors, les programmes liés à la RSE peuvent contribuer non pas à une amélioration de la cohésion sociale, mais à l'inverse, à un renforcement d'identités particulières au service de l'enrichissement de quelques-uns. Il en résulte – c'est la thèse que les pages qui suivent veulent étayer – que les perspectives centrées sur l'intérêt bien compris des acteurs économiques sont mises en défaut par le recours à une conception seulement instrumentale et relative du capital social, et doivent donc s'ouvrir à la reconnaissance de l'objectif prioritaire de la qualité du lien social comme, alors seulement, condition du succès de l'activité économique. Révolution copernicienne ?

De façon théorique, la RSE est liée à une conception instrumentale de l'éthique et du développement durable typique de l'ethos libéral [Renouard, 2007, 2014b ; Salmon, 2009]. Une analyse des sources morales de la RSE permet de montrer comment la conception utilitariste héritée de Bentham [1815] argumente en faveur d'une contribution quasi mécanique des intérêts privés à l'intérêt général, par un mécanisme peu différent de la main invisible d'Adam Smith [1776, p. 42-43]. Il s'agit d'une approche gagnant-gagnant qui consiste à promouvoir un comportement éthique et des engagements sociaux et environnementaux dans la mesure où ils contribuent à la profitabilité accrue de l'entreprise. Les garde-fous réglementaires visent à assurer le respect de normes, mais la possibilité d'une tension, voire d'une contradiction entre objectifs, est passée sous silence. Il en découle une très grande fragilité de ces programmes – menacés d'être laissés de côté si la performance financière n'est pas au rendez-vous. Par ailleurs, la valeur intrinsèque du lien social n'est pas prise en compte. Cette difficulté est renforcée par la façon dont une autre source morale de la pensée libérale, le contractualisme, conçoit les conditions d'un vivre-ensemble durable : topique est la perspective de Rawls [1971], lui-même critique de la dimension sacrificielle de l'utilitarisme. En réalité, la conception du contrat social définie par le philosophe comme coopération pour un avantage mutuel conduit également à laisser de côté ceux qui n'ont pas les mêmes capacités et ne sont également libres et rationnels dans la société [Nussbaum, 2006]. Notons que Rawls ne prend pas non plus en compte les rapports de force entre États à l'échelle internationale, pas plus qu'il ne considère les enjeux relatifs au milieu naturel et les éventuels droits de la nature, ni – ou de façon très limitée – les générations futures. Pour ce qui nous concerne ici, retenons que les principes de la justice rawlsiens sont adossés à une conception instrumentale de la coopération qui ne garantit pas le respect de chaque membre de la société ni ne recherche des relations de qualité entre tous.

2.3. Les limites de la conception instrumentale de la RSE : vérification empirique

Le cas de l'exploitation pétrolière dans le delta du Niger est à cet égard paradigmatique des problèmes engendrés par la contribution des multinationales à des économies de rente [Frynas, 2009]. La détérioration du lien social peut être mesurée de différentes manières. Un indicateur est l'aggravation du nombre de kidnappings, d'actes violents et de meurtres. La guerre du Biafra (1967-1970) fut largement due à la présence de l'or noir dans le sous-sol nigérian et à des revendications concurrentes sur la maîtrise de cette ressource. Dans les années 1990, la pendaison de Ken Saro-Wiwa et d'autres activistes du mouvement autonomiste non violent des Ogonis a mis en évidence les collusions entre intérêts des compagnies pétrolières internationales (Shell en l'occurrence) et de l'État. Shell, accusé de complicité au moins passive à l'égard des violations des droits humains dans sa sphère d'influence, a reconnu quinze ans plus tard porter une responsabilité à l'égard du non-développement du delta du Niger. À partir de ces années 1990, d'abord sous la dictature d'Abacha, puis sous les différents mandats de présidents démocratiquement élus [Bach, 2006], les compagnies pétrolières ont fortement augmenté les montants et le contenu de leur engagement sociétal, leur discours et leurs plans d'action étant menés en référence à l'émergence d'un discours en faveur de la RSE et du développement durable. Le discours officiel consiste à invoquer le passage de pratiques clientélistes et assistancialistes à une contribution au développement pérenne des communautés [Renouard, 2007]. Des efforts ont été fournis pour arrêter les paiements en nature face aux doléances des habitants (« *no cash payment* »), pour stopper le versement de salaires à des employés fictifs (« *no work no pay* »), pour favoriser des décisions conjointes entre entreprises et communautés locales (dans le cadre de *Memoranda of Understanding* – MoU) à propos des projets de développement prioritaires, et mettre en place des comités de mise en œuvre et de suivi pilotés par les représentants des villageois. Dans la réalité, les compagnies pétrolières reconnaissent la très grande difficulté à infléchir les tendances et la permanence, voire le renforcement du rôle de ceux qui sont dénommés les « *benefit captors* », à l'intérieur des entreprises et dans les villages : ceux qui ont su capter des miettes de la rente, des « faiseurs » dans la terminologie de Boltanski et Chiapello.

Les enquêtes quantitatives et qualitatives menées depuis douze ans au sein du programme de recherche Codev dans cette région, dans plusieurs zones touchées directement ou indirectement par l'activité pétrolière dans les États de Rivers, d'Akwa Ibom et Bayelsa, font apparaître la détérioration de la qualité du lien social. Les recherches qualitatives, menées avec différents chercheurs français, togolais et nigérians [1] ont en particulier montré le renforcement de conduites adolescentes à risque et de pathologies sociales : ainsi, en 2009, les entretiens menés de façon aléatoire dans une quinzaine de villages auprès de parents indiquaient qu'un tiers des filles se livrent à la prostitution régulière et un tiers des garçons à des pratiques cultistes (mafieuses). De plus, les compagnies pétrolières utilisent l'argument de la diversité culturelle et du respect des cultures d'une façon qui peut être dommageable : différents travaux indiquent combien la présence pétrolière a contribué à renforcer les identités ethniques, les frustrations entre les villages de clans proches des sites d'extraction (les *host* ou *core communities*) et ceux plus éloignés. Au sein même des clans, une différence forte a pu être faite par les compagnies pétrolières entre les « *oil and gaz families* » et les autres [Fanchette, 2006]. Sachant que les pétroliers déduisent des impôts versés à l'État nigérian les sommes dépensées au titre des programmes sociétaux, apparaissent clairement les effets pervers d'actions ciblées vers certaines parties de la population, alors que d'autres ne bénéficient pas de programmes de la part d'un État ultra-corrompu et largement absent dans ces zones.

Nos enquêtes quantitatives confirment les analyses qualitatives. Nous avons construit un indicateur destiné à saisir la qualité relationnelle à partir de trois dimensions principales : l'accès à des réseaux (information, communication, etc.) ; les relations privées (amour, amitié, confiance envers les proches) ; l'engagement civique (participation à des groupes, vote, engagement civique, confiance envers des inconnus) [Giraud *et al.*, 2013]. Une enquête menée en 2008, puis en 2012, dans deux zones affectées par la présence plus ou moins directe des compagnies pétrolières (*onshore* ou *offshore*) fait apparaître une nette dégradation du niveau de confiance envers les proches dans la zone de production *onshore* [Giraud *et al.*, 2014]. Cette dégradation est très

[1] Hervé Lado (doctorant, Paris 1), Marc-Antoine Pérouse de Montclos (IRD), Denis Ekpo (Uniport, Port Harcourt), Ukoha Ukiwo (Uniport, Port Harcourt), Romuald Kossi Ekluboko (doctorant, Lomé), avec la collaboration pour les enquêtes quantitatives de Yves Mouvy (Lomé).

inquiétante dans une zone où l'amélioration des conditions matérielles des populations est nette et reconnue par les habitants. Elle est significative des effets pervers de programmes mis en œuvre d'une façon clientéliste et des frustrations, comparaisons, jalousies induites par le fait que les avantages sont très mal distribués, d'une façon très inégalitaire, entre familles, entre hommes et femmes [Lado, Renouard, 2012]. D'autres analyses menées à partir d'itinéraires de leaders, responsables de projets de développement, dans la région [Renouard, 2015] insistent sur la détérioration concomitante des capacités relationnelles et critiques des personnes et des groupes : la réduction du nombre des actions non violentes en faveur de la justice est significative de la difficile mobilisation de la société civile. Les réseaux d'appartenance fermés, comme le cultisme et les mouvements militants, etc., tendent à être plus rétributeurs que l'animation du « *community development committee* » du village, par exemple. Le délitement de certaines références morales, l'affaiblissement de la mise en œuvre d'une raison pratique apparaissent en contrepoint de la mobilisation de la rhétorique morale par les entreprises pétrolières.

L'exemple du delta du Niger montre que les actions menées au titre de la RSE non seulement ne traitent que des symptômes et pas des causes des problèmes, mais renforcent même ces derniers : l'argent est dépensé parfois de façon somptuaire (par exemple, en 2012, l'indemnisation de 150 jeunes d'un village ayant assuré la garde d'une zone concernée par un accident technique leur a permis de s'acheter chacun une voiture au bout de huit mois…) et régulièrement de façon inutile et inique : les femmes sont les grandes oubliées. Alors même que ce sont elles qui travaillent aux champs, quasiment aucun budget n'est alloué aux projets de développement agricole dans le cadre des négociations entre villageois et pétroliers, les femmes n'étant que symboliquement représentées. Il en résulte un ethos de prédation privée qui est à l'inverse des intentions affichées par les porteurs des projets (développement participatif et inclusif, durable et solidaire).

L'incohérence de ces pratiques est à comprendre en lien avec une difficulté accrue dans le secteur pétrolier, bien mise en évidence par Timothy Mitchell [2012] : à la différence de l'extraction du charbon, intensive en main-d'œuvre et géographiquement proche des lieux de consommation, l'industrie pétrolière est peu intensive en main-d'œuvre, et les sites d'extraction éloignés des lieux de consommation par les populations des pays du Nord ; d'où une moindre importance des mouvements sociaux locaux pour faire bouger les lignes. Il faut en particulier noter, dans le contexte du Nigeria, que les oubliés du partage de la rente ne sont pas les salariés nationaux des compagnies pétrolières, dont les syndicats ont su défendre les droits sans peine (vu le caractère stratégique de la satisfaction des techniciens et ingénieurs pour le maintien de la production pétrolière). L'enjeu principal concerne le partage de la richesse créée au long de la chaîne de valeur et à l'intérieur du pays [Sébille-Lopez, 2005].

En définitive, non seulement le pétrole, mais aussi la mise en œuvre de pratiques de RSE au service du seul maintien de la production font le jeu de la détérioration du lien social, de la perte des capacités relationnelles et critiques des acteurs. Comment peut-on sortir de cet engrenage mortifère ? Une double piste de réponse est proposée dans les pages qui suivent : la recherche des conditions de l'amélioration du lien social et écologique conduit à contester la radicale distinction évoquée entre l'économique et le politique, pour mobiliser une conception de l'économique au service du bien commun élémentaire entendu au sens minimal de la survie des populations. À partir de là, les conditions d'une éco-justice sont définies, en situant la production, la distribution et les échanges de biens et services dans la perspective du bien commun relationnel qu'est le lien social.

3. Pour une responsabilité politique de l'entreprise au service du lien social et écologique

Le cas nigérian montre l'échec auquel conduit une conception de la RSE subordonnée à l'impératif de croissance économique maximale et déconnectée d'une exigence à l'égard du maintien d'un lien social et écologique de qualité. La détérioration de la confiance envers les proches est un indicateur puissant de la gravité des dommages causés sur le tissu social. Comment concevoir la responsabilité de l'entreprise ? Nous défendons, dans une perspective normative, la responsabilité politique de l'entreprise vis-à-vis des biens communs mondiaux, en particulier vis-à-vis du bien commun relationnel qu'est le lien social et écologique : les impasses auxquelles mène une conception du capital social comme bien privé et simple auxiliaire de la croissance sont manifestes. Cette approche instrumentale se révèle insuffisante pour garantir le maintien d'un lien social de qualité entre entreprise et parties prenantes, et entre parties prenantes concernées par l'activité économique. Il s'agit dès lors de mettre l'accent sur la finalité que représente le capital social comme bien commun ou public, tel que défini précédemment. Nous préférons appeler cette finalité la qualité du lien social et écologique, pour bien la distinguer d'une conception « capitaliste » du capital social entendu comme investissement privé dans des relations à exploiter de façon concurrentielle. Nous rajoutons le qualificatif écologique à celui de social pour insister sur les enjeux de long terme, sur l'articulation étroite entre la question du lien social et de la cohésion sociale avec celle de la relation de qualité entre l'être humain et son milieu naturel.

3.1. L'éco-justice

Cette perspective est fondée sur une anthropologie relationnelle, critique des perspectives dominantes au sein des courants utilitaristes et contractualistes. Elle est convergente avec les recherches menées par Michel Capron et Françoise Quairel [2015] ainsi qu'Olivier Favereau [2014] sur l'entreprise dans la société. Notre point de départ dans une réflexion philosophique normative sur le développement humain conduit à chercher les conditions d'une transformation institutionnelle qui permette de subordonner l'activité de l'entreprise au souci de la qualité du lien social et écologique. Cette perspective rejoint des tentatives actuelles de promouvoir une analyse de l'entreprise en termes de justice relationnelle [Neron, 2015]. Nous avons décrit les principes d'une éco-justice appliqués à l'entreprise dans les différents domaines où se déploie son activité : économique et financier, social et culturel, politique [Bernard, 1999 ; Fraser, 2009 ; Renouard, 2014a]. Quant à la compréhension de la dimension politique, la perspective présentée ici se situe dans la ligne de la conception développée par Michaël Walzer dans *Sphères de justice* [1983] : la sphère politique est à la fois une parmi d'autres, quand elle a trait au fonctionnement des institutions de l'État, aux modèles de prises de décision, de gouvernance ; et elle admet aussi une dimension méta ou architectonique, au sens où elle rend possibles la différenciation entre les sphères ainsi que des critères de valorisation différents dans chaque sphère. Nous résumons cette distinction en caractérisant la première approche comme relative à la politique comme vie politique et la deuxième comme relative au politique entendu comme le soubassement de toute institution, touchant à la vie commune, au vivre-ensemble. Pour ce qui concerne l'entreprise, la politique a trait à la gouvernance et le politique désigne la compréhension de l'organisation économique comme une institution, concernée par le vivre-ensemble d'une triple manière, économique, socio-culturelle et politique : la production et le partage de la richesse créée, l'attention concrète aux personnes et les dispositifs de représentation de toutes les parties prenantes affectées en vue de préserver les biens communs mondiaux.

3.2. Dimension économique

Il s'agit de considérer comment la production et la distribution des biens et richesses favorisent la qualité du lien social et écologique : deux domaines doivent être particulièrement étudiés. Le premier est celui de la chaîne de production, depuis les choix d'investissement jusqu'aux choix des sous-traitants et aux conditions de travail et de vie des salariés et de leur famille. Comment la richesse est-elle créée et répartie dans l'entreprise et au long de la chaîne de valeur ? Notons que le critère relatif à l'intégration des limites écologiques et sociales comme condition d'une juste création de richesses a été quasiment absent de la réflexion libérale sur la justice sociale, préoccupée avant tout par les enjeux distributifs. Dans la logique du devoir de vigilance des entreprises à l'égard du respect des droits humains dans leur sphère d'influence, maintenant reconnu par les institutions comme l'ONU et l'OCDE [Ruggie, 2011 ; OCDE, 2011] un moyen pour y parvenir serait de déterminer un plancher social et un plafond écologique (relatifs aux principes de l'OIT et aux objectifs sectoriels et locaux fixés dans le cadre de la lutte contre le réchauffement climatique) [Renouard, 2013] et de veiller aux dispositifs mis en œuvre par les maisons mères et entreprises donneuses d'ordre afin que toute la chaîne de sous-traitance respecte ces seuils.

Le second chantier, distributif, est celui de la fiscalité. Plus le montant des impôts et taxes versés est transparent, plus il est aisé de détecter les pratiques d'optimisation fiscale agressive et dommageable, ainsi que les fraudes avérées, et les manques à gagner pour les administrations fiscales et, de ce fait, pour les populations locales [Chantérac, Renouard, 2012 ; OCDE, 2014]. Les travaux réalisés – notamment dans le cadre de l'OCDE – depuis quelques années soulignent l'inadéquation des modèles liés à une territorialisation de l'impôt sur les sociétés alors que les flux sont transnationaux. Des dispositifs comptables et fiscaux permettent aux entreprises de déplacer le profit, par le biais des prix de transfert sur les immatériels en particulier (frais de marques, brevets, technologies, management, etc.). Ces dispositifs d'optimisation fiscale vont du *business restructuring*[2] aux instruments hybrides qui sont considérés comme titres de dettes dans un pays et titres de participation dans un autre, et peuvent aboutir à une double exonération fiscale.

[2] Une production n'est pas vendue directement par le fabricant, mais par une société mère dans un État taxant moins les bénéfices ; le profit réalisé par la filiale qui fabrique diminue, entraînant la diminution de l'impôt perçu par l'État où se trouve cette filiale.

La responsabilité fiscale de l'entreprise n'est quasiment jamais mentionnée par les groupes comme une dimension de la RSE. Il est toutefois très clair qu'une prise en compte du lien social comme fin nécessite une interrogation sur les critères d'un juste partage de la valeur créée et de la contribution des entreprises aux moyens financiers, pour les États, d'assurer des conditions matérielles d'un vivre-ensemble harmonieux.

3.3. Dimension socioculturelle

Dans le domaine socioculturel, la sphère de la reconnaissance permet de s'interroger sur la façon dont chaque personne ou groupe impliqué dans l'activité économique fait l'objet d'une reconnaissance à la fois éthique et juridique. La non-reconnaissance ou mépris social [Honneth, 2006] est la manifestation évidente de la mauvaise qualité du lien social. Les formes de violence qui peuvent exister en entreprise sont de trois ordres [Renouard, 2011] : 1) des relations et des conditions de travail horizontales marquées par des rapports de force, des conflits, des violences verbales, voire physiques, des luttes pour le pouvoir entre collègues, une absence de lien positif entre les acteurs de l'entreprise [Wieviorka, 1999] ; 2) des relations hiérarchiques marquées par la pression psychologique, le harcèlement [Hirigoyen, 1998 ; Ravisy, 2004], la manipulation de la part de « leaders toxiques » [Thévenet, 2008] ; 3) une culture d'entreprise qui ne promeut pas le respect des personnes, ou dont le discours « éthique » est en décalage ou en complète contradiction avec les pratiques effectives [Marzano, 2008]. Il existe par ailleurs de multiples formes de « placardisation » par laquelle des individus gênants (pour leurs prises de position, leur engagement syndical, etc.), considérés comme inaptes ou inutiles, sont mis à l'écart, sans que leur soit donné de motif satisfaisant, et se voient privés des modes de reconnaissance que constituent la fixation d'objectifs et leur évaluation, à l'intérieur même de leur entreprise ; faisant l'expérience de l'humiliation et de la honte, ostracisés par leurs pairs, ils perdent l'estime de soi, sans ressources intérieures ni soutiens extérieurs suffisants pour résister à ces formes de violence insidieuse ou quitter l'organisation qui les détruit [Lhuilier, 2002]. La reconnaissance pourrait être mesurée par des indicateurs comme l'indicateur de capacité relationnelle décrit plus haut, notamment dans ses dimensions relatives aux liens interpersonnels et à l'engagement civique, en les adaptant à une évaluation des relations sociales dans l'entreprise, du bien-être au travail et des engagements citoyens des personnes et organisations.

3.4. Dimension politique

Enfin, au plan politique, la représentation des personnes et groupes affectés, aujourd'hui ou demain, est un enjeu majeur de l'éco-justice afin de reconnaître les droits des plus vulnérables, et de donner des moyens de recours à ceux qui sont affectés par des dommages engendrés par l'activité économique. Il s'agit d'étudier les structures de gouvernance pour vérifier si et comment elles favorisent de tels recours, et de favoriser des formes juridiques, des dispositifs organisationnels et managériaux adaptés. À cet égard, deux types de démarches récentes vont dans cette direction : celles de juristes et d'organisations tirant les conséquences du cadre onusien concernant la responsabilité des entreprises vis-à-vis du respect des droits humains dans leur sphère d'influence [Ruggie, 2011] et soulignant combien ce droit mou international amène à une transformation des pratiques des entreprises [Queinnec, 2014].

D'autres initiatives sont liées à l'interrogation sur l'extension des principes valant dans certaines formes juridiques (comme les coopératives) à d'autres modèles d'entreprise, assurant une prise en compte de l'intérêt général à court et long terme dans la définition juridique de la société commerciale [Hurstel, 2012].

Cette perspective normative qui essaie de dessiner les contours d'une éco-justice pour l'entreprise est liée à une double approche de la responsabilité, telle qu'elle est proposée par Ricœur [Ricœur, 1991 ; Vallaeys, 2013] : une responsabilité comme imputation à l'égard du passé et comme mission à l'égard de l'avenir. D'un côté, l'entreprise doit rendre compte de la façon dont elle exerce ses responsabilités vis-à-vis des effets de son action sur différentes parties prenantes et peut être amenée à réparer et compenser les dommages provoqués. De l'autre, elle est appelée à s'engager de façon proactive dans l'évaluation des effets combinés, émergents, de son action future vis-à-vis des biens communs mondiaux et dans l'élaboration de stratégies coopératives afin d'assumer une telle responsabilité partagée pour l'avenir.

3.5. Application empirique

Dans le contexte de la production pétrolière et gazière au Nigeria, quels sont les enjeux clefs pour la mise en œuvre de ces principes ?

En ce qui concerne la production, la question du niveau des standards sociaux et environnementaux se pose à la fois pour les entreprises et pour les sous-traitants : si, comme on l'a dit plus haut, les standards sociaux vis-à-vis des salariés des multinationales pétrolières sont élevés, le décalage avec ceux des sous-traitants est très important. Une réflexion sur les échelles de rémunération au sein des grands groupes et vis-à-vis des sous-traitants mériterait d'être menée [Giraud, Renouard, 2012]. Par exemple, un chauffeur travaillant pour un sous-traitant d'une compagnie pétrolière depuis 25 ans peut gagner l'équivalent du salaire minimal des fonctionnaires – 90 euros par mois – alors qu'un technicien nigérian salarié de la même compagnie sera payé aussi bien qu'un expatrié (c'est-à-dire de 12 000 à 15 000 euros par mois, si l'on additionne son salaire avec les indemnités perçues pour s'acheter une deuxième voiture, un générateur, etc.) ; dans ce cadre, les avancées récentes autour de la reconnaissance du devoir de vigilance des maisons mères vis-à-vis des filiales et sous-traitants prennent toute leur importance. On peut à l'évidence douter de la volonté politique des acteurs (publics et privés) de s'atteler à cette question des inégalités de revenus qui met en cause l'architecture des rémunérations dans les groupes internationaux. Néanmoins, le creusement abyssal des rémunérations représente aujourd'hui un risque autant réputationnel que financier pour les entreprises, et pourrait conduire à infléchir des pratiques. Il en va de même pour ce qui concerne la minimisation et la réparation des dommages, notamment au plan environnemental.

En termes de fiscalité, la question de la répartition juste et équitable de la manne pétrolière aux échelles internationale, nationale et locale dépasse la seule redevabilité des compagnies pétrolières (qui ne sont pas concernées par les choix distributifs effectués par les pouvoirs publics à l'égard des territoires). Toutefois, celles-ci sont responsables à plusieurs égards, relativement aux pratiques de corruption et d'optimisation fiscale dommageable, voire d'évasion fiscale : elles sont signataires des engagements pris dans le cadre de l'initiative EITI (*Extractive Industry Transparency Initiative*). Les compagnies européennes et celles cotées à la Bourse de New York (loi Dodd Frank, 2010) sont obligées de déclarer les versements pays par pays dans ceux où elles opèrent. Les mesures décidées par le G20 fin 2014 à l'égard de la lutte contre les pratiques de double exonération fiscale de la part de grands groupes, ainsi que les scandales comme Luxleaks, indiquent une plus faible tolérance des opinions publiques et des États aujourd'hui que dans les dernières décennies, à l'égard de ceux qui échappent à l'impôt. Au Nigeria, les effets pervers du clientélisme érigé en absolu indiquent la nécessité de changer de façons de procéder, sous peine d'arrêt de l'activité économique : Shell a d'ailleurs vendu une partie de ses activités *onshore* en raison des mauvaises relations avec les communautés locales, source de forte diminution de la production.

La dimension socioculturelle de l'activité économique pourrait être honorée par la mise en œuvre de diverses formes concrètes de reconnaissance vis-à-vis des populations locales comme des salariés et sous-traitants. Diverses études de praticiens des relations sociétales détaillent les effets délétères de la coupure entre expatriés ou cadres fortunés des entreprises et les populations locales pauvres [Zandvliet, Anderson, 2009]. Les murs érigés par les entreprises pour assurer la sécurité de leurs installations et de leur personnel contribuent à établir un fossé aussi réel que symbolique entre les uns et les autres. Parmi les causes de la défiance à l'intérieur des communautés et entre représentants des entreprises et habitants des villages, l'invisibilité sociale des uns au regard des autres est un facteur clef. Une condition nécessaire de ce rétablissement de la reconnaissance est bien la réduction des inégalités, sources, à l'heure actuelle, de la coexistence parallèle ou violente de deux mondes.

En ce qui concerne la dimension politique, la représentation des différentes parties prenantes affectées n'est pas acquise. La révision de la façon qu'ont les entreprises d'engager des négociations avec les communautés locales (MoUs) et de les mettre en œuvre irait dans ce sens. La plupart des entreprises continuent à mettre en œuvre les modèles destructeurs du lien social, hérités du passé, décrits plus haut. Il s'agirait de renforcer les capacités de négociation et de gouvernance de toutes les parties prenantes, en faisant en sorte d'inclure non seulement les « benefit captors », terme par lequel ceux qui captent la rente sont désignés par les habitants des villages eux-mêmes, mais aussi des représentants de toutes les catégories de la population, notamment les femmes. En convergence avec l'analyse faite par Aurélien Colson et Alain Lempereur [2008], à la lumière de leur expérience au Burundi et en RDC, soulignons que le succès d'un dispositif de médiation repose sur deux principes : la construction du consensus se fait de l'intérieur ; elle se fait sur place et dans la durée. Il ne s'agit donc en aucun cas de plaquer de l'extérieur des recettes toutes faites ; une intervention externe vise à faciliter et rendre possible une reconfiguration des relations entre parties prenantes, processus qui ne peut se faire que grâce à la motivation des acteurs locaux eux-mêmes.

La représentation des groupes affectés concerne aussi le milieu naturel et les générations futures. Certaines ONG nigérianes, comme les *Amis de la Terre*, ont proposé en 2009 l'arrêt de l'octroi par le gouvernement nigérian de nouveaux permis d'explorer, arguant du fait que le pétrole n'a en rien contribué au développement du pays[3]. La proposition alternative de l'ONG consistait en la constitution d'un fonds de développement auquel abonderaient les Nigérians détenteurs d'une certaine richesse, au prorata de celle-ci. Cette initiative a évidemment très peu de chances d'aboutir – d'autant que le pétrole nigérian est d'excellente qualité, demandant peu de raffinage –, mais elle fait réfléchir aux conditions d'une création de richesse pérenne et équitable, à l'inverse de ce qu'a représenté jusqu'à présent l'or noir pour le Nigeria.

4. Conclusion

Le cas nigérian est un cas limite, qui illustre dramatiquement la contradiction possible entre l'objectif de l'extraction maximale d'une ressource énergétique et celui de l'amélioration du lien social et écologique. Dans ce contexte, la responsabilité des compagnies pétrolières d'origine occidentale est avérée : l'effet le plus pervers de leur activité n'est sans doute pas la négligence, voire parfois la faute lourde au plan environnemental, mais plutôt le délitement du lien social engendré par les pratiques clientélistes parées de la rhétorique de la RSE. Les habitants des villages eux-mêmes incriminent autant, sinon davantage, leurs concitoyens que les entreprises elles-mêmes… Pour autant, ces dernières se sont laissé prendre au fil des relations court-termistes engagées au long des années avec les *benefit captors* locaux. Pourraient-elles mettre en œuvre, aujourd'hui, les principes de l'éco-justice décrits dans ces pages, au service d'un tissu social et écologique de qualité ? Pour y parvenir, les avancées nécessaires sont à la fois juridiques et éducatives. Elles impliquent le renforcement des capacités politiques (négociation, médiation, action non violente) des acteurs locaux, seuls à même, peut-être, de contribuer à une transformation des politiques publiques et des pratiques des élites. Elles impliquent le durcissement des dispositifs réglementaires vis-à-vis des entreprises multinationales, notamment l'amélioration des moyens de recours judiciaire pour les populations victimes de violations des droits humains, non seulement de la part des filiales des entreprises, mais aussi de la part de sous-traitants. Elles nécessitent aussi une révolution mentale chez les décideurs, afin de faire non pas de la pérennité à court terme de la production, mais de la qualité relationnelle le critère de succès durable de l'activité. Ces avancées sont sans doute exorbitantes au vu des rapports de force existants. Mais la prise de conscience actuelle du risque d'explosion sociale relatif à la déliquescence des institutions et du lien social doit s'accompagner d'une analyse structurelle des problèmes. À cet égard, la révision de la hiérarchisation des priorités proposée dans ces pages n'apparaît pas irréaliste en termes d'intérêt bien compris des acteurs économiques…

Bibliographie

ALGAN Y., CAHUC P. (2013), « Trust, Institutions and Economic Development », *Handbook of Economic Growth*, vol. 1A-2013.

ARENDT H. (1958), *La condition de l'homme moderne*, trad. G. Fradier, Calmann-Lévy, Paris (1983).

[3] *http://www.oilwatch.org/doc/paises/nigeria/building_a_post_petroleum_nigeria.pdf, consulté le 24 décembre 2014.*

Bach D. (2006), « Nigeria : paradoxes de l'abondance et démocratisation en trompe-l'œil », *Afrique contemporaine*, 219, 3, p. 119-135.

Bentham J. (1815), *A table of the springs of action* (édition 1983).

Bernard P. (1999), *Social cohesion: A critique*, Canadian Policy Research Networks, Ottawa.

Boltanski L., Chiapello È. (1999), *Le nouvel esprit du capitalisme*, Gallimard, Paris.

Bourdieu P. (1980), « Le capital social », *Actes de la recherche en sciences sociales*, n° 31, janvier, p. 2-3.

Bowles S., Polania-Reyes S. (2012), « Economic incentives and Social Preferences: Subistitutes or Complements? », *Journal of Economic Literature*, vol. 50(2), p. 368-425.

Burt R. (1992), *Structural Holes: The Social Structure of Competition*, Harvard University Press, Harvard.

Capron M., Quairel F. (2015), *L'entreprise dans la société : une question politique*, La Découverte, Paris.

Chanterac M. (de), Renouard, C. (2012), « Proposition 15 : Pour une fiscalité déterritorialisée des multinationales », in G. Giraud, C. Renouard, *20 propositions pour réformer le capitalisme*, Flammarion, coll. « Champs », Paris, p. 311-328.

Coleman J. (1990), *Foundations of social theory*, Belknap Press, Cambridge, Mass.

Coleman J. (1988), « Social capital in the creation of human capital », *American Journal of Sociolology*, n° 94, p. 95-120.

Colson A., Pekar Lempereur A. (2008), « Un pont vers une paix durable. Réconciliation et médiation post-conflit au Burundi et en République démocratique du Congo », *Négociations*, n° 9/1, p. 13-28.

Disselkamp A., Sobel R. (2011), « D'Arendt à Marx : exploitation capitaliste, question sociale et "vie nue" », *Économies et Sociétés*, n° 44, 7, p. 1119-1138.

Fanchette S. (2006), « Le delta du Niger : rivalités de pouvoir, revendications territoriales et exploitation pétrolière ou les ferments de la violence », *Hérodote*, n° 121, deuxième trimestre, p. 190-220.

Favereau O. (2014), *Entreprise : la grande déformation*, Parole et Silence, Paris.

Fraser N. (2009), *Scales of Justice: Reimagining Political Space in a Globalizing World*, Columbia University Press, New York.

Frynas J. G (2005), « The false developmental promise of CSR: evidence from multinational oil companies », *International Affairs*, 81 (3), p. 581-598.

Frynas J. G (2009), *Beyond Corporate Social Responsibility. Oil multinational and social challenges*, Cambridge University Press, Cambridge.

Fukuyama F. (1995), *Trust: The Social Virtues and the Creation of Prosperity*, Free Press, New York.

Giraud G., Lhuillier H., Renouard C. (2014), « Refining capabilities », article soumis.

Giraud G., Renouard C., Lhuillier H., De La Martinière R., Sutter C. (2014), « Relational Capability: a Multidimensional Approach », ESSEC Working Paper 1306, 2013.

GIRAUD G., RENOUARD C. (2012), *Le facteur 12 : pourquoi il faut plafonner les revenus*, Carnets Nord, Paris.

GUISO L., SAPIENZA P., ZINGALES L. (2004), « The Role of Social Capital in Financial Development », *American Economic Review*, vol. 94, n° 3, p. 526-556.

HIRIGOYEN M.-F. (1998), *Le harcèlement moral. La violence perverse au quotidien*, Syros, Paris.

HONNETH A. (2006), *La société du mépris*, La Découverte, Paris.

HURSTEL D. (2012), « Proposition 2 : organiser la société commerciale à partir du projet d'entreprise plutôt qu'à partir du profit », in G. GIRAUD, C. RENOUARD, *20 propositions pour réformer le capitalisme*, Champs, Paris, p. 45-60.

IDEMUDIA U. (2009), « Oil extraction and poverty reduction in the Niger Delta: a critical examination of partnership initiatives », *Journal of Business Ethics*, n° 90, p. 91-116.

KAHNEMAN D., TVERSKY A. (2000), *Choices, Values and Frames*, Cambridge University Press, Cambridge.

LADO H., RENOUARD C. (2012), « CSR and Inequality in the Niger Delta », *Corporate Governance*, vol. 12, p. 472-484.

LHUILIER D. (2002), *Placardisés. Des exclus dans l'entreprise*, Seuil, Paris.

MARZANO M. (2008), *Extension du domaine de la manipulation*, Grasset, Paris.

MEDA D. (2002), « Le capital social : un point de vue critique », *L'économie politique*, n° 14/2, p. 36-47.

MILL J. S. (1992 [1861]), *Utilitarianism*, Everyman Library, London.

NERON P. Y. (2015), « Rethinking the Very Idea of Egalitarian Markets and Corporations: Why Relationships Might Matter More than Distribution », *Business Ethics Quarterly*, June, p. 1-32.

NUSSBAUM M. (2008 [2000]), *Femmes et développement humain*, Éditions Antoinette Fouque, Paris.

NUSSBAUM M. (2002), « Capabilities and social justice », *International Studies Review*, 4, p. 123-135.

OYEFUSI A. (2007), « Oil and the Propensity to Armed Struggle in the Niger Delta Region of Nigeria », World Bank Policy Research Working Paper 4194, April 2007.

POLANYI K. (1983 [1944]), *La grande transformation*, trad. C. Malamoud, M. Angeno, Paris, Gallimard.

PUTNAM R., LEONARDI R., NANETTI R. Y. (1993), *Making Democracy Work*, Princeton University Press, Princeton.

PUTNAM R. (2000), *Bowling Alone: The Collapse and Revival of American Community*, Simon and Schuster, New York.

QUEINNEC Y. (2013), in *PCN français pour la mise en œuvre des principes directeurs de l'OCDE à l'intention des entreprises multinationales, Rapport du PCN sur la mise en œuvre des principes directeurs de l'OCDE dans la filière textile-habillement*, 2 décembre, p. 165-167.

RAVISY P. (2004), *Le harcèlement moral au travail*, Dalloz, Paris.

RAWLS, J. (1971), *Théorie de la justice*, trad. C. Audard, Seuil, Paris (1987).

Renouard, C. (2007), *La responsabilité éthique des multinationales*, Presses universitaires de France, Paris.

Renouard C. (2011a), « Corporate social responsibility, utilitarianism, and the capabilities Approach », *Journal of Business Ethics*, 98(1), p. 85-97.

Renouard C. (2011b), « "Entreprise" et "Entreprise citoyenne" », *Dictionnaire de la violence*, M. Marzano (dir.), Presses universitaires de France, Paris, p. 429-439.

Renouard C. (2013), *Éthique et entreprise*, Éditions de l'Atelier, Paris.

Renouard C. (2014a), « Justice écologique et responsabilité politique de l'entreprise », *Études*, mai, p. 41-51.

Renouard C. (2014b), « La responsabilité éthique et politique des multinationales », *Revue des sciences religieuses*, 88, n° 3, juillet, p. 315-332.

Renouard C. (2015, à paraître), « Multinationales et développement local : du mythe du gagnant-gagnant à l'irresponsabilité politique. Le cas des compagnies pétrolières au Nigeria », *Studia Phaenomenologica. Romanian Journal for Phenomenology*, Bucarest.

Ricœur P. (1990), *Soi-même comme un autre*, Seuil, Paris.

Ricœur P. (1991), *Lectures. Autour du politique*, tome I, Seuil, Paris.

Robeyns I. (2005), «The capability approach: a theoretical survey », *Journal of Human Development*, 6(1), p. 93-117.

Ruggie J. (2011), Rapport du représentant spécial du secrétaire général chargé de la question des droits de l'homme et des sociétés transnationales et autres entreprises, *Principes directeurs relatifs aux entreprises et aux droits de l'homme : mise en œuvre du cadre de référence « protéger, respecter et réparer » des Nations unies*, 23 mars, http://www.ohchr.org/Documents/Issues/Business/A.HRC.17.31_fr.pdf

Salmon A. (2009), « Éthique et intérêt : quels mobiles pour l'entreprise providence ? », *Revue française de socio-économie*, n° 4, p. 39-57.

Sebille-Lopez P. (2005), « Les hydrocarbures au Nigeria et la redistribution de la rente pétrolière », *Afrique contemporaine*, p. 157-181.

Sen A. (2000 [1999]), *Développement, justice, liberté*, Seuil, Paris.

Sennett R. (2010), *Ce que sait la main. La culture de l'artisanat*, Albin Michel, Paris.

Smith A. (1992 [1776]), *Recherche sur la nature et les causes de la richesse des nations*, IV, Flammarion, Paris.

Vallaeys F. (2013), *Pour une vraie responsabilité sociale*, Presses universitaires de France, Paris.

Walzer M. (1997 [1983]), *Sphères de justice*, Seuil, Paris.

Wieviorka M. (1999), *Violence en France*, Seuil, Paris.

Zandvliet L., Anderson M. (2009), *Getting it right. Making corporate-community relations work*, Greenleaf Publishing, Sheffield.

L'Afrique entre « malédiction des ressources » et « émergence » : une bifurcation ?

Géraud MAGRIN
UMR Prodig
geraud.magrin@univ-paris1.fr

Les représentations des dynamiques de développement africaines peinent à se défaire des postures caricaturales afro-pessimistes ou afro-optimistes. Les premières sont fortement influencées par la « malédiction des ressources naturelles ». Les secondes voient dans la croissance économique et l'essor numérique de classes moyennes une promesse d'émergence. À partir d'une analyse de l'impact des investissements récents dans les activités extractives en Afrique sahélo-soudanienne, nous défendons l'hypothèse que la convergence de dynamiques internes (croissance démographique et urbaine, démocratisation) et externes (circulation de capitaux, mais aussi de normes) est favorable à l'ouverture d'espaces de bifurcation hors de la trajectoire politico-économique de longue durée reposant sur l'exportation de matières premières brutes vers le système mondial. La matérialisation de ces nouvelles trajectoires dépendra largement des dynamiques et luttes internes aux sociétés africaines.

Africa, from "resource curse" to emerging countries: a turning point?

Representations on the African path of development are often caricatural: the afro-pessimist point of view is influenced by the resource curse approach, whereas the afro-optimistic one thinks that economic growth and increase of the middle class will set up emerging countries on their own. Using researchs on the impact of new extractive industries in Sahelo-Sudanian Africa, we will argue that the convergence of internal (demographic and urban growth, democratization) and external dynamics (investments, circulation of norms and values) are favourable to opening critical junctures. These could allow African politico-economic systems to escape their historic condition (exporting raw materials to the world market in a marginal position). The materialization of such turning points will depend on endogenous dynamics and social struggles within the different national African societies.

DOI: 10.3917/rfse.hs1.0105

Mots clés : Afrique, malédiction des ressources naturelles, émergence, espace de bifurcation, Tchad

Keywords: Africa, resource curse, emerging countries, turning point, Chad

1. Introduction

Nous voudrions ici questionner les thèses afro-pessimistes et afro-optimistes sur le développement de l'Afrique en mettant en perspective les dynamiques socio-politiques de la longue durée avec les impacts des investissements récents dans les activités extractives en Afrique sahélo-soudanienne. La tonalité de ces thèses reflète l'air du temps : au pessimisme prévalant jusqu'au début des années 2000 succède l'optimisme au milieu de cette décennie. De nombreux auteurs voient l'Afrique enfin candidate à « l'émergence ».

La période contemporaine est en fait traversée par une tension entre deux logiques contradictoires. La première reproduit une trajectoire inscrite sur le temps long : conséquence du sous-peuplement du continent qui empêche les dirigeants d'asseoir leur pouvoir sur l'exploitation fiscale du travail paysan [Iliffe, 2009], l'histoire de l'Afrique a été caractérisée par l'exportation de ressources naturelles brutes vers le marché mondial au bénéfice de minces élites politiques et au détriment du plus grand nombre [Bayart, 2006]. La course aux ressources observée depuis la fin des années 1990, attisée par la montée en puissance des pays émergents géants (Chine, Inde, Brésil), semble conforter l'assignation du continent à sa fonction de pourvoyeur vulnérable et dominé de produits primaires. Une telle trajectoire a souvent été qualifiée de « malédiction des ressources naturelles », construite sur l'idée contre-intuitive que les pays riches en ressources, lorsqu'ils ont des institutions faibles, seraient déterminés à subir toutes sortes de dysfonctionnements (économiques, politiques, sociaux).

La seconde reflète des dynamiques de changement. Une croissance démographique et urbaine sans précédent en est l'élément central. Des marchés intérieurs se développent et la perspective d'un développement autocentré (du moins ne reposant pas principalement sur l'exportation de matières premières), tant rêvée parmi certains promoteurs du développement des années 1960, devient enfin réaliste. Par ailleurs, un ensemble de réformes est mis en œuvre en accompagnement du boom des investissements récents, qui concernent notamment le secteur extractif. Ces réformes visent à atténuer leurs impacts les plus négatifs et à convertir les rentes en développement ; leur portée demeure à évaluer à tous points de vue.

Dès lors, le moment actuel peut être interprété de deux manières opposées : dans la continuité de l'histoire, il pourrait n'être qu'un cycle favorable permis par le haut niveau des prix mondiaux des matières premières en lien avec le supercycle [1] chinois.

[1] On désigne ainsi une période longue de croissance élevée et régulière correspondant à la construction (ou à la reconstruction) d'une économie majeure (urbanisation, industrialisation, infrastructures), occasionnant une forte consommation en matières premières : aux « Trente glorieuses » de l'Europe (1945-1975) répondrait ainsi une séquence comparable de deux décennies en Chine (1995-2015).

À l'inverse, il pourrait augurer une rupture historique majeure redéfinissant les modalités de l'intégration africaine dans la mondialisation et ainsi les dynamiques sociopolitiques internes aux sociétés africaines. Notre hypothèse[2] est que la rencontre de ces mouvements de fond de la démographie, de l'économie et du politique produisent des espaces de bifurcation (cf. 4.1) hors de la trajectoire africaine de longue durée, mais que ceux-ci seront exploités de manière très diverse selon les configurations socio-politiques locales, aboutissant à une diversification croissante des trajectoires nationales.

Une discussion sur la relation entre systèmes rentiers et dynamiques des territoires hôtes (2) sera suivie par la présentation des principaux facteurs de changement actuels (3). La quatrième section abordera l'identification d'espaces de bifurcation dans la trajectoire africaine, à partir de l'exemple du Tchad (4).

2. Systèmes rentiers et territoires ouest-africains : une insertion dominée dans la mondialisation

Si l'on considère que des systèmes politico-économiques rentiers scellent la relation de l'Afrique à l'extérieur, il convient d'insister sur leur évolution et sur la diversité des interactions territoriales qu'ils suscitent.

2.1. Histoire longue et diversité des systèmes rentiers

Si les rentes sont définies comme « l'obtention de revenus sans contribution à la production » [Hugon, 2009, p. 9], les plus visibles sont extraverties, à l'interface entre les acteurs du système économique mondial et les territoires africains. Les rentes ont souvent été abordées pour leurs effets en termes d'économie politique [Beblawi, Luciani, 1987], mais elles occupent aussi une place singulière dans les dynamiques des systèmes territoriaux à travers leur rôle dans l'organisation des espaces ; leur capacité à produire de la fragmentation ou au contraire de l'inclusion territoriale ; leur place dans les imaginaires et les identités.

Les systèmes rentiers contemporains ont des origines anciennes ; ils expliquent les lignes de force de l'organisation spatiale africaine. Le système de la traite qui s'établit lors de la première mondialisation de l'Afrique, au début du XVIe siècle, en pose les jalons : des constructions politiques hiérarchisées (au Sahel ou en position littorale) tirent leur pouvoir de la vente de ressources naturelles et d'hommes aux Européens qui établissent des points de commerce littoraux. En Afrique de l'Ouest, ces dynamiques renforcent les contrastes du peuplement (concentration sur les côtes, zones vidées par les prélèvements d'esclaves, concentration autour des centres de pouvoir intérieur).

À l'époque coloniale, des spécialisations économiques se précisent en fonction de l'identification de ressources exportables, qui visent à rentabiliser l'occupation des territoires conquis [Sarraut, 1922]. Les économies de plantation relativement

[2] *Cette réflexion sur les espaces de bifurcation associées aux dynamiques des activités extractives a été menée en duo avec Geert van Vliet (Cirad, UMR Art-Dev) depuis 2005 : voir notamment Magrin et van Vliet [2009], van Vliet et Magrin [2009], Magrin [2013].*

diversifiées du littoral (bois, cacao, caoutchouc, palmier) contrastent avec la domination d'une « culture de rente » en zone sahélo-soudanienne (arachide ou coton) ; le Sahel sec est plus ou moins abandonné à son élevage « contemplatif » et à son agriculture d'autosubsistance [Magrin, 2013].

L'histoire de ces systèmes, dans la seconde moitié du xxe siècle, est celle d'une progressive diversification des sources de rente dans la plupart des pays. En fonction du rapport à l'État et au territoire, trois formes de systèmes rentiers peuvent être distinguées : ceux fondés sur les rentes d'extraction (agricole, minière, ou procédant de l'exploitation des ressources naturelles renouvelables comme le poisson ou le bois) ; ceux relevant de transferts financiers, comme l'aide au développement ou les remises des migrants ; enfin, les rentes résultant des échanges et du transit, parfois liées aux frontières [Igué, Soulé, 1992 ; Igué, 2006] ou à des flux criminels [Bayart *et al.*, 1997].

Parmi les rentes d'extraction, les rentes agricoles et minières présentent des interactions différentes avec les territoires hôtes. Dans le cas des premières, si l'État capte, via des entreprises publiques ou le contrôle de la commercialisation, une part importante de la plus-value des filières, ces systèmes sont à l'origine de flux financiers qui bénéficient à un nombre important de producteurs à l'échelle de vastes régions. Les cultures de rente paysannes ont été un puissant moteur de transformation des économies, des sociétés et des territoires ruraux, dont elles structurent notamment les polarités et les axes d'échanges. Le coton en a été l'un des exemples les plus emblématiques [Renaudin, 2010]. Les activités extractives (mines, pétrole) produisent des effets différents. Les lieux de production sont géographiquement concentrés : sur une carte à petite échelle, ce ne sont que des points. Les flux financiers dont ils sont à l'origine sont dirigés vers les investisseurs extérieurs et vers l'État ; les territoires hôtes, qui subissent les impacts négatifs de l'activité, n'en perçoivent que les miettes.

La diversité des configurations rentières renvoie à des enjeux communs : elles auraient des impacts négatifs sur les institutions et ne se traduiraient pas suffisamment par des investissements productifs nationaux.

2.2. Au-delà de la « malédiction des ressources naturelles »

L'approche de la « malédiction des ressources » a été couramment utilisée pour l'étude des plus archétypiques de ces systèmes rentiers. Elle a nourri de vives critiques en retour. Ce paradoxe de l'abondance [Karl, 1997] n'est ni une école ni une théorie ; il désigne des situations dans lesquelles l'importance des ressources, dans des États aux institutions fragiles, serait la cause de nombreux maux. Rosser [2006] distingue les impacts économiques, les effets sur la nature (plus ou moins démocratique) des régimes politiques et les conflits. En adaptant sa classification, on identifie cinq registres : les problèmes macroéconomiques (taux de croissance faibles, dépendance, endettement, faible diversification, syndrome hollandais[3]) ; les difficultés de gouvernance : la rente dispensant du lien fiscal, le clientélisme freine la maturation démocratique [Collier, Hoeffler, 2005] – « politique du ventre » et corruption

[3] *Popularisée par un article paru dans* The Economist *(1977), cette notion s'inspirait de ce qui se serait produit aux Pays-Bas après l'exploitation du gaz de Groningue à la fin des années 1960 : appréciation du taux de change et déplacement des facteurs de production vers le secteur extractif auraient pénalisé les autres activités productives.*

favorisent le maintien ou le retour de régimes autoritaires, allant jusqu'à des « États faillis durables » [Soares de Oliveira, 2007] ; les conflits seraient plus fréquents et plus longs en contexte d'exploitation de ressources naturelles [Ross, 2003 ; 2012] ; les impacts environnementaux systématiques (pollutions, prises de terre, déforestation, érosion de la biodiversité) [Bruhnes, 1912 ; Boocock, 2002] ; enfin, les activités pourvoyeuses de rentes ont des impacts territoriaux : la recrudescence des investissements mondialisés en Afrique durant la décennie 2000 est ainsi analysée comme procédant d'investissements très sélectifs et ponctuels [Ferguson, 2006], obéissant à la logique de l'enclave [Donner, 2011] et contribuant à la fragmentation des territoires [Watts, 2004 ; Antheaume, Giraut, 2005].

Cette thèse dominante de la « malédiction » a cependant soulevé bien des critiques. Celles-ci soulignent le biais d'approches quantitatives passant trop facilement de la corrélation à la causalité, ignorant les réussites de pays ayant fondé leur développement sur l'exploitation de leurs ressources naturelles, comme l'Indonésie, la Malaisie, le Chili ou le Brésil [Rosser, 2006) ; de telles approches statistiques occultent trop souvent les spécificités historiques sans lesquelles les trajectoires nationales ne peuvent être interprétées [Marchal, Messiant, 2002] ; la thèse de la malédiction est suspectée de délégitimer les droits sur leurs ressources de pays pauvres, au profit d'acteurs dominants du système économique international qui appartiennent pourtant au même système et s'abstiennent ainsi de le remettre en cause [Talahite, 2007 ; Donner, 2009]. L'accent mis sur l'enclavement (physique et institutionnel) des activités extractives sous-estime les interactions avec le milieu hôte et les liens territoriaux multiformes qui les unissent [Magrin, van Vliet, 2005 ; Bloch, Owusu, 2011]. Enfin, au-delà du jugement de valeur et du déterminisme inhérent à la « malédiction », les systèmes rentiers méritent d'être considérés comme indissociables des territoires africains tels qu'ils ont été forgés par leur histoire [Magrin, van Vliet, 2009] : ils en ont influencé l'organisation spatiale, les systèmes politiques, les relations État/population/environnement ; la multispatialité croissante (mobilité et propension croissante des populations à vivre de ressources produites ailleurs) en est une implication. Les contextes pétroliers peuvent être lus comme des parangons de ces situations. Ils permettent de définir des « situations pétrolières », de la même façon que Balandier évoquait la situation coloniale : le contexte (colonial ici ; pétrolier là) influence radicalement les structures du politique, de l'économie, des représentations, jusqu'à représenter une dimension de l'existence.

3. Nouveau cycle ou nouvelle trajectoire ?

Le nouveau millénaire a vu s'installer en Afrique une conjoncture relativement favorable après deux décennies et demie de crise. Des changements de fond, comme la densification démographique et urbaine, s'associent avec des dynamiques plus ponctuelles et diverses, articulant changement sociopolitique endogène et influences mondialisées.

3.1. Entre écume et émergence

Avant même la célébration du demi-siècle d'indépendance de nombre de pays africains, à la charnière de 2010, un nouveau contexte rappelant les années 1960 s'est imposé en Afrique. Après une décennie de turbulences (1970) et deux décennies noires (1980-1990) marquées par les sécheresses, les ajustements structurels et de nombreux conflits marquant la fin des rentes géopolitiques de la guerre froide, sur fond d'injonctions démocratiques rendues périlleuses en période de crise, le contexte a changé. Le continent-marge de l'économie mondiale semble réintégré : l'argent y circule de nouveau. Cela s'explique par les cours élevés des matières premières, dont dépendent toujours majoritairement les pays africains. La tendance tient aussi au désendettement, à une timide reprise de l'aide publique au développement liée à la prise de conscience occidentale, après le 11 septembre 2001, des risques d'abandonner les marges du monde, relayée par les craintes migratoires et l'émulation introduite par l'émergence chinoise. En outre, des flux mondialisés croissants et divers se dirigent vers l'Afrique (remises des migrants, investissements de pétrodollars d'origine variée, trafics de drogue intercontinentaux). Dans un tel contexte, les États anémiés par l'ajustement structurel se réveillent ; ils réinventent des postures développementalistes à coups de grands travaux d'infrastructures [De Jong, Foucher 2010 ; Magrin, 2013 ; Kernen, 2014].

Or les choses ont beaucoup changé depuis les années 1960, dans un sens qui semble enfin favorable au dernier continent sur l'échelle du développement. Non sans soubresauts ni retours en arrière, les États nations se consolident à travers les épreuves [Pourtier, 2014] ; la démocratisation s'enracine [van de Walle, 2010] ; les décentralisations favorisent l'émergence d'espaces politiques locaux. Les Organisations non gouvernementales (ONG) contribuent, avec des acteurs locaux hétéroclites, à la diversité politique des arènes de la gouvernance, où l'État n'est plus aussi hégémonique qu'au lendemain des indépendances. Les élites éduquées sont incomparablement plus fournies qu'alors ; l'équipement en infrastructures progresse, même si les besoins dans les deux domaines demeurent immenses pour rattraper des standards internationaux raisonnables. Le principal changement tient à la vague de fond démographique [Iliffe, 2009 ; Losch *et al.*, 2013] : au prix d'une mutation d'une ampleur et d'une rapidité sans égales dans l'histoire humaine, l'Afrique est sur le point de rattraper son retard démographique et urbain. Le continent était peuplé de 100 millions d'habitants en 1900, il en compte 1 milliard en 2000, en comptera 2 à 2,5 milliards en 2050 ; la population était rurale à 95 % en 1900, elle sera bientôt majoritairement urbaine. Si les gouvernements doivent relever les défis de l'alimentation et de l'emploi, ils disposent enfin d'une fenêtre pour un développement tiré par les marchés intérieurs, moins dépendant des horizons extravertis qui façonnent sa relation économique et politique au monde depuis quatre siècles. Aussi, si la mode est à la rhétorique de l'émergence (tant le « développement » semble terni par le fardeau de ses échecs répétés), les dynamiques démographiques invitent à prendre ce terme flou [4] [Piveteau, Rougier, 2010] au pied de la lettre : l'émergence selon Goldman Sachs, c'est d'abord une forte croissance des marchés intérieurs. Alors l'optimisme est permis.

Qu'importe si l'essor numérique des classes moyennes africaines résulte mécaniquement de la formidable croissance démographique du continent et parfois d'un peu

[4] *« L'émergence désigne [...] des trajectoires variées de changements économiques et sociaux qui sont étroitement articulées à la globalisation et liées à l'idée de performance économique » [Piveteau et al., 2013, p. 12].*

de méthode Coué [Darbon, Toulabor, 2014]. Il ne faut pas confondre croissance et développement. Les taux de croissance économique qui sont l'argument facile de l'afro-optimisme entre 2006 et 2014 pourraient bien ne rien traduire de plus qu'une envolée conjoncturelle du cours des matières premières, préparant un dur retournement de cycle si les retombées n'étaient pas mieux investies que par le passé. En outre, alors que l'Afrique a été le terrain d'expérimentation de tant de voies du développement, les modèles pour relever les défis de la transition éco-démographique restent à inventer. Car le continent se trouve, du fait de sa trajectoire, dans une position inédite dans l'histoire des transitions démo-économiques mondiales [Losch *et al.*, 2013] : le modèle observé ailleurs (modernisation agricole libérant de la main-d'œuvre vers des industries urbaines ; modernisation économique tirée par l'industrialisation, progression technologique et diversification progressive ; émigration comme soupape sociale) semble hors de sa portée : le retard technologique est considérable, l'asymétrie trop forte avec les autres ensembles, où les réservoirs de main-d'œuvre rurale bon marché restent importants (Chine, Inde) ; tandis que se bouche l'exutoire migratoire[5]. L'investissement des rentes devient alors un enjeu clef.

3.2. Des réformes ambiguës

Plutôt qu'une révolution, la décennie écoulée a vu la mise en place d'une série de réformes visant à bouleverser le schéma rentier extraverti non porteur de développement suivi jusqu'alors. Sur fond d'influence croissante du paradigme du « développement durable », la dénonciation du rôle des activités extractives dans les affres de la décennie noire (1989-2001), et notamment dans nombre de conflits (Angola, Congo, RDC, Sierra Leone, Liberia, Nigeria), a joué un rôle moteur dans la mise en place d'outils visant à modifier les impacts des activités pourvoyeuses de rente. Ces dispositifs ont investi principalement les domaines de la gouvernance et de la régulation environnementale.

Ainsi, une batterie d'outils a été proposée par différents types d'acteurs publics ou privés afin que les rentes extractives favorisent le développement au lieu d'alimenter la corruption et les conflits. La transparence est au cœur de ces dispositifs, qui se mettent en place en deux étapes. Le pacte global de l'ONU (2000) définit des grands principes que les entreprises volontaires peuvent s'engager à respecter concernant les droits de l'homme, la corruption, le droit du travail, etc. Au début des années 2000, le processus de Kimberley vise à assurer la traçabilité des diamants, afin d'éviter la commercialisation des diamants du sang, issus de conflits. En 2002, l'Initiative pour la transparence dans les industries extractives (ITIE) est lancée sous l'égide du Royaume-Uni. Elle suppose la mise en place de cadres de dialogue animés par chaque gouvernement, associant État, secteur privé et société civile. L'enjeu est la publication des sommes versées par les entreprises aux États, afin de favoriser l'imputabilité. Le mouvement « Publiez ce que vous payez » (2003) poursuit des finalités identiques, à travers un plaidoyer porté par le réseau national des organisations de la société civile de chaque pays participant.

[5] La possibilité d'importants transferts tranche cependant avec les époques antérieures ; elle rend possible la permanence de flux financiers longtemps après la migration.

À la fin des années 2000, ces processus sont complétés par des dispositifs en apparence plus contraignants dans les pays consommateurs : la loi américaine Dodd Franck (2010) et les directives (comptables et sur les règlements financiers) de l'Union européenne (2012) obligent les entreprises cotées dans les bourses de ces deux pôles majeurs de l'économie mondiale, quelle que soit leur origine, à publier les paiements réalisés dans les pays où elles opèrent, sous peine de sanctions. Les nouveaux standards de la Banque mondiale [2011] prévoient la publication des contrats dans tout projet bénéficiant d'un financement du groupe (l'opacité des contrats constituant un enjeu crucial de la transparence extractive). On constate aussi un élargissement et un déplacement des revendications de transparence : au départ limitées aux activités extractives et aux paiements des entreprises, elles gagnent d'autres secteurs (pêche, forêt, agro-industrie) et s'étendent au suivi des dépenses et investissements réalisés par les gouvernements.

En matière de régulation environnementale, les Principes de l'Équateur (2003) adoptés par le groupe de la Banque mondiale et reconnus par de nombreux établissements financiers jouent un rôle important, en érigeant notamment en normes internationales la réalisation d'études d'impact environnemental et social autour de tout grand projet industriel, d'infrastructure ou d'exploitation des ressources naturelles. Les standards révisés de la Banque (2011) contiennent une autre disposition importante : le principe de l'accord libre, informé et préalable des populations riveraines qui doit être obtenu avant tout investissement. La Banque mondiale appuie aussi l'actualisation des codes miniers et pétroliers des États africains : après des premiers codes fiscalement très attractifs pour les entreprises (et donc peu favorables aux États), les dernières générations élèvent le niveau d'exigence en matière environnementale et sociale [Campbell, 2010]. Les institutions sous-régionales adoptent aussi des dispositifs aux objectifs convergents, comme la Directive minière de la Cedeao (2009) ou la Vision minière de l'Union africaine (2011). Enfin, sous le coup des critiques des sociétés civiles, les standards HSE (*Health Security Environnement*) des entreprises s'améliorent, individuellement ou dans le cadre des interprofessions (ICMM[6] dans le secteur minier, OGP[7] dans le secteur pétrolier).

L'application de ces réformes se heurte à une série de contraintes, qui tiennent aux intérêts qu'elles égratignent et aux nouvelles concurrences qui caractérisent les lices extractives africaines. La transparence est étrangère aux pratiques d'un monde où l'opacité fut longtemps la règle, où entreprises et élites politiques nationales, par la corruption, trouvent chacune leur intérêt. Les acteurs déploient une large gamme de stratégies pour contourner les différents dispositifs de transparence. L'irruption de nouveaux venus issus des pays émergents et la compétition tous azimuts dans la course aux ressources extractives semblent plutôt favorables à un dumping socio-environnemental, les entreprises occidentales tentées par la Responsabilité sociale et environnementale (RSE) ayant beau jeu d'évoquer la concurrence chinoise ou indienne pour restreindre leur ambition dans ce domaine [Soares de Oliveira, 2008]. Finalement, comme avec la démocratie dans le champ politique, l'instrumentalisation du développement durable dans une rhétorique à double destination intérieure

[6] *International Council for Mining and Metals.*
[7] *International Association of Oil and Gas Producers.*

et extérieure aboutirait à faire de la transparence et du respect de l'environnement des mots clés incorporés à une grammaire du pouvoir et des rapports de force entre acteurs aux fondements inchangés [Soares de Oliveira, 2007]. La Banque mondiale symbolise bien ces ambiguïtés, en promouvant à la fois le moins-disant socio-environnemental par son classement annuel *doing business* et l'élévation des standards de régulation.

4. Le défi des espaces de bifurcation

Dans ce contexte dynamique, où l'on peine à distinguer changements de fond et faux-semblants, l'identification et la caractérisation d'espaces de bifurcation pourraient permettre de dépasser les apories de la « malédiction des ressources » et de l'afro-optimisme fondé sur une émergence supposée inéluctable.

4.1. Des espaces de bifurcation inattendus liés aux investissements extractifs, ou le syndrome de Nostromo

La notion d'espaces de bifurcation (*critical juncture*) est utile pour interpréter la trajectoire de l'Afrique dans la mondialisation à l'aune des dynamiques qui viennent d'être décrites. Elle tourne le dos au déterminisme sous-jacent à la « malédiction des ressources » pour s'intéresser aux conditions d'existence de moments de contingence. Elle fournit un cadre théorique pour éprouver une hypothèse forte : les dynamiques socio-politiques créées par l'exploitation des ressources, dans le contexte de la transition démographique et urbaine et des réformes politiques et de la gouvernance, produisent des espaces de bifurcation des systèmes politico-économiques rentiers vers une autre trajectoire que celle, historique, où l'insertion de l'Afrique dans la mondialisation se caractérise par l'exportation de matières premières brutes au bénéfice de minces élites nationales et d'acteurs mondialisés, au détriment de la majorité.

La notion d'« espaces de bifurcation » est empruntée à l'histoire institutionnelle, et notamment aux travaux de Capoccia et Kelemen [2007] approfondissant Mahoney [2000] sur la dépendance au sentier. Un espace de bifurcation est un moment où un changement dans les ressources ou l'environnement d'un système produit, durant un moment limité, un élargissement à la fois des choix disponibles et des conséquences de ces choix, susceptibles de modifier les structures du système et d'être à l'origine d'une nouvelle trajectoire.

Appliquée aux dynamiques extractives contemporaines dans les pays d'Afrique subsaharienne, cette clef de lecture conduit à identifier des facteurs, plus ou moins inattendus, favorables au renforcement d'État moderne[8] : les entreprises mondialisées ont certes besoin de sécurité, mais elles préfèrent bénéficier aussi de sérénité (et donc d'un climat social apaisé). L'augmentation des ressources financières publiques disponibles, avec la multiplication des projets extractifs et la hausse des cours mondiaux, élargit les choix possibles : les États peuvent renforcer la coercition, ou investir dans la légitimité en renouant avec les pratiques d'un État développeur. Or, en Afrique, ces pratiques avaient presque partout été abandonnées durant les décennies

[8] *Selon Gramsci [1975], l'État moderne se distingue de l'État féodal par sa capacité à développer simultanément des fonctions de coercition (monopole de l'exercice de la force) et de légitimation (fourniture de biens publics).*

de l'ajustement structurel (1980-1990), où le monde de la coopération internationale, grands bailleurs publics (Banque mondiale, Union européenne, etc.) et ONG, s'était retrouvé au cœur de la définition et de la mise en œuvre des politiques de développement. L'émergence de pays asiatiques et latino-américains élargit le champ des relations extérieures des pays africains, atténuant l'asymétrie dans laquelle ils étaient par rapport à un petit nombre d'États du Nord (États-Unis, ancienne puissance coloniale). Leur espace politique s'en trouve ouvert et conforté.

Par ailleurs, les débats internationaux et les processus de réforme qui accompagnent ces investissements des années 2000 permettent la circulation inattendue de normes démocratiques dans des contextes autoritaires. La revendication de transparence se diffuse. Société civile (nationale et internationale) et institutions internationales jouent ici un rôle important. Ces dynamiques socio-politiques s'insèrent dans un contexte propice à l'investissement productif vers des marchés intérieurs stimulés par la reconstitution, à la faveur d'une conjoncture favorable, des classes moyennes qui avaient été balayées par les crises des années 1980-1990, mais en plus grand, grâce à la croissance démographique et aux progrès de l'urbanisation.

La séquence qui se joue ici n'est pas sans évoquer le roman *Nostromo* de Conrad [1904]. Dans un pays imaginaire d'Amérique latine au début du XIXe siècle, en proie aux déchirements et aux turpitudes d'une classe politique cupide et violente, l'installation d'une mine d'argent à partir de l'investissement d'acteurs porteurs de valeurs protestantes (travail, justice, respect des règles) aboutit à la consolidation d'une enclave de paix et de prospérité, qui fera sécession, deviendra un État autonome capable d'influencer par son exemple la trajectoire de « l'État failli » voisin. Or tout a basculé en un moment particulier, où l'autonomie de la mine a pu être préservée, de justesse, face aux tenants du pouvoir dépravé.

L'application de cette approche à l'Afrique soulève cependant des difficultés. Comment prouver qu'il y a eu espace de bifurcation quand il n'y a pas eu bifurcation ? Comment circonscrire et caractériser les objets pertinents (bifurcation de quoi, à quelle échelle ?) Comment rendre compte de la réalité de tels espaces de bifurcation ?

4.2. Le Tchad pétrolier, un espace de bifurcation (encore) inexploité

Le Tchad illustre bien ces questionnements. Il a connu en effet une longue histoire de violence [Debos, 2013] qui l'expose particulièrement aux affres de la « malédiction des ressources ». Ce pays a aussi été présenté au début des années 2000 comme un modèle des réformes de la gouvernance des ressources extractives.

Le territoire tchadien est né du regroupement, sous férule coloniale, de sociétés très différentes, dont certaines avaient été opposées par les violences des traites esclavagistes. Indépendant en 1960, le pays n'a guère connu de paix durable après 1965. Conflits internes et avec la Libye, sécheresses des décennies 1970-1980, l'État s'est construit dans la violence et la corruption. L'instrumentalisation des identités ethniques et régionales suivant les clivages Nord (musulman)/Sud (chrétiens animistes), et entre groupes, a néanmoins rendu possible l'exercice du pouvoir. En 1980, des originaires de groupes du Nord prennent le pouvoir. La société est profondément divisée.

En 2000, au moment où se dessine le projet d'exploitation du pétrole de Doba, situé dans le sud du pays, le Tchad est parmi les dix pays les plus pauvres du monde. Si le dispositif d'accompagnement de l'investissement privé proposé par la Banque mondiale réussit ici à promouvoir le développement, il pourra être répliqué ailleurs.

Au Tchad, la Banque mondiale a servi de caution à un projet pétrolier mis en œuvre par un consortium dirigé par Exxon (2000-2003). Elle a rendu possible, par son intermédiation, ce qui était alors un des plus gros investissements privés de l'histoire de l'Afrique. Ce projet bénéficia de mesures d'accompagnement inédites : la Banque exigea l'adoption par le Parlement tchadien d'une loi (n° 001 de 1999) pré-affectant une large part des revenus pétroliers aux domaines prioritaires de la lutte contre la pauvreté et fit appliquer ses standards environnementaux et sociaux. Elle fit aussi mettre en place un système complet de suivi de la régulation, incluant des groupes d'experts indépendants et un renforcement des capacités nationales [Magrin *et al.*, 2012]. Parallèlement, la réalisation du projet et l'engagement de la Banque furent accompagnés d'une intense mobilisation de la société civile internationale, qui parvint à réduire certains impacts sociaux et environnementaux, à améliorer les compensations en faveur des paysans affectés et à ouvrir des débats continus sur ces sujets [Pétry, Bambé, 2005].

Dans un contexte de conflits tchadiens et soudanais entremêlés (2004-2009) où la survie du régime était en jeu, le gouvernement tchadien modifia la loi de 1999 pour élargir ses marges de manœuvre budgétaire, ce qui provoqua le retrait de la Banque mondiale du projet d'appui à la gestion de l'ère pétrolière [Pegg, 2009]. En 2008, année où une colonne de rebelles venus du Soudan porta la guerre jusque devant le palais présidentiel, Idriss Déby parvenant *in extremis* à les repousser, le Tchad dépensa la moitié de son budget – les deux tiers de la rente pétrolière – pour acheter des armes. L'écrasement de la rébellion armée servait de prétexte à la répression de l'opposition politique. La corruption prenait des proportions à la mesure d'une rente que le pays n'avait jamais connue. Le désarroi régnait dans une zone pétrolière déstabilisée par l'élargissement progressif des emprises foncières [Hoinathy, 2013]. La Banque avait échoué, la « malédiction » pétrolière se confirmait.

Or il est possible de lire cette histoire pétrolière tchadienne depuis une autre perspective [Magrin, 2013]. Si la lutte pour la rente pétrolière a bien constitué un des mobiles du conflit, la pétro-politique a aussi contribué à ramener la paix quand la Chine, qui avait investi au Soudan (depuis 1995) et se préparait à le faire au Tchad (à partir de 2006), contribua à réconcilier des belligérants qui étaient tous deux ses partenaires. L'augmentation de la rente élargit l'espace politique du régime et rendit possible une reprise des politiques publiques. N'Djaména, la capitale, fut mise en chantier (bitumage des routes, construction de bâtiments publics). De nombreuses villes de province reçurent de nouveaux équipements. Des projets de développement agricole partiellement financés sur recettes pétrolières furent mis en place. Non sans ambiguïté [9], pour la première fois depuis des décennies, l'État tchadien semble reprendre la main en matière de développement.

[9] *La priorité accordée aux infrastructures n'est pas anodine, tant ce secteur répond à un besoin de visibilité politique immédiate et favorise la corruption. En outre, si l'investissement dans les ressources humaines et les institutions n'est pas proportionnel, il ne suffit pas au développement : construire des écoles ne sert à rien sans enseignants qualifiés.*

En outre, la société civile nationale qui a forgé son expérience avec le projet Doba continue de développer son plaidoyer autour des impacts des autres projets pétroliers, de la transparence, de l'utilisation de la rente. Paradoxalement, le pétrole est un des domaines les plus ouverts au débat de la vie politique nationale. En 2006, quand le gouvernement modifia la loi de 1999, la mobilisation des ONG auprès des députés permit de conserver l'attribution de 5 % de la rente à la région productrice du Logone oriental, alors qu'il était question de supprimer cette mesure associée à l'intervention de la Banque mondiale. La société civile née des négociations pétrolières parvient ainsi, parfois, à s'ériger en contre-pouvoir. Une petite élite nationale se forme, en travaillant avec le consortium d'Exxon, puis la China National Petroleum Company (CNPC), la Banque mondiale, les grandes ONG internationales, selon les normes professionnelles globales. En 2013, puis 2014, le gouvernement tchadien engage un bras de fer avec la CNPC pour violation des règles environnementales : cela témoigne à la fois de l'élargissement de l'espace politique de l'État tchadien face à un puissant acteur extérieur et de sa capacité à se saisir des enjeux de régulation environnementale [10]. Dans une certaine mesure, le Tchad a changé de visage depuis l'ère pétrolière.

Finalement, si l'on peut postuler l'existence d'un espace de bifurcation au Tchad, on peut aussi considérer que, jusqu'à présent, celui-ci ne s'est pas concrétisé par un véritable changement de trajectoire. Les enjeux environnementaux sont surtout enrôlés au service d'un renforcement du pouvoir : le nouveau discours étatique de protection de l'environnement, concrétisé par des décrets de 2009 interdisant toute coupe d'arbre sur le territoire national au prétexte de lutter contre la désertification, sert de paravent à un contrôle musclé du monde rural [Mugelé, 2013]. Le pays reste gouverné par un régime autoritaire à la légitimité démocratique de façade, dont le fondement du pouvoir reste la maîtrise de la force et une certaine soumission de la population, à la fois divisée et échaudée par les souvenirs des conflits passés pour pousser trop loin la révolte. L'engagement des forces armées tchadiennes au Mali (2012) puis au Nigeria (2014-2015) contre les menaces islamistes régionales (respectivement Al-Qaida au Maghreb islamique (Aqmi) et ses alliés puis Boko Haram) garantit au régime un blanc-seing géopolitique et le met à l'abri de toute pression occidentale en faveur d'une démocratisation ou même d'un meilleur respect des droits de l'homme. L'espace de bifurcation ouvert par la possibilité pour l'État de mener des politiques de développement propre et par l'émergence de scènes de dialogue entre État, secteur privé et société civile ne s'est pas matérialisé par la remise en cause des structures socio-politiques nationales.

La transformation de systèmes politico-économiques rentiers suppose en effet des reconfigurations profondes. Celles-ci peuvent être de nature démocratique, à travers l'existence et la consolidation, au sein des sociétés africaines, de moyens de contrôle et de contre-pouvoir susceptibles de diminuer la concentration du pouvoir politique et sa centralité dans l'allocation des ressources. Elles peuvent aussi simplement refléter des conditions où les bénéficiaires du système trouvent un intérêt à l'investissement productif national [Auty, Pontara, 2008]. Ainsi, ces espaces de bifurcation ne

[10] *Il s'agit probablement d'instaurer un rapport de force favorable au moment de renégocier les conditions financières du partenariat avec la CNPC.*

sauraient être considérés seulement comme les produits mécaniques d'un ordre social englobant, mais comme le résultat d'une relation complexe entre contexte global (circulation d'investissements, de normes, de valeurs) et processus politico-économiques endogènes inscrits dans la singularité des histoires nationales.

5. Conclusion

Sur le temps long, l'insertion de l'Afrique dans la mondialisation s'est opérée selon une trajectoire extravertie porteuse de fragilités multiformes, dont les systèmes extractifs rentiers apparaissent comme un des avatars les plus aboutis. La séquence néolibérale de la mondialisation inaugurée à la fin du XXe siècle peut être lue dans la continuité de cette histoire longue, confortant des systèmes rentiers peu porteurs de développement. Le ralentissement récent (2014-2015) de la croissance africaine reflète alors celui de l'économie chinoise, en fin de supercycle : il trahit la permanence d'une extraversion fragilisante.

Cependant, sur un fond de tableau marqué par une révolution démographique et urbaine – la fin du sous-peuplement et l'urbanisation progressive du continent le plus pauvre du monde –, les contestations, les débats et les nouveaux dispositifs de régulation qui accompagnent la dynamique d'investissements étrangers contemporains en Afrique semblent ouvrir aux systèmes socio-politiques et territoriaux des possibilités de bifurcation hors de cette trajectoire historique. Les discours simplistes relevant de l'afro-pessimisme ou de son pendant afro-optimiste pourraient bien devoir compter avec une diversité croissante des trajectoires de développement africaines, reflétant des jeux de force internes et des choix variés. Mieux caractériser ces espaces de bifurcation constitue un enjeu d'autant plus essentiel que la thèse du rattrapage du développement par la répétition des transitions économiques suivies ailleurs (pays développés ; puis Amérique latine et Asie) paraît hors de portée.

Bibliographie

Antheaume B., Giraut F. (dir.) (2005), *Le territoire est mort, vive les territoires ! Une (re)fabrication au nom du développement*, IRD Éditions, Paris, 384 p.

Auty R., Pontara N. (2008), « A dual-track strategy for managing Mauritania's projected oil rent », *Development Policy Review*, n° 26 (1), p. 59-77.

Bayart J.-F. (2006), « "Comme vous en Afrique", ou l'hégémonie dans l'extraversion », préface à la nouvelle édition de *L'État en Afrique. La politique du ventre*, Fayard, Paris, 1989, p. III-LXVIII.

Bayart J.-F., Ellis S., Hibou B. (1997), *La criminalisation de l'État en Afrique*, Éditions Complexe, Bruxelles, 167 p.

Beblawi H., Luciani G. (1987), *State and Integration in the Arab World: The Rentier State*, Croom Helm, London.

Bloch R., Owusu G. (2011), « Linkage in Ghana's Gold Mining Industry: Challenging the Enclave Thesis », MMCP Discussion Paper No. 1, March 2011, 43 p.

Boocock C. N. (2002), « Environmental impact of foreign direct investment in the mining sector in sub-Saharan Africa », in *OECD global forum on International direct Investment*,

Paris, February 7-8, en ligne : http://www.oecd.org/dataoecd/44/40/1819582.pdf (accès le 23 juillet 2010).

Bruhnes J. (1912), *La géographie humaine. Essai de classification positive. Principes et exemples*, Félix Alcan, Paris, 801 p.

Capoccia G., Kelemen R.D. (2007), « The Study of Critical Junctures: Theory, Narrative and Counterfactuals in Historical Institutionalism », *World Politics*, vol. 59, n° 3, p. 341-369.

Collier P., Hoeffler A. (2005), « Démocraties pétrolières », *Afrique contemporaine*, n° 216, p. 107-123.

Conrad J. (1904), *Nostromo*, éd. P. Le Moal, Gallimard, coll. « Folio », Paris, 1992, 553 p.

Darbon D., Toulabor C. (2014), *L'invention des classes moyennes africaines. Enjeux politiques d'une catégorie incertaine*, Karthala, Paris, 312 p.

Debos M. (2013), *Le métier des armes au Tchad. Le gouvernement de l'entre-guerres*, Karthala, coll. « Les Afriques », Paris, 256 p.

De Jong F., Foucher V. (2010), « La tragédie du roi Abdoulaye ? Néomodernisme et renaissance africaine dans le Sénégal contemporain », *Politique africaine*, n° 118, p. 187-204.

Donner N. (2009), «The Myth of the Oil Curse: Exploitation and Diversion in Equatorial Guinea », *Afro-Hispanic Review*, vol. 28, n° 2, p. 21-42.

Donner N. (2011), « Notes sur la dimension immunitaire des enclaves pétrolières », *ÉchoGéo* n° 17, mis en ligne le 27 septembre 2011, consulté le 29 octobre 2011. URL : http://echogeo.revues.org/12555

Ferguson J. (2006), *Global shadows. Africa in the neoliberal World Order*, Duke University Press, Durham and London, 257 p.

Gramsci A. (1975), *Notas sobre Maquiavelo, sobre política y sobre el Estado Moderno*, traduit de l'italien [1966] par José M. Arico, Juan Pablos Editor, Mexico.

Hoinathy R. (2013), *Pétrole et changement social au Tchad. Rente pétrolière et monétarisation des relations économiques et sociales dans la zone pétrolière de Doba*, Karthala, Paris, 281 p.

Hugon Ph. (2009), *L'économie de l'Afrique*, 6e édition, La Découverte, coll. « Repères », Paris, 127 p.

Igué J. O. (2006), *L'Afrique de l'Ouest entre espace, pouvoir et société. Une géographie de l'incertitude*, Karthala, Paris, 555 p.

Igué J. O., Soulé G. G. (1992), *Le Bénin, État-entrepôt*, Karthala, Paris.

Iliffe J. (2009), *Les Africains. Histoire d'un continent*, Flammarion, coll. « Champs histoire », Paris, 701 p. [*Africans: The History of a Continent*, Cambridge University Press, Cambridge, 1995].

Karl T. L. (1997), *The paradox of Plenty: Oil Booms and Petro-States*, University of California Press, Berkeley.

Kernen A. (2014), *China Ltd. Un Business africain*, dossier « Politique africaine » n° 134, juin.

Losch B., Magrin G., Imbernon J. (2013), *Une nouvelle ruralité émergente : regards croisés sur les transformations rurales africaines*, Cirad, Nepad, 44 p.

Magrin G, van Vliet G. (2005), « Greffe pétrolière et dynamiques territoriales : l'exemple de l'on shore tchadien », *Afrique contemporaine*, n° 216, p. 87-105.

Magrin G., van Vliet G. (2009), « The Use of Oil Revenues in Africa », in J. Lesourne (dir.), *Governance of Oil in Africa: unfinished business*, IFRI, coll. « Les études. Gouvernance européenne et géopolitique de l'énergie », t. 6, Paris, p. 103-163.

Magrin G. (2013), *Voyage en Afrique rentière. Une lecture géographique des trajectoires du développement*, Publications de la Sorbonne, Paris, 424 p.

Magrin G., Maoundonodji G., Doudjidingao A. (2012), « Le projet Exxon-Doba en héritage. La régulation environnementale pétrolière au Tchad avant l'arrivée de la CNPC », in G. van Vliet, G. Magrin (dir.), *Une compagnie pétrolière chinoise face à l'enjeu environnemental au Tchad*, AFD, coll. « Focales » n° 9, Paris, p. 79-117.

Mahoney J. (2000), « Path dependence in historical sociology », *Theory and Society*, 29, p. 507-548.

Marchal R., Messiant C. (2002), « De l'avidité des rebelles. L'analyse économique de la guerre selon Paul Collier », *Critique internationale* n° 16, juillet 2002, p. 58-69.

Mugelé R. (2013), « Enjeux et conséquences de la réglementation sur le bois-énergie au Tchad », *ÉchoGéo* n° 26, URL : http://echogeo.revues.org/13620.

Pegg S. (2009), « Chronicle of a death foretold: the collapse of the Chad-Cameroon Pipeline Project », *African Affairs*, 108/432, p. 311-320.

Petry M., Bambé N. (2005), *Le pétrole du Tchad. Rêve ou cauchemar pour les populations ?*, Karthala (Brot für die Welt, Cordaid, Oxfam, Mesereor, Swissaid), Paris, 415 p.

Piveteau A., Rougier E. (2010), « Émergence, l'économie du développement interpellée », *Revue de la régulation* n° 7, 1er semestre, URL: http://regulation.revues.org/index7734.html.

Piveteau A., Rougier E., Nicet-Chenaf D. (dir.) (2013), *Émergences capitalistes aux Suds*, Karthala, Paris, 360 p.

Pourtier R. (2014), *Afriques noires*, Hachette, Paris.

Renaudin C. (2010), « Les riches heures et l'avenir incertain de la culture cotonnière en Afrique de l'Ouest et du Centre », *ÉchoGéo* n° 14, URL : http://echogeo.revues.org/11955.

Ross M. (2003), « Oil, Drugs and Diamonds: The Varying Role of Natural Resources in Civil War », in K. Ballentine, J. Sherman (dir.), *The Political Economy of Armed Conflict: Beyond Greed and Grievance*, Lynne Reiner Publishers, Boulder, p. 47-70.

Ross M. (2012), *The Oil Curse: How Petroleum Wealth Shapes the Development of Nations*, Princeton University Press, Princeton, 296 p.

Rosser A. (2006), The Political Economy of the Resource Curse: A Literature Survey, IDS Working paper n° 268, Centre for the Future State, 34 p.

Sarraut A. (1923), *La mise en valeur des colonies françaises*, Payot, Paris, 663 p.

Soares de Oliveira R. (2007), *Oil and Politics in the Gulf of Guinea*, Hurst & Company, London, 379 p.

SOARES DE OLIVEIRA R. (2008), « Making sense of Chinese Oil Investment in Africa », in C. ALDEN, D. LARGE, R. SOARES DE OLIVEIRA (dir.), *China Returns to Africa. A Rising Power and a Continent Embrace*, Hurst & Company, London, p. 83-109.

TALAHITE F. (2007), *Le concept de rente appliqué aux économies de la région MENA. Pertinence et dérives*, hal-001156924, version 1, 24 juin 2007, 15 p.

VAN DE WALLE N. (2010), « Démocratisation en Afrique : un bilan critique », in M. GAZIBO, C. THIRIOT (dir.), *Le politique en Afrique. État des débats et pistes de recherche*, Karthala, Paris, p. 135-163.

WATTS M. (2004), « Économies de la violence : or noir et espaces (in)gouvernables du Nigeria », *Politique africaine* n° 93, p. 125-142.

VAN VLIET G., MAGRIN G. (2009), « Public steering in the hydrofuel sector. Conditions for trajectory bifurcations in Chad and in Mauritania », 21st World Congress of Political Science, Santiago du Chili, 12-16 juillet.

La discrète filière de l'autorickshaw. Une ethnographie de la mondialisation

Yann Philippe TASTEVIN
LISST, CNRS-Université de Toulouse
philippe.tastevin@gmail.com

Olivier PLIEZ
LISST, CNRS-Université de Toulouse
olivier.pliez@univ-tlse2.fr

Comment l'introduction de l'autorickshaw à moteur indien en Égypte a-t-elle suscité l'établissement d'une filière transnationale dans les marges urbaines du delta du Nil ? Cette contribution, en suivant la trajectoire d'un commerçant indien en Égypte, se propose de donner à voir des continuités et des connexions a priori improbables entre des réseaux de lieux et des réseaux de personnes. Elle se propose surtout d'amorcer une discussion sur les enjeux épistémologiques d'une rupture difficile à saisir, correspondant au passage d'une « mondialisation par le bas », circonscrite à quelques régions du monde et animée par des entrepreneurs migrants pionniers, à une globalisation générale du cadre des échanges.

The discrete chain of value of the autorickshaw. An ethnography of globalization

How the introduction of the Indian autorickshaw in Egypt sparked the establishment of a transnational chain of value in the urban margins of the Nile Delta? Following the trajectory of an Indian trader in Egypt, this article shows improbable continuities and connections between places networks and people networks. It mainly aims to initiate a discussion on an epistemological rupture that is still difficult to grasp, corresponding to the passage of a "globalization from below", limited to a few regions of the world, and led by pioneer migrant-entrepreneurs, to a general globalization of the framework of exchange.

Mots clés : autorickshaw, mondialisations discrètes, réseaux transnationaux, Inde, Égypte

Keywords: autorickshaw, the inconspicuous globalizations, transnational networks, India, Egypt

DOI: 10.3917/rfse.hs1.0121

1. Introduction

Cette contribution se propose d'explorer la manière dont l'arrivée du triporteur indien en Égypte contribue à l'établissement d'une filière transnationale, en donnant à voir des continuités et des connexions a priori improbables entre des réseaux de lieux et des réseaux de personnes. Nos observations portent sur de gros bourgs à la périphérie de Mansûra dans le delta du Nil, devenus en quelques années une plaque tournante internationale, marchande et logistique. Il s'agit de s'intéresser à la façon dont une localité, simple point sur la carte du monde, se connecte à d'autres points, dissemblables, villes, ateliers, usines, marchés de bords de route ou places marchandes internationales, qui deviennent alors autant de lieux de passage obligés ; ainsi qu'à la manière dont s'y construisent aujourd'hui des carrières commerciales transnationales.

À Simbâlawayn ou Bilqâs, les Égyptiens engagés dans ce nouveau business forment avec leurs homologues indiens un cercle restreint de grands commerçants dont l'activité concerne autant l'approvisionnement que l'écoulement de la machine indienne et de ses composants. Ensemble, ils font des affaires, à l'import pour les premiers, à l'export pour les seconds, participant à la construction d'un débouché provincial. La distribution égyptienne de l'autorickshaw devenant rapidement l'objet d'un monopole [Tastevin, 2015], ces négociants s'emparent plus particulièrement du marché induit de la pièce détachée. Notre objectif est de reconstituer la création d'associations marchandes égypto-indiennes à l'origine des premières importations d'autorickshaw, au croisement de réseaux socio-techniques et de circuits d'échanges qui combinent savoir-faire et savoir-circuler.

Des personnages singuliers y tiennent un rôle prépondérant, ceux qui précisément coordonnent la mise en relation de mondes économiques et culturels éloignés. Ces intermédiaires vont être ainsi au cœur de cet article qui, en remontant des chaînes relationnelles [Grossetti *et al.*, 2011] non stabilisées, analyse des processus de mise en contact entre Inde et Égypte. Le récit pionnier de Nayan sera l'occasion d'amorcer une réflexion sur la genèse des liens économiques hors des cadres formels, tels qu'ils se peuvent se pratiquer dans les Suds [Berrou, Gondard-Delcroix, 2011]. Toutefois, en déplaçant la focale d'un cadre local ou national à un cadre d'échange transnational, de nouveaux problèmes méthodologiques surgissent, notamment une difficulté à saisir les modalités d'accès à une ressource distante et, plus globalement, les multiples questions que doit résoudre l'apprenti entrepreneur lorsqu'il se trouve confronté à la question du franchissement des frontières par des personnes et des marchandises. Il nous semble donc pertinent d'entrer dans le sujet en mobilisant les méthodes ethnographiques du « récit de pratiques [1] ». L'objectif est alors de

[1] *Les récits de pratiques sont obtenus le plus souvent au cours d'entretiens à trame biographique ; celui de Nayan participe d'une histoire orale et collective de l'introduction de l'autorickshaw en Égypte. « L'unité d'analyse n'est pas un individu, une famille ou une organisation comme c'est souvent le cas dans les sciences sociales, mais un processus pouvant impliquer divers acteurs, individuels ou collectifs », rappelle Michel Grossetti (2011). Aussi, nous avons recueilli par entretien les témoignages de participants d'une même histoire saccadée et incertaine qui commence en 2000. Loin d'une histoire téléologique qui raconte les commencements en croyant connaître la fin, nous avons préféré rendre compte de la fulgurance de la pénétration d'une technologie de transport en restituant tous les possibles des débuts. Ceci permet de prévenir un problème inhérent aux témoignages individuels : le centrage du récit sur une personne et son point de vue ; nous avons analysé comment tout a commencé en retrouvant un par*

s'intéresser non pas aux liens sociaux établis, mais aux liens en train de se faire, et ceci non pas pour analyser les liens eux-mêmes, mais plutôt les points qu'ils relient ou qui sont à relier, en les traçant dans un cadre géographique multisitué. La maîtrise de la territorialité du réseau se révèle ainsi un enjeu fondamental pour les personnes qui en sont partie prenante et, bien évidemment, méthodologique pour les chercheurs qui tentent d'en reconstituer la genèse. Le projet est heuristique, mais il s'avère délicat d'en saisir toutes les nuances, les soubresauts, les entrelacements. De ce point de vue, mener une authentique enquête multisituée reste une démarche stimulante, mais généralement incomplète, car elle est contrainte par la difficulté du chercheur à connaître avec autant de finesse les différents lieux de l'enquête et les contextes au sein desquels se déploient ces échanges économiques.

Notre propos se limite à voir comment des processus relationnels interviennent dans le développement de liens commerciaux transnationaux. Ceux que nous observons s'inscrivent en creux dans les zones d'échanges internationales circonscrites par l'État égyptien depuis celle de Port-Saïd, dans le sillage de l'ouverture économique lancée par le président Sadate dans les années 1970, jusqu'aux dix zones franches portuaires ou urbaines désignées par son successeur, Hosni Moubarak. Ces processus remontent jusqu'en Inde. Entre les deux États, des associations discrètes d'importateurs, de courtiers, de revendeurs, de garagistes, de sous-traitants indiens, d'agents d'exportation, de transitaires, de grossistes, de détaillants, de chauffeurs développent une filière non stabilisée. Dans les petites villes, des espaces de chalandise constitués par des importateurs-commerçants prennent l'allure de nouvelles centralités commerçantes. La petite ville devient une scène commerciale attractive, un ancrage d'un dispositif à la fois local et transnational, elle-même reliée à d'autres places marchandes, du Caire à New Delhi. Des associations commerciales égypto-indiennes aménagent des espaces de choix locaux dans des espaces de concurrence infiniment ouverts. De cette collaboration internationale naît l'idée de simplifier l'offre indienne ; les intermédiaires essayent de négocier la fourniture exclusive pour l'Égypte de certaines pièces auprès de fabricants indiens, et de contractualiser leurs relations avec les fournisseurs, en regroupant sous une marque les composants génériques du rickshaw.

En suivant précisément la trajectoire de Nayan, un courtier indien, entre l'Inde et l'Égypte, nous pourrons ensuite ouvrir le débat autour des enjeux soulevés par une rupture encore difficile à saisir, qui voit le passage d'une « mondialisation par le bas » [Portes, 1999 ; Tarrius, 2002], circonscrite à quelques régions du monde et animée par des entrepreneurs migrants pionniers, à une globalisation générale du cadre des échanges [Mathews *et al.*, 2012]. Il s'agit ainsi de comprendre comment, en trois décennies, les modalités de l'échange transnational se sont émancipées des histoires de domination postcoloniale qui jouaient à plein aux interfaces Nord-Sud où ces échanges sont nés. Une nouvelle génération d'entrepreneurs s'est ainsi affranchie du lien entre migration et commerce pour investir une échelle pleinement globale de l'échange transnational.

un les pionniers du rickshaw toujours en vie et en activité, pour comprendre, à travers le récit de premières fois, les premières importations, les premières mis en circulation, les premiers échanges, et ainsi un processus de diffusion Sud-Sud. Ou comment chaque étape du processus de dissémination de l'autorickshaw en Égypte se confond, en réalité, avec le processus de sa « réinvention ».

2. Nayan, un Indien en Égypte

Par des navettes incessantes entre Mumbai et Le Caire, Nayan est toujours là quand on a besoin de lui. Par sa présence calculée en Égypte, il y revient toutes les trois semaines et capte le premier les commerçants novices comme les entrepreneurs chevronnés. Il attire à lui le nouveau venu. Nayan est en quelque sorte le cofondateur d'une filière bis de la pièce de rechange. Du textile en gros à la mécanique, Nayan, en se spécialisant, est devenu le pivot d'une chaîne logistico-commerciale transnationale, l'un de ses intermédiaires obligés pour entrer sur le marché de la pièce détachée. Lorsque de nouveaux commerçants s'intéressent à la technologie indienne, ils commencent par le rencontrer. En 2002, aux prémices de la déferlante, Nayan est un pourvoyeur de lettres d'invitation et organise déjà les premières visites en Inde de néo-importateurs égyptiens. Pourtant, il doit son entrée précoce dans le commerce international du rickshaw à moteur et de ses dérivés à un négociant en textile de Port-Saïd.

Né en 1950, Nayan est diplômé de la faculté de commerce (*Bachelor graduate*) de l'Université de Bombay. À 21 ans, il arrêtait ses études pour travailler avec son père, propriétaire d'un magasin à *NagDevi road* : machines-outils et pièces détachées dessinaient alors son horizon. À ses débuts, il fournissait le nécessaire au démarrage et à la maintenance de petits ateliers mécaniques qui occupaient le sol de son quartier. Fort de cette première expérience, il suivit ensuite son oncle paternel quand celui se lança dans le commerce de tissus. Ils s'installèrent alors dans le plus vieux marché de textile d'Inde, le bazar de Mulji Jetha (*MJ Market*), fondé en 1874, et qui demeure la plus grande place marchande de tissus en Asie. À l'époque, Nayan, avec l'aide de son frère, commença par acheter et revendre au détail dans l'enceinte même du marché. Mais en 1974, dix-huit mois après son implantation, l'entreprise familiale implose, l'oncle ayant abusé de la naïveté de ses deux neveux. Novices, ceux-ci débutaient dans le métier et se perdaient facilement dans la comptabilité de caisse du magasin : entrées, sorties, avances en cash dans la colonne des clients ; délais de paiement et petits crédits dans la colonne des fournisseurs. Grossistes et demi-grossistes avançaient la marchandise, les clients effectuaient des dépôts, mais l'argent en liquide disparaissait. L'oncle ne livrait pas ses clients, ne réglait pas ses ardoises. Le passif accumulé discrètement auprès des uns et des autres plombait l'équilibre financier de l'établissement. La société au capital modeste vacille et frise la banqueroute. Il aura fallu à la fratrie six mois d'un travail acharné pour rembourser clients et fournisseurs floués et redresser l'affaire en perdant tout crédit sur le marché. C'était la fin des facilités de paiement, de ces petits délais qui maintenaient l'équilibre incertain de leur trésorerie et garantissaient la viabilité de leur petit commerce au détail.

Dans le récit de Nayan, l'épreuve (« *bad time* ») est fondatrice de sa carrière. La trahison d'un proche marque le basculement dans le monde marchand : « Apprendre à ne compter que sur soi quand on dépend de tout le monde. » Après l'effondrement de la firme familiale (et de son nom sur le marché), débute une ascension tâtonnante qui le mènera en Égypte. Dans l'intervalle, une quinzaine d'années, sa société grandit dans un marché du textile protégé par l'État. En 1990, il emploie vingt-deux personnes. Dans le contexte d'effervescence suscité par les premières réformes du ministre des

Finances Manmohan Singh (en 1991), Nayan décide d'internationaliser son activité et tente l'aventure dubaïote, véritable plaque tournante du textile entre l'Asie et l'Afrique. L'ouverture commerciale de l'Inde sur le monde profite à l'Émirat. Dubaï se signale alors à la fois comme destination d'affaires, lieu de transit des marchandises et relais pour les grossistes ; c'est un point d'ancrage où les réseaux s'entrecroisent, une étape tout indiquée pour travailler à l'exportation de matières premières indiennes (chanvre, coton, jute, lin, raphia, sisal…).

3. De Mumbai à Dubaï

Les foires qui ont fait la réputation commerciale de Dubaï rassemblent chaque année les vendeurs « de premier plan » de la région et des milliers d'acheteurs. Depuis 1977, le Salon du textile « Motexha » est devenu au Moyen-Orient la plus grande exposition de textiles, de vêtements, de cuir et d'accessoires de mode. Les salons annuels de Dubaï servent de plate-forme à la mobilisation de commerçants qui veulent se faire connaître des marchés extérieurs. La place attire d'autant mieux ces nouveaux exportateurs qu'elle pallie, en partie, les effets d'une politique européenne très restrictive en matière de déplacement. Pour venir en Europe, les démarches sont en effet de plus en plus longues, coûteuses et incertaines. Rien de tel à Dubaï, hub aérien de rayonnement mondial où les mobilités urbaines sont aisées et le visa facile à obtenir.

Cette fluidité proclamée contraste avec la difficulté à y trouver sa place. « *No trust to new incomer* » résume l'expérience dubaïote de Nayan. Pour ce voyage, Nayan qui ne connaissait personne, décide donc de se faire accompagner par un collègue qu'il défraie intégralement. Ils ne seraient pas trop de deux pour faire face à l'hostilité des commerçants en place et à la mauvaise réputation des produits indiens. Malgré l'absence de « sponsor », ils ont facilement obtenu un visa. L'hôtel qu'ils ont réservé leur a servi de garant, le parrainage n'étant qu'une prestation parmi d'autres. À leur arrivée, ils ont dû confier leur passeport à l'hôtel. Pendant dix jours, Nayan a prospecté les grossistes de la ville, déambulé dans le salon, cherché l'information, mais sans obtenir aucune commande. Un voyage pour rien, pensait-il. C'est finalement lors des trois derniers jours de la foire que les premiers contacts se sont noués. Il tente alors un galop d'essai avec un revendeur indien, bien ancré sur la place dubaïote, en lui concédant trois commandes à perte. Il posait ainsi les premiers jalons d'une stratégie consistant à s'introduire progressivement dans la filière d'exportation. Les capitaux et le savoir-faire développés aux Émirats arabes unis dans l'importation-réexportation depuis l'Asie ont déjà été largement analysés [Marchal, 2001 ; Battegay, 2005]. Ils ont conduit les entrepreneurs de Dubaï à « répondre au besoin des pays environnants de disposer d'un sas de communication avec le monde extérieur » [Lavergne, 2002] d'abord d'ampleur régionale (Golfe, Iran, Iraq notamment) puis d'échelle continentale (monde arabe et Afrique) [Pliez, 2010]. Dubaï, aussi importante soit-elle, n'est par conséquent qu'une étape sur les routes du textile et dans le parcours de Nayan. À défaut de pouvoir s'y faire une place parmi les nombreux négociants indiens qui y opèrent, il jouera, comme bien d'autres, de la faiblesse intrinsèque de Dubaï, qui est une plate-forme de rencontres et d'apprentissage du négoce transnational plus qu'un lieu de production.

Explorer Dubaï lui fournit l'opportunité, à l'occasion de ses foires annuelles, d'accéder aux marchés de consommation de la sous-région et d'identifier une clientèle qui, ne connaissant pas l'Inde, s'en remet dans un premier temps à ses représentants exclusifs qui y sont installés de plus longue date. Rapidement, tout l'enjeu consiste à se dispenser des services onéreux de ces intermédiaires en contournant la plate-forme dubaïote, place centrale du négoce asiatico-arabe. C'est ainsi qu'à la fin des années 1990, de nouveaux entrepreneurs comme Nayan, encore très modestes, s'immiscent dans le négoce international à la faveur d'un rapprochement des intermédiaires en direction des lieux d'approvisionnement. Un double mouvement s'opère alors, sur fond de concurrence exacerbée, puisque d'un côté les importateurs d'Afrique et du Moyen-Orient se rapprochent des marchés de fournitures situés en Asie, et d'un autre côté s'observe la mise en place volontariste de dispositifs commerciaux à vocation mondiale, notamment en Chine [Sun, Perry, 2008 ; Pliez, 2010], mais aussi en Inde. Les chaînes d'importation vont alors rapidement se transformer car, en réduisant le nombre de commissions à verser, ces intermédiaires peuvent s'adresser à un nombre croissant de petites communautés marchandes qui saisissent l'opportunité pour tenter à leur tour leur chance dans le négoce transnational à petite échelle, souvent de manière ponctuelle.

Ces connexions, très labiles, de lieux où l'on achète, où l'on vend, où l'on réceptionne, où l'on envoie des marchandises, consolident les routes commerciales transnationales et mènent Nayan en Égypte. S'il ne s'est pas installé à Dubaï, il y a rencontré un commerçant coréen qui l'a introduit auprès d'Hosni, un important négociant en textile de Port-Saïd, une des principales portes d'entrée de l'économie libérale égyptienne. Une première lettre d'invitation débouche en 1998 sur une visite de la plus importante zone franche portuaire égyptienne. Les négociations commencent par échouer. Du point de vue indien, les conditions d'achat de cette première commande d'une valeur de 100 000 $ étaient inacceptables (soit un dépôt de 25 000 $ et paiement à la livraison). Finalement, la transaction aboutit deux mois plus tard par téléphone, moyennant une inversion des modalités de règlement. C'est par conséquent Hosni, en payant aux trois quarts sa livraison, qui assume le risque de cette transaction avec un nouveau venu. Depuis, Nayan est toujours resté fidèle à Hosni. Et réciproquement. Entre l'Inde et l'Égypte, ils échangent par rouleaux des kilomètres de cotonnades et tissus synthétiques, inaugurant un circuit court d'importation.

Cette confiance désormais éprouvée permet l'extension du réseau et sa structuration. À Simbâlawayn, où apparaît l'autorickshaw au tournant des années 2000, Ghazi vend du tissu en demi-gros et au détail. Commerçant sans envergure, il est respecté localement parce qu'associé à un grand négociant de Port-Saïd, alors point d'entrée de toutes les importations textiles du pays : Hosni. L'origine indienne de la nouveauté est une aubaine. Depuis trois ans déjà, son patron est directement en affaire avec l'Inde où il a un contact digne de confiance : Nayan. Ghazi veut parier sur l'autorickshaw. Il persuade Hosni d'avancer les fonds et de mobiliser son fournisseur à Mumbai. Hosni se retourne vers son « Indien », et pendant trois mois, il pèse de tout son poids – il est son plus gros client à l'export – pour le convaincre de lui envoyer ces nouvelles machines. Nayan hésite, puis cède à l'empressement d'Hosni. Dubitatif, mais surtout incompétent dans ce secteur, Nayan s'en remet dans l'urgence à une connaissance qui revend des rickshaws sur le marché indien et commence par acheminer huit engins en Égypte sans imaginer le succès qu'aura cette importation. Dans les rues de Simbâlawayn, là où tout a commencé, l'arrivée de l'autorickshaw est un événement. La rumeur enfle. D'autres commerçants saisissent l'occasion. L'innovation suscite une économie d'opportunités, du « coup » à réaliser et à renouveler [Manry, 2001, p. 287] qui se fonde sur l'identification et la localisation de fournisseurs potentiels en Asie. Ce qui donne un avantage aux importateurs déjà installés comme Hosni, qui activent leurs contacts outremer pour trouver des machines équivalentes et répondre à l'engouement égyptien pour l'objet indien.

Figure 1. Avec l'autorickshaw, plus rapide que la marche, plus performant que la calèche, l'innovation indienne débouche régulièrement au cœur de la circulation automobile, déstabilisant l'existant. L'autorickshaw s'incruste dans les petites logistiques du quotidien, au cœur de l'urbanisation égyptienne. Il répond à une demande de rapidité, un besoin de mobilité dans des petites villes qui constituent autant de points de rupture de charge dans les déplacements de ses habitants. Mode interstitiel, moyen de rabattement, sa prolifération s'organise dans les angles morts du système de transport. Le transfert rapide à trois roues d'un segment à l'autre des réseaux de communication combine un service innovant : le triporteur à moteur, en se démultipliant, compose enfin une offre automobile de transport urbain de point à point à tarif unique. L'autorickshaw répond à une demande immédiate de mobilité sur sa distance la plus avantageuse (> 5 km). © Ferhat al-Yatim (01/2006)

Simbâlawayn est une agglomération sans qualité de 100 000 habitants, donnant l'impression, comme d'autres petites villes de province, d'un développement à la marge. Bien dotée en services de proximité, elle reste démunie de tout service collectif. Crise profonde des infrastructures, manque chronique de moyens, les chefs-lieux de district demeurent structurellement sous-équipés. La prolifération de rickshaws à moteur à cet échelon délaissé compose un mode de transport qui répond de manière innovante à une demande muette de mobilité sur son segment le plus lucratif. À Simbâlawayn puis Bilqâs, le triporteur propose une prestation nouvelle à des citadins marginalisés et la dignité d'un travail à ceux qui l'exploitent. Les transporteurs, ces jeunes chauffeurs-pionniers de l'exploitation commerciale du mini-taxi, deviennent un maillon stratégique de la chaîne d'importation, le pivot de la demande locale. Cet investissement à la mesure des familles rend solvable une population jeune et pauvre. Service autoproduit et autonome, il intervient dans la vie d'une majorité de citadins des petites villes et des bourgs périurbains, à qui il offre la possibilité d'une mobilité jamais connue. L'innovation indienne intéresse d'emblée une foule de gens [Tastevin, 2007 ; 2012].

4. Du textile en gros à la pièce mécanique

À Mumbai, l'apprentissage par Nayan de ce nouveau créneau commercial commence dans les rues spécialisées de la ville. Dans un premier temps, comme à Dubaï, il suit les chemins balisés de l'approvisionnement. Il achète pour Hosni, chez un distributeur agréé, les pièces originales du constructeur Bajaj [2] et se permet quelques incursions hasardeuses sur le « marché local » du bas de gamme et de la copie. Cette incompétence initiale profite à la filière standard de Bajaj. Les pièces de qualité abondent à Simbâlawayn, comme jamais plus de mémoire de mécaniciens, qui s'emparent de la machine indienne en la désossant. Mise en pièces du véhicule donc, et abondance originelle de pièces originales participent de la construction d'un savoir-faire égyptien. Une expertise en mécanique, dont la pièce *genuine* devient l'étalon d'un « travail bien fait ». Mais la qualité a un prix, et l'usage un coût. L'autorickshaw est depuis sa première importation une source de revenus qu'il faut optimiser en réduisant les dépenses de maintenance. Entre arrivage massif de rickshaw et pénurie de pièces, les tenants locaux de la bicyclette se sont ralliés à l'innovation en investissant à coup de bricolages le créneau de son entretien. Alors que l'usinage de certaines pièces intègre la boucle locale de la maintenance, les tentatives d'une production de substitution des pièces, même les plus simples, échouent dans de petites manufactures de cycles et précipitent les importations. Réparations et remodelage ont préfiguré en quelque sorte toute une économie de la maintenance, un marché de la pièce dont les mécaniciens seraient les experts de la qualité. À l'effort coûteux de remise en état doit se substituer un travail lucratif d'échange de pièces qui implique une répartition nouvelle des activités.

Peu après les premières livraisons, Nayan délaisse rapidement les pièces originales du constructeur, chères et aux marges étroites, au profit de fournisseurs locaux beaucoup plus intéressants. « Bajaj original reste cher, trop cher. Comment fournir de la qualité à bas prix ? Entre la qualité et le prix il faut choisir, faire des compromis [3]. » En s'émancipant de la tutelle commerciale du constructeur, Nayan suscite la mise en place d'une filière parallèle qui entraîne une démultiplication des intermédiaires, mais aussi des gains. Il s'agit alors d'habituer rapidement les consommateurs à une

[2] *Bajaj est un leader indien aujourd'hui de taille mondiale sur le marché automobile des deux et trois roues.*
[3] *Entretien avec Nayan dans son bureau à Bombay, le 17 décembre 2006.*

offre diversifiée et concurrentielle. Minimiser la dépense d'entretien pour répondre à la demande des transporteurs commande toute cette chaîne commerciale parallèle. Le principe d'une gestion juste-à-temps, aussi artisanale soit-elle, est ainsi « tiré » par la demande et non par l'offre : il faut s'approvisionner puis livrer (dans un temps très court) ce qui est demandé « instantanément » par le client. Il faut, en somme, être en mesure de livrer les pièces non seulement à tout moment, mais aussi au meilleur prix. La fixation des prix est un élément déterminant dans des marchés à faible solvabilité comme l'est l'Égypte du delta du Nil. Il s'agit de vendre moins cher davantage de pièces pour finalement gagner plus. Cette rationalité est au fondement de la filière. Or, si la quantité de produits vendus compense la faiblesse des bénéfices, cette stratégie impose la nécessité d'élargir en permanence le marché d'écoulement des produits. De plus, fournir des petites pièces pour une maintenance au moindre coût et s'adapter à la demande de petits entrepreneurs tout en essayant de l'orienter consacre l'intervention irréductible du « mécano du coin ». À l'échange standard de blocs « prêts à changer » de Bajaj, les mécaniciens préfèrent le remplacement de la pièce défectueuse. Pour autant, les techniques de réparation s'intègrent dans des réseaux mettant en relation le constructeur, ses équipementiers et ses intermédiaires locaux. La fourniture dépend de dispositifs de coordination qui se mettent seulement en place.

S'approvisionner sur le marché local a un coût : les ratés du tout début sont à la charge de Nayan qui se spécialise progressivement, toujours en train d'apprendre et de se faire la main. Ses quatre premières commandes cumulent les pièces inadéquates, inadaptées, obsolètes, défectueuses, ou celles qui n'ont rien à voir avec le triporteur. Dès les premières livraisons, se constitue un stock « flottant » d'invendables qui parcourent les différentes étapes de la filière de débutants en débutants, chacun profitant de l'incompétence de l'autre pour rétrocéder les mauvaises pièces à l'occasion des premières transactions. En creux de la filière naissante, les échanges liminaires organisent la mise en circulation et la répartition de l'inutilité, soit tous les restes d'un apprentissage collectif, établissant le prix d'un ticket d'entrée dans le commerce transnational des pièces. Entre prise de risque et minimisation des pertes, les professionnels assument largement dans cette période initiale les fameux 5 % de perte par container qui accompagnent toute transaction.

Nayan est commerçant, il l'a toujours été. Avec l'autorickshaw, il change de branche tout en conservant sa première activité. Après les premiers tâtonnements sur le marché de Bombay, quelques commandes, autant de livraisons et de commissions misérables, Nayan se professionnalise en se spécialisant. Il se doit de développer de nouvelles sources d'approvisionnement (*sourcing*), loin, très loin du « *MJ Market* » où il a fait ses classes de marchand. Concentration des fournisseurs et proximité des intermédiaires, interconnaissance et régime de présence continue caractérisaient ses relations d'affaires dans le textile. Avec le commerce des pièces détachées, tout est à refaire ; il s'agit prioritairement de structurer de façon pérenne la chaîne de fournitures pour éviter les pénuries de pièces. Ni la taille de l'échoppe ni les capacités financières de l'entreprise ne permettant la constitution de stocks importants, Nayan travaille à flux tendu : « Une rupture de bielle sur le marché, c'est tout le bloc qu'il faut changer. Je dois être en mesure de fournir, tout le temps, les pièces à l'unité [4]. »

[4] *Entretien avec Nayan, ibid.*

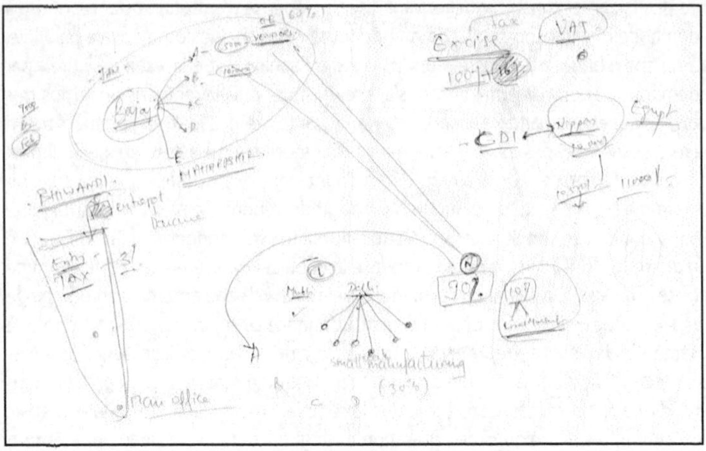

Figure 2. Croquis de Nayan illustrant le marché indien de la fourniture de pièces détachées. Nayan distingue (en bleu) Bajaj et ses sous-traitants de premier ordre (vendor). Équipementiers et fabricants de composants se répartissent principalement dans les zones industrielles du Maharashtra (Pune et Aurangabad) et de Delhi. 60 % des références de son catalogue sont des pièces originales certifiées par le constructeur (OE), 30 % proviennent des principaux sous-traitants, les 10 % issues du « local market », représentent des accessoires simples ou des pièces de seconde qualité de petits fabricants locaux. Il détaille enfin les différentes taxes commerciales. Les ajouts (en rouge) sont des notes de l'ethnographe.

L'éclatement des intermédiaires, l'éloignement des fournisseurs et un régime de présence par éclipses imposent de nouvelles compétences et, de ce fait, de nouveaux liens. La fonction logistique repose sur des flux d'informations associés, dont la gestion entre l'Inde et l'Égypte se fait par l'usage intensif du téléphone portable, de sms et de courriels. Flexibilité des ressources et de l'organisation : il s'agit d'être présent sans être là. Nayan est un *entrepreneur de relations*, aussi redéploie-t-il son savoir-faire en amont de la filière en tissant des liens avec les acteurs du secteur : les fabricants, des prestataires de services ou encore commissionnaires de transport. Pendant plus d'une année, il écume le marché indien de la fourniture entre Pune, Nagpur et New Delhi. Il découvre l'émergence d'une industrie de la pièce détachée exportatrice. Il explore les espaces d'un secteur en pleine expansion.

5. La mécanique de l'échange entre l'Inde et l'Égypte

Si 6 000 petites et très petites entreprises composent une offre moins réglementée et autant de points d'entrée pour Nayan sur le marché de la maintenance, l'essentiel – entre 80 et 90 % de la production de composants – est l'affaire de 400 fournisseurs. Informé par ses grossistes, Nayan parcourt les zones industrielles, visitant usines et petites manufactures, pour sélectionner un panel de fournisseurs et composer un panier de pièces et d'accessoires à l'export. Savant équilibre des qualités entre les différentes catégories de composants : des pièces d'origines « Bajaj » pour les éléments du bloc-moteur, des pièces originaires de ses équipementiers pour les autres pièces maîtresses du rickshaw (soit 60 %), enfin des pièces de troisième catégorie, génériques ou contrefaites, pour tout le reste.

Delhi regroupe la majeure partie des sous-traitants du constructeur (*sub-contractors*). La réduction des coûts de production reste le credo et l'avantage comparatif de Bajaj [Rarick, 2004]. À la fin des années 1990, sous l'impulsion du fils, Bajaj restructure, délègue et aligne sa production sur des standards internationaux. Le constructeur automobile devient un assembleur qui ne fabrique plus que 15 % de ses pièces. Désormais 210 gros sous-traitants (contre 800 auparavant) prennent en charge 85 % de la production des pièces [5]. Les usines et les grands du secteur (CDI, Nippon, Swiss, Lmt, Varroc...) absorbent ou remplacent les petits fabricants et leurs ateliers. À la différence du simple fournisseur, le sous-traitant de spécialité fabrique des pièces conçues ou développées en commun avec Bajaj. Le produit est fabriqué par le sous-traitant pour le compte exclusif des chaînes d'assemblage du constructeur (Pune, Aurangabad) et ne porte pas son nom. Il s'engage sur la conformité de son exécution et ne peut revendre ces pièces exclusives sur le marché local. Concentration et intégration de la chaîne d'approvisionnement commandent la réorganisation du secteur. Un processus dont les externalités sont assurément positives pour des constructeurs et de gros fournisseurs désormais certifiés : SA 8000 ; ISO 9000 et 1400 ne condamnent pour autant pas l'activité des petits. C'est en effet justement la non-conformité de certaines pièces qui leur réserve un destin moins exclusif, comme l'explique Nayan : « Bajaj commande, selon ses prévisions, une quantité (10 000 pistons), le fournisseur qui connaît les exigences du cahier des charges programme par précaution la production de 11 000 pour compenser les pièces rejetées par le contrôle qualité du Bajaj. Soit 10 % en moyenne de la production qui se retrouve sur le marché local [6]... »

Ce surplus de pièces rejetées par le département du « contrôle qualité » compose une partie du fonds de commerce à l'export de petits entrepreneurs. En marge de Bajaj et de ses *sous-traitants*, les fournisseurs de Nayan sont pour la plupart de petites manufactures situées entre Nagpur et Delhi qui se spécialisent dans la duplication de pièces. À son niveau, il se constitue ainsi un réseau stable de 35 fournisseurs qui lui garantissent un catalogue de 600 références. Entre l'Inde et l'Égypte, les flux de 126 pièces, des copies principalement, contribuent à l'essentiel de sa marge bénéficiaire.

La remise en cause par Nayan des quantités standard et de la qualité générique des produits révèle et met en tension les deux ressorts fondamentaux du commerce : la taille et le détail. « Si le détail est une façon de découper, il ne faudrait pas oublier que c'est aussi un mode de gestion de la qualité, de fixation des attributs, de choix des

[5] *« Les constructeurs se limitent désormais à piloter la conception des véhicules et n'assurent plus, du point de vue de la production, que la motorisation et l'assemblage. Depuis l'électronique jusqu'à la carrosserie, en passant par la sellerie, tout un ensemble de composants des véhicules sont produits par ces spécialistes qui fournissent souvent plusieurs constructeurs. Parmi les plus célèbres en Europe, citons Bosch, Valeo, Lucas, Magnetti-Marelli, Delco, Sagem… ils écoulent leur production majoritairement sur le marché de la "première monte", c'est-à-dire pour la fabrication de véhicules neufs, mais le marché de la "rechange" représente globalement 20 % de leur chiffre d'affaires. » [Mallard, 1999]*

[6] *Entretien avec Nayan, ibid.*

différentes mentions – ou détails – que l'on marque sur le corps des produits. De ce point de vue, il est important de souligner à quel point le découpage quantitatif d'un produit en unités plus ou moins grandes fonctionne aussi le plus souvent comme une opération purement qualitative de redéfinition des attributs et de la destination d'un produit », analyse Franck Cochoy [2006, p. 28]. Nayan, en dérivant du bloc standard à la pièce générique, en jouant le « gros » et le « détail », prépare l'affrontement entre les petits attelages d'importateurs-exportateurs et la distribution de masse de Bajaj-Citi sur les marchés émergents en Afrique.

6. Des mondialisations par le bas aux mondialisations discrètes ?

On sait que les routes de l'échange transnational ont connu depuis une trentaine d'années de profondes mutations. Il demeure pourtant difficile de les saisir comme un objet de recherche à part entière, tant elles se trouvent à l'intersection de plusieurs sciences sociales, dont les principales sont la géographie et la socio-anthropologie des faits économiques. Retenons dans les développements de ces deux dernières décennies, deux champs de réflexion : d'une part, les approches de géographie qui réfutent les constats d'un « monde plat » et soulignent l'importance des ancrages et des disparités des espaces dans la globalisation [Christopherson *et al.*, 2008] ; d'autre part, les analyses de la mondialisation par le bas, portées surtout par les socio-anthropologues.

La distinction entre deux processus de mondialisation s'est imposée autour des années 2000. On doit à A. Portes [1997] la médiatisation de la formule « *globalization from below* ». Il considère qu'« en réponse aux processus de mondialisation, les individus ont créé des communautés qui traversent les frontières nationales et qui, dans un sens très concret, ne se situent véritablement "ni ici, ni là", mais ici et là en même temps. Les activités économiques qui sous-tendent ces communautés reposent précisément sur les différences de profits créées par les frontières. À cet égard, elles ne fonctionnent pas différemment des multinationales, à ceci près qu'elles émergent "par le bas" et que leurs activités sont le plus souvent informelles » [Portes, 1999]. Ainsi les communautés transnationales formées par plusieurs décennies de migrations massives entre l'Amérique centrale et les Caraïbes constituent le support d'activités économiques qui ne trouvent leur place que dans les interstices de l'économie mondiale portée par les États et les Firmes multinationales programmatiques (FMN). Les analyses de Portes font écho à la même période aux recherches menées en contexte méditerranéen. En France, c'est A. Tarrius [2002] qui a utilisé l'expression de « mondialisation par le bas » pour mettre en perspective ses travaux sur les nouvelles mobilisations économiques des communautés transnationales maghrébines. Il y voit « de véritables réseaux d'entrepreneurs nomades… animer une économie souterraine d'ampleur mondiale ». Il considère qu'ils renouvellent les cosmopolitismes « là où l'État […] ne les attend pas : dans des territoires qui lui échappent et qu'il ne sait pas gérer ». Pour Portes et Tarrius, les communautés transnationales sont porteuses de cette autre mondialisation : Latino-Américains d'un côté, Maghrébins de l'autre, face à la portion du Nord vers laquelle ils émigrent, États-Unis ou Europe occidentale. À partir de là, ils ont tissé des espaces de circulation denses avec leurs États ou régions d'origine en un faisceau d'échanges humains, matériels, économiques et symboliques multiformes, fondés sur leur maîtrise de deux espaces, ici et là-bas.

Durant les années 2000, la globalisation des routes d'approvisionnement et des places marchandes, où se côtoient des entrepreneurs migrants transnationaux provenant de multiples horizons géographiques, se renforce. Autour d'une Méditerranée élargie, des chercheurs explorent l'élargissement de l'espace transnational vers l'Est [Péraldi, 2001] où Istanbul puis Dubaï montent en puissance en tant que places marchandes mondialisées. Dubaï est particulièrement emblématique de ce moment [Marchal, 2001] au cours duquel les routes du commerce méditerranéen, moyen-oriental, est-africain et d'Europe orientale s'entrecroisent.

L'une des conséquences majeures de ce décloisonnement des aires géographiques au sein desquelles s'effectue désormais le négoce transnational est que les formes de l'échange nées aux interfaces Nord-Sud les plus marquées (Caraïbes et Mexique/États-Unis ; Maghreb/France) ne fonctionnent plus selon les mêmes modalités si l'on s'en éloigne. L'élargissement du cadre géographique des échanges les émancipe, en partie, des histoires de domination coloniale ou postcoloniale ; ils prennent aujourd'hui des formes qui en diffèrent nettement par les pratiques, les acteurs, les lieux, les temporalités et les échelles. Le passage des contextes régionaux à celui de la globalisation des échanges conduit à poser la question en des termes nouveaux.

Les déterminants économiques, géopolitiques, mais aussi sociaux ou confessionnels, de cette globalisation se complexifient au fur et à mesure que les routes commerçantes transnationales se diversifient et s'allongent. Ils doivent par conséquent être repensés à plusieurs échelles et à la lumière de différents processus historiques : l'ouverture de marchés mondiaux après la chute de l'URSS, la généralisation des règles du libre-échange commercial, le poids de la contrefaçon et de l'ampleur de la crise économique de 2008, l'essoufflement des débouchés pour les Nords et la prospection croissante de nouveaux marchés de consommation à partir des Suds, l'importance du 11 septembre 2001, entraînant la banalisation des destinations chinoises et indiennes comme source d'approvisionnement des négociants musulmans, les révoltes arabes ou les stratégies frontalières autour de la Chine, de l'Europe ou des États-Unis qui ferment, ouvrent ou réorientent des routes aux entrepreneurs migrants, le rôle des diasporas commerçantes, sont autant de facteurs qui influencent les modalités de ces échanges.

C'est ainsi qu'acteurs et observateurs de la globalisation discutent aujourd'hui de la renaissance des routes de la Soie, de la montée en puissance de la Chinafrique, ou encore du poids croissant des BRICS au sein de l'économie mondiale [Izraelewicz, 2011]. Beaucoup, dans la blogosphère ou dans des articles, livrent leurs impressions de voyage en Asie. Certains, comme B. Simpfendorfer [2009], mettent en avant la mutation du contexte géopolitique de l'après 11 septembre pour comprendre comment un monde arabe en pleine expansion se détourne de l'Occident pour redécouvrir la Chine. D'autres, plus prosaïques, proposent de donner les clefs d'un business réussi avec la Chine [Stuttard, 2000]. Des institutions internationales comme la Banque mondiale [Broadman, 2007] voient dans la route de la Soie entre le continent africain, la Chine et l'Inde, une nouvelle frontière économique. Les échanges économiques tricontinentaux entre Afrique, Amérique latine et Asie deviennent une réalité chaque jour un peu plus tangible [Hugon, Marques Pereira, 2011]. Et la rhétorique sur le déclin économique de l'Occident prend tout son sens face au nouveau centre, la Chine, d'où partent des routes mondiales de l'échange, maritimes plus que terrestres.

Face à ces discours, médiatiques et politiques plus que scientifiques, la dialectique du local et du global ne suffit plus à saisir la puissance des mutations en cours, tant celles-ci questionnent l'État, tout en pointant des formes d'autonomisation, de contournement et de négociations plurielles. Comme s'en amuse Koray Caliskan [2010], « *like so many fertile grounds, this one is also somewhat muddy* [7] ». En s'en tenant à ces deux seules échelles, le risque est grand en effet de pousser trop avant l'« apologie romantique de la ruse et de l'intelligence des petits, des vertus de la débrouille » [Péraldi, 2007]. Les jeux d'échelles sont indispensables à leur compréhension. Ribeiro [2009], par exemple, « *call[s] it non-hegemonic globalization not because its agents intend to destroy global capitalism or to install some kind of radical alternative to the prevailing order. They are non-hegemonic because their activities defy the economic establishment everywhere on the local, regional, national, international and transnational levels* [8]. » L'importance du politique est patente, qu'il soit revendiqué, contourné ou contesté, et ne peut qu'inciter à affiner l'approche des logiques de gouvernance qui se dessinent dans chaque contexte à différents niveaux d'action. L'État, en effet, demeure un élément majeur, incitant ou freinant le développement des échanges transnationaux, mais les acteurs impliqués sont bien plus nombreux encore et les enjeux sociaux, politiques et économiques se nouent à diverses échelles. Ce chantier demeure pour l'essentiel en friche [Mathews *et al.*, 2012].

Les approches par la chaîne de valeur globale, formalisées par Gereffi et Korzeniewicz [1994], ont permis de mettre l'accent sur la territorialité et l'importance de la dimension multiscalaire des dynamiques, tout en pointant l'importance des continuités spatiales des phénomènes qui relient entre eux des espaces distants. Cependant, ces travaux ont négligé la manière dont les lieux reliés entre eux ont été affectés. Des géographes ont enrichi ces approches en proposant de pondérer la prééminence des firmes multinationales comme opérateurs majeurs dans les chaînes [Dicken *et al.*, 2001], par la nécessité de mieux tenir compte de l'ensemble des acteurs mobilisés dans les réseaux [Dicken, 2004 ; Coe *et al.*, 2004], avec la notion de Global Production Network.

Si cette mondialisation est visible, ses espaces restent discrets, car elle se fonde sur des réseaux sociaux et territoriaux difficiles à appréhender. Importateurs, intermédiaires, courtiers tracent quotidiennement des chemins qui, par l'ouverture de destinations, la répétition et la densification des circulations, et l'émergence de formes d'organisation fondées sur la confiance et la réputation, renforcent les liens entre les lieux concernés et les installent au sein de routes commerciales désormais globales.

[7] *« Comme tant de terrains fertiles, celui-ci est aussi un peu boueux. »*

[8] *« Nous parlons de mondialisation non hégémonique non pas parce que ses agents ont l'intention de détruire le capitalisme mondial ou d'installer une sorte d'alternative radicale à l'ordre dominant. Nous les qualifions de non hégémoniques parce que leurs activités défient l'establishment économique à tous les niveaux : local, régional, national, international et transnational. »*

Saisir le passage, en deux décennies, de mondialisations par le bas circonscrites à des régions du monde à la globalisation du cadre même de ces échanges conduit à intégrer de nombreux pans d'observation invisibles [Kelly, 2011], à travers lesquels pourtant, sous l'effet direct ou indirect des réseaux globaux de production, des acteurs opèrent dans le transnational et des espaces se transforment.

Entre stratégie de représentation commerciale et recherche de rente, ils conçoivent une identité commune qu'ils déclinent sur leurs emballages. Des labels apparaissent aujourd'hui certifiant la conformité des pièces. Le jeu des qualités, des façons et contrefaçons est non seulement une façon de dériver le marché, mais aussi une manière d'inventer de nouveaux produits et de nouveaux usages. De petits acteurs se disputent des bouts de marché et contribuent par leurs actions tous azimuts à internationaliser la filière du rickshaw à moteur et à construire de nouvelles routes marchandes. Un chantier de recherche s'ouvre, ample et global.

Figure 3. Master, une marque égypto-indienne de pièces détachées génériques

Bibliographie

Battegay A. (2005), « Dubaï : économie marchande et carrefour migratoire. Étude de mise en dispositif », *Mondes en mouvement, migrants et migrations au Moyen-Orient au tournant du xxie siècle*, IFPO-Karthala, Paris, p. 271-292.

Berrou J.-P. Gondard-Delcroix C. (2011), « Dynamique des réseaux sociaux et trajectoires d'entreprises informelles à Bobo-Dioulasso (Burkina Faso) », *Bulletin* de *méthodologie sociologique*, 110 (1), p. 26-44.

Broadman H. (2007), *Africa's Silk Road: China and India's New Economic Frontier*, World Bank Publications, Washington DC, 391 p.

Christopherson S., Garretsen H., Martin R. (2008), « The world is not flat: putting globalization in its place », *Cambridge J. Regions Econ. Soc.*, 1(3), p. 343-349, doi:10.1093/cjres/rsn023.

Cochoy F. (2006), « Taille et détail : du vaillant petit tailleur à la distribution d'aujourd'hui », *Réseaux*, n° 135-136, p. 19-31.

Coe N. M, Hess M., Yeung H. W.-C., Dicken P., Henderson J. (2004), « Globalizing regional development: a global production networks perspective », *Transactions of the Institute of British Geographers*, 29, p. 468-484.

Dicken P., Kelly P., Olds K. (2001), « Chains and networks, territories and scales: towards a relational framework for analysing the global economy », *Global networks*, vol. 1, n° 2, p. 89-112.

Dicken P. (2004), « Geographers and "globalization": (yet) another missed boat? », *Transactions of the Institute of British Geographers*, 29, p. 5-26.

Grossetti M., Barthe, J.-F., Chauvac N. (2011), « Studying Relational Chains from Narrative Material », *Bulletin of Sociological Methodology/Bulletin de méthodologie sociologique*, vol. 110, n° 1, p. 11-25.

Kelly P. F (2011), « Production Networks, Place and Development: Thinking through Global Production Networks in Cavite, Philippines », *Geoforum*.http://dx.doi.org/10.1016/j.geoforum.2011.10.003

Koray C. (2010), *Market Threads: How cotton farmers and traders create a global commodity*, Princeton University Press, Princeton, NJ, 230 p.

Gereffi G., Korzeniewicz M. (1994), *Commodity chains and global capitalism*. ABC-CLIO, Greenwood Press, Westport, Conn.

Hugon P., Marques Pereira J. (2011), « Introduction », *Économie politique tricontinentale : les nouveaux paradigmes Suds-Sud*, revue *Tiers Monde*, n° 208/4, p. 7-26.

Izraelewicz E. (2011), *L'arrogance chinoise*, Grasset, Paris, 254 p.

Lavergne M. (2004), « Dubaï ou la métropolisation incomplète d'un pôle en relais de l'économie monde », *Cahiers de la Méditerranée* [en ligne], 64 | 2002, mis en ligne le 15 juin 2004, consulté le 22 mars 2015. URL : http://cdlm.revues.org/80.

Mallard A. (1999), « Être garagiste au temps de l'informatique », in CHR., DEN. (dir.), *Carrières d'objets. Innovations et relances*, Éditions de la Maison des Sciences de l'Homme, Paris, p. 59-81.

Manry V. (2001), « Être en affaires ». Compétence relationnelle, éthique de la performance et ordre social aux Puces », in M. Peraldi (dir.) *Cabas et containers*, Maisonneuve & Larose, Paris.

Marchal R., Adelkhah F., Hanafi S. (2001), *Dubaï cité globale*, CNRS Éditions, coll. « Espaces et milieux », Paris.

Mathews G., Ribeiro G., Alba L., Vega C. (2012), *Globalization from below, the World's other economy*. Routledge, London, New York, 304 p.

Péraldi M. (dir.), 2001, *Cabas et containers. Activités marchandes informelles et réseaux migrants transfrontaliers*, Maisonneuve & Larose et MMSH, Paris, Aix-en-Provence, 360 p.

Péraldi M. (2007), « Nouveaux aventuriers du capitalisme marchand. Essai d'anthropologie de l'éthique mercantile », *Les voyages du développement*, Khartala, Paris, 368 p.

McMillan J. (2002), *Reinventing the Bazaar. A Natural History of Markets*, Norton, London.

Pliez O. (2010), « Toutes les routes de la soie mènent à Yiwu (Chine) », *L'Espace géographique*, vol. 39/2, p. 132-145.

Perrot F. (2011), Les entreprises multinationales au bas de la pyramide économique : un cadre d'analyse des stratégies, http://pastel.archives-ouvertes.fr/pastel-00643949/fr/

Portes A. (1997), *Globalization from Below: The Rise of Transnational Communities*. WPTC-98-01. Princeton University, Princeton.

Portes A. (1999), « La mondialisation par le bas », *Actes de la recherche en sciences sociales*, vol. 129, Délits d'immigration, p. 15-25.

Rarick C. (2004), « The Competitive Advantage of Local Firms in Developing Economies: The Case of Bajaj of India », *Working papers series*, Barry University.

Ribeiro G. L. (2009), « Non-hegemonic globalizations. Alter-native transnational processes and agents », *Anthropological Theory*, vol. 9, p. 1-33.

Simpfendorfer B. (2009), *The New Silk Road: How a rising Arab world is turning away from the West and Rediscovering China*, Palgrave Macmillan, Basingstoke, New York, NY 208 p.

Stuttard J. B. (2000), *The New Silk Road: Secrets of Business Success in China Today*, John Wiley, New York, 144 p.

Sun Z., Perry M. (2008), « The Role of Trading Cities in the Development of Chinese Business Cluster », *International Business Research*, vol. 1, n° 2.

Tarrius A. (2002), *La mondialisation par le bas : les nouveaux nomades de l'économie souterraine*. Paris, Balland, 168 p.

Tastevin Y. P. (2015), « Bajaj en Égypte ou la diffusion de l'autorickshaw en Afrique », *Autrepart*, n° 72.

Tastevin Y. P. (2012), « Le rickshaw (1948- ?), A success story », *Techniques & Culture*, n° 58, p. 264-277.

Tastevin Y. P. (2007), « L'autorickshaw en Égypte : une épopée provinciale », *Villes et urbanisation des provinces égyptiennes. Vers l'écoumènopolis ?*, Denis Éric (dir.), Karthala/CEDEJ, Paris, p. 197-218.

La chimie verte, une fausse rupture ? Les trajectoires de la transition écologique

Martino NIEDDU
REGARDS, Université de Reims Champagne-Ardenne
martino.nieddu@univ-reims.fr

Franck-Dominique VIVIEN
REGARDS, Université de Reims Champagne-Ardenne
fd.vivien@univ-reims.fr

Nous analysons les modalités de régulation du changement technique qui sont à l'œuvre dans l'émergence d'une « chimie doublement verte », souvent présentée porteuse d'une transition vers la bioéconomie et le développement durable. Contrairement à la méthode du courant du « *Multi-Level Perspective* », nous insistons sur les tentatives de pilotage de ce changement par des acteurs économiques qui entendent rendre soutenable, pour leurs propres patrimoines productifs collectifs, l'ère de l'après-pétrole.

Green chemistry, a false break? The trajectories of the ecological transition

We analyze the modalities of regulation of technical change that are at work in the emergence of a « doubly green chemistry », often presented as supporting a transition to the bioeconomy and sustainable development. In contrast to the method of the Multi-Level Perspective theory, we insist on the attempts of economic actors to lead this change to make sustainable, for their own collective productive patrimonies, the post cheap oil era.

Mots clés : *Multi-Level Perspective*, transition écologique, chimie verte, bioraffinerie, patrimoines productifs collectifs

Keywords: Multi-Level Perspective, ecological transition, green chemistry, biorefinery, collective productive heritages

1. Introduction

Les tentatives de construction, par des acteurs économiques, scientifiques et politiques, de schémas de transition liés à l'usage des ressources renouvelables en chimie empruntent la voie d'innovations sémantiques diverses, au sein desquelles le « paradigme de la chimie verte » [Anastas, Warner, 1998], la « bioraffinerie » [Octave, Thomas, 2009] et, plus récemment, la « bioéconomie » [European Commission, 2012] occupent une place de choix.

Pour notre part, nous appelons « chimie doublement verte » non pas un secteur en cours d'émergence, mais *la problématique d'action collective* née de la confluence de deux questions. La première est issue de la contestation des effets environnementaux négatifs de la chimie qui va donner lieu à la formation, au sein de l'agence américaine de protection de l'environnement (EPA), d'une stratégie de démarche volontaire, non contraignante. S'appuyant sur douze principes de chimie verte, elle est diffusée à l'ensemble de la communauté des chimistes académiques au cours de la décennie 2000-2010. La seconde est celle de l'usage des ressources végétales renouvelables en chimie s'appuyant sur une rhétorique des produits « biobasés », laquelle, de l'avis des spécialistes, peut être non respectueuse de l'environnement. L'unification des deux questions – comment rendre soutenable économiquement et écologiquement cette chimie du végétal ? – justifie notre appellation de « chimie doublement verte ».

Nous souhaitons en discuter le rapport avec les sciences sociales qui cherchent à interpréter et accompagner les transitions vers la durabilité. La complexité de la question tient au fait que le chercheur est amené à travailler dans une perspective *transdisciplinaire* et *multiniveau*, de la molécule de carbone aux grands mouvements de redéfinitions institutionnelles d'un secteur et de filières dédiées, en passant par les stratégies des acteurs. Cette complexité tient également au fait qu'on étudie ici une « histoire en train de se faire », dans laquelle les stratégies d'acteurs sont indissociables de leurs constructions de discours qui se veulent structurants pour l'émergence du paradigme de la chimie verte et d'un secteur dédié aux produits « biobasés ». Ces discours relèvent très largement d'une « économie des promesses » [Joly, 2010], au sens où les acteurs produisent des promesses technico-économiques (substituer du carbone fossile par du carbone renouvelable) et écologiques (réduire les émissions de CO_2 ou bannir les molécules toxiques, par exemple). Nous insisterons sur le fait que ces acteurs expriment ces promesses, à partir de leurs propres patrimoines productifs privés et collectifs ; les sciences sociales devant, à travers leurs propositions analytiques et normatives, rendre compte de la diversité de ceux-ci pour éclairer le débat public sur les « arènes de développement » [Jørgensen, 2012] où se confrontent ces différentes visions du futur.

Parmi les différentes approches possibles, un important courant de pensée, qui a émergé au tournant des années 2000, est organisé aujourd'hui à travers le réseau *Sustainability Transition Research Network* (STRN)[1]. Cherchant à intégrer différents champs et théories des sciences sociales (*Science studies*, économie évolutionniste et

[1] *Voir son site : http://www.transitionsnetwork.org/. Ce courant de pensée est très actif dans les revues* Research Policy *et* Environmental Innovation and Societal Transitions.

sociologie « à la Giddens ») dans une perspective multiniveau [Grin *et al.*, 2010], il peut être caractérisé comme une « sociologie générale de systèmes sociotechniques » au service de l'action. Ce courant, qui reconnaît la nécessité de documenter ses discussions théoriques à l'aide d'études de cas, a inspiré quelques travaux dans le domaine qui nous intéresse [Langeveld *et al.*, 2010]. Néanmoins, on montrera qu'il propose une représentation positive et normative dans laquelle la variété initiale liée à la *phase d'exploration* de différentes solutions dans des niches d'innovation doit se réduire dans la *phase d'exploitation* par l'adoption d'une conception dominante qui s'imposerait comme la voie de transition *unique* vers un nouveau système sociotechnique soutenable.

Comme nous l'avons montré ailleurs [Nieddu *et al.*, 2010, 2014b], les choses ne se déroulent pas forcément ainsi. En effet, la chimie doit, en tant que discipline, être appréhendée comme une « technoscience » intrinsèquement liée à l'industrie. En effet, les chimistes ont la possibilité d'explorer des centaines de voies de réactions chimiques, et ils ont besoin des relations avec les industriels pour orienter ces réactions dans des voies utilisables concrètement. La chimie est donc une discipline d'apprentissages orientés, les scientifiques ayant besoin, pour donner un sens et finaliser leurs réactions, de se lier à des « mondes de production ». Pour rendre compte de cela, nous avons mobilisé le concept de patrimoines productifs collectifs qui désigne à la fois des ressources immatérielles (des compétences, des savoir-faire de certains laboratoires) et matérielles (des démonstrateurs, des unités pilotes…), lesquelles ont à la fois une dimension scientifique et une dimension productive, et contribuent à la formation de régimes de production de connaissances et d'activités économiques. Nous avons identifié quatre grandes voies d'innovations technologiques, portées par des acteurs historiques, dans le domaine de la « chimie doublement verte ». Même si elles apportent des renouvellements scientifiques et techniques très originaux, elles restent ancrées dans les patrimoines productifs bien établis de vieilles industries (pétrochimie, agro-alimentaire, etc.). En cela, ces patrimoines et les innovations qui leur sont liées relient le passé, le présent et le futur. Ils sont le produit de l'histoire et sont portés par des acteurs clairement identifiables qui cherchent aujourd'hui à projeter leurs ressources et contraintes propres dans des « visions pour le futur » qu'ils cherchent à faire partager et à rendre hégémoniques. Ces acteurs tentent ainsi de « créer de l'irrévocable » parce qu'ils entendent maintenir dans le temps une certaine base matérielle et leur identité – ce qui est le propre de la logique patrimoniale. Il est donc nécessaire d'étudier les effets des comportements de ces acteurs sur les trajectoires de transition et sur les formes qu'emprunte cette transition.

Nous traiterons donc dans la section 2 de la théorisation des transitions par le STRN et de notre propre méthodologie. Dans la section 3, nous décrirons la façon dont certains acteurs ont dessiné des voies technologiques de transition et ont cherché à les institutionnaliser à travers l'émergence des douze principes de chimie verte (3.1), la bioraffinerie (3.2), puis la bioéconomie (3.3), une conception dominante, fondée sur l'imitation de la raffinerie pétrolière. Enfin, dans la section 4 nous explorerons des voies minoritaires, portées d'ailleurs par des entreprises tout autant que par des chimistes académiques, pour montrer que contrairement à l'ère du « tout pétrole », la transition ne se résume pas à une conception dominante, mais conduit vers un paysage diversifié, ancré dans des patrimoines productifs collectifs anciens.

2. Théories du *Sustainability Transition Management* : dynamiques d'innovation technique versus constructions institutionnelles dans la chimie doublement verte

Certains des créateurs du STRN [Geels *et al.*, 2015] l'ont récemment présenté comme une troisième voie entre un courant « réformiste », qui se concentre sur des firmes qui innovent et des consommateurs à la recherche de produits et services éco-efficients, et un courant « révolutionnaire » qui, sur la base d'une critique radicale du capitalisme, du matérialisme et de la croissance, promeut la frugalité et le localisme. Le STRN entend explorer des politiques d'innovations durables, non pas au niveau microéconomique des comportements des agents, ou au niveau macrosocial, mais au niveau « méso » de *régimes sociotechniques* organisés autour d'objets techniques structurants (l'automobile, l'habitat, etc.) et de pratiques de consommation, qu'il serait possible de faire évoluer de façon relativement indépendante du reste de la totalité sociale. Structuré autour d'un artefact dominant (la raffinerie pétrolière, dans notre cas), un *régime sociotechnique* relativement autonome et porté par des pratiques sociales spécifiques articule différents systèmes le concernant : l'économique, l'institutionnel, le culturel, le scientifique et le technologique. La cohérence interne de ce modèle repose sur trois concepts.

- Le premier est celui de *co-évolution* de ces différents systèmes qui s'articulent au sein des régimes sociotechniques dans les phases de transition, de telle façon que « chacun renforce les autres pour co-déterminer la transition » [Grin *et al.*, 2010, p. 4].
- Le deuxième est celui de *perspective multiniveau.* Suivant en cela l'économie évolutionniste qui inspire le STRN, le changement s'opère dans un cycle composé de deux séquences exploration/exploitation : dans un contexte d'incitations et d'opportunités à innover (par exemple, l'épuisement des ressources fossiles) provenant de l'environnement macrosocial (« *landscape* »), les firmes explorent dans des niches d'innovation (« *niche experiments* ») une variété de nouvelles possibilités techniques, parmi lesquelles émerge progressivement une technologie plus efficiente que les autres ; c'est cette « conception dominante » (*dominant design*) qui va être exploitée pour donner naissance à un nouveau régime sociotechnique (« *socio-technical regime* »).
- La troisième conceptualisation est un découpage particulier du temps en quatre phases qui dessinent une « courbe en S » [Geels, 2002] : (1) la phase de *pré-développement,* où l'état d'équilibre dynamique d'un sous-système sociotechnique est remis en cause, de façon non encore visible par les pressions macrosociales et par l'exploration d'innovations radicales au sein des « niches » ; (2) la phase de *décollage* (*take-off*), durant laquelle le changement structurel prend son élan du fait de l'accumulation de tentatives de changement ; (3) la phase d'*accélération* où le changement devient visible car les expérimentations dans les différentes « niches » convergent dans une conception dominante (« *dominant design* ») ; (4) la phase de *stabilisation* durant laquelle l'équilibre dynamique du nouveau régime sociotechnique est atteint.

S'intéresse-t-on alors à « la construction institutionnelle » d'un secteur, à une analyse de l'évolution des innovations technologiques, ou à des stratégies d'acteurs qui produisent un discours (au détriment d'un autre) et la construction sociale d'une réalité ? Cette ambiguïté est en réalité au cœur de la démarche du STRN et explique probablement en partie son succès, à la fois théorique (dans la possibilité que laisse ce courant d'une utilisation variée, par des approches de fait divergentes quant à la hiérarchie des éléments technologiques institutionnels, politiques ou culturels) et dans sa contribution à la définition des politiques publiques (dans la plasticité des utilisations de la « courbe en S »). En effet, cette dernière peut être lue de deux façons différentes – ce que font parfois simultanément les auteurs du STRN.

Lue à partir de la phase de pré-développement, elle autorise une représentation et un discours néo-schumpetérien centrés sur l'importance des innovations techniques et des entrepreneurs porteurs de changement. Ce discours rencontre les tendances lourdes à l'évolution vers des « États schumpetériens » [Jessop, 1993], les politiques liées à l'Agenda de Lisbonne portant sur l'économie de la connaissance, ainsi que le mouvement de fond en faveur du renforcement des droits de propriété sur le vivant considérés comme une clé des incitations à innover pour les entrepreneurs. Il s'agit alors de développer des stratégies articulant le soutien à ces derniers pour « effriter » l'ancien régime sociotechnique par l'exploration de proto-marchés et la protection des niches, compte tenu de l'objectif de soutenabilité, dans un « nouveau modèle, réflexif, de gouvernance » [Grin, 2006, p. 68] s'ajustant au test des innovations. Dans un tel modèle, dont le principal dilemme est de « ne pas protéger trop longtemps ni trop fort » [Schot, Geels, 2008, p. 549], la pertinence ne porte pas tant sur les choix technologiques en tant que tels que sur la capacité à faire émerger le système d'acteurs cohérents pour soutenir ceux-ci.

L'autre façon de lire la courbe en S est de la prendre à l'envers, comme le suggèrent Quist *et al.* [2011], et de procéder à des rétropolations (du *backcasting*, disent les Anglo-Saxons) : en s'appuyant sur une vision du futur, une représentation correcte du régime sociotechnique désirable, élaborée sur dires d'experts, il est possible de revenir aux décisions à prendre aujourd'hui, afin d'activer la créativité des acteurs dans ces directions données et de construire les « niches d'innovation désirables », ce qui permet de définir les « routes technologiques » (*technological roadmaps*) reliant le présent au futur. Une telle démarche suppose que des acteurs se mobilisent pour contribuer à former la « vision pour le futur », puis imaginent les différentes étapes qui permettront, d'une part, d'identifier les niches nécessaires à sa réalisation et, d'autre part, de construire la trajectoire menant de ces niches à la vision du futur, en investissant dans des programmes de recherche destinés à lever les verrous technologiques présents le long de cette « route ». Cette démarche de *backcasting* a été utilisée par la Commission européenne pour l'ensemble de ses politiques de soutien à l'innovation, les *European technology platforms*[2]. L'appel aux « parties prenantes » est ouvert dans un schéma idéal de démarche participative, et chaque citoyen peut répondre aux appels à prise de position sur la vision pour le futur d'un secteur. Mais il n'est pas besoin d'être grand clerc pour imaginer que ceux qui ont quelque chance de s'investir de la façon la plus pugnace et la plus audible sont les acteurs économiques investis dans ces domaines, et pour lesquels la construction du futur est un enjeu de survie économique immédiat.

On le voit, il est impossible de séparer l'analyse des dynamiques d'innovation technologique des mouvements institutionnels et des stratégies d'acteurs. Leur représentation du futur et leur construction des discours sur ces visions du futur font

[2] *Voir, sur son site internet, Star-COLIBRI [2011], la vision pour le futur de la bioraffinerie en 2030.*

intrinsèquement partie du champ d'analyse – soit ces discours sont construits pour contribuer à l'existence d'institutions susceptibles de défendre ces objets mal formés et hésitants que sont les innovations émergentes, soit ils sont construits pour institutionnaliser des trajectoires technologiques sur la base de visions faisant (relativement) consensus. Ces discours participent donc d'une pragmatique de l'action portée par des acteurs *réels – et non par des innovations existant en elles-mêmes* – qu'il convient de décrypter et de réinscrire dans l'analyse de leurs histoires et intentions propres ; ceci a guidé notre démarche scientifique (voir encadré).

Encadré. Notre démarche méthodologique

Nous avons retenu un espace méso-économique délimité par les problématiques posées par les acteurs quand ils souhaitent – pour diverses raisons, qui leur sont propres, parfois en lointain rapport avec le développement durable – développer l'usage des ressources renouvelables, en particulier du carbone renouvelable à destination de la chimie. Cet espace méso-économique est instable et a des frontières multiples : elles sont dominées parfois par la question de l'énergie (la chimie n'est alors considérée par les acteurs que comme un sous-espace de la production des biocarburants), parfois par la question de la « chimie verte » (l'usage de la biomasse étant alors considéré un peu vite comme un facteur de chimie verte), parfois par celle des matériaux (fibres d'origine biosourcée et plastiques biodégradables), parfois par les biotechnologies issues de la « révolution biotech » qui rêvent de transformer le vivant en usines du futur. D'où cette floraison d'appellations (chimie verte, bioraffinerie, bioéconomie…) appliquées à l'usage alimentaire et non alimentaire des ressources agricoles, piscicoles et forestières.

Nous nous sommes donné comme objectif, pour cet espace, de dégager un certain nombre de faits stylisés quant aux dynamiques des projets de recherche scientifiques et d'innovation technologique observables, avec le soutien de collègues chimistes et biochimistes, que nous avons invités dans un *focus group* régulier entre 2009 et 2014, dans le cadre d'un projet de recherche financé par l'ANR « Chimie et procédés pour le développement durable » (CPDD). La réflexion de ce *focus group* était alimentée par la présentation d'interviews réalisées dans la communauté de la chimie verte, de travaux scientométriques, de prosographies de chercheurs, et de revues de littérature scientifique (*Green Chemistry* ou *ChemSusChem)*, technoscientifique (*BioFuels, Bioproducts and Biorefining*) et institutionnelle (feuilles de route technologiques de l'OCDE, de la Commission européenne et des agences nord-américaines).

Suivant en cela la tradition des *Science studies*, mais selon une voie peut-être trop peu pratiquée au sein du STRN, notre objectif principal était d'établir à la fois l'existence de projets technico-scientifiques dessinant des voies technologiques institutionnellement dominantes, mais aussi la résistance de « rapports minoritaires » (« *minority reports* », pour reprendre l'expression d'un film à grand spectacle), de « signaux faibles », révélateurs de ces effets de domination. La démarche narrative [Dumez, Jeunemaître, 2005] que nous avons mobilisée a permis d'unifier ces matériaux empiriques hétérogènes au service d'un récit de la diversité des dynamiques scientifico-techniques observables. Celui-ci, qui a été affiné et validé par le *focus group*, n'a pas été démenti lors des diverses interventions devant des communautés de chimistes représentatives des recherches menées au sein de l'ANR CPDD. Nous pouvons donc estimer que le récit que nous présentons ici est robuste.

3. Chimie verte, bioraffinerie et bioéconomie : l'expression des voies technologiques dominantes

L'immersion que nous allons faire dans les aspects technico-scientifiques – en essayant d'en limiter autant que possible la complexité pour le non-spécialiste de chimie – ne signifie pas que nous nous centrons sur l'analyse des dynamiques technologiques, mais que l'appréhension de leur imbrication dans des constructions institutionnelles ou des stratégies d'acteurs constitue une séquence incontournable de la recherche.

3.1. Les douze principes de chimie verte comme engagement volontaire des scientifiques dans l'innovation technologique

Notre travail a d'abord consisté à suivre la trace de l'institutionnalisation de la « chimie verte » dans les appels à projets scientifiques et technologiques. Il est vite apparu, notamment grâce à la thèse d'Estelle Garnier [2012], que l'édiction des douze principes de chimie verte durant les années 1990 par l'*Environmental Protection Agency* avait constitué une alternative aux politiques réglementaires fortement contestées outre-Atlantique par les industriels. Plutôt que d'imposer des contraintes de traitement des pollutions par de lourds investissements, ces principes sont censés contribuer à l'émergence de comportements volontaires vertueux dès la phase de conception des réactions chimiques en laboratoire. Il s'agit de promouvoir, selon un processus gagnant-gagnant, à la fois du point de vue économique et écologique, des réactions chimiques consommant moins d'énergie, produisant moins de déchets, selon des process moins dangereux, et pour des produits finaux moins toxiques. En cela, ces principes s'inscrivent parfaitement dans la stratégie d'engagement volontaire des entreprises de la chimie qu'incarne le programme *Responsible Care* adopté en Amérique du Nord au début des années 1980 afin de regagner la confiance du grand public et des autorités de contrôle à la suite d'une série de graves accidents [Berland, Loison, 2008].

Durant la décennie 2000, un tournant s'opère à la fois dans les publications scientifiques et les différents prix remis par les autorités nationales (*Président Green Chemical Awards* aux États-Unis, Prix Pottier en France), qui témoigne d'un infléchissement des dynamiques technologiques en cours en faveur du septième principe de chimie verte, lequel préconise l'usage, autant que faire se peut, de la biomasse, parce que c'est une ressource renouvelable et qu'on lui suppose une moindre toxicité. D'où l'importance prise par la bioraffinerie dans la chimie verte, alors que chimie verte et bioraffinerie avaient jusqu'au début des années 2000 des histoires indépendantes.

3.2. La bioraffinerie : un « objet transitionnel » pour piloter le changement ?

La bioraffinerie est à la fois un objet technique et une construction sémantique portés par la stratégie des fédérations de coopératives agricoles et des firmes de la chimie intéressées au renouvelable, telles qu'Arkema ou Novozymes, qui sont des acteurs capables de travailler sur le long terme un environnement institutionnel pour le modifier en leur faveur, et ce malgré le poids du secteur pétrolier qui a modelé celui des cinquante dernières années.

Ce terme de bioraffinerie est né d'un tâtonnement dans la communication des agro-industries. Après le premier choc pétrolier, celles-ci remettent à l'agenda l'idée de produire des carburants liquides, essentiellement parce que la solution aux excédents agricoles paraît alors résider, non dans la maîtrise de la production, mais dans un retour aux débouchés non alimentaires qui avaient existé avant l'ère du « tout pétrole » [Finlay, 2004]. Le raffinage, opération bien connue de ces agro-industries, va être rebaptisé au début des années 2000 pour s'imposer dans les documents de la Commission européenne et ceux des acteurs concernés après 2007.

En tant qu'objet technique, la « bio » raffinerie veut se situer au cœur du nouveau régime sociotechnique, de la même façon que la raffinerie pétrolière a pu l'être dans celui qui prévaut encore aujourd'hui. Pour faire simple, cette dernière est un complexe industriel qui réalise la transformation de pétroles, aux qualités diverses (plus ou moins lourds, à plus ou moins haute teneur en soufre), par des opérations de craquage, purification, reformage, permettant de produire (1) des carburants liquides et de l'énergie (kérosène, diesel, fioul et essence) et (2) un très petit nombre de produits de base destinés à servir de précurseurs à une série d'intermédiaires dans la chimie de spécialité[3].

Le récit de la bioraffinerie va alors être celui d'un objet capable, à partir du carbone renouvelable, de faire le même chemin technique que celui du carbone fossile. Les exercices de « feuilles de route » menés par le ministère de l'agriculture américaine, et adoptés à quelques variantes près par les Européens, ont été conduits sous l'hypothèse que la structure de la chimie resterait inchangée. Ils visent à substituer terme à terme le petit nombre de grands intermédiaires issus de la raffinerie pétrolière par des produits ayant la même composition chimique, mais issus de la biomasse. Une étude américaine, devenue célèbre dans le monde de la chimie [Bozell, Petersen, 2010], retient ainsi une « petite liste » des « briques de base » (« *building blocks* ») issues de la biomasse, sélectionnées sur dire d'experts en croisant deux critères, l'espérance technologique de substitution rapide et la taille des marchés de substitution. Il est alors possible de concentrer les efforts de recherche et d'apprentissage sur l'obtention de ces produits à des coûts permettant de contester la chimie du pétrole, mais en reproduisant strictement les étapes de celle-ci. La bioraffinerie se conçoit donc dans un mimétisme parfait avec la pétrochimie. D'une part, elle se propose de se concentrer sur la production de carburants liquides, la valorisation de leurs co-produits ne visant qu'à permettre de renforcer la compétitivité de l'unité de production. D'autre part, pour la valorisation de ces co-produits, le produit final biosourcé (à base de carbone « bio ») ne peut se différencier du produit issu de la

[3] *Ces briques élémentaires de la chimie sont des hydrocarbures C_2-C_4 (éthylène, propylène, butène, butadiène) et les hydrocarbures aromatiques dits « BTX » (benzène, toluène et xylène). Le craquage permet d'obtenir des molécules suffisamment légères pour être faciles à purifier et à travailler en chimie industrielle. Le lecteur connaît les dérivés de ces produits dans sa vie courante (caoutchouc synthétique et PVC issus de l'éthylène, bisphénol A, polystyrène ou nylon issus du benzène, polyester issu du xylène, etc.).*

pétrochimie (à base de carbone fossile, qui n'est jamais que du « bio » très ancien) que par une datation au carbone 14 ; ce à quoi s'emploie la norme américaine de certification ASTM D6866.

3.3. Une nouvelle phase sémantique : la référence à la bioéconomie

On a assisté récemment à l'introduction dans le jeu d'acteurs du terme « bioéconomie ». Celui-ci doit être relié à l'histoire de la révolution scientifique initiée par la découverte de l'ADN[4] et de l'ARN[5], qui va conduire, au tout début des années 1970, à l'émergence d'une science de l'ingénieur nouvelle. Les biotechnologies existaient déjà – elles sont au fondement de l'ensemble des transformations de la biomasse alimentaire et non alimentaire[6] – mais l'identification d'enzymes capables de découper l'ADN ouvre la voie au génie génétique et laisse immédiatement entrevoir la possibilité d'une nouvelle révolution industrielle fondée sur une grappe d'innovations schumpetériennes, susceptible de transformer des domaines aussi variés que la pharmacie, la médecine, l'extraction minière, la remédiation des sols, la sélection variétale ou les vieilles réactions des biotechnologies traditionnelles. L'OCDE se mobilise alors pour produire une feuille de route à l'horizon 2030, afin de soutenir l'émergence des entrepreneurs schumpetériens, en accompagnant le renforcement des droits de propriété sur le vivant destiné à leur ouvrir le chemin. Le terme « bioéconomie » est alors retenu de préférence à celui de biotechnologies, probablement plus inquiétant et moins attractif.

La récupération du terme « bioéconomie », au sens de l'OCDE, s'opère au tournant des années 2010. Les acteurs de la bioraffinerie s'en emparent d'autant plus volontiers qu'ils disposaient de deux patrimoines productifs pour produire des biocarburants et d'autres produits chimiques. Le premier est celui de la thermochimie qui, comme la pétrochimie, casse à haute température la variabilité des matières premières et est particulièrement adaptée à la production de carburant diesel et de ses dérivés en chimie ; ce qu'illustre le vieux procédé Fischer-Tropsch de 1923 de fabrication de carburants liquides, utilisé pendant la Seconde Guerre mondiale et, plus tard, en Afrique du Sud pour lutter contre l'embargo lié à l'apartheid, un procédé qui a été remis au goût du jour dans une voie dite « Biomass to Liquid ».

Le second patrimoine productif est celui de la biochimie, qui ne fait que reprendre les méthodes traditionnelles de fermentation alcoolique pour produire l'éthanol-carburant et ses dérivés. Les biotechnologies de la « révolution biotech » laissent entrevoir la possibilité, d'une part, de produire directement dans la plante ou les animaux des molécules d'intérêt médical et, d'autre part, des process de production qui abaissent radicalement le coût du craquage de la biomasse et de reformage des briques élémentaires visant la substitution des produits de la pétrochimie.

[4] *Acide désoxyribonucléique contenant l'information génétique.*

[5] *Acide ribonucléique recevant la traduction de cette information et la transmettant aux protéines.*

[6] *Il faut se rappeler que la célèbre Ford T a roulé à l'éthanol (qui n'est jamais que le produit d'une fermentation alcoolique, expliquant que d'autres voitures aient roulé… au whisky !) et que, parmi les premiers diesels, on compte ceux faits à partir d'huile d'arachide. Le pain, le yaourt, la choucroute ou le vinaigre sont des produits de biotechnologies de fermentation, plus sophistiqués qu'ils n'en ont l'air lorsqu'on cherche à en comprendre les réactions en recherche fondamentale.*

Par « bioéconomie », les discours économiques et politiques européens désignent désormais la transformation de la biomasse à des fins non alimentaires (énergie/carburants/chimie/matériaux), quel que soit le procédé, thermochimique ou biochimique, utilisé. Et ce, dans un grand compromis entre les tenants de ces deux patrimoines productifs qui poursuivent le même objectif, à savoir réaliser une « bio »raffinerie viable économiquement qui vienne remplacer la raffinerie de pétrole comme premier maillon de l'industrie de la chimie.

C'est, de fait, ce dont traite l'ouvrage issu du courant STRN, *The Biobased Economy*, dirigé par Langeveld *et al.* [2010]. Dominé par un groupe de chercheurs de l'université de Wageningen (qui joue aux Pays-Bas un rôle rassemblant les fonctions de l'INRA et d'Agroparistech en France), il est alimenté par le travail de trente-six experts, ingénieurs, chimistes ou agronomes de formation, dirigeants d'organisations du domaine, avec des expériences dans le secteur privé (dans des firmes de la chimie et des agro-industries) et ayant tous eu à diriger des projets financés par leur pays d'origine, la Commission européenne ou des agences internationales (Agence internationale de l'énergie, par exemple). Le chapitre 2 de cet ouvrage est dédié à la présentation de la perspective multiniveau chère au STRN et aux conditions de sa mobilisation dans le pilotage des politiques publiques. En l'occurrence, les auteurs assument pleinement la stratégie du *backcasting*. Il est donc tout à fait intéressant de noter que le cœur de la transition qui y est décrite est celui des carburants liquides d'origine fossile vers les carburants biobasés et, secondairement, comme dans la vision du futur américaine, celle des coproduits de cette activité vers la chimie. L'approche intégrée que suppose la théorisation du STRN en termes de co-évolution est donc, dans cet ouvrage de référence du moins, hiérarchisée par cette vision du futur de la transformation technique. Les autres éléments du régime ne sont pas niés et la perspective systémique est bien présente, mais la discussion de leurs transformations est subordonnée aux effets de l'introduction des « innovations biobasées » (*biobased innovations*).

4. L'attention aux voies technologiques minoritaires : un autre paysage de la transition écologique

Il nous semble en revanche nécessaire de nous intéresser aux jeux des acteurs en la matière, et notamment à la présence d'autres conceptions et trajectoires en chimie verte et en bioéconomie. Ces « voies minoritaires » sont en effet révélatrices des stratégies de verrouillage sur des conceptions dominantes. Plusieurs constats nous y incitaient.

Les grands programmes scientifiques, qui donnent lieu à l'exploration de niches d'innovation, reposent sur deux grandes stratégies. La première est la recherche de nouvelles voies en catalyse organique, c'est-à-dire dans l'accélération des réactions chimiques qui avait rendu très efficiente la pétrochimie des années 1960. Autrement dit, la recherche fondamentale et les innovations radicales en catalyse sont mises au service de l'amélioration incrémentale des deux grands patrimoines productifs que nous avions identifiés et des acteurs dominants qui les portaient. La seconde est la valorisation des sous-produits des voies biocarburants pour rendre ces derniers viables économiquement, selon le même principe que celui de la pétrochimie qui a cherché à valoriser toutes les « coupes » réalisées par le craquage catalytique. Ainsi, des programmes de recherche très originaux, comme ceux portant sur le glycérol, que nous avons rencontrés fréquemment dans les congrès de chimie verte, relèvent-ils, de fait, des stratégies économiques de renforcement de schémas dominants.

En raison des besoins de financement des entreprises, la promesse économique des biotechnologies revenait de façon récurrente dans les cycles de communication médiatique de celles-ci. Cette répétition nous a incités à conduire des monographies d'entreprises [Béfort, 2015] et à revisiter les écrits scientifiques relatifs aux verrous technologiques. Le terme de « *biomass recalcitrance* » est utilisé pour les décrire. L'objectif de la technoscience est d'aller chercher les sucres contenus dans la cellulose ou les hémicelluloses pour les transformer dans une bioraffinerie sucrière en éthanol et co-produits. Or, à travers la sélection naturelle réalisée sur plusieurs centaines de milliers d'années, la nature a précisément développé des « résistances » pour empêcher que les organismes vivants ne viennent les lui voler… La voie royale proposée par la « révolution biotech » de porter à elle seule le traitement de la biomasse en bioraffinerie est donc tout sauf évidente, de la même façon que dès les années 2000, les déceptions sur la capacité des biotechnologies à révolutionner le domaine médical conduisent à proposer de revisiter d'autres stratégies de recherche, et d'autres politiques de la recherche [Nightingale, Martin, 2004].

Or l'analyse des travaux d'histoire de la chimie[7] et des interviews de chimistes académiques ou industriels avaient attiré notre attention sur le fait que cette stratégie chimique – que Bensaude-Vincent et Simon [2006] appellent celle de l'*homo faber* pour désigner la volonté de toute-puissance sur la nature –, à savoir fractionner la nature, la purifier en éléments simples pour les reformer ensuite en objets désirables, n'était pas la seule. Il est envisageable de ne pas déstructurer profondément des structures complexes que la nature mettait à notre disposition et de concevoir des voies de *fractionnement limité* de la biomasse et des stratégies de réarrangement limitées de celle-ci afin d'en préserver certaines fonctionnalités.

Cette hypothèse a été confirmée, par des indices convergents sur la présence d'acteurs économiques porteurs d'autres patrimoines productifs que les deux principaux déjà décrits. Les travaux de sociologues du changement technique [Bennett, 2009] ou de membres de communautés technico-scientifiques[8] soulignent les tensions existantes entre les acteurs tournés prioritairement vers les technologies des biocarburants (bioéthanol ou biodiesel) et des acteurs issus des agro-industries et de la chimie de spécialité, qui leur résistent. Pour en comprendre les raisons, il faut à nouveau insister sur le fait que le paradigme de la chimie moderne se présente comme un ensemble de connaissances dédiées au *fractionnement* d'éléments naturels en unités élémentaires, à leur *purification* pour les *recombiner*, à travers une cascade de réactions chimiques, afin de créer des molécules ou structures artificielles complexes présentant des propriétés particulières. Or le dilemme actuel des chimistes du

[7] *Voir notre recension de l'ouvrage de Bensaude-Vincent et Simon [2008] publiée dans la revue* Développement durable et territoires *: https://developpementdurable.revues.org/8216.*

[8] *Voir l'éditorial, véhément pour une revue scientifique, de Verhé [2010].*

végétal et de la chimie verte est soit de poursuivre dans cette perspective fondatrice de la chimie moderne, soit de s'en extraire. Ces chimistes doivent arbitrer entre deux philosophies : d'un côté, la mise au point de voies de *fractionnement* « profond » de la biomasse en éléments simples, typiques du « cracking » de l'industrie pétrolière, conceptuellement bien maîtrisées ou, d'un autre côté, l'exploration de voies d'*extraction* respectueuses de structures fonctionnelles intéressantes de la biomasse ou de principes actifs contenus dans la complexité du vivant (par exemple, en parfumerie) permettant d'aller directement de matériaux complexes à des produits en réduisant le nombre d'étapes de fractionnement et de purification [Gallezot, 2010].

Ceci nous a amenés à repérer deux grands types de patrimoines productifs de conversion de la biomasse minoritaires qui s'inscrivent dans cette seconde perspective.

Le premier se nourrit de la tradition des procédés agro-alimentaires ou de l'oléochimie qui isolent des polymères naturels, pour les modifier de façon limitée, sans les fractionner et purifier. Par exemple, on peut faire une transformation *limitée* des amidons « natifs » pour les « fonctionnaliser », c'est-à-dire leur apporter des fonctions spécifiques intéressant un marché particulier.

Le second s'appuie sur les grands composants de la plante, moyennant un traitement physique ou physico-chimique respectant leur complexité. Les bétons ou les laines d'isolation en chanvre, les composites intégrant des fibres naturelles pour réduire l'usage de la fibre de verre comme matrice des résines dans l'automobile, en sont de bonnes illustrations, ainsi que les produits issus de l'industrie de trituration du tournesol. Des programmes, tels que *Lignostarch,* visent de même à combiner les grands composants de la plante pour obtenir directement des matériaux ayant des caractéristiques particulières.

Au final, on obtient un paysage de la transition, et d'un éventuel nouveau régime sociotechnique très différent, de celui du double « dominant *design* » thermochimique et biochimique dessiné par les opérations de *backcasting*. En effet, d'une part, on a pu constater que les « niches d'innovation » n'émergent pas *ex nihilo* de stratégies schumpetériennes. Elles sont ancrées dans les quatre grands patrimoines productifs collectifs que nous avons pu identifier. D'autre part, au sein de ces grands patrimoines productifs collectifs, les acteurs scientifiques, technologiques et économiques travaillent à coup d'innovations, que d'aucuns peuvent considérer comme radicales (l'introduction de la biologie de synthèse, la catalyse, la photochimie, les liquides ioniques, etc.), à rendre économiquement viables les voies technologiques qu'ils explorent, et plus « verts » leurs produits et process, par l'abaissement des coûts en énergie, la réduction du nombre d'étapes de réaction, et la réduction des déchets sous-produits des réactions.

5. Conclusion

Quels enseignements socio-économiques peut-on tirer de cette étude de cas et de la discussion du courant de pensée du STRN ?

Le premier est que la base matérielle des sociétés compte et qu'elle ne peut être évacuée du débat, ce qui nécessite de pratiquer, à un haut niveau d'exigence, une interdisciplinarité entre socio-économistes et technologues, scientifiques et acteurs économiques. Pour autant, il est illusoire d'attendre de ces scientifiques, technologues et acteurs économiques, qui sont eux-mêmes insérés dans des communautés socio-économiques différentes, voire concurrentes, qu'ils nous disent quelles sont les transformations structurelles que le socio-économiste peut placer en variables exogènes. Notre deuxième enseignement est qu'il existe une autre manière de s'interroger sur le rôle de la technique en matière de développement durable que celle opposant les tenants de la « soutenabilité faible » qui pensent qu'on trouvera *une* solution technique à chaque problème d'environnement, aux partisans de la « soutenabilité forte » qui en doutent fortement. Dans certains cas, c'est plutôt la surabondance de solutions et la diversité intrinsèque des innovations qualifiées d'environnementales qui posent problème à l'action collective. De ce point de vue, comme on a pu le montrer, la mobilisation de la méthode du STRN par des acteurs du changement ne protège pas du risque d'entériner des visions dominantes, lorsqu'ils attendent d'une exploration dans des niches – réputées pures de toute influence sociale puisqu'elles apportent l'innovation salvatrice – l'adoption d'un *dominant design* ou, à l'inverse, lorsqu'ils acceptent ce dernier comme socle d'opérations de *backcasting*. Le troisième enseignement de notre étude de cas est qu'il faut prêter attention au rôle de ces fictions que sont les « visions du futur » portées par des acteurs pour structurer des pragmatiques d'action dans des mondes incertains : ceci constitue aujourd'hui un front de recherche qui n'est pas réservé à notre objet [Beckert, 2013 ; Boyer 2013], car ces visions du futur ne sont pas neutres. Elles participent d'arènes de développement où s'affrontent des conceptions différentes qu'il convient de décrypter ; elles s'enracinent dans des patrimoines productifs collectifs et visent à leur reproduction. C'est pourquoi la description de trajectoires technologiques ne peut être réduite à un état de l'art des technologies et doit nécessairement rendre compte de leur construction sociale. En identifiant quatre grandes voies d'innovations technologiques dans le domaine de la « chimie doublement verte », on a pu constater qu'elles mettaient en difficulté la frontière entre innovation radicale et incrémentale. Certaines sont conçues pour que se maintienne la division de la production entre chimie de base et chimie de spécialité, afin de rendre soutenable, pour des raffineries portuaires (Gand, Rotterdam ou Singapour), le choc de la transition vers le carbone renouvelable, en s'appuyant sur une ressource agricole livrée aux cours mondiaux, et ce afin de répondre à la demande de « *greenwashing* » de grands clients de l'aval. Le mimétisme avec la pétrochimie pourrait alors se traduire, selon la célèbre formule du *Guépard* de Lampedusa, par la logique de « tout changer pour que rien ne change ».

Enfin, il est important de pointer que les dynamiques agro-industrielles en cours, qui visent à fournir de nouveaux débouchés par et pour la biomasse, éloignent à la fois de la baisse espérée de la pression sur les milieux et du concept de société « décarbonée » souvent mis en avant pour traduire la transition écologique. La recherche d'alternatives au carbone fossile conduit au contraire à porter l'attention sur une économie du « carbone bio », qui s'inscrit dans une problématique d'intensification, en « faisant plus » avec la même quantité de terres exploitées, à qui il est demandé de nourrir plus d'hommes dans des conditions agro-écologiques acceptables, mais aussi de leur fournir plus d'énergie, de carburants et de produits chimiques. Or cette « double intensification », que l'on peut inscrire dans une perspective de

« soutenabilité faible », est loin d'être acquise techniquement. En d'autres termes, la transition vers l'usage des ressources renouvelables est bien porteuse d'une menace, puisqu'elle pourrait revenir à « produire plus avec… plus », et non pas « avec moins », comme le recommandait le rapport Brundtland quand celui-ci tentait de décrire ce que devait être le développement durable.

Bibliographie

Anastas P. T., Warner J. C. (1998), *Green Chemistry, Theory and Practice*, Oxford University Press, Oxford.

Béfort N., Nieddu M. (2015), « Des logiques produits dans les régulations émergentes du secteur de la chimie doublement vertes : le cas des formaldéhydes », colloque « la théorie de la régulation à l'épreuve des crises », 10, 12 juin 2015, Paris.

Beckert J. (2013), « Imagined futures: fictional expectations in the economy », *Theory and Society*, 42, p. 219-240.

Bennett S. J. (2009), « The socio-technical Dynamics of Chemical feedstock transitions: the case of renewable raw materials in the UK », thesis of Imperial College, London.

Bensaude-Vincent B., Simon J. (2008), *Chemistry, the impure science*, Imperial College Press, London.

Berland N., Loison M.-C. (2008), « Fabricating management practices: "Responsible Care" and corporate social responsibility », *Society and Business Review*, 3, 1, p. 41-56.

Boyer R. (2013), « Les crises financières comme conflit de temporalités », *Vingtième siècle. Revue d'histoire*, n° 117/1, p. 69-88.

Bozell J. J., Petersen G. R. (2010), « Technology development for the production of biobased products from biorefinery carbohydrates – the US Department of Energy's « Top 10 » revisited », *Green Chemistry*, 12, p. 539-554.

Dumez H., Jeunemaître A. (2005), « La démarche narrative en économie », *Revue économique*, n° 4, p. 983-1005.

European Commission (2012), Innovating for sustainable growth: A bioeconomy for Europe, European Commission, Brussels, http://ec.europa.eu/research/bioeconomy/pdf/201202_commision_staff_working.pdf.

Finlay M. R. (2004), « Old efforts as new uses: A brief history of Chemurgy and the American search for biobased materials », *Journal of Industrial Ecology*, vol. 7, n° 3-4, p. 33-46.

Gallezot P. [2012], « Critical Review: Conversion of biomass to selected chemical products », *Chemical Society Reviews*, 41, p. 1538-1558.

Garnier E. (2012), « Une approche socio-économique de l'orientation des projets de recherche en chimie doublement verte », thèse de l'université de Reims Champagne-Ardenne.

Geels F. W. (2002), « Technological transitions as evolutionary reconfiguration processes: A multi-level perspective and a case-study », *Research Policy*, vol. 31, n° 8-9, p. 1257-1274.

Geels F. W. *et al.* (2015), « A critical appraisal of sustainable consumption and production research: The reformist, revolutionary and reconfiguration positions », *Global Environmental Change*, 34, p. 1-12.

Grin J. (2006), « Reflexive governance for sustainable development », in J.-P. Voss, D. Bauknecht, R. Kemp, *Reflexive Governance for Sustainable Development*, Edward Elgar, Cheltenham, Northampton, p. 68-95.

Grin J. *et al.* (2010), *Transitions to sustainable development*, Routledge, New York.

Jessop B. (1993), « Towards a Schumpeterian Workfare State? Preliminary remarks on post-Fordist political economy », *Studies in Political Economy*, 40, p. 7-39.

Joly P.-B. (2010), « On the Economics of Techno-scientific Promises », in M. Akrich *et al.* (dir.), *Débordements : mélanges offerts à Michel Callon*, Presses des Mines, Paris, p. 203-222.

Jørgensen U. (2012), « Mapping and navigating transitions. The multi-level perspective compared to arenas of development », *Research Policy*, 41, n° 6, p. 996-1010.

Langeveld H. *et al.* (2010), *The biobased Economy, biofuels, material and chemicals in the post-oil Era*, Earthscan, London.

Nieddu M. *et al.* (2010), « L'émergence d'une chimie doublement verte », *Revue d'économie industrielle*, n° 4, p. 53-84.

Nieddu M. *et al.* (2014), « Existe-t-il réellement un nouveau paradigme de la chimie verte ? », *Natures Sciences Sociétés*, vol. 22, n° 2, p. 103-113.

Nightingale P., Martin P. (2004), « The myth of the biotech revolution », *Trends Biotechnol*, 22(11), p. 564-569.

Octave S., Thomas D. (2009), « Biorefinery: Toward an industrial metabolism », *Biochimie*, 91, p. 659-664.

Quist J. *et al.* (2011), « The impact and spin-off of participatory backcasting: From vision to niches », *Technological Forcasting and Social Change*, n° 5, p. 883-897.

Schot J., Geels F.W. (2008), « Strategic niche management and sustainable innovation journeys: theory, findings, research agenda, and policy », *Technology Analysis & Strategic Management*, 2008, p. 537-554.

Star-Colibri (2011), *European Biorefinery Joint Strategic Research Roadmap* (en ligne : http://www.star-colibri.eu/files/files/roadmap-web.pdf).

Verhé R. (2010), « Editorial. Dilemma: Petrochemistry and oleochemistry as resources for fuel and oleochemicals », *European Journal of Lipid Science and Technology*, 112 (4), p. 427.

Produire et vendre du saumon transgénique. Délimitations et démarcations d'une marchandise

Sandrine BARREY
CERTOP – Maison de la Recherche
barrey@univ-tlse2.fr

La *Food and Drug Administration* américaine est sur le point de remettre son avis sur la commercialisation de l'*AquAdvantage Salmon*, un saumon transgénique destiné à la consommation humaine. La création, en cours, de ce marché pose la question des opérations nécessaires pour définir une nouvelle entité bio-légale et pour assurer sa viabilité sur les marchés. Nous éprouvons ici le cadre conceptuel conçu par Javier Lezaun pour analyser la fabrique d'un nouvel objet de gouvernance, en étendant toutefois son usage à la fabrique d'un marché. Cet article explore ainsi les actes de délimitation et de démarcation de l'entité « saumon transgénique » nécessaires à son inscription dans l'architecture juridique américaine, mais aussi les opérations de démarcation issues d'une tension grandissante entre les promoteurs de ce projet et la société civile, toutes nécessaires à sa potentielle commercialisation sur les marchés américains.

Producing and Selling Transgenic Salmon. Delimitations and Demarcations of a Commodity

The Food and Drug Administration is about to give its opinion about the commercialization of AquAdvantage Salmon, a transgenic salmon for human consumption. The creation, in progress, of this market raises the question of operations necessary to define a new bio-legal entity and to ensure its viability in the marketplace. We experience here the conceptual framework designed by Javier Lezaun to analyze the factory of a new object of governance, extending however its use to the manufacture of a market. This article explores the acts of delimitation and demarcation of the entity "transgenic salmon" necessary for its entry into the American legal architecture, but also the demarcation operations resulting from a growing tension between promoters of this project and civil society, all requiered for its potential commercialization in the US markets.

DOI: 10.3917/rfse.hs1.0155

Mots clés : saumon génétiquement modifié, marchandisation, qualifications juridiques, limitations et démarcations, gouvernance

Keywords: transgenic salmon, commodification, legal qualifications, limitations and demarcations, regulation

1. Introduction. Étudier un marché *virtuel*

L'entreprise américano-canadienne *Aquabounty* a mis au point un saumon génétiquement modifié (GM) destiné à l'alimentation humaine[1]. Selon les données fournies par l'entreprise à la *Food and Drug Administration* (FDA), l'*AquAdvantage Salmon* est un saumon atlantique qui a reçu un transgène composé d'un promoteur d'une protéine antigel de l'Ocean Pout (une anguille de roche américaine) et du gène de l'hormone de croissance du saumon Chinook (saumon du pacifique). Par une meilleure résistance au froid et une croissance améliorée, ce saumon GM grossit toute l'année (et pas seulement au printemps comme sa version sauvage) ; il atteint son poids commercial au bout de dix-huit mois (contre trois ans normalement dans les élevages et quatre dans la nature)[2]. La compagnie américano-canadienne attend depuis vingt ans l'autorisation de commercialiser son produit aux États-Unis. La FDA en a reconnu fin 2012 l'innocuité sanitaire pour la consommation humaine et a publié en décembre 2013 sur son site internet[3] le rapport d'évaluation environnementale concluant à une présomption d'absence de risques dans les conditions d'élevage prévues. La consultation publique réglementaire de ce rapport a eu lieu entre janvier et avril 2014, et constitue la dernière étape avant l'ultime décision de la FDA, non prise à ce jour. Si celle-ci donnait son feu vert, ce saumon serait le premier animal génétiquement modifié destiné à la consommation humaine.

Pour qualifier ce marché de l'*AquAdvantage Salmon*, nous parlerons donc d'un marché *virtuel*, en inscrivant d'emblée cette notion dans son acception scolastique à laquelle se réfèrent Gilles Deleuze [1968] et Pierre Lévy [1995]. Cette acception offre en effet un double avantage heuristique. Le premier est de sortir de l'opposition entre virtuel et réel : « Dans la philosophie scolastique, est virtuel ce qui existe en puissance et non en acte. Le virtuel tend à s'actualiser, sans être passé cependant à la

[1] *Je remercie les deux lecteurs anonymes qui m'ont conduite à amender significativement une première version de ce texte.*

[2] *La recherche sur laquelle est basé cet article a débuté dans le cadre du programme ANR OGM – DOGMATIS (2007-2010). Coordonné par Muriel Mambrini, biologiste à l'INRA, ce programme interdisciplinaire s'est saisi de l'objet des poissons transgéniques en amont d'une éventuelle controverse en Europe et selon une approche qui se voulait différente de celles employées pour les OGM végétaux. Deux objectifs principaux ont guidé ce réseau de chercheurs : élaborer une stratégie pluraliste pour instruire cette question et permettre un enrichissement du débat public. Pour plus d'informations sur ce programme, cf. Coutellec [2011]. Cet article repose sur des données de seconde main : une revue de presse mondiale (spécialisée et généraliste) ; les communiqués publics et les rapports des ONG ; les réglementations ou projets de réglementation ; les rapports élaborés par les experts à la demande des pouvoirs publics nationaux ou supranationaux ; et enfin les articles scientifiques publiés notamment dans des revues de biologie, de droit et de sciences politiques. Ce recueil a été guidé par la volonté de ne saisir que les documents ou les prises de position publiques qui préfigurent la création, en cours, de ce marché : ceux qui ont « compté », au sens où ils ont été repris et explicitement cités par les acteurs au fil de la controverse, et qui constituent des points d'appui à leurs argumentaires.*

[3] *http://www.fda.gov/downloads/AnimalVeterinary/DevelopmentApprovalProcess/GeneticEngineering/GeneticallyEngineeredAnimals/UCM333102.pdf (consulté le 27 janvier 2015).*

concrétisation effective ou formelle. […] En toute rigueur philosophique, le virtuel ne s'oppose pas au réel mais à l'actuel : virtualité et actualité sont seulement deux manières d'être différentes » [Lévy, 1995, p. 18]. Pour Gilles Deleuze également, « le virtuel possède une pleine réalité, en tant que virtuel » [Deleuze, 1968, p. 269]. Le marché envisagé ici est bien un marché *potentiel, en puissance, susceptible d'actualisation*, dont il s'agit d'étudier le processus, en cours, de création. Mais, plus encore, la notion permet de souligner l'indétermination de la configuration marchande à venir. Gilles Deleuze introduit en effet une distinction importante entre possible et virtuel : tandis que le possible est déjà tout constitué et n'engage aucune différenciation dans sa détermination (il n'est que *réalisation* prévisible), « l'actualisation du virtuel se fait toujours par différence, divergence ou différenciation. […] L'actualisation, la différenciation, en ce sens est toujours une véritable création » [*ibid.*, p. 273].

Cette indétermination, *constitutive de l'action économique* [Callon, 1999 ; Rabeharisoa *et al.*, 2000 ; Stanziani, 2005], est d'autant plus forte ici que le potentiel produit *AquAdvantage Salmon* est soumis à de fortes incertitudes quant à ses effets sur la santé humaine et sur l'environnement. Plus encore, la marchandisation d'êtres vivants pose le problème, ancien, de l'instauration d'entités nouvelles, notamment juridiques. Cette question est traitée de manière renouvelée dans plusieurs travaux historiques, anthropologiques et juridiques qui partagent tous un intérêt croissant pour les frontières du droit avec la société ; ils insistent sur la nécessité de sortir de l'opposition entre, d'un côté, une approche « externaliste » du droit, qui voit les codifications juridiques comme de simples révélateurs de structures naturelles ou des contextes sociaux, de l'autre, une approche « internaliste », qui étudie les réglementations au prisme de leurs caractères formels[4]. Ce problème de la qualification juridique d'entités nouvelles prend de l'ampleur avec les demandes de plus en plus nombreuses de mise sur le marché d'êtres vivants GM, puisque chacune d'entre elles nécessite un équilibrage assez paradoxal et délicat, que souligne très bien Michel Callon ici : « La valeur (marchande) de ces entités tient à leur faculté d'agir et de réagir, alors que leur marchandisation n'est possible que si ces qualités sont d'une certaine manière entravées, domestiquées, rendues prédictibles, et si les débordements inhérents à la vie sont rendus improbables » [Callon, 2013, p. 350]. Aussi, il nous paraît nécessaire d'inclure dans la boucle de l'observation l'ensemble des procédures et des agences dont la mission est de mettre ces produits « sous contrôle », de tenter d'empêcher tout débordement intempestif.

Ce sont ces qualifications multiples et nécessaires à la marchandisation du saumon transgénique que nous souhaitons analyser ici, dans la tradition pragmatiste du droit exposée brièvement ci-dessus. Dans la lignée de celle-ci, l'appareillage conceptuel construit par Javier Lezaun dans un article consacré à la gouvernance des OGM en Europe [Lezaun, 2006] nous a semblé particulièrement intéressant à éprouver. L'auteur

[4] *Nous renvoyons notamment le lecteur aux travaux de Marie-Angèle Hermitte sur le droit du vivant, où la juriste appréhende les êtres vivants instaurés par le droit (embryons, personnes morales, personnes juridiques, OGM…) comme des « êtres en relation », « négociés », et perpétuellement redéfinis par les relations dans lesquelles ils se trouvent pris [Hermitte, 2013] ; ou encore à ceux de l'historien spécialiste du droit romain, Yan Thomas, qui montre comment les juristes romains ont destitué la nature de son fondement universel du droit en instituant la cité. L'auteur souligne notamment le paradoxe du double régime de propriété de la nature dans le droit naturel : tout ce qui est considéré comme des choses communes indivisibles (la mer, les abeilles) est aussi appropriable dès la première prise. La nature préfigure ainsi les institutions, tout en étant définie par elles [Thomas* et al.*, 2011, chapitre 1]. Nous renvoyons également le lecteur à un numéro récent de la revue* Tracés *qui témoigne de la place grandissante du droit dans les sciences sociales [Calafat* et al.*, 2014].*

y traite en effet de la gouvernance européenne des OGM, et plus particulièrement en 2003, au moment où l'Europe poursuit ses efforts réglementaires pour différencier les OGM des organismes conventionnels, et propose un projet de réglementation sur leur traçabilité et leur étiquetage. Javier Lezaun considère que la gouvernance des OGM ne renvoie pas seulement au problème de leur « mise sous contrôle », mais que les codifications juridiques sont des *êtres en relation*, mouvantes au fil de chaque nouvelle pierre apportée à l'architecture juridique. En puisant dans le champ des *Sciences studies*, et plus particulièrement des *Sciences Technology and Society* (STS), il avance aussi que les régulations des biotechnologies sont *performatives*, car elles portent en elles des *projets ontologiques distincts*. Javier Lezaun veut signifier ici que chaque réglementation sur les OGM inscrit dans le monde de nouvelles distinctions entre entités naturelles et entités artificielles. Mais la contribution plus singulière de l'auteur réside selon nous dans l'analyse de la dialectique entre l'énonciation d'un nouvel objet dans un texte réglementaire d'une part, et les instruments et procédures administratives et technoscientifiques qui lui donnent son assise matérielle et sa viabilité d'autre part. Pour analyser ces formes d'actions gouvernementales, Javier Lezaun différencie deux sortes d'activité : les opérations de délimitation (*delimitation*) et celles de démarcation (*demarcation*) : « *Delimitation refers to the capacity of the letter of the law to pronounce and articulate a regulatory object, while demarcation describes the administrative practices and technical instruments throught which such an objet is made bureaucratically unambiguousand and analytically distinct*[5] » [Lezaun, 2006, p. 504]. Un des principaux résultats auxquels aboutit l'auteur peut être formulé ainsi : l'énonciation de la nouvelle entité légale[6] ne précède pas l'établissement de ces deux types d'opérations gouvernementales, mais émerge de leurs interactions. Pour le dire autrement, les actes de délimitation et ceux de démarcation sont inextricablement noués dans la gouvernance des biotechnologies et inscrivent ensemble, un nouvel objet bio-légal au catalogue existant.

Ces notions peuvent être éprouvées au regard du cas du saumon transgénique, en procédant toutefois à une extension de leur usage pour appréhender non seulement la gouvernance des OGM, mais plus largement la création en cours d'un marché dont les opérations de gouvernance sont constitutives. Les qualifications juridiques sont en effet importantes à considérer, car le fondement éthique des discours juridiques particulièrement visible dans les *cas difficiles*[7] ou dans celui des *marchandises contestées*[8] [Steiner, Trespeuch, 2015] porte en lui des « projets ontologiques » distincts.

[5] *« Les opérations de délimitation se réfèrent à la capacité d'un texte de loi à énoncer et à exprimer clairement et facilement un objet de réglementation, tandis que les opérations de démarcation décrivent les pratiques administratives et les instruments techniques à travers lesquels un tel objet devient bureaucratiquement sans ambiguïté et analytiquement distinct. »*

[6] *Il s'intéresse en particulier à une curiosité du projet de loi sur la traçabilité et l'étiquetage des OGM de 2003 qui énonce une nouvelle entité biologique –* l'événement de transformation *– sans toutefois donner de définition à celle-ci. L'article montre alors très finement toute la fabrique légale, matérielle et bureaucratique nécessaire pour donner une consistance à cette entité, tant dans le texte de loi final de 2004 où elle se trouve finalement définie, que dans les pratiques des professionnels chargés de l'évaluation, de la détection et de la traçabilité des OGM.*

[7] *Dimitrios Tsarapatsanis [Tsarapatsanis, 2010], qui étudie les discours juridiques sur la vie humaine anténatale, définit les cas difficiles comme « les cas à propos desquels il existe un désaccord plus ou moins profond au sein d'une communauté juridique donnée à propos des décisions juridictionnelles, qui porte sur la signification de certains énoncés »* (ibid. *p. 9).*

[8] *Dans l'introduction à cet ouvrage collectif, Philippe Steiner et Marie Trespeuch parlent de marchandises contestées pour désigner les produits ou les services dont la commercialisation soulève des controverses morales, car « elles touchent à l'intimité des personnes, à leur intégrité, à la santé publique ou au maintien de l'ordre public ».*

Ainsi, nous restituerons dans une première partie le processus d'inscription du saumon transgénique dans l'architecture réglementaire américaine. Nous faisons l'hypothèse que la nouvelle réglementation américaine n'est pas un simple affinement de la réglementation existante par une spécification de l'objet nouveau à laquelle elle s'applique, mais qu'elle instaure un véritable changement dans la gouvernance américaine des biotechnologies. Dans une seconde partie, nous nous attacherons à montrer que ces opérations de gouvernance sont en prise, dans le cas de ce dossier, avec des contestations croissantes quant à la potentielle mise en marché du saumon transgénique, issues de tout bord (de la recherche, de la distribution, de la production, des ONG consuméristes et environnementalistes, et de certains États). Celles-ci conduisent les acteurs de la gouvernance et les promoteurs de ce marché à de nouveaux actes de démarcation, cette fois-ci non plus seulement pour rendre viable la nouvelle entité bio-légale, mais pour assurer les conditions concrètes de sa commercialisation sur les marchés américains. En conclusion, nous tenterons de tirer les enseignements conceptuels, mais aussi économiques et politiques, de l'usage étendu des notions de délimitation et de démarcation.

2. *Délimiter* et *démarquer* l'entité juridique à encadrer

Aux États-Unis, et contrairement à la gouvernance européenne, les OGM ne constituent pas une catégorie juridique spécifique et sont régulés comme tout nouveau produit conventionnel (*nouvel aliment* ou *nouveau traitement* destiné à l'homme ou à l'animal selon les cas), et ce au regard du principe maintenant bien connu d'équivalence en substance. Dans ce cadre, le cas du saumon transgénique a toutefois éveillé notre curiosité : bien que celui-ci soit destiné à la consommation humaine, les acteurs de la gouvernance américaine ont décidé de réguler les « animaux génétiquement modifiés » non pas sous le régime spécifique des « nouveaux aliments », mais sous celui des « nouveaux traitements appliqués aux animaux » (*New Animal Drug*). Par quels processus ce nouvel être vivant a-t-il été ainsi redéfini et quels en sont les effets sur ses modalités d'évaluation et la création en cours de son marché ? L'architecture réglementaire qui encadre actuellement la commercialisation des animaux génétiquement modifiés aux États-Unis étant largement tributaire des premières réglementations sur les cultures céréalières transgéniques [Bennett Homer, 2011], il convient d'abord d'en rappeler l'émergence.

2.1. Les produits issus des biotechnologies : un ensemble de nouveaux produits non spécifiques

Lorsque l'industrie biotechnologique a émergé dans les années 1980, l'application des statuts existants pour les nouvelles technologies a engendré une controverse [9] jetant un soupçon sur les agences fédérales de régulation accusées d'outrepasser les responsabilités qui leur étaient alors attribuées. En décidant de son approche réglementaire

[9] *Jean-Paul Gaudillères et Pierre-Benoît Joly [2006] précisent que les controverses durant cette période étaient cloisonnées au sein d'un cercle d'experts, à l'exception de son ouverture dans l'espace public lors de la dissémination dans l'environnement de bactéries génétiquement modifiées au milieu des années 1980, qui a été dénoncée par des associations environnementalistes et par Jeremy Rifkin.*

pour les organismes génétiquement modifiés (OGM), le gouvernement fédéral américain se trouvait confronté à deux questions. La première était de savoir si le gouvernement disposait déjà de pouvoirs suffisants pour réglementer la biotechnologie en tant qu'innovation technique agricole. Si celle-ci était nouvelle et singulière, alors elle nécessiterait un nouveau cadre réglementaire ou une nouvelle procédure d'évaluation et de décision. La seconde question était de savoir si les règlements devraient régir le processus de production des organismes génétiquement modifiés plutôt que les produits de la biotechnologie. Bien que cette question n'ait suscité que peu d'intérêt au Congrès, les organisations en charge de traiter ces problèmes ont été divisées en deux camps [Lynch, Vogel, 2001]. D'un côté, la Maison-Blanche à travers son *Office of Science and Technology Policy* (OSTP, le *Bureau de la politique scientifique et technologique*) ; l'*US Department of Agriculture* (USDA) et la *Food and Drug Administration* (FDA) : Lynch et Vogel rappellent à juste titre que l'OSTP et l'USDA étaient convaincus que les biotechnologies allaient être à l'origine de nouveaux produits, à la fois utiles pour la société et pouvant ouvrir d'importantes perspectives de croissance. En conséquence, ils ne souhaitaient pas réglementer de manière spécifique les produits issus des biotechnologies. D'un autre côté, et face à ce premier camp, l'*Environmental Protection Agency* (EPA) n'appelait pas à une nouvelle législation, mais insistait sur la nécessité de développer de nouvelles procédures d'évaluation des risques des OGM. Cette agence se situait donc dans une approche portant davantage sur le processus de production que sur le produit issu des biotechnologies. Comme le soulignent Jean-Paul Gaudillères et Pierre-Benoît Joly dans leur article consacré à l'analyse comparée de la régulation des biotechnologies en Europe et aux États-Unis [Gaudillières, Joly, 2006], le gouvernement Reagan, pour clore la controverse naissante, a suggéré dès 1984 de placer les biotechnologies sous la responsabilité du ministère des Affaires économiques plutôt que sous celle de l'EPA, et a promulgué en ce sens en 1986 le *Coordinated Framework for Regulation of Biotechnology*. La réponse ainsi faite porte en elle un projet ontologique conséquent : l'absence de qualification juridique spécifique pour les produits GM a reposé sur l'hypothèse qu'il n'y avait rien de spécialement nouveau dans le fait d'employer des semences génétiquement modifiées pour produire, par exemple, un maïs plus résistant aux maladies, puisque le produit final était essentiellement identique à celui développé à partir de graines classiques. Les OGM forment donc un *ensemble de produits non spécifiques qu'il convient de réguler avec les outils réglementaires conventionnels.*

Ces opérations de *limitation* ne font pas qu'instaurer les OGM sous un mode d'existence spécifique, en définissant une frontière entre le produit et le processus : elles instaurent aussi un partage des responsabilités singulier ; le cadre coordonné régulant les biotechnologies vient distribuer les responsabilités sur la base des mandats préexistants de l'USDA, de l'EPA et de la FDA[10]. C'est encore aujourd'hui la FDA et l'USDA qui sont chargées d'assurer la sécurité de tous les produits commercialisés aux États-Unis, en exerçant leurs compétences sous le *Federal Food, Drug and Cosmetic Act* (FDCA) instauré en 1938.

[10] Les mandats classiques de ces trois agences sont : pour l'USDA, la supervision des produits GM qui pourraient présenter des effets indésirables sur l'agriculture ; pour l'EPA, l'évaluation des risques environnementaux posés par les végétaux génétiquement modifiés qui contiennent des pesticides ; et pour la FDA, l'évaluation de la sécurité alimentaire de tous les produits GM destinés à la consommation humaine.

Ce décalage temporel entre l'avènement d'une nouvelle entité à encadrer et un cadre réglementaire ancien a conduit les agences en charge de leur évaluation à un véritable travail d'interprétation bureaucratique, ce que Javier Lezaun appelle le *nominalisme bureaucratique* [Lezaun, 2006, p. 522] : il s'agit des pratiques de dénomination des entités par les agences d'évaluation des risques, qui ont pour objectif de permettre aux acteurs concernés de se référer à la même chose. Javier Lezaun les considère comme des *infrastructures de référentialité*, notion qu'il reprend à Bruno Latour pour souligner que ces dénominations ou idées ne deviennent vraies que lorsqu'elles sont incarnées dans les pratiques de l'évaluation, de la détection et de la traçabilité des OGM. Ces pratiques de dénomination sont lisibles dans les textes réglementaires produits par la FDA. En effet les sections 402 et 409 du FDCA autorisent la FDA à réguler les « aliments falsifiés » et les « produits additifs ». Cependant, les producteurs n'ont pas besoin, dans ce cas précis, de l'approbation de la FDA si l'additif en question est généralement reconnu sain par les experts, puisque c'est à eux d'apporter la preuve de l'innocuité de celui-ci. Aussi en 1992, afin de clarifier ses missions sous l'autorité du FDCA et de fournir un guide pour l'industrie biotechnologique, la FDA a élaboré un règlement [11] selon lequel elle reconnaîtrait généralement comme « sains » (principe GRAS : « *generally recognized as safe* ») les aliments issus des cultures transgéniques et non assujetties à la régulation des additifs alimentaires du FDCA : la FDA a considéré en effet que la seule substance ajoutée aux plantes transgéniques était des acides nucléides, non seulement sains, mais nécessaires à l'existence humaine. Ce mode de gouvernance des plantes génétiquement modifiées placé sous l'égide du FDCA introduit donc une double *limitation*, cette fois-ci non plus entre le produit et le processus, mais entre ingrédient ajouté et produit, ainsi qu'entre nouveaux aliments conventionnels modifiés par additifs et aliments issus des biotechnologies. Ceux-ci, contrairement aux premiers, sont présumés sains et ne nécessitent donc pas la preuve de leur innocuité par les producteurs [Bennett Homer, 2011, p. 103].

Voyons maintenant comment la première demande d'autorisation de commercialisation d'un animal génétiquement modifié est venue transformer ces états d'être des OGM, et de manière conjointe celui de la potentielle marchandise saumon transgénique.

2.2. Les animaux génétiquement modifiés destinés à la consommation humaine : un « nouveau traitement appliqué à l'animal » (« New Animal Drug »)

S'il n'existe pas aujourd'hui de marchés légaux d'animaux génétiquement modifiés destinés à la consommation, deux animaux génétiquement modifiés ont cependant déjà été approuvés par la FDA. Le premier est le poisson « GloFish™ », un poisson-zèbre fluorescent destiné aux aquariums, au départ créé en 1999 par un biologiste de Singapour pour détecter les toxines à l'origine de la pollution des eaux. Comme il ne s'agit pas d'un produit pour la consommation humaine, la FDA n'a pas jugé nécessaire de réguler son commerce. Quant à sa production, estimée en lieu hautement confiné, elle n'a pas fait l'objet de régulation spécifique. Ce poisson d'ornement est

[11] *« Statement of Policy: Food Derived From New Plant Varieties », FDA, 29 mai 1992.*

disponible à l'achat dans les animaleries aux États-Unis ou sur Internet depuis 2003 [Muir, 2004]. Le second est une chèvre utilisée pour produire du lait contenant une protéine humaine, l'antithrombine, permettant de soigner les personnes souffrant de caillots sanguins. Mis à part l'*AquAdvatange Salmon*, un seul autre animal génétiquement modifié destiné à l'élevage fait en ce moment l'objet d'une demande de commercialisation au Canada (depuis 2007) et aux États-Unis (depuis 2009) : il s'agit d'un porc transgénique qui digère mieux les phosphores présents dans son alimentation, polluant ainsi moins les rivières du Québec. Il est appelé *Enviropig*, car il serait « Eco-Friendly » [Boyle, 2012] . De nombreux autres projets d'animaux GM destinés à l'alimentation sont en cours, et n'attendent que l'ouverture de la fenêtre d'opportunité que constituerait l'approbation par la FDA du saumon transgénique pour tenter d'entrer à leur tour sur le marché. Au regard des controverses que suscite ce thème, mais aussi des nouveaux marchés qui pourraient s'ouvrir, la FDA a décidé de réglementer sous un régime spécifique les « animaux génétiquement modifiés », contrairement à ce qui s'était passé pour les OGM végétaux. La gouvernance par la FDA des animaux génétiquement modifiés s'exerce, comme pour les plantes GM, dans le *Coordinated Framework of Regulation for Biotechnology* et sous le FDCA qu'elle doit à nouveau interpréter.

Dans l'architecture juridique américaine, la FDA n'est pas seulement chargée d'assurer la sécurité alimentaire (au sens de l'innocuité sanitaire), c'est aussi la première agence fédérale responsable de la sécurité des nouveaux produits pharmaceutiques. Cette responsabilité couvre tout autant les médicaments destinés aux soins des humains, que les médicaments destinés aux animaux. Ces derniers sont définis dans FDCA comme « tout médicament destiné à l'usage des humains ou des animaux, incluant les médicaments destinés à l'alimentation animale ». L'acte va plus loin en définissant l'entité médicament : « Tout produit (autre qu'alimentaire) destiné à affecter la structure ou toute fonction du corps humain ou celui de l'animal » [*ibid.*, souligné par nous].

Pour clarifier son rôle et fournir des recommandations et des obligations légales aux futurs demandeurs, l'agence a élaboré un « guide pour l'industrie » en 2009[12] qui donne à voir à la fois le *travail d'interprétation* opéré par la FDA de cet acte, et les qualifications de l'entité « animal génétiquement modifié ». Comme une construction ADN recombinée ne constitue pas en soi un aliment, et est destinée à « affecter la structure ou la fonction » d'un animal génétiquement modifié, la FDA a jugé, cette fois-ci, que les gènes ajoutés aux animaux étaient équivalents à n'importe quel autre médicament animal. Le mode d'existence du saumon transgénique comme « nouveau traitement appliqué à l'animal » est donc obtenu par des associations avec d'autres médicaments vétérinaires. Il advient également par une dissociation d'avec ce qu'il n'est pas : un aliment GM et une forme de vie.

Ensuite, comme l'objectif premier de la FDA, sous l'autorité du FDCA, est de protéger les consommateurs des risques sanitaires liés à la consommation de médicaments et d'aliments, l'agence a interprété son rôle comme relevant de l'évaluation de la

[12] *« Guidance for Industry: Regulation of Genetically Engineered Animals Containing Heritable Recombinant DNA constructs », FDA, 15 janvier 2009.*

façon dont ces « nouveaux traitements appliqués aux animaux » pouvaient affecter la santé humaine. Cette démarcation interprétative n'est pas sans conséquence : dans le FDCA, l'innocuité d'un nouveau traitement appliqué à l'animal est délimitée seulement « en référence à la santé humaine ou animale [13] ». La FDA a traduit cette délimitation dans son guide pour l'industrie comme couvrant les « effets environnementaux qui affectent directement ou indirectement la santé des hommes et des animaux », excluant ainsi l'évaluation des risques environnementaux plus globaux [Bennett Homer, 2011]. Cette opération interprétative de démarcation instaure aussi un nouveau partage des responsabilités, puisque les « nouveaux traitements appliqués aux animaux » sont évalués et approuvés (ou rejetés) par le comité de médecine vétérinaire de la FDA (CVM) et non par le comité pour la sécurité sanitaire des aliments (CFSAN) chargé traditionnellement de l'évaluation sanitaire des nouveaux aliments.

Bien que ces régulations administratives et juridiques préfigurent l'émergence d'un régime marchand, elles ne constituent pas l'ensemble des conditions nécessaires à l'instauration du marché de l'*AquAdvantage Salmon*. Celle-ci ne peut être saisie qu'en lien avec les controverses qui accompagnent depuis vingt ans la demande d'autorisation de sa mise sur le marché. Dans la partie qui suit, nous montrons comment ces contestations ont contraint la FDA, les pouvoirs publics et l'entreprise *AquAdvantage Technologies* à mettre en place de nouvelles démarcations, d'abord de la production, puis de la commercialisation, conditions *sine qua non* de l'instauration d'un marché très contesté.

3. De la limitation de l'entité bio-légale à la démarcation du marché : confinement et délocalisation de la production

Les premières dénonciations relatives à la potentielle commercialisation du saumon transgénique ont émergé dans l'arène scientifique (expertises pour les pouvoirs publics et recherches académiques), en 1994, lorsque les médias ont attiré l'attention du public sur la demande d'autorisation d'*Aquabounty* à la FDA. Elles ont conduit plusieurs États à prendre des mesures de confinement des expérimentations portant sur les poissons GM. Elles constituent aussi la base des controverses plus élargies qui ont suivi.

3.1. Confiner les recherches et la production : le démarquage de la production

Les contestations furent dans un premier temps relatives aux risques environnementaux, et plus précisément à l'enjeu de la préservation des espèces sauvages. Dès 1994, le Pr. Devlin et ses collègues du département d'aquaculture de Pêches et Océans Canada [Devlin *et al.*, 1994] ont étudié les relations entre saumons transgéniques et saumons sauvages. L'espèce transgénique s'est avérée systématiquement plus vorace que les saumons sauvages, exerçant ainsi une pression de sélection sur ces derniers

[13] *« (u) The term "safe", as used in paragraph (s) of this section and in sections 409, 512, 571, and 721, has reference to the health of man or animal » (21 U.S.C.A, paragraphe 321 alinéa u).*

une fois les saumons transgéniques lâchés dans la nature. Une autre étude réalisée en 1999 par deux chercheurs de l'université de Purdue en Indiana [Muir, Howard, 1999] a porté sur la descendance de poissons ayant reçu le gène de l'hormone de croissance humaine. Ils ont constaté chez les médakas une réduction de la viabilité de ces poissons par la transgenèse, un phénomène qui a aussi été observé chez les saumons transgéniques expérimentaux. L'étude montre aussi que ceux qui atteignent malgré tout l'âge adulte transmettent leurs gènes très rapidement, à la fois parce qu'ils produisent beaucoup d'œufs et parce que leur taille importante en fait des partenaires sexuels très recherchés. Ainsi, au bout de quelques générations, presque toute la population est porteuse du gène modifié et chaque génération perd un tiers de ses individus avant d'atteindre l'âge adulte. Des simulations réalisées ensuite par ordinateur ont démontré qu'à long terme la population décline et finit par disparaître [*ibid.*, p. 13854-13855].

Ces recherches constituent la base des contestations militantes à venir. Mais leur développement s'est d'abord rapidement accompagné de politiques de suivi des applications biotechnologiques adaptées au milieu aquatique. En effet, ces études opèrent à leur tour un démarcage de l'entité poisson génétiquement modifié singulier : de produit prometteur ou de nouveau traitement appliqué aux animaux, le poisson retrouve une forme de vie, porteuse de risques pour la biodiversité. La plupart des États engagés dans la course aux biotechnologies ont alors bien compris l'intérêt de produire un cadre d'action pouvant refroidir les contestations en tentant d'anticiper tout débordement [Callon, 1999]. Ainsi, aux États-Unis, sous l'impulsion du département pour l'Agriculture, un groupe de travail constitué d'aquaculteurs, des entreprises de biotechnologies, de chercheurs et de représentants de l'État a élaboré un texte réglementaire sur les biotechnologies en aquaculture et les risques liés à l'environnement. Ce texte a fourni un cadre aux recherches réalisées sur les OGM aquatiques, et a défini les mesures à prendre pour protéger l'environnement de tout lâcher accidentel [Hallerman, Kapuscinski, 1995]. Au Canada, l'élevage d'OGM en pleine mer nécessite l'examen du ministère des Sciences et du département des Pêches et des Océans. Des politiques ont également été adoptées par la Norvège où le ministère de la Santé et des Affaires sociales est chargé de donner son approbation à un laboratoire pour conduire des recherches sur les OGM, après étude d'impact des conséquences d'un lâcher accidentel des OGM dans le milieu naturel.

Ces cadres réglementaires instaurent une démarcation entre recherche sur les poissons et recherches sur les poissons GM. Ils ne constituent pas seulement des « garde-fous » pour la contamination des espèces sauvages, puisqu'ils favorisent aussi les conditions nécessaires à la réussite d'opérations de transgenèse d'espèces aquatiques, sans lesquelles aucun marché ne pourrait émerger.

3.2. Démarcations de la production à visée commerciale : stérilisation des saumons GM et délocalisation de la production

Ces opérations de démarcation de la recherche sur les biotechnologies aquacoles vont être également adoptées par *Aquabounty*. Elles ont toutefois fait l'objet à leur tour de nouvelles contestations très fortes entre 1996 et 2001 par Greenpeace et l'interprofession aquacole [Barrey, 2015] qui vont constituer une alliance tout au long de ce conflit (au nom de la préservation des saumons sauvages et d'intérêts économiques bien compris). Cet épisode est important dans la trajectoire de la controverse et de la création en cours de ce marché, car il fait surgir sur la scène médiatique un premier rapport de force vis-à-vis des autorités publiques. Plus encore, ces acteurs vont être à l'origine de nouvelles démarcations, portant cette fois-ci non plus sur la recherche, mais sur la production des saumons transgéniques destinés à une potentielle commercialisation.

L'entreprise *Aquabounty*, dans les données fournies à la FDA et dans la presse a d'abord avancé que le risque de contamination génétique posé par ces saumons transgéniques, tous femelles et en théorie stériles (ils sont triploïdes, porteurs de trois copies de chaque chromosome au lieu de deux), était « extrêmement faible ». Endogénéisant la critique du risque de perte de la biodiversité par une nouvelle technique de démarcation entre saumons GM et saumons GM stériles, l'entreprise s'assurait aussi la poursuite de l'accumulation de son capital dans la mesure où les aquaculteurs seraient contraints de racheter chaque année les alevins transgéniques auprès de l'entreprise. Comme Luc Boltanski et Ève Chiapello l'avaient souligné dans leur ouvrage consacré au nouvel esprit du capitalisme [Boltanski, Chiapello, 1999], elle a mobilisé un répertoire de critiques déjà présentes autour d'eux, et dont la légitimité était déjà assurée. Les promoteurs du projet les ingurgitent, et par un *processus d'endogénéisation* se les approprient et leur donnent un tour nouveau qui pourra satisfaire les exigences de l'accumulation du capital. Outre les contestations d'ordre éthique sur le statut de l'animal réduit à celui de « machine » pour satisfaire les besoins des humains, cette démarcation n'a pas convaincu les associations de consommateurs et les environnementalistes, qui tous s'appuyant sur des études scientifiques précitées rappellent qu'il n'existe pour le moment aucune technique disponible qui soit en mesure de garantir une stérilisation à 100 % des saumons, et que l'échappement d'un seul poisson non stérile pourrait conduire rapidement à l'extinction de l'espèce. Ces contestations n'ont cependant pas été à l'origine de nouvelles démarcations de la production.

Afin d'assurer les conditions concrètes de commercialisation du saumon GM dans les épiceries américaines, encore fallait-il que l'entreprise *Aquabounty* puisse trouver des espaces pour produire ses saumons. En 2010, elle rend public son plan de production dans lequel elle annonce qu'elle prévoit de produire ses œufs de saumons stériles sur l'Île-du-Prince-Édouard au Canada, d'élever les saumons jusqu'à l'âge adulte dans des bassins enclavés à terre au Panama, où les saumons seront également transformés avant d'être envoyés sur les marchés américains.

Pourquoi *Aquabounty* a-t-elle choisi le Canada et le Panama ? Là encore, les données fournies à la FDA renseignent sur de nouvelles démarcations, cette fois-ci des eaux dans lesquelles les saumons GM seraient susceptibles de s'échapper : en cas de fuite, les eaux du Canada sont considérées comme *trop froides* pour que les œufs survivent, tandis que celles du Panama *sont bien trop chaudes* pour les adultes. Une lecture rapide des arguments publiés par les associations environnementales et autres détracteurs du projet amène à poser une tout autre hypothèse, celle du dumping environnemental, hypothèse d'abord élaborée dès 2010 par *Greenpeace Canada*[14] : en fractionnant son circuit de production et de distribution entre trois pays, l'entreprise entendrait évincer les procédures réglementaires habituelles – ou d'en réduire la portée, et profiter d'un cadre législatif beaucoup plus souple au Panama sur le plan environnemental. Pourtant, l'argument selon lequel les normes environnementales seraient plus souples au Panama vient d'être relativement mis à mal. L'autorité nationale panaméenne environnementale (PNEA) vient en effet de sanctionner en 2014 *Aquabounty* par une amende de 9 500 dollars (10 000 dollars étant la peine maximum) pour ne pas avoir obtenu les permis relatifs à l'utilisation et à l'évacuation de l'eau avant le début des opérations ; mais aussi pour avoir des niveaux de bactéries coliformes totaux au-dessus de la plage acceptable ; et enfin pour ne pas avoir mis en place de système de contrôle tiers sur le plan environnemental comme la réglementation panaméenne le requiert, entre autres violations en 2011, 2012 et 2013 [IPS, Network, s. d.]. Les promoteurs de la thèse du dumping environnemental semblent oublier par ailleurs qu'aucun État n'avait accepté jusque-là d'accueillir la production de ces poissons. Jusqu'en 2013, le confinement de la production et la stérilisation des saumons n'avaient en effet pas encore constitué de démarcations suffisamment solides pour convaincre les États infranationaux et le Canada, pourtant bien engagés dans la course aux biotechnologies, d'accepter la production, sur leur sol, de produire de ces nouveaux produits. Nombreux ont été les projets de loi déposés, dans différents états littoraux des États-Unis, pour en interdire la production[15]. Seul le Canada vient de faire un premier pas vers la production du saumon génétiquement modifié : l'organisme public « Pêches et Océans Canada » a en effet autorisé en novembre 2013 l'entreprise *Aquabounty* à élever ses œufs de saumons GM (qui seront ensuite acheminés au Panama, où les saumons seront élevés en bassin, jusqu'à maturité).

Envisager la consommation de l'*AquAdvantage Salmon* dans un pays où l'on ne veut pas le produire (les États-Unis), et consacrer des espaces productifs dans des pays où l'on ne veut pas (le Canada) – ou ne peut pas (le Panama) – le consommer, telles sont les contradictions que l'entreprise *Aquabounty* a cherché à dépasser à travers ces démarcations géographiques et climatiques de la production. Cette dynamique vise à créer des conditions matérielles favorables à la quête de ressources ou de débouchés, ainsi qu'à la circulation du capital et non seulement à son accumulation [Harvey, Vieillescazes 2008]. Ce nouveau marquage des espaces productifs n'a pourtant pas éteint la controverse qui se déplace depuis une dizaine d'années de la production vers la commercialisation.

3.3. Démarcations commerciales : points de vente, traçabilité et étiquetage

À la suite du procès d'*Aquabounty* au Panama, les ONG *Food & Water Watch*, *Center for Food Safety* et les *Amis de la Terre* ont appelé la FDA à mettre fin à l'examen réglementaire de la demande d'autorisation de commercialisation. D'importantes chaînes de

[14] *Cf. http://www.greenpeace.org/canada/fr/actualites/saumon-ogm/*

[15] *Ainsi, le 19 septembre 2014, le gouverneur de Californie, Jerry Brown, a signé une loi (AB504) qui étend l'interdiction de la production commerciale des salmonidés transgéniques (dont le saumon* AquAdvantage*) à l'ensemble des eaux de l'État.*

supermarchés telles que *Whole Foods, Trader Joe, Safeway, Kroger*, et *Aldi* ont annoncé de leur côté qu'ils ne vendront pas dans leurs magasins le saumon GM, en raison de la forte pression des organisations environnementales (notamment celle de Greenpeace qui a envoyé à ces distributeurs une pétition leur demandant de ne pas commercialiser ce saumon, et qui publie régulièrement des listes de points de vente « responsables » ou « à boycotter » en matière de préservation de la biodiversité marine). Cela représente environ 2 500 points de vente, auxquels il faut ajouter le secteur de la restauration puisque 260 chefs cuisiniers ont rejoint ce mouvement en 2013 en adressant une lettre de boycott de ce saumon à la FDA, soulignant que l'analyse des risques actuels ne tenait pas compte de risques commerciaux plus globaux. Ces contestataires opèrent donc ici une potentielle démarcation entre les espaces de vente où ce produit serait disponible et les autres. Encore faudrait-il que ce saumon soit repérable sur les marchés et fasse donc l'objet d'une traçabilité et d'un étiquetage. C'est effectivement ce que ces contestataires réclament dans leurs pétitions à la FDA, depuis 2006.

L'enjeu de la traçabilité pour la gouvernance européenne des OGM a bien été relevé par Javier Lezaun [2006] : elle constituait une démarcation importante des OGM en les rendant repérables dans leur mouvement de circulation à travers les marchés, et s'inscrivait dans la volonté de les différencier des organismes conventionnels. Aux États-Unis, et bien que le débat eût déjà ressurgi dès 1999 suite à l'affaire du « Terminator » de Monsanto [Gaudillières, Joly 2006], le principe d'équivalence en substance excluait jusqu'à maintenant la possibilité d'un étiquetage. Toutefois, lorsqu'*AquaBounty* déclare à la fin de l'année 2006 (dans la presse et sur son site) avoir passé avec succès les évaluations par la FDA sur la sécurité alimentaire et la composition en substance de son saumon, jugée équivalente au saumon conventionnel, Michael Hansen, biologiste à la *Consumer Union* (l'une des plus grandes associations de consommateurs américaines), souligne le risque d'allergies accru et les études trop limitées d'*AquaBounty* sur cette question. L'étiquetage et la traçabilité sont ici vivement défendus pour assurer une *démarcation des risques* en cas d'allergie des consommateurs. Un autre objectif de la nécessité de l'étiquetage va toutefois aussi être porté. C'est en effet le manque de consultation du public qui est dénoncé en 2008 par *Center for Food Safety*, *via* une campagne qui pointe l'absence d'information du consommateur : en cas de commercialisation du saumon transgénique, celui-ci ne serait pas informé de l'origine du mode de production du produit au nom du principe d'équivalence en substance. Cet argument va être repris par les distributeurs et les restaurateurs dans leur mouvement, puis par une coalition d'associations de consommateurs, au nom du droit des consommateurs à être informés de l'origine du produit et de la liberté de leurs choix. Ici il ne s'agit donc plus de démarquer par la traçabilité et l'étiquetage les risques sur la santé humaine, mais d'assurer une démarcation entre les produits GM et les produits conventionnels pour des préoccupations d'ordre consumériste.

4. Discussion

L'extension potentielle du marché du saumon conventionnel au saumon transgénique ne résulte ni de l'absence de règles juridiques ni de l'absence de contestations. Au contraire, dans cette contribution, nous avons souhaité souligner le rôle conjoint des régulations juridiques, consuméristes-civiques et économiques dans la fabrique d'un marché virtuel. Plus précisément, nous avons analysé les délimitations et les démarcations qu'elles instaurent. La distinction entre les « délimitations juridiques », leurs « interprétations bureaucratiques » et les « démarcations matérielles et techniques » de Javier Lezaun [2006] est heuristique pour saisir la construction de l'agencement spécifique qui régule la mise en marché du saumon transgénique aux États-Unis. Les démarcations concrètes de ce marché virtuel sont bien le résultat, et non la cause, de la fabrique de cet agencement.

Nous avons montré, dans la première partie de cet article, que la gouvernance d'une nouvelle entité biotechnologique devait bien être comprise comme une série d'actes de démarcation à travers lesquelles les entités juridiques acquièrent leur fondation matérielle et technique dans les pratiques des agences d'évaluation. Par exemple, l'animal génétiquement modifié a été requalifié de « nouveau traitement animal » par les experts de la FDA. Nous avons également montré comment ces requalifications successives ont instauré de nouveaux partages ontologiques : (le produit *vs* le processus ; ce qui est un aliment et ce qui ne l'est pas ; ce qui a une forme de vie et ce qui n'en a pas ; un ingrédient *vs* un produit ; etc.) ; mais aussi de nouveaux partages de responsabilités dans l'évaluation des risques (l'évaluation environnementale *vs* l'évaluation de la santé de l'animal).

Nous pouvons ensuite tirer deux enseignements de la tentative d'élargissement de l'usage de ces notions de la problématique de la gouvernance traitée par Javier Lezaun vers celle de la création, en cours, d'un marché. Tout d'abord, les démarcations matérielles posées au marché virtuel du saumon transgénique sont aussi partiellement le résultat des contestations de la société civile, au sens large : des acteurs économiques, des scientifiques, des associations consuméristes et environnementales, forçant les pouvoirs publics, la FDA et l'entreprise *Aquabounty* à tenir compte de leurs critiques. La gouvernance d'un marché, même virtuel, doit donc être entendue dans un sens plus large que celle traditionnellement dévolue aux seuls acteurs publics. Ensuite, il nous semble important de distinguer analytiquement (même si elles sont très intriquées dans le cours de l'action) les délimitations opérées par les parlementaires et traduites de façon très réflexive par les agences d'évaluation des risques, de celles issues de l'action de la société civile : si les premières visent bien à permettre à l'ensemble des acteurs concernés de se référer à la même chose lorsqu'ils sont en prise avec la nouvelle entité bio-légale instaurée, les secondes peuvent au contraire faire l'objet d'interprétations et d'usages multiples. C'est par exemple le cas de la traçabilité et de l'étiquetage pouvant répondre tout autant à un besoin de démarcation des risques sur la santé humaine qu'à celui d'informer et d'assurer le libre choix aux consommateurs. De la même façon, la démarcation géographique des sites de production du saumon GM a donné lieu à plusieurs interprétations. Ces deux types de démarcation sont distincts, mais inséparables dans la gouvernance de ce marché : comme nous l'avons montré, ce sont bien les délimitations légales, les démarcations bureaucratiques et techniques, et les démarcations issues des mouvements de contestation qui instaurent des référentiels pour la nouvelle gouvernance des animaux génétiquement modifiés aux États-Unis.

Bibliographie

Barrey S. (2015), « Le "Frankenfish" nage-t-il vers le marché ? La fabrique contestée du marché de l'AquAdvantage® Salmon », in P. Steiner, M. Trespeuch, *Marchés contestés : quand le marché rencontre la morale*, Presses universitaires du Mirail, Toulouse.

Bennett Homer M. (2011), « Frankenfish, it's what's for dinner: The FDA, genetically engineered salmon, and the flawed regulation of biotechnology », *Columbia Journal of Law and Social Problems*, 45.

Boltanski L., Chiapello È. (1999), *Le nouvel esprit du capitalisme*, Gallimard, Paris.

Boyle R. (2012), Enviropig, the Genetically Engineered Eco-Friendly Pork, Is Off the Table, *Popular Science*.

Calafat G., Fossier A., Thévenin P. (2014), « Droit et sciences sociales : les espaces d'un rapprochement », revue *Tracés*, Paris, E.N.S. Éditions.

Callon M. (1999), « La sociologie peut-elle enrichir l'analyse économique des externalités ? Essai sur la notion de cadrage-débordement », in *Innovations et performances. Approches interdisciplinaires*, EHESS, Paris, p. 399-431.

Callon M. (2013), « Qu'est-ce qu'un agencement marchand ? », in *Sociologie des agencements marchands*, Paris, Presses des Mines, p. 325-440.

Coutellec L. (2011), « Une anticipation interdisciplinaire de la question des poissons génétiquement modifiés », *Natures Sciences Sociétés*, 19(3), p. 266-271.

Deleuze G. (1968), *Différence et répétition*, Presses universitaires de France, Paris.

Devlin R. H. *et al.* (1994), « Extaordinary Salmon growth », *Nature*, (371), p. 209-210.

Fréour P. (2010), « Le saumon transgénique sur la sellette aux États-Unis », *Le Figaro*.

Gaudillières J.-P., Joly, P.-B. (2006), « Appropriation et régulation des innovations biotechnologiques : pour une comparaison transatlantique », *Sociologie du travail*, (48).

Hallerman E. M., Kapuscinski A. R. (1995), « Incorporating risk assessment and risk management into public policies on genetically modified finfish and shellfish », *Aquaculture*, 137(1-4), p. 9-17.

Harvey D., Vieillescazes, N. (2008), *Géographie de la domination*, Les Prairies ordinaires, Paris.

Hermitte M.-A. (2013), *Le droit saisi au vif : sciences, technologies, formes de vie*, Pétra, Paris.

IPS, C. L. B. for & Network (2014), « GM salmon company Aquabounty fined by Panama », *The Guardian*, october 29th.

Lévy P. (1995), *Qu'est-ce que le virtuel ?*, La Découverte, Paris.

Lezaun J. (2006), « Creating a new object of Government: making genetically modified organisms traceable », *Social Studies of Science*, 36(4), p. 433-531.

Lynch D., Vogel D. (2001), « The Regulation of GMOs in Europe and the United States: A Case-Study of Contemporary European Regulatory Politics », *Council on Foreign Relations*.

Muir W. M. (2004), « The Threats and benefits of GM fish. A generally accepted model for assessing the environmental risk of GM organisms would not only help regulators but also address fears about this technology », *European Molecular Biology Organisation (EMBO) Reports*, 5(7), p. 654-659.

Muir W. M., Howard R. D. (1999), « Possible ecological risks of transgenic organism release when transgenes affect mating success: Sexual selection and the Trojan gene hypothesis », *Proceedings of the National Academy of Sciences*, 96(24), p. 13853-13856.

Rabeharisoa V., Meadel C., Callon M. (2000), « L'économie des qualités », *Politix*, 13(52), p. 211-239.

Stanziani A. (2005), *Histoire de la qualité alimentaire*, Seuil, Paris.

Steiner P., Trespeuch M. (2015), *Marchés contestés : quand le marché rencontre la morale*, Presses universitaires du Mirail, Toulouse.

Thomas Y., Hermitte M.-A., Napoli P. (2011), *Les opérations du droit*, Seuil, Paris.

Tsarapatsanis D. (2010), *Les fondements éthiques des discours juridiques sur le statut de la vie humaine anténatale*, Presses universitaires de Paris 10, Paris.

Gouverner par les incitations. La diffusion d'une logique incitative dans le droit du travail

Olivier LECLERC
CERCRID, CNRS, université de Lyon, université Jean-Monnet
olivier.leclerc@univ-st-etienne.fr

Tatiana SACHS
IRERP, Université Paris Ouest-Nanterre la Défense
tatiana.sachs@u-paris10.fr

Certaines normes, plus que d'autres, méritent d'être qualifiées d'« incitatives » : telle est l'hypothèse qui constitue le point de départ de cet article. À rebours d'une tentation communément partagée par les juristes et les économistes à considérer que toutes les règles juridiques constituent des incitations, l'article isole les attributs des dispositifs incitatifs, afin de mieux cerner ce que la prolifération de ce type d'instruments juridiques produit dans l'ordonnancement du droit du travail. La figure de l'employeur, mais aussi l'articulation de l'individuel et du collectif s'en trouvent affectées.

Governing by Incentives. Dissemination of an Incentive Logic in Labour Law

This paper builds on the idea that some norms deserve more than others to be said incentives. Unlike legal scholarship and economists who tend to hold every single legal norm as being an incentive, the paper narrows the scope of what constitutes an incentive. It then analyzes the consequences of the pervasiveness of that kind of norms in labour law. The conception of what an employer does, as well as the individual-collective nexus in labour settings, are found to be affected.

Mots clés : incitations, droit social, normes, politique de l'emploi, rationalité

Keywords: incentives, labour law, norms, employment policy, rationality

DOI: 10.3917/rfse.hs1.0171

1. Introduction

Comment orienter les comportements des individus ? Cette question se trouve au cœur des réflexions sur les outils et l'efficacité des politiques publiques. À cet égard, un constat peut être dressé : une faveur nouvelle est aujourd'hui affichée au profit d'instruments de gouvernement des hommes qui encouragent, plutôt qu'ils ne contraignent. Les politiques de l'emploi offrent une belle illustration de la place prise par les dispositifs incitatifs, notamment les incitations financières de mise au travail [1]. Plus largement, les mesures concernant le travail, et particulièrement la qualité du travail, revêtent parfois un caractère incitatif [2]. Dès lors, si le droit du travail n'est pas soluble dans les incitations [3], la diffusion, en son sein, d'une logique incitative peut être constatée.

Cette évolution de l'instrumentation juridique de l'action publique est laissée en bonne partie inexplorée [4]. Lorsqu'elle est pleinement affrontée, elle donne lieu à des appréciations contrastées. Les incitations, surtout financières, sont bien souvent réduites à un instrument économique, par opposition aux dispositifs contraignants qui relèveraient de la sphère juridique. Incitations économiques *versus* normes juridiques : le contraste est saillant et commode. À cette opposition – que nous discuterons par la suite – se trouve généralement associée une partition disciplinaire. L'étude des incitations, de l'opportunité de les mettre en place, de leurs effets, de leur paramétrage reviendrait aux économistes. L'analyse des dispositifs contraignants, de leur cohérence, de leur conformité avec leur environnement juridique serait, quant à elle, l'apanage des juristes.

Cette répartition repose sur un présupposé : celui du caractère a-juridique des incitations. Mais une telle opposition ne résiste pas à l'examen, ne serait-ce que parce que les dispositifs incitatifs prennent place dans des énoncés juridiques. Du reste, le Conseil constitutionnel n'hésite pas à se reconnaître compétent pour statuer sur la validité juridique d'un dispositif financier incitatif [5].

Mais affirmer que les dispositifs incitatifs [6] sont aussi des règles juridiques soulève une interrogation autrement délicate : les normes incitatives constituent-elles des règles juridiques d'un *type* particulier ? Ou, au contraire, faut-il considérer que toutes les règles juridiques ont un effet incitatif, et que, partant, il n'y a pas lieu de réserver le qualificatif « incitatif » à certaines d'entre elles ? C'est volontiers la deuxième affirmation qui a la faveur des juristes [7] comme des économistes. La tentation est grande, en effet, de considérer toute règle juridique comme une incitation, la sanction dont la

[1] *Le constat n'est pas nouveau. En ce sens, voir Piketty [1998].*
[2] *Pour des exemples, voir Blin-Franchomme, Desbarats [2010].*
[3] *Référence est faite ici à la contribution de Frédéric Eymard-Duvernay parue dans la revue* Droit social *en 2004, [Eymard-Duvernay, 2004].*
[4] *Les mécanismes d'incitation font l'objet de mentions limitées dans des ouvrages de référence comme Boussagnet* et al. *[2004] ou Halpern* et al. *[2014].*
[5] *Peut être mentionnée la décision du 29 décembre 2009 dans laquelle le Conseil constitutionnel a censuré la taxe carbone (2009-599 DC).*
[6] *L'expression « dispositif incitatif » nous paraît la plus juste, car la plus générale. En effet, c'est le plus souvent un ensemble de règles qui produit l'effet incitatif sur les comportements, sans qu'il soit d'ailleurs toujours simple de délimiter l'étendue de cet ensemble de règles. Toutefois, il n'est pas exclu qu'une règle prise isolément présente également un caractère incitatif. Pour cette raison, nous prenons ici le parti de recourir aussi bien aux expressions « norme incitative » que « dispositif incitatif ».*
[7] *Pour une conception de la sanction comme incitation, voir les analyses de la sanction pénale de C. Beccaria [1774 [2006]].*

règle est assortie constituant un signal encourageant les individus à ne pas adopter le comportement réprimé. Dans cette perspective, toute règle peut, en définitive, être interprétée comment étant incitative.

Pourtant, l'observation des règles de droit en vigueur interdit de se laisser enfermer dans cette alternative, conduisant soit à opposer radicalement les règles contraignantes et les incitations, soit, à l'inverse, à les identifier l'une avec l'autre et les confondre. Car, en effet, ce double écueil ne permet pas de rendre intelligibles les changements à l'œuvre dans le droit du travail [Leroy-Arlaud, 2014]. Pour les comprendre, il nous semble nécessaire de faire l'hypothèse que certains dispositifs juridiques méritent, plus que d'autres, de se voir apposer l'épithète « incitatif ».

Seul un travail de spécification de ce qu'« incitatif » veut dire permet d'analyser les mutations de l'instrumentation juridique du droit du travail (§ 3). Mener à bien cette tâche suppose au préalable d'abandonner certaines distinctions qui sont présentes dans la littérature juridique, mais qui conduisent, en réalité, à obscurcir l'analyse (§ 2). Cela fait, il devient possible de mesurer les effets engendrés par les dispositifs incitatifs dans le champ du travail et de l'emploi. Il serait, en effet, réducteur d'analyser les mutations à l'œuvre comme le simple changement d'un moyen, d'un instrument n'affectant pas l'armature – notamment axiologique – du droit. Des exemples tirés aussi bien des conditions dans lesquelles se déroule le rapport d'emploi que du droit des relations professionnelles rendent sensibles les déplacements conceptuels qui accompagnent les changements de l'instrumentation juridique mise en œuvre. Car, en effet, la force d'irradiation de la logique incitative ne laisse indemnes ni le droit du travail ni les catégories juridiques qui structurent la relation de travail (§ 4).

2. Des distinctions inopérantes

Deux distinctions, pourtant courantes dans les écrits juridiques, s'avèrent inopérantes pour attribuer une signification juridique à l'adjectif « incitatif ».

La première porte sur la nature des actions suggérées par les règles juridiques : les incitations encourageraient à agir, tandis que les dispositifs contraignants viseraient à empêcher des comportements prohibés [8]. Ce partage est fragile. Les règles de droit peuvent, en effet, avoir les objets les plus divers [Jeammaud, 1990]. Les exemples ne manquent pas de règles qui imposent des comportements, introduisent des obligations de faire ou de donner. Que l'on pense au devoir de secours entre les époux ou, dans le cadre des relations du travail, à l'obligation de sécurité, aux obligations de négocier, à l'exigence d'égalité. Symétriquement, des dispositifs dits incitatifs peuvent parfaitement encourager l'inaction. Tel aurait été l'effet recherché par la taxe sur le licenciement, tant promue [9], si elle avait fait son entrée dans le droit positif. Vouée à remplacer l'encadrement procédural et substantiel dont fait l'objet le licenciement pour motif économique par le paiement d'une somme forfaitaire, une telle

[8] *Chevallier [1993, p. 124] : « Des techniques d'incitation ont d'abord pris le relais des commandements juridiques. On a assisté au développement d'une direction juridique non autoritaire des conduites [...] procédant par voie de recommandations plutôt que de prescriptions. »*
[9] *En ce sens, voir Blanchard, Tirole [2003], Cahuc [2003], Cahuc, Kramarz [2004]. Pour une analyse critique de ces rapports, voir Sachs [2013], Bargain [2014].*

taxe visait à décourager la décision de licenciement, laquelle n'est adoptée que si elle est nécessaire. Dans cette perspective, c'est une abstention qui est encouragée.

Une seconde distinction, qui porte sur l'objet du dispositif juridique, mérite d'être discutée. Peut-on considérer qu'une incitation se caractérise par l'octroi d'une récompense, d'un avantage, tandis que la sanction attachée au non-respect d'une règle s'apparente nécessairement à un désagrément ? L'incitation n'est-elle que positive et la sanction serait-elle sa face négative ? Autrement dit, l'attribution d'un avantage est-elle un critère d'identification d'une norme incitative ? Ces interrogations peuvent être soulevées à propos des dispositifs de pénalisation des entreprises qui ont recours à des contrats à durée déterminée de très courte durée. À la suite de l'accord national interprofessionnel du 11 janvier 2013, le coût du recours aux contrats à durée déterminée pour un temps inférieur à trois mois a été renchéri [10]. Un tel dispositif doit-il être qualifié de sanction et non d'incitation ? Dans le prolongement des termes utilisés par un auteur, un tel dispositif pourrait être désigné comme « une mesure négative d'incitation » [Vacarie, 2005, p. 903].

À notre sens, l'incitation n'est pas la face positive de la sanction. Cette idée se décline à deux niveaux : toute conséquence légale positive (avantage) n'est pas une incitation (positive) ; inversement, une conséquence légale négative (sanction) peut être une incitation (négative). Autrement dit, l'attribution d'un avantage comme l'imposition d'une sanction peuvent être incitatifs. Nous rejoignons ici la pensée de Norberto Bobbio, qui s'attache à souligner le développement de la « fonction promotionnelle » du droit. L'un des caractères saillants du système juridique de l'État providence réside, selon lui, dans « l'augmentation des lois d'incitation, ou lois incitatives » [Bobbio, 1998, p. 75], qui recourent à la « technique de l'encouragement, consistant à promouvoir les comportements », quand un ordre juridique protecteur-répressif s'attache avant tout à décourager certains comportements en les réprimant. Pour autant, cette fonction promotionnelle peut être assurée, selon Norberto Bobbio, aussi bien par des sanctions positives que par des sanctions négatives [11] : « Même si, de fait, les normes négatives sont habituellement renforcées par des sanctions négatives, et les sanctions positives principalement prévues et appliquées afin de renforcer les normes positives, il n'existe aucune incompatibilité entre normes positives et sanctions négatives d'un côté, et normes négatives et sanctions positives de l'autre » [Bobbio, 1998, p. 68].

En définitive, ce n'est ni le type d'action qu'il encourage ni sa substance promotionnelle ou sanctionnatrice qui justifient qu'un dispositif se voie associer l'épithète « incitatif ». C'est autrement qu'il convient de distinguer les incitations.

3. Les attributs d'une incitation

Distinguer, parmi les règles juridiques, celles qui méritent d'être considérées comme incitatives est un travail d'interprétation du droit, c'est-à-dire des énoncés juridiques

[10] *Dans la continuité de l'accord national interprofessionnel du 11 janvier 2013, un avenant à la convention d'assurance chômage a introduit cette majoration depuis le 1er juillet 2013. Le principe de cette majoration a été réitéré dans la convention du 1er mai 2014 (art. 4).*

[11] *Bobbio [1998, p. 68] : « Il importe de ne pas confondre, d'un point de vue analytique, la distinction entre normes positives et normes négatives, et celle entre sanctions positives et sanctions négatives. »*

ainsi que de leurs agencements. L'herméneute ne peut entreprendre un tel travail qu'à la condition d'être muni d'une grille d'interprétation, laquelle précise les attributs d'une norme incitative. Bref, on ne peut faire l'économie d'une définition de l'incitation, qu'il s'agira de construire aux fins de l'analyse.

Pour cela, le droit positif lui-même offre des ressources, lorsque la formulation des énoncés juridiques rend explicite le mécanisme incitatif. Il en est ainsi lorsque le Code du travail dispose que « l'État peut attribuer une *aide financière* du fonds de développement pour l'insertion professionnelle des handicapés à tout employeur soumis à l'obligation d'emploi de travailleurs handicapés *afin de faciliter* la mise ou la remise au travail en milieu ordinaire de production des personnes handicapées » (art. L. 5213-10) [Joly, 2015, n° 526]. Ici, c'est la cohabitation de deux éléments dans un même énoncé qui retient l'attention : la formulation de l'objectif socio-économique recherché par la norme – « l'insertion des personnes en situation de handicap » –, d'une part, et la référence à une aide financière, d'autre part. Ce texte ne décrit pas le comportement vertueux ou sanctionné par la règle, mais précise les moyens octroyés à l'employeur pour atteindre un objectif social fixé par le législateur. La réunion de ces deux attributs fait explicitement place à une logique instrumentale – que rend sensible la préposition « afin de ».

Une finalité de la norme déterminée (§ 3.1) et la technique d'attribution d'un avantage, qui peut passer aussi bien par l'octroi d'un bien que par l'évitement d'un mal (§ 3.2) : retenons ces deux premiers attributs de l'incitation, qu'ils soient explicites ou non [Leroy-Arlaud, 2014]. Un troisième élément, qui autorise le passage d'une logique instrumentale à une logique incitative, est quant à lui nécessairement implicite. Il renvoie à la conception du destinataire de la règle de droit : un être rationnel et intéressé [12] (§ 3.3). La réunion de ces trois attributs, hétérogènes, caractérise une incitation [13]. Deux d'entre eux tiennent à la technologie juridique employée, tandis que le troisième réside dans la représentation que l'on se fait du destinataire de la règle.

3.1. Une norme finalisée

Les incitations se trouvent nécessairement orientées vers l'achèvement d'un objectif. Elles s'intègrent donc dans des programmes d'action, dont elles constituent l'une des modalités. Il n'y a dès lors pas lieu de s'étonner d'en trouver les principales manifestations dans les politiques publiques (politique de l'emploi, politiques d'insertion…) [14]. S'il n'est pas excessif de penser que l'adoption de toute règle juridique sert un ou plusieurs objectifs – et cela même si son identification est l'objet de controverses –, le statut de cet objectif s'avère bien particulier dans le cas des dispositifs incitatifs.

D'abord, le dispositif incitatif n'a de sens que rapporté à l'objectif extrajuridique qu'il sert (la diminution du chômage, l'insertion des personnes handicapées, l'insertion des jeunes, etc.). Cela tient à la nature essentiellement instrumentale de la règle

[12] *Sur la construction de l'*homo œconomicus, *voir Demeulanaer [2003].*

[13] *Pour une analyse approfondie de ce qui constitue un « dispositif » incitatif et ses incidences sur le droit social, voir les travaux précurseurs de Leroy-Arlaud [2014]. Cet auteur envisage un dispositif incitatif comme un ensemble de règles énonçant un comportement facultatif assorti d'une récompense.*

[14] *Norberto Bobbio voit dans la diffusion « de techniques d'encouragement qui viennent s'ajouter ou se substituer aux techniques de découragement » la marque de « l'action de l'État social contemporain » [Bobbio, 1998, p. 65].*

incitative, laquelle trouve sa raison d'être dans l'objectif poursuivi. Ainsi, le renchérissement du recours aux contrats de travail à durée déterminée de très court terme n'a de sens que rapporté à sa finalité : dissuader le recours à ce type de contrat. Par contraste, l'article du Code pénal qui sanctionne l'homicide volontaire assume une fonction – punir l'auteur de l'infraction – indépendante de l'objectif extrajuridique d'éradication de comportements criminels qu'il sert également. Ainsi, dans un dispositif incitatif, la logique instrumentale prime, jusqu'à évincer ses autres raisons d'être.

Ensuite, dans un dispositif incitatif, il existe une très faible marge d'appréciation sur l'objectif servi par la règle. Celui-ci est fortement stabilisé, soit qu'il soit expressément énoncé [15], soit que la réalisation du dispositif n'ouvre pas d'espaces de délibération sur les finalités poursuivies. Il y a là une autre manifestation de la prégnance d'une logique instrumentale. Tel est particulièrement le cas des dispositifs incitatifs formulés en chiffres. La mise en œuvre des incitations fiscales – au sens large du terme – requiert que soit vérifiée la réunion des conditions d'obtention de l'avantage fiscal, sans que ce travail ne conduise à s'interroger sur les finalités de la règle. De même, le dispositif qui renchérit le coût du contrat à durée déterminée de très court terme conduit seulement à constater la durée convenue pour le contrat et à en tirer les conséquences prévues par la loi ; la question des finalités de la règle devient indifférente, comme si une interprétation téléologique de la règle ne pouvait avoir lieu. Tel n'aurait pas été le cas si la règle avait été formulée différemment, prévoyant, par exemple, une pénalité pour les employeurs utilisant de manière abusive les contrats à durée déterminée de très court terme. Un débat judiciaire sur le sens de l'adjectif « abusif » aurait alors laissé ouvert un espace de discussion sur l'objectif poursuivi par la règle. Semblable clôture des délibérations sur les finalités ou les fonctions de la règle est d'autant plus remarquable que le droit du travail recèle de nombreux dispositifs qui se caractérisent par leur ambivalence [Lyon-Caen, 2004 ; Jeammaud, 2005]. L'article L. 1224-1 du Code du travail est à cet égard topique. La règle selon laquelle un transfert d'entreprise, qui répond à certaines conditions, laisse survivre les contrats de travail auprès du repreneur était à l'origine, en 1927, explicitement tournée vers la préservation de l'emploi. Avec le temps, ce dispositif a assumé de nouvelles fonctions, notamment faciliter l'externalisation, par les entreprises, de certaines de leurs activités. D'autres exemples, tels que l'évolution de la fonction de la reconnaissance de l'unité économique et sociale, ou encore la législation sur les contrats à durée déterminée, peuvent également être mentionnés. Les dispositifs incitatifs ne laissent pas de place à une telle ambivalence.

Enfin, la primauté de la logique instrumentale conduit à privilégier un registre d'évaluation de la règle de droit portant sur son efficacité, c'est-à-dire sa propension à atteindre les objectifs extrajuridiques qui lui sont assignés. Peu importe que la règle soit effective – c'est-à-dire que les agents aient adopté le comportement désiré [Jeammaud, Serverin, 1992] –, seule compte sa capacité à atteindre un objectif extrajuridique, socio-économique.

Que l'atteinte de l'objectif soit prépondérante rejaillit sur le paramétrage de l'incitation. Dans son acception classique, la sanction mêle des considérations diverses : prévenir, réparer, punir [Van de Kerchove, 2005, p. 21]. Ainsi, déterminer une sanction,

[15] *Voir l'article L. 5213-10 déjà mentionné. Toutefois, les exemples sont rares.*

en particulier fixer son quantum lorsqu'elle présente un caractère financier, oblige à concilier des considérations tournées vers le passé (évaluation du préjudice et de la faute) et vers le futur. Par opposition, un dispositif incitatif se trouve exclusivement tourné vers la réalisation d'un objectif futur. En conséquence, son paramétrage, en particulier la détermination de son quantum financier, repose sur une appréciation des effets attendus et donc sur la compréhension des ressorts de l'action [16].

Un exemple permet d'illustrer le propos. Dans le cadre d'un dispositif enjoignant le chef d'entreprise désireux de fermer un établissement rentable de céder ce dernier à un éventuel repreneur, le législateur avait prévu une amende s'élevant à 25 fois le SMIC par salarié licencié à la suite de la fermeture de l'établissement. Le Conseil constitutionnel a censuré cette disposition, estimant que cette amende était manifestement disproportionnée par rapport à la « faute » commise par le chef d'entreprise [17]. Ce faisant, les membres du Conseil se sont prononcés au regard du caractère punitif de la sanction, sans considérer son versant incitatif, pourtant relevé par le gouvernement dans ses observations. Aux termes de ces dernières, le montant choisi par le législateur avait pour but de placer le chef d'entreprise devant un choix : rechercher effectivement un repreneur pour l'établissement rentable dont la fermeture est envisagée ou payer l'amende destinée à la prise en charge par l'État des chômeurs occasionnés par cette décision. Ainsi, le montant choisi obéissait à une double logique de dissuasion et de responsabilisation.

Pour ces raisons, les normes incitatives se conçoivent, sous l'angle de la légistique [18], comme des instruments juridiques qui doivent être correctement *paramétrés* pour produire les résultats attendus. Ce paramétrage consiste à fixer le quantum d'une incitation financière, ou encore à adopter d'autres formes d'incitations.

3.2. La diversité des modes incitatifs

Dans la continuité de l'approche proposée par Norberto Bobbio, Pierre-Emmanuel Berthier distingue deux types de dispositifs incitatifs : ceux par lesquels l'effet incitatif passe par la récompense et ceux par lesquels il passe par la facilitation [Berthier, 2015].

Les premiers revêtent le plus souvent une forme financière. Il en est ainsi, par exemple, des dispositifs qui associent à l'accomplissement d'une action l'octroi d'un avantage financier [Arnaud, 1993, v° « Incitation »]. En droit du travail, ils sont anciens [19] et fréquents. À titre d'illustration, la mise en place du travail dominical par voie d'accord collectif est moins onéreuse que sa mise en place par décision unilatérale [20]. Ou encore l'État peut subventionner la mise en place de la gestion prévisionnelle des emplois ou des compétences [21]. Peuvent également être mentionnées les

[16] *Voir* infra.

[17] *Sur cette disposition (loi n° 2014-384 du 29 mars 2014 visant à reconquérir l'économie réelle) et la censure du Conseil constitutionnel (Cons. const. 27 mars 2014, n° 2014-692 DC), voir notamment* D. *2014. 1101, chron. J.-P. Chazal ; Fabre, 2014 ; Sachs, Vernac, 2014.*

[18] *Le mot « légistique » désigne « l'ensemble des règles, principes et méthodes qui doivent être observés dans la préparation des textes normatifs (lois, ordonnances, décrets, arrêtés) »* (Guide de légistique, *La Documentation française, Paris, 2007).*

[19] *Dès 1959 était prévue une exonération sociale et fiscale pour les sommes distribuées au titre d'un intéressement qui résultait de la signature d'un accord collectif (ord. n° 59-126 du 7 janvier 1959).*

[20] *Art. L. 3132-25-3 du Code du travail, lequel prévoit que le seuil de rémunération minimale ne s'applique qu'à défaut d'accord collectif.*

[21] *Art. D. 5121-4 et 5 du Code du travail.*

aides versées au titre de l'embauche d'un salarié en situation de handicap[22]. Dans ces exemples, l'adoption du comportement encouragé se concrétise par le bénéfice d'une récompense financière. Notons toutefois que le mécanisme juridique sur lequel repose cette récompense diffère dans chacun de ces cas de figure. S'agissant de la mesure visant à encourager l'emploi des travailleurs en situation de handicap, l'incitation repose sur un mécanisme éprouvé d'octroi d'une aide financière. En matière de travail dominical, le bénéfice de la récompense repose sur une articulation plus complexe des sources du droit du travail. La récompense – la non-application d'un minimum salarial – découle du caractère subsidiaire de la règle étatique : la rémunération-plancher prévue par la loi ne s'applique que si un accord collectif n'a pas pu être conclu. Le comportement encouragé (conclure un accord collectif) est ainsi récompensé par la mise à l'écart de la règle légale.

À côté des dispositifs qui encouragent les comportements par l'octroi d'une récompense, peuvent être distingués ceux qui visent « à faciliter l'adoption de la conduite attendue » [Berthier, 2015]. C'est ainsi, par exemple, que la mise en place de la mobilité par voie d'accord collectif se trouve facilitée par la mise à l'écart des règles sur le licenciement pour motif économique[23]. Ici, l'effet incitatif ne passe pas par une récompense financière, mais par la mise à l'écart d'un cadre normatif moins favorable. Il en va de même, par exemple, des dispositions de l'article L. 1111-3 du Code du travail qui excluent les apprentis du calcul de l'effectif de l'entreprise : l'employeur est encouragé à embaucher des apprentis par la mise à l'écart des règles de calcul de l'effectif de l'entreprise, et par conséquent, en évitant de franchir certains seuils d'effectifs qui obligent à la mise en place d'institutions représentatives du personnel.

Qu'elles s'appuient sur une logique de récompense ou de facilitation, les incitations partagent un point commun : celui de reposer sur une certaine conception du destinataire de la règle.

3.3. Un destinataire rationnel et intéressé

Ce qui fonde le caractère incitatif de ces techniques est le fait qu'elles visent à orienter les actions des personnes en utilisant de manière instrumentale les ressorts (supposés) de leur action, en particulier la poursuite de l'intérêt financier individuel. En offrant un avantage financier en contrepartie de l'adoption d'un comportement donné, la règle oriente la personne vers ce comportement. Le gouvernement des personnes est ainsi assuré non plus par l'imposition de comportements présentés comme obligatoires, mais par l'orientation vers des comportements qu'il est de l'intérêt des personnes de choisir d'adopter. Au lieu d'imposer aux personnes de se conformer au modèle que la règle dessine (par exemple en l'assortissant d'une sanction), ses concepteurs s'efforcent d'assurer son effectivité future en ajustant la réalisation de ses fins aux ressorts qui sont supposés guider l'action spontanée des personnes visée par cette règle.

Les normes incitatives présentes dans le droit social se caractériseraient donc par le fait qu'elles s'appuient sur une théorie de l'*action intéressée* [Bargain, 2014 ; Leroy-Arlaud,

[22] *Art. L. 5213-10 du Code du travail.*
[23] *Art L. 2242-23 du Code du travail.*

2014]. Ces règles sont conçues pour épouser les logiques spontanées d'action prêtées à ces acteurs, tout en réduisant ces dernières à la seule action intéressée[24]. La conception de l'agir qui est présupposée par la norme elle-même est celle de l'individu rationnel, qui agit dans la poursuite de son propre intérêt. Ses choix d'action sont donc nécessairement intéressés. De même, en situation d'information parfaite, il n'aura aucune hésitation sur le sens de l'action à entreprendre. En somme, l'individu visé par la règle est réputé se comporter comme un agent économique rationnel. La conception des comportements individuels sous-jacente est la suivante : « Les individus n'obéiront à la règle de droit que s'il est de leur intérêt de faire ainsi, et ils essaieront, en tout cas, de minimiser les désagréments que le droit leur impose » [Van den Bergh, 1996, cité par Kirat, 1998, p. 6]. Dès lors, une règle *bien conçue* doit prendre en compte ce ressort fondamental de l'orientation des personnes par référence à une règle de droit. On notera que l'usage des catégories de l'analyse économique classique à propos du droit se déplace et s'approfondit à cette occasion : il ne s'agit plus seulement d'évaluer *ex post* les règles de droit à la lumière de leur efficacité, mais de construire des dispositifs d'action qui intègrent dans leur conception même la rationalité économique prêtée à tout un chacun.

La conception de normes incitatives prend pleinement acte de ce que l'architecture normative peut se couler dans les ressorts de l'action individuelle plutôt que de la contraindre. L'efficacité de la règle n'est pas recherchée par l'imposition d'une conduite donnée sous contrainte, mais en raison de son architecture, qui semble s'appuyer sur les ressorts spontanés de l'action. En cela, les normes incitatives figurent, dans le répertoire du « paternalisme libertarien » [Thaler, Sunstein, 2003], aux côtés de dispositifs matériels [Thaler, Sunstein, 2010], pour susciter des actions *en s'appuyant sur ce que les personnes doivent rationnellement vouloir*. L'idée sous-jacente est que des règles incitatives doivent pouvoir conduire les individus à adopter certains comportements, non par la seule brutalité de l'exercice de la contrainte, mais en exploitant leur propension supposée à optimiser leur intérêt financier [Jolls, 2000 ; McGaughey, 2014 ; Alemanno, Sibony, 2015].

La réunion de trois attributs permet de distinguer un dispositif incitatif : il est finalisé ; il repose sur une technique de récompense ou de facilitation ; il postule une action guidée par l'intérêt. L'hétérogénéité de ces caractères est cruciale : un dispositif peut être dit incitatif, non seulement en raison de ses caractères propres – qui relèvent de la légistique et de la technique juridique –, mais aussi en considération d'une certaine représentation des rapports entre les règles et les actions. Le développement de l'incitation dans le domaine des rapports de travail apporte par conséquent des changements non seulement dans l'outillage du droit du travail, mais aussi dans la conception fondamentale des rapports qu'il régit.

4. Des effets sur la teneur du droit du travail

Il serait erroné de considérer la prolifération de normes incitatives comme un simple changement de technologie juridique. Elles produisent au contraire des transformations profondes du droit positif, qui s'en trouve affecté non seulement dans sa

[24] *Pour une réflexion approfondie sur la diversité des ressorts de l'action, voir Thévenot [2006].*

technologie, mais aussi dans sa teneur. Nous nous bornerons à évoquer ici deux principales implications du recours aux incitations[25] : une reconfiguration, le plus souvent implicite, du rapport d'emploi dans ses diverses dimensions, d'une part ; une articulation renouvelée de l'individuel et du collectif, d'autre part.

4.1. Une reconfiguration du rapport d'emploi

Conçu essentiellement comme un agent rationnel, le destinataire de la règle incitative se trouve dépourvu des attributs (sociaux) généralement attachés aux parties à la relation de travail. En particulier, l'employeur n'est alors pas considéré comme le détenteur d'un pouvoir, pas plus que le salarié n'est envisagé comme juridiquement subordonné. Témoigne de cet effacement du lien de subordination découlant du contrat de travail le phénomène de « bilatéralisation » des incitations : celles-ci peuvent être destinées à celui qui exerce le pouvoir, comme à celui qui y est soumis, à savoir le salarié [Berthier, 2015 ; Bargain, 2014].

Ainsi, en matière de travail dominical[26], des dispositions légales encouragent le salarié à consentir à des « propositions » faites par l'employeur. Si le salarié reste libre de refuser de travailler le dimanche – son refus n'est pas constitutif d'une faute –, il se trouve néanmoins fortement incité à l'accepter par la majoration salariale qui lui est proposée. La logique du dispositif repose sur un présupposé : celui de l'existence d'une réelle capacité pour le salarié de choisir entre plusieurs possibilités offertes. Le salarié est alors moins vu comme une personne subordonnée, soumise à un pouvoir de direction, de contrôle et de sanction, que comme un être rationnel doué d'une pleine volonté, qu'il saura exercer au mieux de ses intérêts. Envisagé comme un être rationnel capable d'opérer les meilleurs choix pour lui-même, le salarié se trouve retranché de tout collectif (la collectivité de travail) et semble n'être soumis à aucune pression, ni économique ni managériale. Largement irénique, cette conception du salarié et de sa volonté fait bien peu de cas de la subordination juridique, qui reste pourtant le critère déterminant pour identifier la qualité même de salarié.

Le recours à la technique incitative produit également des changements de grande ampleur sur la conception des prérogatives patronales. Il en est ainsi s'agissant de mesures incitatives, destinées aux employeurs, qui visent à orienter leurs décisions en matière d'emploi. A déjà été évoquée la proposition faite par quelques économistes de substituer à l'encadrement procédural et substantiel de la décision de rompre le contrat de travail pour motif économique une taxe sur le licenciement. À l'image du principe du pollueur-payeur, cette taxe posséderait selon ses promoteurs, une double qualité : socialement juste – parce qu'elle permet d'internaliser les externalités sociales de la décision patronale –, elle est également économiquement efficace, dans la mesure où les employeurs peuvent intégrer son montant dans leurs anticipations. Il n'en demeure pas moins qu'une telle mesure méconnaît une dimension majeure de la décision patronale de rompre le contrat de travail. Cette dernière ne peut être uniquement considérée comme une décision de gestion. Elle constitue également l'expression d'un pouvoir d'une personne privée sur une autre [Gaillard,

[25] *Pour une analyse élargie de l'impact des incitations sur le droit du travail et le droit de la sécurité sociale, voir aussi Ginon[2011] ; Serverin, Gomel [2012] ; Leroy-Arlaud [2014] ; Berthier [2015].*
[26] *Art. L. 3132-20 et s. du Code du travail.*

1985 ; Fabre, 2008]. L'exigence qui pèse sur l'employeur de justifier la mesure qu'il prononce, en énonçant des motifs de licenciement, reflète cette dimension [Lyon-Caen, 2002]. Substituer une taxe à ce qui reste bel et bien une décision produit, sous couvert d'un changement technique, une transformation profonde de la conception même de ce que signifie décider pour l'employeur.

Une analyse similaire peut être proposée, s'agissant du renchérissement du recours aux contrats à durée déterminée introduit par la loi de sécurisation de l'emploi du 14 juin 2013. L'un des objectifs poursuivis par les promoteurs [27] de ce dispositif était de favoriser un allongement de la durée des contrats à durée déterminée proposés par les entreprises. Cet objectif aurait pu être servi par des techniques juridiques déjà usitées dans la législation relative aux contrats à durée déterminée. Par exemple, dans le prolongement de l'énonciation de cas de recours licites à ce contrat déjà présents dans le Code du travail, il aurait été envisageable d'introduire des dispositions législatives limitant le recours à des contrats à durée déterminée de très court terme à certains cas (remplacement, accroissement temporaire d'activités, etc.). Telle n'a pas été la technique normative choisie. A été préféré un dispositif incitatif, celui du renchérissement. Ce faisant, la décision d'embauche d'un contrat à durée déterminée se trouve conçue principalement comme une décision de gestion. Qu'elle soit l'expression du pouvoir de direction économique de l'employeur se trouve ignoré. Voilà qui invite à appréhender les dispositifs incitatifs avec mesure : leur efficacité – qui reste dans bien des cas à établir – a un coût : l'affaiblissement corrélatif de l'exigence d'encadrement de l'exercice d'un pouvoir privé.

4.2. Une articulation renouvelée de l'individuel et du collectif

L'épanouissement d'une logique incitative en droit du travail renouvelle l'articulation des dimensions individuelles et collectives de la relation de travail. D'abord, l'hégémonie des objectifs auxquels se rapportent les incitations entraîne des perturbations dans la représentation même de la collectivité des salariés. Prenant place dans des politiques publiques, ces objectifs sont le plus souvent formulés à une échelle qui dépasse celle du cadre de travail, que ce soit l'établissement, l'entreprise, le groupe. Ce peut être un bassin d'emploi ou le pays dans son ensemble. À cet égard, l'objectif national d'amélioration de la situation d'emploi qui a présidé à l'adoption de la loi de sécurisation de l'emploi est symptomatique de la prégnance d'une représentation de la collectivité de travail déconnectée du cadre de travail, laquelle rejaillit sur les dispositifs adoptés [28]. En outre, ces objectifs tendent à fractionner la collectivité des salariés. Tel est le cas lorsque les dispositifs incitatifs sont orientés vers la promotion d'individus doués de certaines caractéristiques. Ils conduisent à établir des distinctions parmi les membres de la collectivité des salariés. Les incitations en faveur d'une meilleure insertion des personnes en situation de handicap ou des jeunes en sont une illustration. Ainsi, les dispositifs incitatifs, par la logique instrumentale qu'ils charrient, rendent insaisissable la collectivité des salariés [29].

[27] *On vise ici les partenaires sociaux qui ont conclu l'accord national interprofessionnel, qui à son tour a inspiré la loi.*
[28] *Sur l'évolution du droit du travail d'un droit de l'entreprise vers un droit du marché du travail, voir Sachs [2013].*
[29] *Sur le rôle du droit dans la constitution du collectif de travail, voir Borenfreund [1991].*

Outre les irradiations produites par la formulation d'objectifs, les moyens utilisés pour encourager la négociation collective d'entreprise renouvellent également l'articulation de l'individuel et du collectif. À l'évidence, la promotion de la négociation collective d'entreprise ne se confond pas avec celle d'une logique incitative. Mais ces deux tendances se croisent et se nourrissent l'une l'autre. D'une part, comme le notent certains auteurs, la diversification des domaines de la négociation collective d'entreprise – l'égalité hommes-femmes, la gestion des emplois et des compétences, l'insertion des personnes en situation de handicap, la mobilité interne, etc. – tend à l'ériger en instrument de politique publique [Peskine, 2014 ; Supiot, 2003 ; Jobert, 2013]. Les partenaires sociaux se trouvent parfois obligés, parfois encouragés, à s'emparer « d'objectifs qui dépassent leur intérêt propre » [Supiot, 2003, p. 67]. D'autre part, se multiplient les mécanismes qui visent à encourager la négociation collective d'entreprise, notamment sur l'emploi, que ce soit dans le cadre des accords de mobilité ou des accords de maintien dans l'emploi. À la lecture des énoncés du Code du travail, il est malaisé de détecter sur quelle ingénierie repose le mécanisme incitatif. Pour l'employeur, l'incitation réside dans le bénéfice d'un régime du licenciement aménagé en cas de refus du salarié de se conformer à ce que prévoit l'accord collectif ; pour les salariés, l'incitation est implicite et non juridique : la préservation de l'emploi. Telle est du moins la *ratio legis* du dispositif, laquelle n'épuise pas son effet incitatif. En vérité, la possibilité pour les partenaires sociaux de s'emparer de ces thèmes existait déjà. Toutefois, les pouvoirs publics, en donnant à ces accords une appellation spécifique et en identifiant ainsi un objet singulier de négociation, entendent bien stimuler une négociation sur ce point. Ce faisant, « l'incitation par la nomination permet à la loi d'orienter le cours de la négociation, sans faire usage d'une obligation de négocier supplémentaire » [Peskine 2014, p. 438]. Et l'efficacité de ce type de dispositif – orienté vers des objectifs de politiques publiques, notamment la protection de l'emploi – suppose une atténuation des voix dissidentes. Aussi la promotion de ces incitations se traduit-elle par un affaiblissement de l'individu qui ne peut offrir de résistance individuelle [30].

5. Conclusion

Ignorance du pouvoir patronal, fragilisation de l'individu salarié qui s'accompagne d'une valorisation de l'expression de sa volonté : autant de tendances qui témoignent des effets corrosifs des dispositifs incitatifs, condamnant ainsi une approche purement instrumentale des incitations. En cela, elles participent bien du processus de « politisation-dépolitisation » à l'œuvre dans les processus d'élaboration et de mise en œuvre des politiques publiques [Halpern *et al.*, 2014, p. 46]. Ces dernières ne sauraient être pensées comme des équivalents fonctionnels aux normes auxquelles elles pourraient se substituer. Les mutations qui affectent l'instrumentation du droit du travail sont porteuses de profondes révisions des équilibres normatifs à l'œuvre en son sein. La prégnance d'un gouvernement par les incitations ne peut donc être pensée indépendamment d'une analyse approfondie des déplacements conceptuels qu'il charrie. Ce constat signe-t-il une condamnation sans appel des incitations ? Il invite plutôt à discuter les soubassements ontologiques, moraux et politiques de cette technologie de gouvernement des hommes, notamment la représentation des individus qu'elle charrie.

[30] *Sur l'affaiblissement de la faculté de refus des salariés, voir Borenfreund [2013].*

Bibliographie

Alemanno A., Sibony A.-L. (dir.) (2015), *Nudge and the Law: A European Perspective*, Hart Publishing, Oxford.

Arnaud A.-J. (dir.), *Dictionnaire encyclopédique de théorie et de sociologie du droit*, LGDJ, Paris.

Bargain G. (2014), *Normativité économique et droit du travail*, LGDJ, coll. « Droit-économie », Paris.

Beccaria C. (1774 [2006]), *Des délits et des peines*, Flammarion, coll. « GF », Paris.

Berthier P.-E. (2015), « Les incitations légales », Semaine sociale Lamy, supplément, n° 1680, p. 36-42.

Blanchard O., Tirole J. (2003), *Protection de l'emploi et procédures de licenciement*, rapport du Centre d'analyse économique, La Documentation française, Paris.

Blin-Franchomme M.-P., Desbarats I. (2010), *Droit du travail et droit de l'environnement*, Lamy, coll. « Axe droit », Paris.

Bobbio N. (1998), *Essais de théorie du droit*, trad. M. Guéret, LGDJ, coll. « La Pensée juridique », Paris.

Borenfreund G. (2013), « Le refus du salarié face aux accords collectifs de maintien de l'emploi et de mobilité interne », *Revue de droit du travail*, p. 316.

Borenfreund G. (1991), « La représentation des salariés et l'idée de représentation », *Droit social*, p. 685.

Boussaguet L., Jacquot S., Ravinet P. (dir.) (2004), *Dictionnaire des politiques publiques*, Presses de Sciences Po, coll. « Références », Paris.

Cahuc P. (2003), *Pour une meilleure protection de l'emploi*, rapport au Centre d'organisation économique, CCIP, Paris.

Cahuc P., Kramarz F. (2004), *De la précarité à la mobilité : vers une sécurité sociale professionnelle*, La Documentation française, Paris.

Chevallier J. (1993), « La juridicisation des préceptes managériaux », in *Politiques et management public*, vol. 11, n° 4, numéro spécial « Droit et management public » (préparé par Jean-Bernard Auby), p. 111-134.

Demeulenaere P. (2003), *Homo œconomicus, Enquête sur la constitution d'un paradigme*, Presses universitaires de France, coll. « Quadrige essais/débats », Paris.

Eymard-Duvernay F. (2004), « Le droit du travail est-il soluble dans les incitations ? », *Droit social*, p. 812-816.

Fabre A. (2014), « La promesse présidentielle de "Florange" à l'épreuve du droit de propriété et de la liberté d'entreprendre », *Constitutions*, p. 204.

Fabre A. (2008), *Le régime du pouvoir de l'employeur*, LGDJ, Paris.

Gaillard E. (1985), *Le pouvoir en droit privé*, Economica, Paris.

Ginon A.-S. (2011), « Démographie médicale et techniques juridiques d'incitation », *Politiques et Management public*, vol. 28, n° 1, p. 13-25.

Halpern Ch., Lascoumes P., Le Galès P. (dir.) (2014), *L'instrumentation de l'action publique. Controverses, résistance, effets*, Presses de Sciences Po, coll. « Gouvernances », Paris.

Jeammaud A. (2005), « Le droit du travail dans le capitalisme, question de fonctions et de fonctionnement », in A. Jeammaud (dir.), *Le droit du travail confronté à l'économie*, Dalloz, coll. « Thèmes et commentaires », Paris, p. 15.

Jeammaud A. (1990), « La règle de droit comme modèle », *Recueil Dalloz*, p. 199.

Jeammaud A., Serverin E. (1992), « Évaluer le droit », *Recueil Dalloz*, p. 263.

Jobert A. (2013), « La négociation d'entreprise dans la crise : innovations institutionnelles et sociales », *Droit social*, p. 323-338.

Jolls Ch. (2000), « Behavioral Economic Analysis of Redistributive Legal Rules », in R. Sunstein (dir.), *Behavioral Law & Economics*, Cambridge University Press, Cambridge, p. 288.

Joly L. (2015), *L'emploi des personnes handicapées, entre discrimination et égalité*, Dalloz, coll. « Nouvelle bibliothèque des thèses », Paris.

Kirat Th. (1998), « La Law and Economics, le calcul et la règle », in A. Jeammaud, Th. Kirat (dir.), *Le droit et l'économie : quelles rencontres ?*, Maison Rhône-Alpes des sciences de l'homme, colloque des 28 et 29 septembre, Lyon.

Leroy-Arlaud S. (2014), « Droit social et incitations. Contribution à l'étude des transformations de la normativité juridique », thèse université Paris Ouest – Nanterre La Défense.

Lyon-Caen A. (2002), « La procédure au cœur du droit du licenciement économique », *Droit ouvrier*, p. 161-164.

Lyon-Caen G. (2004), « Permanence et renouvellement du droit du travail dans une économie globalisée », *Droit ouvrier*, p. 49.

McGaughey E. (2014), « Behavioural Economics and Labour Law », LSE Law, Society and Economy Working Papers 20/2014.

Peskine E. (2014), « La célébration de l'accord collectif d'entreprise », *Droit social*, p. 438.

Piketty Th. (1998), *L'impact des incitations financières au travail sur les comportements individuels : le cas français*, La Documentation française, Paris.

Sachs T. (2013), « Vers un droit du marché du travail ? », *Semaine sociale Lamy*, n° 1569.

Sachs T. (2013), *La raison économique en droit du travail*, LGDJ, coll. « Bibliothèque de droit social », Paris.

Sachs T., Vernac S. (2014), « La fondamentalisation d'un ordre libéral. À propos de la décision du Conseil constitutionnel du 27 mars 2014, loi sur la reconquête de l'économie réelle », *Revue de droit du travail*, p. 528.

Serverin E., Gomel B. (2012), « Le revenu de solidarité active ou l'avènement des droits incitatifs », Centre d'études de l'emploi, document de travail, n° 154, p. 9.

Supiot A. (2003), « Un faux dilemme, la loi ou le contrat », *Droit social*, p. 59.

Thaler R. H., Sunstein C. R. (2003), « Libertarian Paternalism », *The American Economic Review*, vol. 93, n° 2, p. 175.

Thaler R. H., Sunstein C. R. (2010 2008]), *Nudge. La méthode douce pour inspirer la bonne décision*, Vuibert, Paris.

Thévenot L. (2006), *L'action au pluriel. Sociologie des régimes d'engagement*, La Découverte, Paris.

Vacarie I. (2005), « Les tensions entre le droit de la santé et le droit de la sécurité sociale », *Revue de droit sanitaire et social*, n° 6, p. 899.

Van de Kerchove M. (2005), « Les fonctions de la sanction pénale. Entre droit et philosophie », *Informations sociales*, vol. 7, n °7.

L'éthique de la mutualité et l'esprit du capitalisme

Don et *care* ou les faces cachées de la valeur[1]

Philippe CHANIAL
Université de Caen, CERReV
philchanial@gmail.com

À partir d'une recherche empirique collective, l'ambition de cet article est d'esquisser un cadre théorique propre à problématiser la notion de « valeur sociale » en interrogeant quelles valeurs, autres qu'« économiques », mobilisent et produisent ces « économies non économiques » que constituent les mutuelles. L'hypothèse défendue ici est qu'une articulation entre théories du don et du *care* permet de mettre en lumière la face cachée de la valeur. Cette perspective invite ainsi à questionner sous un nouveau jour les ambivalences de l'éthique mutualiste et les enjeux auxquels elle doit faire face pour ouvrir une nouvelle alternative, politique, au *social business* contemporain.

Ethics of Mutuality and the Spirit of Capitalism. Gift and Care as the Hidden Sides of Value

Based on a collective empirical research, this paper aims at building a theoretical framework to clarify the concept of "social value". In what sense can the social economy be described as a "non economical economy"? Is the "ethics of mutuality" producing a kind of "non economical" value? The hypothesis is made that the maussian gift paradigm and theories of care can help make visible the hidden sides of the value. We then analyse the ambivalences of this ethics and regard it as a political alternative against contemporary social business.

Mots clés : mutualisme, don, *care*, valeur, capitalisme, économie sociale

Keywords: capitalism, care, gift, mutuality, social economy, value (theory of)

[1] *Ce texte s'appuie sur un travail de recherche effectué dans le cadre de CampusLab et consacré à la production de valeur sociale dans trois mutuelles françaises. Cette enquête a été menée en collaboration avec Alain Caillé, Bernard Cova, Gérald Gaglio et Juliette Weber.*

DOI: 10.3917/rfse.hs1.0187

1. Introduction

Dans un ouvrage récemment traduit, L. Bruni [2014, p. 61-63] pointait un étrange chassé-croisé entre l'économique et le social. D'un côté, l'entreprise, sommée de « faire du social », se voit appelée à produire, « par-dessus le marché » pourrait-on dire, une autre richesse que la seule richesse économique. De l'autre, à travers l'injonction faite aux associations et aux organisations non marchandes de gagner en efficacité et de se conformer aux dynamiques du marché, c'est le social qui est invité à se faire entreprise [2]. Cette dernière injonction, et ses effets d'isomorphisme institutionnel, ont frappé de plein fouet le monde de l'économie sociale [Laville, 2010], notamment des mutuelles, au point de fragiliser leur identité. C'est en partie la raison pour laquelle, dans un contexte de concurrence exacerbée avec les assurances privées et la bancassurance, mais aussi au regard d'une routinisation, au sens de Max Weber, de leur charisme institutionnel, de nombreuses mutuelles françaises manifestent une volonté commune de marquer leur singularité en renouant avec leur éthique et leurs principes constitutifs.

À travers cette invitation à un retour aux sources historiques et militantes du mouvement, c'est aussi une interrogation renouvelée qui se fait jour sur les sources et les formes de la valeur ou de la richesse qu'elles prétendent créer. Non pas une simple valeur économique, mais davantage une « valeur sociale ». Ainsi, le projet d'entreprise de l'une des mutuelles étudiées dans le cadre de cette recherche débute par cette déclaration liminaire :

> « Valeur sociale et efficacité économique vont de pair : elles doivent se nourrir l'une de l'autre. Notre Groupe délivre une prestation qui intègre de la plus-value sociale à l'égard de nos sociétaires et participe à la transformation de la société. »

Sauf à réduire cette rhétorique de la valeur sociale à un élément de langage typique du *social business* contemporain, il n'est pas illégitime de faire l'hypothèse que celles-ci puissent produire à la fois de la valeur économique et de la valeur sociale, et cela en engageant notamment leurs valeurs propres, les « valeurs mutualistes ». Mais tout cela fait beaucoup de valeurs et, comme chacun sait, trop de valeur tue la valeur… L'ambition de ce texte est d'esquisser, à partir de cette recherche empirique, un cadre théorique propre à problématiser cette notion en se demandant quelles valeurs mobilisent et produisent ces « économies non économiques » que constituent les mutuelles, pour ensuite explorer, en chaussant les lunettes du *care* et du don, ce que j'appellerai la face cachée de la valeur. Il sera alors possible d'interroger toutes les ambivalences de l'engagement et de l'éthique mutualistes et les enjeux auxquels il leur faut aujourd'hui faire face.

2. Les mutuelles comme économies non économiques ?

Ce terme d'« économies non économiques » mérite tout d'abord d'être brièvement justifié. Il est ici inféré de l'œuvre de Mauss, mais aussi de celle de Karl Polanyi ainsi

[2] *La rhétorique de la RSE, comme la forme-oxymore de l'« entreprise sociale », en témoignent. Mais aussi, d'un point de vue critique, la dénonciation du* green *et du* socialwashing, *ou celle du « coopitalisme » et du « mutuellisme marchand » [Dardot, Laval, 2014, p. 399].*

que de différents textes de Pierre Bourdieu. Ce dernier, s'appuyant justement sur Mauss, a proposé, à diverses reprises, d'opposer l'économie du don et ce qu'il nomme « l'économie économique ». Alors qu'il invitait à concevoir la première comme le paradigme de l'économie des biens symboliques, en tant qu'elle aurait pour principe « non un sujet calculateur, mais un agent prédisposé à entrer, sans intention ni calcul, dans le jeu de l'échange » [1994, p. 184], « l'économie économique » désignerait cette « économie du donnant-donnant », caractérisée notamment par une « disposition calculatrice », indissociable du « développement d'un ordre économique et social caractérisé, comme dit Weber, par la calculabilité et la prévisibilité » [1997, p. 234]. L'approche substantiviste et institutionnaliste de Karl Polanyi [1983, 2011], conduit elle aussi, en découplant les différents systèmes d'intégration économiques des motivations formellement économiques – la prétendue universalité du calcul d'optimisation ou des comportements de maximisation – à souligner combien, à la différence du marché autorégulateur, les systèmes de la réciprocité, de la redistribution et de l'économie domestique constituent autant d'économies « non économiques ».

C'est néanmoins Mauss lui-même qui a posé les premiers jalons d'une telle distinction. Dans l'*Essai sur le don*, il soulignait notamment en quoi l'« économie du don, trop chanceuse, trop dispendieuse et trop somptuaire, encombrée de considération de personnes, incompatible avec un développement du marché » était « au fond, à l'époque, antiéconomique » [1989, p. 239]. Il proposait ainsi de marquer une différence fondamentale entre les sociétés traditionnelles et celles qui, depuis l'Antiquité jusqu'à nos jours, auraient marqué la distinction des droits personnels et des droits réels, séparé la vente du don, isolé l'obligation morale et le contrat, dissocié rites, droits et intérêts – bref qui auraient, dans mes propres termes, dissocié la valeur économique (que j'appellerai également la *valeur de bien*) de la valeur sociale (la *valeur de lien*). Ainsi, d'un point de vue maussien, les « économies non économiques » sont celles qui, à l'inverse, mêlent les biens et les liens, ou plus encore celles au sein desquelles les biens sont avant tout – mais pas seulement – au service du lien [3]. Des économies où le rapport aux choses – aux biens – est « médiatisé », au sens de Marx, par les rapports entre les hommes, où le rapport social qui prévaut sur l'utilité matérielle ou « économique ».

Pour autant, et Mauss y invite dans la conclusion de l'*Essai* en évoquant les sociétés de secours mutuel ou les coopératives, il n'est pas interdit de considérer que certaines institutions modernes, dans la mesure où elles prolongent l'esprit du don et reviennent, selon sa formule, à de « l'archaïque », puissent aussi constituer des « économies non économiques ». Il s'agirait alors d'organisations non seulement *non-profit*, mais aussi et surtout vouées à « valoriser » par la production et l'échange de

[3] *Comme le résume Jacques Godbout [1992, p. 22], dans le marché, « le lien social est instrumental par rapport à ce qui circule ; le lien social est un moyen pour faire circuler les choses. [...] Au contraire, dans le don, on tend à observer la relation inverse : ce qui circule est au service du lien. » Prime alors ce que Jacques Godbout suggère de nommer la « valeur de lien », que l'on peut distinguer de la « valeur de bien » propre aux échanges marchands. Dans le premier cas, les biens qui circulent « prennent des valeurs différentes selon leur capacité d'exprimer, de véhiculer, de nourrir les liens sociaux ». En ce sens, il s'agit d'une troisième forme de valeur, distincte des deux expressions classiques de la valeur de bien : la valeur d'échange, mais aussi la valeur d'usage [Godbout, Caillé, 1992, p. 244-247]. Pour en donner un premier repérage à partir de la théorie du don, la notion de « valeur sociale » désigne tout ce qui vient enrichir – valorise pour elles-mêmes – les relations sociales, « ce que vaut un objet, un service, un "geste" quelconque dans l'univers des liens, dans le renforcement des liens » [ibid., p. 244]. Les termes de « valeur sociale », de « valeur de lien » ou de « richesse relationnelle » seront ici considérés et utilisés comme des termes équivalents.*

biens ou de services une certaine qualité de lien social – par exemple en termes de solidarité, d'égalité, de participation démocratique, etc. –, d'extraire de leur processus productif et de leur mode d'échange une « plus-value », « une survaleur » sociale.

3. La valeur comme « forme sociale totale » ?

Ces clins d'œil à Marx méritent d'être, même rapidement, approfondis. N'est-il pas en effet un théoricien incontournable de la valeur ? Pour autant, il est bien improbable qu'il me suivrait dans ces raisonnements approximatifs. Et cela pour une simple et bonne raison : pour Marx, le concept de valeur est propre au mode de production capitaliste[4]. Le monde de la valeur, ou plutôt de la forme valeur, c'est en effet le monde non pas du travail concret, mais du travail abstrait (quantifié, compté, mesuré, monétarisé), non pas des biens, mais de la marchandise – ou de la forme marchandise. Or la marchandise (pas plus que le travail abstrait) n'est un rapport social entre des personnes : c'est un rapport social entre des choses, médiatisé par des hommes.

Simmel ne disait pas autre chose dans sa *Philosophie de l'argent* [1987], mais aussi dans le bref « excursus sur la gratitude et la fidélité » de sa grande *Sociologie* de 1908. À l'instar de Mauss, il distinguait le don – qu'il considérait comme la forme la plus complète d'action réciproque – de l'échange en ces termes :

> « L'échange est la "chosification" de l'action réciproque [...] dans l'économie développée, toute action réciproque personnelle disparaît et les marchandises ont acquis une vie propre [...] la relation entre humains et devenue relation entre objets. » [Simmel, 1999, p. 577-578].

Pour le formuler autrement, le monde de la valeur, c'est le monde où tout ce qui existe est perçu comme une quantité de valeur mesurable, donc comme source d'argent. Or l'argent, comme le soulignent tant Marx que Simmel, c'est un rapport social qui se définit comme absence de rapport social. En ce sens, ce que j'ai appelé la valeur de lien, la valeur sociale, semble chassé par la valeur de bien, la valeur économique. Comme la mauvaise monnaie chasse la bonne.

À l'inverse, dans les économies « non économiques », le rapport social prévaut sur l'utilité matérielle [Jappe, 2003, p. 242]. Dans la mesure où les activités de travail, de production et d'échange restent encastrées, au sens de Polanyi, dans le social – le rapport entre les hommes –, elles se déploient selon d'autres critères que l'échange d'unités de travail mesurable entre des producteurs formellement indépendants sur un marché anonyme. Il n'y a donc ni valeur, ni échange, ni travail, ni monnaie, ni économie au sens moderne. Comme le souligne Anselme Jappe, la valeur n'y est pas le principe de synthèse de la société, la médiation universelle entre l'homme et le monde et entre les hommes. Elle n'est pas encore ce qu'elle devient sous le capitalisme : un fait social total, ou en termes simmelo-maussiens, une « forme sociale totale ».

[4] *Du moins selon l'interprétation qu'en proposent les théoriciens contemporains de la valeur. Les développements qui suivent s'appuient, au plus près, sur les analyses d'Anselm Jappe [2003, 2011].*

Cette synthèse marxo-simmelo-maussienne permet ainsi de distinguer, comme y invite Jappe [2011, p. 137-138], deux formes de synthèse sociale ou de socialisation (*Vergesellschaftung*) au sens de Simmel :

- d'une part, à travers l'échange de dons, où la production du lien – donc d'une « richesse relationnelle » – est le but, et le bien le moyen ;
- d'autre part, à travers l'échange d'équivalents, où la production du lien est la conséquence – *ex post*, non voulue, émergente et aliénée – de la rencontre entre des producteurs isolés.

Dans le premier cas, il s'agit d'une socialité directe, non régie par le rapport aux choses : elle se déploie à partir d'une variété infinie d'échanges personnalisés au sein de mondes vécus toujours particuliers. L'« économie » est donc intrinsèquement sociale (voire solidaire). L'« échange-don » n'est pas un échange au sens de Marx, il est par lui-même le lien social sous sa forme complète et achevée. Dans le second cas, il s'agit d'une sociabilité indirecte, systémique[5], qui résulte de la production et l'échange d'unités de travail abstraites, du mouvement autonome du capital. La valeur économique contient, au double sens du terme, la valeur sociale, sous la forme d'un englobement hiérarchique au sens de Louis Dumont. Ou, pour le formuler selon la conception polanyienne de la société de marché, c'est la valeur sociale qui se trouve encastrée dans la valeur économique. Le marché – ou la marchandise, ou l'échange économique, ou le travail abstrait subsumé sous la forme valeur, peu importe ici – ne fait lien que de façon aliénée, détachée de l'intersubjectivité concrète des producteurs et des échangistes, ou plus généralement dérobée au contrôle humain [Jappe, 2011, p. 138].

4. Valeur et non-valeur

Pour autant, et pour en revenir aux mutuelles, l'analyse de Marx, du moins dans l'interprétation sur laquelle je m'appuie ici, laisse à penser, à la différence de celle de Mauss, qu'avant le communisme réalisé, bref dans le monde économique, c'est-à-dire dans le monde de la valeur, donc du capitalisme, il n'y a place pour aucune économie non économique, portée par des organisations comme des coopératives, des mutuelles ou toutes autres formes d'économie sociale et solidaire. Ces organisations seraient nécessairement vouées à la tyrannie de la forme valeur ou, pour le dire dans des termes contemporains, à l'isomorphisme institutionnel… ou à l'insignifiance. Pire encore, elles ne pourraient qu'être des béquilles, pansements, auxiliaires et « faire-valoir » ou « porte-valeur » du capitalisme. Dans une telle perspective, il y aurait une grande naïveté à penser qu'elles pourraient produire une autre forme de valeur – celle que j'ai appelée valeur sociale ou valeur de lien – qui ne soit pas, d'une façon ou d'une autre au service de la valeur économique – de la valeur de bien.

Pour quelles raisons ? Jappe [2011, p. 147 et s.] développe une réponse précieuse, résolument dialectique. Première idée, le monde de la valeur ne fonctionne que parce qu'il y a de la non-valeur. En effet, la logique marchande ne peut se déployer sans disposer d'une société au sein de laquelle une partie de la vie sociale fonctionne

[5] *Sur le mode, par exemple, de l'opposition entre monde vécu et système de J. Habermas.*

selon des critères non marchands, donc échappe à la sphère de la valeur. C'est ce que Jappe nomme la « face cachée de la valeur » dont l'exemple classique est, selon lui, celui du travail (gratuit) des femmes[6]. Mais il est tentant d'aller au-delà du travail domestique et de généraliser ce champ de la non-valeur à tout ce qui relève du travail de lien – donc de la valeur de lien et de la « richesse relationnelle » – donc au travail du *care* et au don[7]. Soit à tous ces aspects de la vie qui ne se déroulent pas sous la forme d'un échange d'équivalents, qui ne sont pas mesurables comme quantité de travail abstrait, qui ne servent pas immédiatement des intérêts matériels.

Mais, seconde idée – c'est la logique totalitaire de la valeur selon Jappe[8] –, à l'instar du capital et du travail, valeur et non-valeur non seulement se supposent, mais s'opposent l'une l'autre. La valeur tend nécessairement à s'étendre à ces sphères régies par la non-valeur, à ronger, comme la fameuse souris de Marx, ces espaces en les colonisant, en les marchandisant, en monétarisant. Et, dialectique oblige, jusqu'à mettre en péril le processus même de valorisation, en sciant l'arbre de la branche sur laquelle la valeur est assise… La valeur, insiste Jappe, « cherche à tout transformer en marchandise, mais s'écroule à mesure qu'elle y parvient » [2003, p. 267]. Face à cette inévitable chute tendancielle du taux de valeur sociale, il ne reste donc qu'à attendre l'effondrement général, ou à l'accélérer.

Dès lors, en raison de cette subordination – une autre façon de dire exploitation ou domination – et de cette aliénation de la valeur sociale à la valeur économique, mais aussi en raison de cette tendance à la colonisation, à la subsomption – autre façon de dire réification, fétichisation –, tout ce qui relève du non-marchand, de la non-valeur ne saurait constituer un point d'appui possible de résistance, de critique, d'alternatives et plus encore de subversion de la sphère marchande, du monde de la valeur.

5. Contre la tyrannie de la valeur : la force du don et la puissance du *care*

Comment alors donner corps et substance à ces alternatives ? C'est ici qu'il nous faut revenir sur les théories du *care* et du don que je n'ai pour l'instant qu'évoquées. Comme l'a récemment suggéré Fabienne Brugère, citant Marcel Mauss et les travaux du MAUSS, « l'intérêt pour le "prendre soin" de toutes les formes de vulnérabilité appartient à cette mouvance des sciences humaines qui déborde largement l'idée d'*homo œconomicus* et la perspective d'une rationalité de l'action structurée par l'intérêt » [2011, p. 49]. Qu'est-ce en effet que cette conception dominante de la nature humaine et de l'action sinon une manifestation de l'emprise de la valeur ?

Fabienne Brugère évoque une mouvance commune. Théories du *care* et théories du don n'ont-elles pas pour (mauvais) objet des pratiques et des formes de relation

[6] *Cachée, obscure au sens où cette sphère est une sphère invisibilisée, marquée d'un signe d'infériorité. Elle est, écrit Jappe, la « servante méprisée de la splendeur marchande », toute en étant sa condition d'existence [2011, p. 147]. On retrouve là la division sexuée du travail, soit une structure hiérarchique constituée d'un élément englobant (la valeur économique comme valeur mâle) et un élément englobé (la valeur sociale comme valeur féminine), qui lui est nécessairement subordonné, donc soumis, donc aliéné.*

[7] *Ce lien entre non-valeur et don est suggéré par Jappe lui-même : « La société marchande ne peut exister qu'à condition qu'une part considérable des activités en son sein se déroule sous forme de "don" » [2003, p. 267].*

[8] *Ce qu'il nomme ailleurs le « caractère omnivore » de la valeur [2003, p. 267].*

interhumaine marginalisées, invisibilisées, infériorisés, cantonnées dans la sphère privée [Tronto, 2009] ou dans la seule socialité primaire [Caillé, 2000] ? « Affaire de bonnes femmes », d'un côté ; « histoire de sauvages » (ou de cadeaux de Noël), de l'autre, ou, dans les deux cas, royaumes de bons sentiments où désintéressement, altruisme, voire sacrifice seraient rois, théories du *care* et théories du don sont des cousin(e)s d'infortune, frappé(e)s d'un même déni de reconnaissance, d'un commun mépris [Chanial, 2012]. Comme le suggère Joan Tronto :

> « Le travail de soin est dévalorisé ; la sollicitude l'est également sur le plan conceptuel, car elle est reliée à la sphère privée, à l'émotion et à la nécessité. Puisque notre société considère la réussite publique, la rationalité et l'autonomie comme des qualités louables, le *care* est dévalorisé dans la mesure même où il incarne les qualités opposées » [Tronto, 2009, p. 162].

Or, si le don de soin (*care-giving*) est ainsi dénié et infériorisé, n'est-ce pas, paradoxalement, en proportion de son importance et de la puissance de celles et ceux qui le dispensent ? Sur le modèle de la célèbre fable des frelons et des abeilles de Saint-Simon, Joan Tronto le précise en ces termes : « Si, dans une société fortement dépendante des services domestiques, tout le personnel qui s'y consacre cessait le travail, la société en subirait immédiatement les conséquences » [2009, p. 191]. Plus largement, que serait un monde sans *care* et sans don, sans *givers* tout court, sans ce que Fabienne Brugère nomme les « armées de l'ombre des donneurs de soin » – et je dirais des donneurs tout court –, ces « acteurs injustement oubliés du monde capitaliste » [Brugère, 2011, p. 25][9] ?

Peut-être peut-on alors ainsi redéfinir l'enjeu normatif et critique des théories du don et du *care* contemporaines en ces termes : combattre ce déni de reconnaissance en sortant de l'ombre ces activités et relations dénigrées, « valoriser » le *travail* du lien sous toutes ces formes, et ainsi faire droit à une autre source de valeur, celle que les puissants d'hier comme d'aujourd'hui, en raison de leurs privilèges, rechignent à reconnaître, comme s'ils étaient étrangers à toute forme de dépendance à l'égard des dispensateurs de soin dont ils profitent, libérés de toute dette à l'égard de celles et ceux qui leur prodiguent les dons qui contribuent à asseoir leur puissance. Comme le souligne Tronto, n'est-ce pas le pouvoir réel du *care*, parce qu'il est considérable, qui rend son confinement nécessaire ? On comprend mieux alors en quoi traiter le *care* – ou le don – c'est-à-dire le travail du lien comme autant d'activités insignifiantes – donc sans « valeur » – contribue à maintenir la position des puissants et des privilégiés. C'est en ce sens que les théories du *care* et du don peuvent contribuer, autrement que les approches marxistes que j'ai mobilisées, à une théorie critique de la valeur.

Deux arguments peuvent être en effet opposés à la théorie totalitaire de la valeur proposée par Anselm Jappe. Tout d'abord, la sphère de la non-valeur – de la valeur sociale, de la valeur de lien – n'est pas vouée à être nécessairement et irrémédiablement dominée et aliénée au règne de la valeur. Les travaux de sociologie économique,

[9] Or, pour revenir à Marx, sa critique du fétichisme de la marchandise ne visait-elle pas à redonner visibilité à ceux que l'effet réifiant de l'exploitation capitaliste invisibilisait ? D'où la judicieuse proposition d'Axel Honneth [2007, chap. IV] de redéfinir la réification comme une objectivation par oubli – voire par déni – de la reconnaissance.

notamment sur les usages sociaux de l'argent, le montrent avec une certaine force d'évidence[10]. Au sein de la sphère des relations interpersonnelles, c'est bien la non-valeur ou la valeur de lien qui contient, au double sens du terme, la valeur, la valeur de bien, et en constitue l'élément englobant. Et si, comme le montrent notamment les travaux d'Arlie Hochschild [2013], la culture du marché tend à envahir la vie personnelle, ces « débordements de la pensée mercantile » rencontrent des résistances qui relèvent justement du don et du *care*. Ils se manifestent notamment à travers des processus multiples de repersonnalisation qui constituent autant de formes et de méthodes de désaliénation.

Second argument, don et *care* ne sauraient se limiter aux seuls espaces de nos relations interpersonnelles, à la sphère de la socialité primaire – que l'on aurait par ailleurs tort d'idéaliser –, soit, d'un point de vue marxiste, à la sphère de la reproduction. Les relations de *care* et de don n'ont pas vocation à y rester cantonnées et à camper aux portes de la socialité secondaire, au seuil des mondes institutionnels, professionnels, économiques ou politiques – ou de la sphère de la production.

Dans cette perspective – ou ce perspectivisme –, les lunettes du care et du don permettent de corriger la myopie que suscite la tyrannie de la valeur pour donner à voir combien ces formes d'activités et de relations sont au cœur des mondes sociaux qui en semblent les plus éloignés – par exemple celui des entreprises [Alter, 2009 ; Caillé, Grésy, 2014][11].

6. L'éthique mutuelliste et l'esprit du don

C'est dans cet esprit – l'esprit du don – qu'il faut, une nouvelle et dernière fois, faire retour aux mutuelles. La forme mutuelle peut en effet être définie comme une forme de désenclavement et d'institutionnalisation du *care* et du don. En tant qu'organisations non capitalistes, les mutuelles ne visent pas à faire un profit propre à rémunérer des actionnaires. Leurs « clients » sont des sociétaires liés entre eux, en tant qu'assureurs-assurés, par un contrat d'association qui repose sur la solidarité qu'implique le principe de mutualisation (et de cotisation) et sur la démocratie mutualiste (« un homme une voix »), et non par un contrat commercial entre un assureur et des assurés.

Si l'on s'en tient à ses origines avant tout ouvrières, celles des sociétés de secours mutuel, c'est bien ce lien d'association qui est premier et, à travers lui, une logique d'entraide et non une logique d'équivalence – donnant/donnant – propre à la logique marchande. De nombreux travaux d'historiens ont en effet montré combien la mutualité a été une forme d'institutionnalisation d'une culture de réciprocité populaire. Comme le souligne notamment E.P. Thompson [1988, p. 381][12], les sociétés de secours mutuelles cristallisaient « une éthique de la mutualité répandue dans

[10] *Voir notamment les travaux de Viviana Zelizer [1994] et sur leurs ambiguïtés, cf. Steiner [2007].*
[11] *Dans ces ouvrages, ces auteurs montrent en effet combien la coopération dans les entreprises, telle qu'elle se tisse à travers des relations de dons (entre collègues avec la hiérarchie) ou d'adonnement (au collectif, au métier, etc.), constitue bien une face cachée de la performance économique, déniée justement par le management qui prend ces dons sans les reconnaître comme dons. Au risque de les tarir et de les décourager...*
[12] *Voir l'ensemble des précieux développements qu'il consacre aux rites du mutualisme dans le chapitre 12 de cet ouvrage.*

les expériences "concrètes", "denses", des ouvriers, dans leurs relations personnelles, chez eux et sur les lieux de travail ». À ce titre, poursuivant les travaux de l'historien britannique, Martin Petitclerc [2007] n'hésite pas à définir, en référence à Mauss, la mutualité comme un « fait social total » et à souligner, en référence à Polanyi combien elle reposait, au XIXe siècle, sur « un effort conscient d'encastrer les activités économiques dans une culture d'entraide fraternelle ». Les prestations des mutuelles ne se limitaient pas à des indemnisations – par exemple un versement à la suite du décès d'un membre –, mais embrassaient tout un ensemble d'obligations collectives : veillée des malades et des morts, participation personnelle aux funérailles, soins aux veuves, aux orphelins, etc. Dans cet éthos mutuelliste, « l'association était une fin en soi, et non un simple moyen » [Petitclerc, 2008, p. 3], elle constituait un espace de dons réciproques et de sollicitude mutuelle qui se manifestait autant sous la forme de cotisations/indemnisations que de pratiques de solidarités quotidiennes [13].

On comprend alors mieux pourquoi l'assurance commerciale rencontrait de telles résistances dans les milieux populaires. Ces formes de solidarités concrètes et des pratiques communautaires étaient toujours mises de l'avant lorsqu'il s'agissait de critiquer les assurances « qui ne faisaient que compenser la perte de l'homme pourvoyeur par un chèque à la veuve » [Petitclerc, 2008, p. 2]. L'assurance-vie, comme Zelizer [1994] l'a également montré, était ainsi dénoncée dans la mesure où elle « faisait de l'homme un article de commerce ». À l'inverse, la figure de la « famille fictive », les notions de « fraternalisme » [Petitclerc, 2007], renvoient bien, aux origines du mouvement, à une forme de solidarité qui s'enracinait dans cette culture de la compassion fraternelle, indissociable, par sa dynamique proto-syndicale, d'une dimension politique. La mutualité, à ses origines, n'a donc jamais constitué une simple technique de protection contre les aléas de la vie. Au contraire, elle soumettait les considérations marchandes à sa morale des rapports sociaux.

Sous bien des aspects, l'histoire du mutualisme peut alors être lue comme la marche vers « la société assurantielle », où la fonction de prestation de service – la logique d'indemnisation – va s'imposer au détriment de cette fonction d'entraide, de don et de sollicitude mutuelle, pour conduire à un désencastrement progressif de l'économique et du social, à une dégradation utilitaire [14] du vieil esprit d'entraide concrète et à une « sérialisation de la solidarité », par sa marchandisation et sa bureaucratisation. Soit à la primauté de la valeur de bien sur la valeur de lien.

7. Valeur sociale intrinsèque et valeur sociale extrinsèque

Dans cette perspective, il n'est pas illégitime de faire l'hypothèse que la crise d'identité et les dilemmes des mutuelles contemporaines résultent avant tout de cette

[13] *Petitclerc [2007] rappelle, à partir de son terrain québécois, que l'acquittement des cotisations ne suffisait pas à donner droit aux prestations. Il devait être accompagné de la participation – souvent obligatoires, sous peine d'amendes – à ces activités communautaires. À ce titre, c'est bien la valeur de lien qui devait primer sur la valeur de bien.*

[14] *À l'instar de Weber [2003] analysant, dans le chapitre final de* L'éthique protestante et l'esprit du capitalisme, *comment l'enthousiasme religieux du XVIIe siècle, constitutif de l'éthos des premiers entrepreneurs puritains, a progressivement cédé la place à la « sécularisation utilitaire ».*

tension – ou, plus encore, de ce renversement – entre valeur de bien et valeur de lien, entre valeur économique et valeur sociale. En effet, comme le montre l'enquête que nous avons menée sur diverses mutuelles contemporaines Macif, MAIF et Mutuelle des Motards], pour certaines d'entre elles, les ressources normatives propres au monde mutualiste – ces fameux « fondamentaux » auxquels elles appellent à renouer – semblent n'être mobilisées qu'en tant que moyens propres à générer une valeur sociale qui, à son tour, ne paraît avoir d'autre légitimité que de contribuer à produire – par une sorte de détour de production – de la valeur économique. On se demande alors, en déployant des dispositifs sophistiqués de quantification – jusqu'à sombrer parfois dans la quantophrénie – combien rapportent les actions sociétales menées hors du dispositif assurantiel, un accompagnement plus empathique des sociétaires, de contrats plus solidaires en termes de fidélisation ou d'attractivité, mais aussi une meilleure gestion des ressources humaines du point de vue des salariés par un management qui se voudrait plus bienveillant et moins hiérarchique. L'éthique mutuelliste – ses « valeurs » et principes – constituent ainsi une forme de capital qu'il s'agit de mobiliser et de valoriser au profit de l'efficacité économique. Comme si elle n'avait aucune valeur intrinsèque, pas plus que la valeur sociale qu'elle contribue à produire. Prime alors ce que nous avons nommé, dans l'enquête, la dimension *extrinsèque* de la valeur sociale, évaluée en termes de valeur de réputation, de valeur d'image, de valeur de motivation, etc., bref en termes quantifiables, sur le modèle, hégémonique, de la valeur économique [15].

Pour autant, la valeur sociale est-elle vouée à n'être qu'extrinsèque, instrumentale, soumise à la valeur dominante, la valeur économique ? Certaines mutuelles étudiées tentent d'échapper à cette tyrannie de la valeur, notamment en mobilisant l'éthique mutuelliste dans tout un ensemble d'engagements sociétaux [Chanial, Gaglio, 2013]. En s'engageant pour une cause publique, par exemple celles des « aidants » de personnes handicapées ou dépendantes, il s'agit à la fois de rendre visibles ces « soignants de l'ombre » en se faisant leur porte-parole notamment auprès des pouvoirs publics, mais aussi de les soutenir concrètement en « donnant à ceux qui donnent » et en tissant autour d'eux tout un réseau de solidarités. La valeur sociale ainsi créée s'apprécie à travers la capacité de la mutuelle à agir sur tout un ensemble de relations : entre aidant et aidé, entre l'aidant et son entourage, mais aussi entre la mutuelle et les différents partenaires mobilisés autour de cette cause, etc. Il s'agit bien ici d'une valeur sociale *intrinsèque* tant ce travail de lien s'opère hors de toute perspective directe de « retour sur investissement ».

D'autres mutuelles étudiées se caractérisent, tant dans leurs relations avec leurs salariés qu'avec leurs sociétaires, par la force de leur esprit communautaire, renouant ainsi, par exemple dans le monde des motards, avec les formes de solidarités du « fraternalisme » des premières sociétés de secours mutuels. Le paiement des cotisations s'y accompagne de tout un ensemble de pratiques collectives d'entraide, de conseils, de visites aux sociétaires accidentés, de loisirs partagés, etc. La technique assurantielle n'est alors considérée que comme un moyen pour faire vivre et défendre, d'un

[15] Si, conformément au slogan de l'une des mutuelles étudiées, « La solidarité est une force », n'est-ce pas alors au sens où la valeur (mutualiste) de la solidarité – et des engagements qu'elle suscite – serait essentiellement une force… productive, garante de performance économique ?

point de vue militant, une communauté longtemps stigmatisée – celle des « blousons noirs » – et particulièrement vulnérable aux risques routiers. Dans ces deux exemples, prime non plus la face extrinsèque, mais la face intrinsèque de la valeur sociale, la valorisation de la valeur de lien pour elle-même.

Que conclure au regard de cette subtile dialectique entre ces deux faces de la valeur sociale ? Comme je l'ai souligné, si la valeur sociale intrinsèque n'est mobilisée, d'un point de vue utilitariste, qu'à titre de moyen pour produire de la valeur sociale extrinsèque et, ainsi de la valeur économique, ce processus est aporétique tant il soumet la première, au risque de l'épuiser, à ce que j'ai nommé la tyrannie – ou le caractère omnivore – de la valeur. À l'inverse, comme en attestent les deux exemples précédents, d'un point de vue anti-utilitariste, la valeur sociale intrinsèque peut être valorisée pour elle-même, inconditionnellement [16]. Dans cet esprit, l'éthique mutuelliste bien comprise relève d'un pari, paradoxal, qui invite à financer et soutenir des actions sociétales, des causes publiques, mais aussi à mener des politiques en direction des salariés et des sociétaires, qui ne sont pas immédiatement ou directement rentables, mais qui, parce qu'elles ont un sens et une valeur intrinsèque, sont susceptibles de le devenir. Pour autant, un tel pari n'est en rien irénique. Il n'est autre que le pari du don [Caillé, 2000, 2012 ; Chanial, 2011, p. 251-253]. Il peut s'énoncer ainsi : pour que le don soit « payant » à terme, il ne faut pas qu'il soit fait en ce but. Ou encore, dans le don, « on gagne à condition de ne pas être intéressé à gagner, de ne pas adopter le schéma de l'intérêt individuel, de ne pas calculer » [Godbout, 2000, p. 167]. C'est à cette condition que le don enclenche la spirale du don, que le don appelle le don. C'est à cette condition qu'il fabrique du rapport social et, conjointement, qu'il est « payant ».

8. Conclusion

Interroger ainsi, dans leurs tensions, les différentes formes de valeurs produites par ces économies non économiques que constituent les mutuelles, invite, d'un point de vue théorique, à questionner la pluralité des ressorts de l'engagement et de l'action collective. Au lieu de réduire, de façon fétichiste, toute action à ce qu'Alain Caillé [2009, 2012, p. 85-86] nomme « l'intérêt à » sans prendre en compte ce qui relève de « l'intérêt pour », il s'agit de faire droit à ce que l'on pourrait nommer la « force normative » de la solidarité, du don et du *care* ou plus généralement aux motifs non instrumentaux, non utilitaires, de l'action individuelle ou institutionnelle. Ou, pour le dire autrement, de ne pas « faire l'économie » de ce que nous accomplissons par obligation (morale), par conviction, mais aussi par plaisir, donc de rendre justice à ces formes d'action qui ont en elles-mêmes leur propre fin et leur propre sens.

Pour autant, faut-il encore que ce type d'engagement, et avec lui toutes les pratiques qui relèvent peu ou prou du don, du *care*, du gratuit, du sans prix, puissent se manifester et se manifester librement. Or, à chercher à tout prix à les objectiver – à les réifier –, à les formaliser, à les quantifier sur le modèle du travail abstrait, pour revenir à Marx, à les subsumer sous la forme valeur –, on risque fort de les décourager, de les tuer dans l'œuf. Ou plutôt de tuer la poule aux œufs d'or. En effet, si ces formes

[16] Ce qui n'interdit pas qu'elle puisse également générer de la valeur sociale extrinsèque et donc de la valeur économique.

d'engagement ont bien une « valeur », elles n'ont pas de prix. Ce qui est ainsi produit, ce ne sont pas des marchandises, mais ce qu'il faut nommer des « biens relationnels » [Bruni, 2014 ; Donati, 2014] qui, parce qu'ils reposent sur des motivations intrinsèques, relèvent de la gratuité. Et parce que la valeur de ces biens dépend avant tout de la qualité des motivations en jeu – et donc de celle des relations ainsi nouées –, elle s'évanouit avec elles.

En définitive, pour opérer une synthèse improbable entre Mauss et Marx, l'infrastructure n'est peut-être ni là où l'on croit ni celle que l'on croit. Du moins si l'on redéfinit tout autrement la notion même de mode de production. Comme le propose David Graeber [2014, chap. 3], ne faut-il pas considérer les modes de production non comme des manières de fabriquer des objets – donc une forme de plus-value matérielle –, mais bien plus comme autant de façons de produire des relations sociales – et donc des êtres humains en tant qu'ils sont façonnés par ces relations ? En donnant ainsi la priorité hiérarchique à ce travail – dénié, subordonné – du lien, l'infrastructure se présente moins comme une réalité économique que comme une sphère morale. Elle relève avant tout de l'ordre du don ou du *care*, de cet art de se lier qui, plus que la production matérielle, fait tenir la maison commune.

Dès lors, les économies non économiques seraient bien inspirées de ne pas laisser en friche, de ne pas « économiser », au double sens du terme, de telles « forces productives », et de ne pas laisser se dresser, à l'instar du *social business* contemporain, de nouvelles *enclosures* autour de ces biens communs si précieux. Et ainsi d'assumer, par le mode d'institution démocratique de l'économique qu'elles incarnent, leur dimension proprement critique et politique.

Bibliographie

Alter N. (2009), *Donner et prendre. La coopération en entreprise*, La Découverte, Paris.

Bourdieu P. (1994), *Raisons pratiques*, Seuil, Paris.

Bourdieu P. (1997), *Méditations pascaliennes*, Seuil, Paris.

Brugère F. (2011), *L'éthique du* care, Presses universitaires de France, Paris.

Bruni L. (2014), *La blessure de la rencontre. L'économie au risque de la relation*, Nouvelle Cité, Paris.

Caillé A. (2000), *Anthropologie du don*, Desclée de Brouwer, Paris.

Caillé A. (2009), *Théorie anti-utilitariste de l'action*, La Découverte, Paris.

Caillé A. (2012), *L'idée même de richesse*, La Découverte, Paris.

Caillé A., Grésy J.-E. (2014), *La révolution du don*, Seuil, Paris.

Caillé A., Chanial Ph., Cova B., Gauthier F., Rémy E. (2014), « Consommer, donner, s'adonner. Les ressorts de la consommation », *Revue du MAUSS semestrielle*, n° 44, La Découverte, Paris.

Chanial Ph. (2011), *La sociologie comme philosophie politique. Et réciproquement*, La Découverte, Paris.

Chanial Ph., (2012), « Don et *care*, une famille (politique) à recomposer », in M. Garrau, J. Le Goff (dir.), *Politiser le* care ?, Le Bord de l'eau, Latresne.

Chanial Ph., Gaglio G. (2013), « "Aidons les aidants". Une initiative mutuelliste face au marché de la dépendance », *La Revue du MAUSS semestrielle*, n° 41, La Découverte, Paris.

Dardot P., Laval C. (2014), *Commun. Essai sur la révolution au xxi*e *siècle*, La Découverte, Paris.

Donati P. (2014), *Transcending Modernity: The Quest for a Relational Society*, University of Bologna, Bologna.

Godbout J. (1992), « La circulation par le don », *La Revue du MAUSS trimestrielle*, n° 15-16, La Découverte, Paris.

Godbout J., (2000), *Le don, la dette, l'identité*, La Découverte, Paris (réédition Le Bord de l'eau, Latresne, 2013).

Godbout J., Caillé A. (1992), *L'esprit du don*, La Découverte, Paris.

Graeber D. (2014), *Des fins du capitalisme. Possibilités I*, Payot, Paris.

Hochschild A. (2013), « Éthique du *care* et capitalisme émotionnel », in C. Gilligan, A. Hochschild, J. Tronto, *Contre l'indifférence des privilégiés*, Payot, Paris.

Honneth A. (2007), *La réification*, Gallimard, Paris.

Jappe A. (2003), *Les aventures de la marchandise*, Denoël, Paris.

Jappe A (2011), « Le "côté obscur" de la valeur et le don », in *Crédit à mort*, Éditions Lignes, Paris.

Laville J.-L. (2010), *Politique de l'association*, Seuil, Paris.

Mauss M. (1989), « Essai sur le don », in *Sociologie et anthropologie*, Presses universitaires de France, Paris.

Petitclerc M. (2007), *« Nous protégeons l'infortune » : les origines populaires de l'économie sociale au Québec*, VLB Éditeur, Montréal.

Petitclerc M. (2008), « Les origines populaires de l'économie sociale au Québec », *La Revue du MAUSS permanente*, http://www.journaldumauss.net/?Les-origines-populaires-de-l.

Polanyi K. (1983), *La grande transformation*, Gallimard, Paris.

Polanyi K. (2011), *La subsistance de l'homme*, Flammarion, Paris.

Simmel G. (1987), *Philosophie de l'argent*, Presses universitaires de France, Paris.

Simmel G. (1999), *Sociologie. Études sur les formes de la socialisation*, Presses universitaires de France, Paris.

Steiner P. (2007), « Karl Polanyi, Viviana Zelizer et la relation marchés-société », *La Revue du MAUSS semestrielle*, n° 29 « Avec Karl Polanyi », La Découverte, Paris.

Thompson E. P. (1988), *La formation de la classe ouvrière anglaise*, Seuil, Paris.

Tronto J. (2009), *Un monde vulnérable. Pour une politique du* care, La Découverte, Paris.

Weber M. (2003), *L'éthique protestante et l'esprit du capitalisme*, Gallimard, Paris.

Zelizer V. (1979), *Morals and Market. The Development of Life Insurance in the United States*, Transaction Books, New Brunswick.

Zelizer V. (1994), *The Social Meaning of Money*, Basic Books, New York.

Comptabilité privée et action publique. Les transformations de l'État et du capitalisme

Corine EYRAUD
LEST, Aix-Marseille Université & CNRS
corine.eyraud@univ-amu.fr

À travers l'analyse de l'adoption par l'État d'une comptabilité d'entreprise, cet article dresse un tableau des transformations de l'État français au cours de la dernière décennie. En mettant en évidence de nouveaux circuits économico-financiers, il montre la nécessité de penser ensemble transformations de l'État et transformations du capitalisme.

Private Accounting and Public Action. The Transformations of the State and of Capitalism

Through the analysis of the adoption by the French State of a private-sector accounting system, this article maps the changes the French State has undergone over the last decade. By highlighting new economic and financial circuits, it shows the necessity of considering the transformations of the State together with the transformations of capitalism.

Mots clés : capitalisme, État, comptabilité, enseignement supérieur, sociologie

Keywords: capitalism, state, accounting, higher education, sociology

1. Introduction

Depuis les années 1990, de plus en plus d'États à travers le monde connaissent une transformation majeure de leur système de comptabilité : ils passent d'une comptabilité publique spécifique à une comptabilité privée d'entreprise. C'est le cas de la France avec l'entrée en vigueur de la Loi organique relative aux lois de finances (LOLF) au 1er janvier 2006.

DOI: 10.3917/rfse.hs1.0201

Le premier type de comptabilité a pour fonction essentielle le contrôle budgétaire et la prévention des fraudes et détournements. Pour ce faire, il retrace très finement les entrées et sorties de fonds publics, mais fait figurer les stocks en volume (tant d'hectolitres de carburant, etc.) et les biens immobiliers et mobiliers sous forme de listes.

La comptabilité d'entreprise est une comptabilité patrimoniale qui valorise monétairement tous les actifs (immobilisations, stocks, créances et disponibilités) et tous les passifs (dettes et provisions), et élabore un bilan qui retrace la situation patrimoniale de l'entité considérée. Elle met en correspondance les charges et les produits d'une même période afin de calculer un revenu : un profit ou une perte. Ce principe est à la base de l'élaboration du compte de résultat. Ce type de comptabilité permet de construire l'entreprise comme une entité autonome tant de ses propriétaires que des autres entreprises. Elle permet également « d'évaluer et de vérifier les chances et succès productifs en comparant le montant monétaire de la totalité des biens productifs au début d'une opération à but lucratif aux biens productifs à la fin de l'opération » [Weber, 2003, p. 137]. En ce sens et comme Marx, Sombart et Weber l'ont noté, elle institue les deux fondamentaux de l'entreprise capitaliste (entité patrimoniale et résultat économique) et est l'une des conditions de possibilité du développement du capitalisme moderne. Alors que viennent faire ces fondements et conditions du capitalisme au cœur des États contemporains ?

Cet article fait le pari [1] que la comptabilité peut être, pour le sociologue, une entrée heuristique dans l'étude de phénomènes et de processus plus larges. La comptabilité est un type particulier de quantification ; comme tout dispositif de quantification, elle véhicule des valeurs et des représentations, en ce qui la concerne des représentations de ce qu'est l'entreprise, de ce qui lui est interne (ses objectifs) et de ce qui lui est externe [Eyraud, 2003 ; Chiapello, 2008]. Elle s'inscrit, qui plus est, dans une organisation du travail, dans des professions, dans un mode particulier de contrôle et de régulation, et donc dans des relations de pouvoir entre acteurs individuels et collectifs. Elle n'est finalement pas un objet inerte : elle peut avoir des effets en termes de représentations sociales et de modes d'action, ici publique.

Un changement aussi radical de dispositif comptable pour l'État français doit donc pouvoir nous informer sur les transformations en matière de conception de l'État, de ses objectifs et raisons d'être, et de la manière dont il doit être géré. Un dispositif de quantification n'est en même temps qu'un élément d'une configuration plus globale : la réforme comptable est une partie, certes importante, mais une partie seulement, de la LOLF ; plusieurs mesures fortes de la Révision générale des politiques publiques [2] (RGPP) sont liées à la nouvelle comptabilité, telles que les externalisations officiellement décidées sur la base d'une comparaison des coûts de l'activité en régie avec celle réalisée par une entreprise extérieure. Il faut donc analyser le contexte de déploiement du nouveau dispositif et les usages qui ont pu en être faits. C'est sur la période 2005-2012 que se centre cette recherche. Afin de mettre en évidence l'esprit et le mode d'organisation et de fonctionnement de l'État que promeuvent ces deux réformes, celles-ci sont étudiées d'un point de vue général ; afin de saisir leurs

[1] Pari que nous avons déjà tenu : la réforme comptable des entreprises d'État chinoises permettant de saisir l'essence des réformes économiques et l'« invention du social » dans la Chine des années 1990 [Eyraud, 2003].
[2] Réforme de l'État lancée l'été 2007 après l'élection de N. Sarkozy et en place jusqu'en 2012.

implications et modalités concrètes est étudiée leur application dans le champ de l'enseignement supérieur et la recherche (ESR). Nous ne présentons ici que les résultats globaux de cette recherche [3].

La première partie de l'article dresse un tableau des transformations de l'État telles qu'elles sont apparues tout au long de ce travail. La deuxième partie porte son regard sur les usages et les effets du nouveau dispositif comptable. La dernière partie met en évidence, à travers l'analyse de l'ESR, de nouveaux flux économico-financiers entre acteurs publics et acteurs privés et appelle ainsi à penser ensemble transformations de l'État et transformations du capitalisme.

2. La nouvelle comptabilité comme traceur des transformations de l'État

Ces transformations se posent en premier lieu en termes de pertes de spécificités par rapport au secteur privé. Le phénomène est très net du point de vue comptable, l'État a adopté les fondamentaux du dispositif d'entreprise : comptabilité patrimoniale et en droits constatés permettant l'élaboration d'un bilan et d'un compte de résultat. En choisissant de ne pas valoriser l'éducation, la recherche, la santé comme des investissements ou des capitaux, mais seulement les dépenses afférentes comme des charges, l'État a repris à son compte une conception de l'entité comptable en tant que pure « entité économique » et la vision du rôle du capital et du travail dans la production de richesse fondatrice du capitalisme : le travail en tant que charge, seul le capital financier est producteur de richesse. L'État a largement adopté les IFRS (*International Financial Reporting Standards*), « les normes comptables internationales, instruments du capitalisme financier [4] », étendant même par rapport à elles le champ d'application de la valeur de marché. Il a adopté les modes de contrôle de la grande entreprise, le « contrôle interne » fondé sur les notions de risque et de traçabilité, et les modes de travail qui l'accompagnent : découpage de l'entité en fonctions, elles-mêmes décomposées en processus formalisés. L'État a également adopté les progiciels de gestion intégrée (PGI), systèmes d'information produits par le secteur privé en fonction de ses préoccupations et modes de gestion, qui ont des effets de rapprochement en matière de procédures de travail, en particulier comptable [Eyraud, 2013, p. 65-71]. Et l'on assiste finalement à l'importation du vocabulaire du privé, celui de l'audit (risque, traçabilité, réingénierie des processus, cartographie des risques…) et celui des PGI (société, filiale…). Pour ces différents éléments, il s'agit d'adoption et non d'un simple rapprochement : l'État, pour reprendre une expression présente dans plusieurs entretiens, « s'aligne sur le lieu commun » qu'est l'entreprise. L'évolution de l'État français est ainsi marquée, tant au niveau comptable que juridique [5], donc finalement au niveau normatif, par sa banalisation, par le déclin de son domaine d'exception.

[3] *Pour une présentation complète, se reporter à Eyraud [2013]. Les matériaux utilisés sont de quatre sortes : des entretiens en particulier auprès des acteurs du processus de construction des nouvelles normes comptables (mais également auprès de ceux en charge de la construction du dispositif de quantification de la performance pour l'ESR, la « gestion orientée par la performance » étant la deuxième dimension de la LOLF, voir Eyraud* et al., *2011), des documents d'archives (recueils et rapports officiels), un corpus de journaux et magazines français, et des matériaux d'observation (en tant qu'élue au conseil d'administration de notre université participant à de nombreuses journées de formation sur la LOLF et la nouvelle comptabilité).*

[4] *Pour reprendre le titre de l'ouvrage dirigé par Capron [2005].*

[5] *C'est effectivement l'analyse que font de nombreux chercheurs en droit public des évolutions du droit administratif, cf. par exemple Caillosse [2010].*

De manière plus générale, on peut mettre en lumière les philosophies à la base des réformes de l'État français de ces vingt dernières années. La LOLF, et celles avant elle, est très proche du deuxième esprit du capitalisme [Boltanski, Chiapello, 1999] dans sa critique de la bureaucratie et dans les solutions avancées : direction par objectifs, autonomie et contractualisation. La RGPP approfondit ces principes, mais correspond également à la pénétration dans l'État du troisième esprit du capitalisme, de ses principes et outils (*lean management*, travail par projets, efficience et orientation vers l'usager-client), tout comme des conceptions de l'acteur (postulat de l'acteur instrumental rationnel) et des relations entre acteurs portées par les théories microéconomiques et en particulier la théorie de l'agence[6]. Il s'agit clairement d'un rapprochement avec l'esprit et les modes d'organisation du secteur privé.

Le rapprochement s'est également produit au niveau des élites, non plus par le pantouflage de la fonction publique vers des postes de direction du secteur privé, mais par un nouvel âge de la noblesse d'État qui arrive à l'ENA par HEC, tandis que la jonction entre les grandes entreprises de conseil anglo-saxonnes et les élites administratives françaises se fait progressivement à partir des années 1990 pour se développer rapidement tout au long de la RGPP [Berrebi-Hoffman, Grémion, 2009 ; Henry, Pierru, 2012 ; Garrigou, 2010]. Ce processus correspond à la pénétration d'acteurs dominants du capitalisme financier, porteurs du troisième esprit du capitalisme (cabinets d'audit et de conseil), dans la réorganisation de l'État, et à l'ouverture pour eux de nouveaux marchés.

Finalement, la perte de spécificités est évidente ; l'histoire de ces vingt dernières années est marquée dans tous les pays occidentaux, même s'ils ne partaient pas de la même configuration, par un processus de dédifférenciation du secteur public. Le degré de cette dédifférenciation, et surtout ses effets, constituent un enjeu majeur : est-elle à même de défaire ce que l'exorbitance avait permis : « maintenir tout un secteur des rapports sociaux hors de la logique marchande » [Caillosse, 2010, p. 934] ?

Les transformations de l'État vont toutefois au-delà de ce processus de dédifférenciation. Les changements touchent également à la répartition des ressources entre acteurs publics eux-mêmes : entre universités plus ou moins bien dotées, plus ou moins prestigieuses, les choix en matière de modes de financement de l'enseignement supérieur et la recherche (financement à la performance, appels à projets d'excellence) ont renforcé les effets Matthieu[7]. Une recomposition des pouvoirs est également à l'œuvre au sein des entités publiques et en particulier des opérateurs de l'État (telle que la présidentialisation de la gouvernance des universités avec la loi sur les libertés et responsabilités des universités ou loi LRU). Les transformations concernent finalement la configuration « acteurs publics-acteurs privés », nous y revenons dans la dernière partie.

[6] Cette théorie considère que, pour s'assurer que la direction de l'entreprise réponde aux objectifs des actionnaires, ces derniers doivent lui fixer des obligations de résultats assortis d'incitations et de sanctions. Vinokur [2008] résume ce changement de mode de gestion des entités publiques par le passage de « l'obligation de moyens + confiance » à « l'obligation de résultats + méfiance » auquel s'est ajouté, avec la RGPP, le développement d'un système d'incitations/sanctions par un mode de financement à la performance.

[7] Merton [1968] parlait d'« effet Matthieu » (en référence à un verset de l'Évangile selon Matthieu : « À celui qui a, il sera beaucoup donné et il vivra dans l'abondance, mais à celui qui n'a rien, il sera tout pris, même ce qu'il possédait. ») pour désigner la capacité des forts à devenir les premiers bénéficiaires des dispositifs.

3. Une comptabilité sans usage… mais pas sans effets

Un des usages attendus de la nouvelle comptabilité était de fournir des données aux gestionnaires publiques pour qu'ils puissent prendre des décisions fondées, en partie, sur des critères économiques. Or, comme l'énoncent la Cour des comptes et l'Assemblée nationale dans plusieurs de leurs rapports [8], les décisions économiques importantes pendant la RGPP – telles qu'externalisations, privatisations d'activités, partenariats public-privé – ne se sont pas fondées sur des données comptables ; la nouvelle comptabilité est ainsi, six ans après son adoption, largement restée sans usage. Mais cela ne l'a pas empêchée de produire des effets, de prendre part à des transformations.

L'adoption d'une nouvelle comptabilité a ainsi créé un nouveau champ d'activités, interne à l'État et aux entités publiques, externe à l'État avec de nouveaux marchés : formation des acteurs publics à la comptabilité d'entreprise, certification des comptes des établissements publics, progiciels de gestion et tout ce qui les accompagne (formation, maintenance, etc.).

La nouvelle comptabilité a également participé, avec le dispositif d'évaluation de la performance publique (indicateurs de performance), au changement des modes de contrôle et de régulation au sein de l'État et des entités publiques. « Le changement est important parce qu'il transforme assez radicalement les termes du contrôle administratif. Le recrutement des agents par concours et le respect des règles, principes *ex ante* au cœur de la bureaucratie idéale-typique, ne sont plus considérés comme des facteurs suffisants pour piloter les organisations publiques. La rationalisation des administrations passe désormais par des contrôles *ex post* qui reposent sur le calcul et le contrôle des coûts ainsi que sur la surveillance des réalisations et des résultats de l'activité administrative » [Bezes, 2005, p. 32]. Il s'agit d'une forme de contrôle à distance, fondée sur le principe de l'agence, outil et modèle central du nouveau management public : « On a ici un schéma de pouvoirs en cascade, l'agent d'un niveau donné devenant, pour atteindre ses objectifs, le principal d'un agent inférieur. Chaque principal a donc intérêt à avoir pour agents des opérateurs capables d'obtenir de leurs subordonnés les résultats attendus. Ce qui peut contribuer à rendre compte de la tendance au renforcement du pouvoir des exécutifs gouvernementaux comme des directions des établissements, au détriment des législatifs et des conseils » [Vinokur, 2010, p. 498]. La nouvelle comptabilité fait ainsi partie d'un ensemble de dispositifs qui construit une nouvelle forme de responsabilité et produit une redistribution des pouvoirs au sein de l'État et des entités publiques. Ceci étant, le contrôle *ex ante* n'a pas disparu mais coexiste avec le contrôle *ex post*, l'administration connaît ainsi une double forme de contrôle, ce qui explique largement le processus de bureaucratisation vécu par de très nombreux fonctionnaires.

La nouvelle comptabilité a d'autre part contribué au renforcement de la croyance en la rationalisation de l'État ; elle a servi de justification, dans des discours de hauts

[8] *Voir par exemple : Cour des comptes, Rapport public annuel 2011.*

fonctionnaires et de ministres, aux choix d'externalisations ou de partenariats public-privé. Ce rôle d'alibi, permettant de justifier les choix et les orientations prises par les dirigeants, a été repéré depuis longtemps dans le champ de l'entreprise. Mais deux sociologues américains, Carruthers et Espeland [1991], vont plus loin et considèrent que Weber et Sombart n'ont pris en compte dans le lien entre développement de la comptabilité et développement du capitalisme moderne que le rôle technique de la comptabilité : ce qu'elle permet comme rationalisation des décisions quand elle est utilisée. Ils ont oublié son pouvoir rhétorique. Prenant appui sur le fait que jusqu'au XIXe siècle les comptes d'entreprise étaient souvent mal tenus et non équilibrés, Carruthers et Espeland suggèrent que les avantages techniques de la comptabilité ont été pendant longtemps moins importants que ses intérêts symboliques. La comptabilité, en tant qu'incarnation de la rationalité, est venue convaincre de la rationalité de l'entreprise. De ce point de vue, et en ce début de XXIe siècle, elle vient à point nommé prendre place dans un État en crise de légitimité [9], dans le cadre d'une conception de l'État comme devant faire preuve de son efficacité dans l'usage des deniers publics.

La nouvelle comptabilité a finalement contribué, comme notre analyse de la presse l'a montré [Eyraud, 2013, p. 249-253], à asseoir une conception de l'État en tant qu'acteur économique quasiment ou complètement comme les autres ; elle a ainsi participé à transformer les représentations de l'État.

L'usage répété, dans cette partie, des verbes « contribuer », « aider », « participer », « prendre part » montre clairement que l'effet d'ensemble n'est possible que si l'élément comptable ne reste pas isolé, mais trouve des alliés et forme corps avec eux ; la comptabilité n'agit pas toute seule. C'est d'ailleurs de cette manière que Weber, et encore plus Braudel, considéraient son rôle dans le développement du capitalisme moderne.

4. Penser ensemble transformations de l'État et transformations du capitalisme

Les analyses des évolutions de l'État et celles de l'évolution du capitalisme sont aujourd'hui le plus souvent disjointes. Les premières sont le fait de politistes et se font en termes d'État managérial et/ou néolibéral ; les secondes sont plutôt le fait d'économistes hétérodoxes et se font en termes de capitalisme actionnarial ou financier. Les analyses en termes d'État néolibéral sont fondamentales, mais ne permettent pas de saisir les spécificités de cette forme d'État dans leur totalité. Les analyses en termes de capitalisme financier ont bien mis en avant ses éléments distinctifs, mais, ne mettant pas à jour les nouvelles formes d'interdépendance avec l'État, elles sont en partie tronquées. On a d'ailleurs du mal à nommer cette nouvelle configuration « acteurs publics-acteurs privés ». Ramaux propose la notion de « capitalisme néolibéral » qui « permet de rendre compte de la cohérence d'ensemble du nouveau régime [...] marqué par le pouvoir accru de la finance, mais aussi plus globalement par la remise en cause générale de l'État social » [2012, p. 125]. Il est vrai que « néolibéral » fait penser

[9] Crise de légitimité qui a été, tout comme la crise financière qui est venue la renforcer, construite en partie par les États eux-mêmes, ou du moins par une partie d'entre eux et certains groupes en leur sein.

à « politiques néolibérales » et réintègre ainsi le politique dans l'analyse du nouveau régime, mais peut-être moins directement l'État. Lebaron [2010] utilise, quant à lui, le terme de « capitalisme étatico-financier ».

Sur la période 2005-2012, dépense et emploi publics n'ont pas cessé d'augmenter ; la politique de réduction des effectifs dans les ministères a été largement contrebalancée par la croissance des effectifs dans la fonction publique territoriale et surtout dans les Établissements publics à caractère administratif (EPA). Ainsi, malgré les discours portés par les politiques néolibérales, ce qui a finalement été en jeu, au moins pour la France et avec la RGPP, ce n'est pas fondamentalement le retrait ou l'amoindrissement de l'État ou du secteur public. Ce qui s'est joué essentiellement est de deux ordres. Il s'agit premièrement, de leur transformation interne : en termes d'esprit, de modes d'organisation, de relations entre les entités publiques, du poids des différents acteurs et de la répartition de l'argent public entre eux [10]. Il s'agit deuxièmement de la transformation des relations entre acteurs publics et acteurs privés. L'analyse du champ de l'enseignement supérieur et la recherche prend ici toute sa dimension heuristique, car elle permet de révéler certains aspects de cette nouvelle configuration ; nous en retiendrons cinq.

Le premier concerne l'élaboration du cadre normatif de l'action économique privée et publique. La régulation comptable des activités du secteur privé a été pendant longtemps, en Europe continentale, le fait d'acteurs publics nationaux. Elle se fait aujourd'hui en grande partie sans les États ; l'Union européenne elle-même a confié à l'*International Accounting Standards Committee* (IASC), qui représente la profession comptable internationale, l'élaboration de ces normes. On observe ainsi un recours au privé pour la fabrication du droit [Chiapello, Medjad, 2007]. Les normes comptables internationales pour le secteur public, les IPSAS (*International Public Sector Accounting Standards*), adoptées ou servant de base à de très nombreux pays, sont quant à elles élaborées par un groupe multinational également issu des associations professionnelles de comptables libéraux, l'IPSAS *Board*. Ainsi, le régulé (le secteur privé) devient le régulateur, et le régulateur (les États) devient le régulé par les acteurs privés. Il s'agit d'une transformation évidente des rapports de force entre secteurs publics nationaux et acteurs privés internationaux et internationalisés, au profit de ces derniers.

On assiste, en second lieu, au développement du transfert à des acteurs privés du pouvoir de décider de l'affectation de fonds publics dans des domaines de l'action publique qui ne connaissaient pas ou peu ce phénomène. C'est le développement des dépenses fiscales [11] pour le financement de l'enseignement supérieur et la recherche : dons à des fondations universitaires par les entreprises ou les particuliers, et Crédit d'impôt recherche (CIR). Comme l'avance Vinokur, l'enjeu est « moins le volume du financement public que le pouvoir d'en décider l'usage » [2008, p. 4]. Ce transfert transforme les rapports de force au sein de la configuration, tout comme

[10] *Il faudrait ajouter, mais c'est hors du propos et du champ de cette recherche, la transformation des fondements des politiques sociales et de leurs modes d'action : activation, contractualisation, etc. ; évolution bien analysée par toute une littérature, ne citons que Castel [2003].*

[11] *Les « dépenses fiscales », également appelées « niches fiscales », sont intégrées au budget de l'État, puisqu'il s'agit de recettes que l'État a décidé de ne pas percevoir, donc budgétairement de dépenses.*

les modes d'action de l'État, voire des universités. Ainsi la société Soprema a fait un « don » de 2,3 millions à la Fondation de l'université de Strasbourg à l'automne 2014 sous forme de dotation en capital ; seuls les intérêts seront utilisés chaque année au soutien de projets de l'université, mais c'est Soprema qui décidera des projets qui seront financés [12]. Non seulement ce n'est pas l'État qui décide de l'affectation de l'impôt de 1,4 million qu'il n'a pas perçu [13], mais ce n'est pas non plus l'Université de Strasbourg qui va décider de la destination des intérêts de la somme placée.

Le troisième changement concerne la répartition des ressources entre recherche publique et recherche réalisée par les entreprises ; le CIR en est un exemple éloquent : depuis sa réforme en 2006, l'État rembourse aux entreprises 30 % de leurs dépenses de recherche jusqu'à 100 millions de dépenses, et 5 % au-delà. Le CIR bénéficie surtout aux grandes entreprises et aurait largement bénéficié au secteur des services (banques, assurance, conseil…) [14]. L'État n'en gère pas l'augmentation (comme pour toute dépense fiscale) et donc ne gère pas ses diminutions d'entrées fiscales. Pour 2014, le CIR représenterait au moins 5,5 milliards, soit plus de deux fois la dotation (masse salariale incluse) du CNRS, et plus du triple des frais de fonctionnement alloués par le ministère à l'ensemble des établissements universitaires.

Le quatrième processus concerne l'ouverture de nouveaux marchés sur fonds publics, et plus largement la répartition entre l'argent dévolu aux services du public (l'enseignement par exemple dans une université) et celui consacré au paiement de prestations à des cabinets d'expertise comptable ou de conseil. La loi LRU, votée au cours de l'été 2007, a ainsi prévu la certification des comptes des universités par un commissaire aux comptes, soit un cabinet privé, et non pas, comme pour l'État, par la Cour des comptes ou une Cour des comptes régionale, ce qui était tout à fait envisageable. La certification de l'ensemble des universités françaises a un coût d'environ 50 millions annuels (chiffre 2012), soit un peu plus que l'équivalent annuel d'une mesure phare du ministère Pécresse, le Plan licence, visant à améliorer la réussite en premier cycle, et un peu moins que le coût annuel de la création de 1 000 postes d'enseignants-chercheurs (mesure du gouvernement Hollande). Les exemples de recours à des cabinets de conseil sont nombreux [Henry, Sinigaglia, 2014, p. 18] : l'Université de Strasbourg a commandé un audit avant sa fusion au cabinet Deloitte (580 000 euros), l'Université de Bordeaux a versé 250 000 euros au cabinet Ineum pour un accompagnement de sa candidature au pôle de recherche et d'enseignement supérieur (PRES). On voit ainsi à l'œuvre l'ouverture de nouveaux marchés pour le secteur privé et les grands cabinets d'expertise comptable, d'audit et de conseil qui étoffent leur pôle « secteur public », sans parler du développement, plus ancien mais toujours d'actualité, des grands groupes informatiques ou d'édition scientifique [Pignard-Cheynel, 2005].

Le cinquième processus est très nouveau en France, et demande à être analysé en profondeur : l'argent pour l'enseignement supérieur et la recherche participe aujourd'hui à la financiarisation, entendue comme la croissance en volume du secteur financier.

[12] *www.soprema.fr/actualites/evenements/1381/1346849/*

[13] *2,3 millions x 60 % de réduction d'impôt sur les sociétés.*

[14] *Cf. le rapport de la Cour des comptes,* L'évolution et les conditions de maîtrise du CIR, *septembre 2013.*

Ainsi, une part de plus en plus importante des nouveaux fonds publics octroyés à l'ESR est placée sur les marchés financiers, les universités n'en touchant que les intérêts. C'est le cas du « Plan Campus » et des « Investissements d'avenir » dans le cadre du « Grand emprunt » : les projets sélectionnés donnent lieu à financement de l'État sous forme essentiellement de dotations en capital placé en banque et dont les intérêts seuls profitent à ces projets. Le Grand emprunt consiste donc, pour l'essentiel de sa partie enseignement supérieur et recherche, à placer sur les marchés de l'argent que l'on a emprunté sur les marchés, ceci par l'intermédiaire des banques, et à en utiliser les intérêts (si tant est que le différentiel d'intérêt soit positif, mais il n'en est fait mention nulle part). Depuis décembre 2013, les entreprises peuvent, en outre, céder les créances qu'elles ont acquises auprès de l'État au titre du CIR à des établissements bancaires (et plus largement à des « organismes de titrisation ») ; autrement dit, cet argent peut être investi sur les marchés financiers avant même d'avoir été perçu et les créances du CIR servir de fonds de garantie aux sociétés financières. On comprend aisément que ce type de garantie soit recherché : l'État remboursera la créance CIR à l'entreprise (ou à l'organisme financier qui l'a acquise), c'est certain. Notons que si ce processus de participation de l'argent de l'ESR à la financiarisation est émergent en France, il est connu et beaucoup plus développé dans d'autres pays. On a ainsi pu parler de la « bulle des prêts étudiants » aux États-Unis qui représente 1 000 milliards de dollars, dont 80 % garantis par l'État [15].

Ces processus sont à la fois politiques et économiques. Ils transforment les rapports de force entre acteurs publics et acteurs privés. Le secteur privé international acquiert le pouvoir d'élaborer le cadre normatif de ses propres activités, mais également de celles des secteurs publics nationaux. Certaines nouvelles dépenses fiscales donnent la possibilité aux entreprises d'orienter, voire de contraindre, l'action d'entités publiques ; les acteurs privés pénètrent ainsi au cœur du métier et des missions de ces dernières. Tandis que les cabinets de conseil réorganisent les modes d'organisation et de travail de services publics. Les montants financiers en jeu sont énormes, il est évident que l'on a affaire à un processus croissant de captation de ressources publiques par des intérêts privés, mais également d'intégration des entités publiques au monde économique. Les universités françaises deviennent ainsi des entités économiques dotées en capital, pouvant avec la loi LRU demander la propriété de leur patrimoine immobilier, et donc bientôt à même d'élaborer un bilan comptable. Leur intégration aux mondes bancaire et financier est entamée, même si c'est pour l'instant de manière très modeste, alors qu'elles en étaient auparavant complètement séparées [16].

5. Conclusion

L'analyse du nouveau dispositif comptable dans ses deux dimensions (genèse et usages) éclaire ainsi les transformations actuelles et en cours de l'État français. Ces transformations se posent en premier lieu en termes de pertes de spécificités ; nous avons affaire à un processus majeur de dédifférenciation de l'État et du secteur public, l'adoption par l'État d'une comptabilité d'entreprise en est une belle illustration.

[15] *Voir par exemple Ducourant, Rousseau [2009].*
[16] *Lebaron [2015], mettant l'accent sur la dimension cognitive du rapprochement entre l'univers des universités et l'univers économique, parle de « protofinanciarisation symbolique ».*

Les transformations de l'État vont toutefois au-delà de ce processus de dédifférenciation. Dimension économique, dimension politique, transformations internes à l'État et transformations de ses relations aux secteurs et acteurs privés sont intrinsèquement liées. Ces transformations sont profondes, mais sont, dans le même temps, restées en France relativement limitées par rapport à ce qu'ont connu, par exemple, la Grande-Bretagne ou la Nouvelle-Zélande. Limitées dans le sens où l'indivisibilité de l'État n'a pas fondamentalement été mise en question : l'État n'a pas été, comme dans ces deux pays, découpé en agences indépendantes réalisant bilan et compte de résultat. Limitées également, car la dimension et les contours de l'État et du secteur public n'ont pas foncièrement bougé. Limitées finalement, car on n'a que peu touché à la noblesse d'État, c'est elle qui reste essentiellement en charge des réformes de l'État, même les plus techniques telles que la nouvelle normalisation comptable [17]. Le travail sur l'État et ses institutions n'intègre, en France, quasiment pas le pouvoir législatif. Il reste essentiellement l'œuvre de la haute fonction publique, même si cette dernière est bien évidemment diverse, qu'il y a des rapports de force en son sein, qu'elle connaît des transformations, et a été en partie contournée ou « aiguillonnée », pendant la RGPP, par les cabinets de conseil privés.

C'est finalement, en matière de transformations de l'État français, un tableau contrasté et nuancé qui ressort de ce travail.

Les processus mis en évidence dans la dernière partie de cet article montrent néanmoins la nécessité de penser ensemble les transformations de l'État et celles du capitalisme. Si, en plus de ces processus, l'on prend en compte les changements en matière de répartition des ressources entre acteurs publics qui viennent renforcer les effets Matthieu, on voit bien qu'est à l'œuvre une modification de la répartition des ressources publiques entre groupes sociaux [18]. Suleiman le notait déjà en 2003 d'un point de vue international : de nombreuses propositions du Nouveau management public « n'ont pas grand-chose à voir avec la bureaucratie elle-même et beaucoup avec la redistribution des ressources » [p. 20].

James Galbraith analyse ce processus, bien plus développé aux États-Unis qu'en France, en termes de développement d'un État prédateur : « L'État prédateur est un système économique au sein duquel des secteurs entiers ont été construits pour festoyer aux dépens d'institutions publiques initialement mises en place à des fins d'intérêt public, et qui servaient en grande partie la classe moyenne » [2009, p. 212]. Il note lui aussi pour les États-Unis que l'enjeu, malgré les discours, n'est pas la réduction de l'État : « Nous ne voyons pas des conservateurs "réduire l'État" par fidélité à leurs principes. Nous voyons des prédateurs détourner des ressources publiques au profit de leurs amis et protégés [19] » [2009, p. 20]. Supiot parle, dans le même sens, de

[17] La profession comptable privée y a, par sa présence très minoritaire au sein du Comité des normes (deux membres sur vingt et un), joué un rôle direct réduit, même si son rôle indirect par les normes élaborées au niveau international a été important.

[18] Ce phénomène est renforcé par l'augmentation des très hauts revenus, la baisse des prélèvements obligatoires sur les revenus des entreprises et des plus fortunés, et le choix de la dette plutôt que de l'impôt comme ressource publique (les très hauts revenus non seulement payent moins d'impôts mais peuvent utiliser ces fonds économisés pour prêter à l'État moyennant intérêts). Pour une vision générale de cette question et de la littérature récente la concernant, on peut se reporter à Ramaux [2012, p. 145-155 et 317-319].

[19] On comprend dans cette dernière phrase pourquoi Galbraith parle d'État prédateur, et non d'État « prédaté », ce qui semblerait plus logique, le terme fait référence à ces hommes politiques et hauts fonctionnaires prédateurs de l'intérieur.

« privatisation de l'État providence » [2010, p. 45-57]. Pour l'enseignement supérieur et la recherche, ce sont les grands groupes d'entreprise, le secteur du conseil et de l'audit, le secteur informatique, celui de l'édition scientifique et le secteur bancaire qui sont les grands gagnants de ces processus de réorientation des ressources publiques.

Une part de l'intervention publique a toujours été, si nous reprenons la terminologie marxiste, « au service du capital », tandis qu'une autre était « proprement anticapitaliste [20] », maintenant tout un secteur des rapports sociaux en dehors de la logique marchande. L'évolution actuelle se caractérise par le développement de la part au service du capital et une attaque de la part anticapitaliste, développant qui plus est les pratiques de prédation en son sein. La dernière décennie est ainsi marquée, en tout cas en France, non pas par un désengagement financier de l'État vis-à-vis des services publics, mais par une captation de plus en plus importante des ressources publiques par des intérêts privés. Ces constats nous engagent à une remise en perspective historique et internationale [21] du rôle de l'État dans le développement du capitalisme et dans le processus même d'accumulation.

Bibliographie

Berrebi-Hoffmann I., Grémion P. (2009), « Élites intellectuelles et réforme de l'État », *Cahiers internationaux de sociologie*, vol. 126, n° 1, p. 39-59.

Bezes P. (2005), « Le renouveau du contrôle des bureaucraties. L'impact du New Public Management », *Informations sociales*, n° 126, p. 26-37.

Boltanski L., Chiapello È. (1999), *Le nouvel esprit du capitalisme*, Gallimard, Paris.

Bourdieu P. (2012), *Sur l'État. Cours au Collège de France (1989-1992)*, Seuil, Paris.

Caillosse J. (2010), « Sur quelques problèmes actuels du droit administratif français. Bref essai de mise en perspective », *Actualités juridiques de droit administratif (AJDA)*, p. 931-937.

Capron M. (dir.) (2005), *Les normes comptables internationales, instruments du capitalisme financier*, La Découverte, Paris.

Carruthers B. G., Espeland W. N. (1991), « Accounting for Rationality: Double-Entry Bookkeeping and the Rhetoric of Economic Rationality », *The American Journal of Sociology*, vol. 97, n° 1, p. 31-69.

Castel R. (2003), *L'Insécurité sociale : qu'est-ce qu'être protégé ?*, Seuil, Paris.

Chiapello E., Medjad K. (2007), « Une privatisation inédite de la norme : le cas de la politique comptable européenne », *Sociologie du travail*, vol. 49, n° 1, p. 46-64.

Chiapello E. (2008), « La construction comptable de l'économie », *Idées*, n° 152, p. 26-34.

Ducourant H., Rousseau S. (2009), « Le développement du prêt étudiant, pierre indispensable à la construction du marché des services d'enseignement supérieur », *Revue française de socio-économie*, n° 04, p. 3-9.

[20] *Bourdieu [2012] parle de « main droite » et « main gauche » de l'État, mais pour différencier soit deux types de noblesse d'État, soit deux types d'entités étatiques : les ministères à la fois chargés de fonctions régaliennes et promouvant l'orthodoxie économique, les ministères en charge des fonctions sociales.*

[21] *Certains pays, tels que les États-Unis, l'Angleterre ou la Nouvelle-Zélande étant plus « avancés » que la France dans ce processus, leur analyse peut être particulièrement éclairante.*

Eyraud C. (2003), « Pour une approche sociologique de la comptabilité. Réflexions à partir de la réforme comptable chinoise », *Sociologie du travail*, vol. 45, n° 4, p. 491-508.

Eyraud C. (2013), *Le capitalisme au cœur de l'État. Comptabilité privée et action publique*, Éditions du Croquant, Bellecombe-en-Bauges.

Eyraud C., El Miri M., Perez P. (2011), « Les enjeux de quantification dans la LOLF. Le cas de l'enseignement supérieur », *Revue française de socio-économie*, n° 7, p. 149-170.

Galbraith James K. (2009), *L'État prédateur : comment la droite a renoncé au marché libre et pourquoi la gauche devrait en faire autant ?*, Seuil, Paris.

Garrigou A. (2010), « La formation des élites d'État et l'avènement d'une nouvelle "classe rapace" », in L. Bonelli, W. Pelletier (dir.), *L'État démantelé : enquête sur une révolution silencieuse*, La Découverte, Paris, p. 42-53.

Henry O., Pierru F. (2012), « Les consultants et la réforme des services publics », *Actes de la recherche en sciences sociales*, vol. 3, n° 193, p. 4-15.

Henry O., Sinigaglia J. (2014), « De l'autonomie à la mise sous tutelle ? », *Savoir/Agir*, n° 29, p. 15-24.

Lebaron F. (2010), *La crise de la croyance économique*, Éditions du Croquant, Bellecombe-en-Bauges.

Lebaron F. (2015), « Injonction comptable et révolution culturelle à l'université », *La nouvelle revue du travail* [en ligne], n° 6, URL : http ://nrt.revues.org/2177.

Merton R. K. (1968), « The Matthew Effect in Science », *Science*, n° 159, p. 52-64.

Pignard-Cheynel N. (2005), « L'édition de revues scientifiques : une forme de marchandisation de la diffusion des connaissances », *Sciences de la société*, n° 66, p. 181-198.

Ramaux C. (2012), *L'État social*, Fayard/Mille et une nuits, Paris.

Suleiman E. (2005), *Le démantèlement de l'État démocratique*, Seuil, Paris.

Supiot A. (2010), *L'esprit de Philadelphie : la justice sociale face au marché total*, Seuil, Paris.

Vinokur A. (2008), « La loi relative aux libertés et responsabilités des universités : essai de mise en perspective », *Revue de la régulation*, n° 2, p. 1-16.

Vinokur A (2010), « Savoirs et pouvoirs : le "grand basculement" ? », *Économies et Sociétés*, Série « Hors-Série», n° 43, p. 487-508.

Défaire l'arbitraire des faits. De l'art de gouverner (et de résister) par les « données probantes »

Isabelle BRUNO
Ceraps, université Lille 2
isabelle.bruno@univ-lille2

Revisiter la question du « gouvernement par les faits » à la lumière de la prolifération actuelle de technologies évaluatives visant à produire des « données probantes » : tel est l'objet de cet article. Il interroge la singularité d'un art de gouverner qui procède par l'administration de « preuves » – que celles-ci prennent la forme de chiffres statistiques, de résultats expérimentaux ou de données comparatives – pour informer les pratiques et orienter les conduites. Cette façon d'exercer le pouvoir politique soulève en creux la question des possibles et de leur objectivation comme ressources de résistance.

(Un)Making the Arbitrariness of Facts. Truth Games and Power Relations Related to "Evidence-Based Government"

This article aims at reexamining the issue of "evidence-based government" in the light of current profusion of evaluative technologies that aim at producing such hard "evidence" (data, benchmarks, statistics, etc.). Beyond mapping the types of knowledges and techniques composing the evaluation devices dedicated to inform governmental activities, our purpose here is to discern the process of rationalisation and formalisation, of legitimation and disrepute, by which certain data are in the end considered as «hard facts» that an effective management cannot simply ignore. Such a questioning about facts and their use in the exercise of power raises the problem of the possibles and their objectivation as resources of resistance.

Mots clés : benchmarking, données probantes, évaluation des politiques publiques, gouvernementalité, management par les faits, statactivisme

Keywords: benchmarking, evidence, fact-based management, governmentality, policy assessment, statactivism

DOI: 10.3917/rfse.hs1.0213

1. Introduction

Nous sommes entrés dans l'ère de la « performance totale » [Jany-Catrice, 2012]. À tous les échelons, que ce soit dans les appareils d'État, les entreprises industrielles ou les organisations de service public, chacun est sommé de légitimer sa raison d'être en apportant la preuve de son efficacité. En d'autres termes, on pourrait dire en paraphrasant le poète qu'« il n'y a pas de performance, il n'y a que des preuves de performance ». Que ce soit par voie comparative, expérimentale ou statistique, il faut montrer que des résultats compétitifs sont enregistrés ou attendus d'une pratique pour en justifier le choix et l'exécution. Il faut le montrer *preuves à l'appui*, chiffres à l'appui, d'où une intense activité documentaire – le document étant (étymologiquement) *ce qui sert de preuve.* La documentation ainsi produite procède d'une exigence d'évaluation, dont la généralisation a donné lieu à de nombreuses analyses critiques [Chauvière, 2013 ; Del Rey, 2013 ; Garcia, Montagne, 2011]. Tout en prolongeant un processus de rationalisation et de légitimation coextensif au « capitalisme avancé » [Habermas, 1988 ; Laufer, Paradeise, 1982], cette exigence alimente de nos jours une forme de bureaucratisation singulière que Béatrice Hibou [2013] a qualifiée de néolibérale.

Qui veut saisir la singularité de cette rationalité politique s'attaque à l'actualité d'un vieux problème : celui de l'art de « gouverner[1] par les faits », un art soucieux avant toute chose d'objectivité comme gage de réalisme et d'efficacité. Il s'agit ici de revisiter ce problème, somme toute classique, à la lumière de la prolifération ces dernières décennies de technologies évaluatives visant à produire des « données probantes » (*evidence*), qu'il s'agisse de chiffres statistiques, de résultats expérimentaux ou de faits comparatifs tels les *benchmarks* et autres « meilleures pratiques ». Dans l'esprit des travaux de Lorraine Daston et Peter Galison [2007], qui ont historicisé l'objectivité comme vertu *épistémique*, nous rappellerons à grands traits comment elle est également devenue une vertu *politique* qui redéfinit les rapports des gouvernants aux gouvernés et transforme l'exercice du pouvoir gouvernemental, son instrumentation comme ses finalités. Par vertu, il faut entendre une règle de conduite, un idéal et, partant, une force ; une force censée dire la vérité, imposer l'évidence, emporter l'adhésion. Or, tout comme « il n'y a pas de force intrinsèque des idées vraies », selon l'axiome spinoziste cher à Bourdieu, il n'y a pas de force intrinsèque de l'objectivité ; il y a un travail d'objectivation, dans lequel interviennent des acteurs, des affects, des choix, des discours, des techniques, des jugements. Les faits sont *faits*. Ils ne tirent pas leur force d'une objectivité *donnée*, spontanée, mais d'une objectivité *arte-factuelle*, socialement construite.

Une entrée – parmi d'autres – dans la fabrique des faits à visée gouvernementale est l'étude des dispositifs qui les objectivent sous la forme de preuves prétendument irréfragables. Envisagés dans leurs dimensions matérielles et symboliques, sociales et techniques, ces dispositifs donnent à voir la pluralité des régimes de preuve dont se revendiquent les entrepreneurs de « données probantes ». Ils donnent aussi à penser la « contingence pratique » [Gueguen, 2015] qui caractérise les entreprises d'objectivation et ce qu'elles produisent. De sorte que leur analyse permet de défaire

[1] *Au sens large que Michel Foucault donne à ce terme et auquel renvoie le néologisme de « gouvernementalité ».*

l'arbitraire des faits par la mise au jour des arbitrages qui président à leur confection. Défaire l'arbitraire des faits suppose en effet de leur restituer une temporalité, « créatrice d'ouverture et d'indétermination », pour être en mesure de se resituer au moment où ils appartiennent encore au champ de « ce qui dépend de nous », du « délibérable » et du « faisable » [*ibid.*]. L'enjeu n'est pas alors de démêler les faits et les chimères, le plus ou moins vrai et le plus ou moins faux, le réel et le factice, la science et l'utopie, mais de se mêler des processus d'objectivation, de les éclairer pour les désacraliser et permettre aux profanes de prendre part au « gouvernement par les faits », voire de le retourner en autogouvernement.

On ne saurait toutefois abandonner les « faits » à l'art de gouverner, comme si le travail d'objectivation, de véridiction, de « factualisation » ne concernait pas l'art de résister. Qui pose la question *gouvernementale*, la question du *pouvoir*, ne peut en effet échapper à la question périlleuse des *résistances*. En l'occurrence, ce que le « gouvernement par les faits » soulève en creux, c'est le problème du possible comme « catégorie fondamentale de la critique ». Comme l'écrit très justement la philosophe Haud Guéguen [2014, p. 265], « [q]u'elle soit théorique ou qu'elle soit pratique, la critique ne peut s'exercer qu'à considérer que les choses pourraient (et devraient) être autrement, et que c'est précisément un tel pouvoir être qui fonde et autorise la critique [...]. En d'autres termes, la critique suppose, au moins tacitement, l'idée d'un "possible" en vertu et à partir duquel il soit permis de contester ou au moins de questionner "ce qui est" (une certaine organisation du travail, un modèle de la socialité, un dispositif technique, etc.) selon la perspective de sa transformation. » D'où un paradoxe : alors même que la critique est tenue pour inhérente à la démarche scientifique, que ses formes et modalités donnent lieu à maintes analyses épistémologiques ou sociologiques, le possible reste abstrait et flou, insaisissable, apparemment rétif à toute objectivation. Souvent évoqué en sciences sociales à travers les notions de « marge de manœuvre », d'« habitus », de « répertoire d'action » ou de « *turning points* », il n'en demeure pas moins « sous-déterminé », sinon « surdéterminé » à l'instar de « certaines utopies sociales » [Jeanpierre *et al.*, 2013, p. 16].

L'actualité éditoriale de ces dernières années atteste un vif regain d'intérêt pour la question des possibles et interroge le rôle des sciences sociales critiques dans leur appréhension. Il existe des travaux qui s'efforcent précisément de définir, de mesurer, de documenter, en un mot d'objectiver le(s) possible(s) suivant diverses voies qu'un excellent dossier de la revue *Tracés* a récemment inventoriées [*ibid.*]. Parmi ces voies, deux seront développées à titre d'exemple : d'une part, celle du « statactivisme » [Bruno *et al.*, 2014a ; Bruno *et al.*, 2014b] qui entend transformer la réalité sociale par la construction d'autres catégories, mesures et indicateurs, mais aussi et peut-être surtout par l'appropriation critique et militante des savoirs statistiques ; d'autre part, celle des « utopies réelles » [Wright, 2010], laquelle contribue à nourrir une culture des précédents micropolitiques. Dans tous les cas, il s'agit de recourir aux méthodes d'enquête scientifiques pour affirmer « l'immanence du possible, par opposition à toute conception d'un possible purement logique ou idéel qui serait délié de toute expérience ou de toute réalité. Immanent, le possible l'est au sens où il se trouve non seulement porté par une situation sociale historiquement déterminée, et devant être appréhendée dans sa matérialité, mais par les acteurs sociaux et leurs capacités pratiques » [Guéguen, 2014, p. 273].

Restituer une contingence historique et une épaisseur sociologique à des « faits accomplis » volontiers présentés par les gouvernants comme impérieux ; documenter des pratiques minoritaires de résistance trop souvent disqualifiées comme irréalistes alors même qu'elles ont été éprouvées, voire sont encore observables empiriquement : telles sont les deux opérations complémentaires par lesquelles les chercheurs en sciences sociales peuvent contribuer à *défaire* l'arbitraire des *faits* par leur mise en politique, c'est-à-dire à ouvrir leur boîte noire pour déplier ce qui les *fait* et établir ainsi les conditions de possibilité d'une puissance collective (de penser et d'agir). L'objet de ce court essai exploratoire est ainsi de tenter – vaille que vaille – de tenir ensemble les arts de gouverner et de résister, l'objectivation scientifique et l'imagination politique, les faits et les possibles, pour essayer d'entrevoir la réalité qu'ils composent comme enjeu de pouvoir et de savoir [2].

2. L'art de gouverner par les faits : « faire taire les incrédules »

2.1. Actualité d'un vieux problème

Depuis les années 1980, le recours croissant à des ratios statistiques, à des données économétriques ou encore à des indicateurs de performance, pour renseigner une prise de décision, pour justifier une mesure, pour fonder en raison un programme stratégique, est devenu une pratique routinière au sein des États comme dans les entreprises. On parle dans les deux cas de management par la performance, de culture du résultat, de « politique du chiffre ». Que les gouvernants prennent appui sur des « faits », aussi durs et indiscutables que possible, pour exercer leur pouvoir, il n'y a là rien d'inédit ni d'énigmatique a priori. C'est ce que proposaient déjà les tenants de l'économie politique libérale au XVIIIe siècle, soucieux d'« en finir avec la violence, la domination, les oppositions d'intérêts et le choc des passions ; en finir, en quelque sorte, avec le politique lui-même, en rationalisant et naturalisant ce domaine d'objectivité qu'est la société sous le signe de l'ordre naturel physiquement fondé. Dès lors, on doit moins gouverner les hommes qu'administrer les choses dans leur naturalité, c'est-à-dire gérer la population en manipulant les choses, en aiguillant le désir des hommes contre lequel on ne peut rien » [Skornicki, 2008, p. 19]. En pratique, ce sont les techniques organisationnelles et le calcul économique de l'utilité, mis au point en France par les ingénieurs des Ponts et Chaussées ou des Arts et Métiers, qui ont équipé cette façon de gouverner par des données empiriques et des « choses visibles » [Cohen, 2001, p. 163-166 ; Grall, Vatin, 2004].

Un tel mode de gouvernement « rationnel », sinon « scientifique », se déploie au XIXe siècle en suscitant immédiatement une critique que la littérature a mise en récit dans des ouvrages devenus classiques. Un extrait très connu de Charles Dickens met ainsi en scène un directeur d'école, Thomas Gradgrind, « homme de faits et de calculs », et un fonctionnaire qui inspecte son établissement, tous deux s'évertuant à expliquer aux élèves qu'ils doivent « [se] laisser guider et gouverner par les faits » et « bannir le mot Imagination à tout jamais ». Il leur est même annoncé que le gouvernement

[2] *Ce texte a bénéficié des remarques précieuses des participant-e-s au colloque de Cerisy et des relecteurs/rices sollicité-e-s par la revue. Qu'ils/elles en soient ici remercié-e-s.*

espère « posséder avant peu un corps délibérant composé de commissaires amis des faits, qui forceront le peuple à respecter les faits et rien que les faits » [Dickens, 1994, p. 6]. En campant de tels personnages, Dickens croque avec acuité l'utilitarisme de son temps et avec intuition l'esprit gestionnaire du nôtre [Ogien, 1995].

Il n'y a évidemment pas que la littérature qui a pris précocement pour objet cet art de gouverner par les faits. La philosophie a été une autre instance critique majeure. Toujours à titre d'exemple, il suffit de songer à l'École de Francfort, notamment à Max Horkheimer, qui a pris pour cible l'autorité investie dans les faits. Comme l'explique Katia Genel, l'analyse des transformations de l'autorité a conduit cet auteur à diagnostiquer « la fin des autorités traditionnelles », telles que la famille, le chef, la culture de masse, et « l'avènement croissant d'une autorité "des faits" ou encore du réel » [2013, p. 110]. Le constat est désabusé : la critique de l'autorité par Horkheimer et ses compères n'a pas débouché sur l'émancipation escomptée du sujet critique et semble même avoir armé une nouvelle forme d'autorité qui s'appuie sur « un mode de présentation de la réalité » conçue comme un donné, et qui se trouve en cela « renforcée par les sciences elles-mêmes » [*ibid.*, p. 108]. Selon Horkheimer, l'« autorité ne revêt plus une forme personnelle, mais devient l'autorité de l'ordre socio-économique qui se donne comme une nécessité » ; et cet « attachement passionné au donné » refermerait les possibles révolutionnaires [*ibid.*, p. 110]. Genel précise que cette fermeture des possibles s'entend « au double sens d'une perte des vecteurs traditionnels assurant la possibilité de l'émancipation et d'une fermeture sur les faits assurée par la transformation positiviste de la théorie » [*ibid.*, p. 108].

Dans une autre optique, Michel Foucault s'est également attaqué à cette question du gouvernement par les faits en montrant comment l'économie politique a fait de la réalité à la fois la cible et l'instrument de la gouvernementalité libérale. Dans ses cours de 1978 qui proposent une généalogie de ce mode de gouvernementalité, il remonte aux physiocrates et à leur conception non seulement de l'économie, mais aussi de la politique comme *physique*. Par « physique », par « nature », les physiocrates visent de fait cette réalité qui est le seul donné sur lequel la politique doit agir et avec lequel elle doit agir selon eux. Il rapporte à cet égard la vision de Dupont de Nemours qui a écrit dans la préface de son *Journal de l'agriculture, du commerce et des finances* [1765] : « [L'économie politique] n'est pas une science d'opinion, où l'on conteste entre des vraisemblances et des probabilités. L'étude des lois physiques, qui toutes se réduisent au calcul, en décide les moindres résultats » [cité dans Foucault, 2004, p. 55]. Il mentionne également Le Trosne, autre grande figure de la physiocratie, qui écrit en 1766 : « La science économique n'étant autre chose que l'application de l'ordre naturel au gouvernement des sociétés est aussi constante dans ses principes et aussi susceptible de démonstration que les sciences physiques les plus certaines » [*ibid.*]. Et Foucault de commenter : « Ne se placer jamais que dans ce jeu de la réalité avec elle-même, c'est cela qui est, je crois, ce que les physiocrates, ce que les économistes, ce que la pensée politique du XVIIIe siècle entendait quand elle disait que, de toute façon, on reste dans l'ordre de la physique et qu'agir dans l'ordre de la politique, c'est agir encore dans l'ordre de la nature. Et vous voyez en même temps que ce postulat, je veux dire ce principe fondamental que la technique politique ne doit jamais décoller du jeu de la réalité avec elle-même est profondément lié au principe général de ce qu'on appelle le libéralisme » [*ibid.*, p. 49].

Foucault insiste ainsi sur le rôle prépondérant que jouent les économistes dans la constitution d'un champ de réalité qui apparaît comme le corrélatif du pouvoir gouvernemental. Ce faisant, ils ouvrent la voie à la statistique, technologie de gouvernement par excellence. Jusqu'au XVIIe siècle, l'art de gouverner consistait en un maniement des lois. On attendait du prince qu'il fasse preuve de sagesse et de prudence. « Être sage, c'était connaître les lois » (positives, naturelles, divines, morales). Être prudent, c'était « savoir dans quelle mesure, à quel moment et en quelles circonstances appliquer effectivement cette sagesse » [*ibid.*, p. 279]. Or Foucault remarque qu'« à partir du XVIIe siècle, on voit apparaître, comme caractéristique du savoir nécessaire à celui qui gouverne, tout autre chose. Ce que le souverain ou celui qui gouverne [...] doit connaître, ce ne sont pas simplement les lois, ce n'est même pas premièrement ni fondamentalement les lois [bien qu'on s'y réfère toujours, bien sûr, et qu'il soit nécessaire de les connaître], mais ce qui est à la fois nouveau, capital et déterminant, c'est que le souverain doit connaître ces éléments qui constituent l'État [...] il faut que celui qui gouverne connaisse les éléments qui vont permettre le maintien de l'État [ ]. C'est-à-dire que le savoir nécessaire au souverain sera une connaissance des choses plus qu'une connaissance de la loi, et ces choses que le souverain doit connaître, ces choses qui sont la réalité même de l'État, c'est précisément ce qu'on appelle à l'époque la "statistique" » [*ibid.*, p. 279-280]. La gouvernementalité libérale s'est ainsi déployée en prenant pour cible et instrument une réalité socio-économique statistiquement objectivée dans des faits tenus pour irrécusables. Pour autant, il ne s'agit pas d'inféoder la statistique à l'économie politique libérale. Il s'agit plutôt d'envisager la fabrique des faits comme un lieu éminemment politique soumis à divers régimes d'objectivation.

2.2. La fabrique des faits : quantifier, expérimenter, comparer

« Faire des choses qui tiennent » : tel est le propre de la statistique moderne résultant, selon Alain Desrosières, « de la réunion de pratiques scientifiques et administratives initialement éloignées les unes des autres » [2000, p. 17]. En tant que « science de l'État », elle a toujours servi – dans un même geste – à *prouver* et à *gouverner* en fabriquant des « choses solides », des « arguments d'autorité », des « faits indiscutables ». Elle tire précisément son efficace politique du travail d'objectivation scientifique qui la caractérise. Cependant, ses opérations de collecte et d'enregistrement, de quantification et de modélisation ne sont pas immuables. Il y a autant de manières de faire des statistiques qu'il y a de façons de penser le monde social et d'agir sur lui. C'est ce qu'a bien montré Desrosières [2008, p. 39-56] à travers une périodisation dégageant cinq configurations idéal-typiques d'État dont les formes spécifiques de statistique et d'action publique sont rapportées à des modes distincts de conceptualisation de l'économie et de la société. À chaque type d'État (ingénieur, libéral, providence, keynésien, néolibéral) correspond ainsi un agencement particulier de savoirs et d'instruments (démographiques, comptables, économétriques, etc.), composant un régime de preuve et de gouvernement *sui generis*.

Il n'y a bien évidemment pas que la statistique qui serve d'« outil de preuve » et d'« outil de gouvernement ». Avec les « faits » expérimentaux, on a une autre forme d'objectivité convoquée à l'appui de l'action politique. Cette fois, le travail d'objectivation ne vise pas simplement à apporter une connaissance fine des populations et territoires à gouverner. Il vise à fonder les politiques publiques sur des preuves produites par la conduite d'expériences suivant un protocole présumé scientifiquement rigoureux. En adoptant la méthodologie des essais cliniques randomisés, l'« *evidence-based policy* » entend procéder par corroboration empirique à l'instar de l'« *evidence-based medicine* » et se prévaloir ainsi de la même scientificité. Fondée sur la méthode de la randomisation développée dans l'entre-deux-guerres par le statisticien Ronald Fisher à des fins de productivité agricole [Favereau, 2014], cette approche expérimentale a pris son essor dans le champ médical dès les années 1950, puis a été appliquée en économie de la santé, du travail ou de l'éducation [Normand, 2011]. À partir des années 1960, des centaines d'expériences sociales à grande échelle, aux États-Unis, mais aussi en Europe, ont été menées pour tester l'efficacité de certaines mesures fiscales par exemple, comme le principe de l'impôt sur le revenu négatif prôné par Milton Friedman, ou pour évaluer les services rendus par certaines agences publiques pour l'emploi [Favereau, 2014]. Contesté dans les décennies 1980-1990, notamment en France où lui a été opposé un autre modèle d'évaluation des politiques publiques dit « pluraliste » [Monnier, 1987 ; Spenlehauer, 1998], ce paradigme « expérimentaliste » a trouvé un second souffle ces quinze dernières années. Il fait en effet partout[3] l'objet d'un regain d'intérêt, suscité entre autres par les travaux en économie du développement d'Esther Duflo et de ses collègues du *Jameel Poverty Action Lab* [Banerjee, Duflo, 2009 ; Labrousse, 2010]. Dans la vive controverse qui oppose partisans et adversaires de l'aide internationale au développement, ceux-ci interviennent en avançant l'idée que ce « débat ne peut être tranché dans l'abstrait : il faut des faits précis » [cité dans Favereau, 2014, p. 212]. Et ces « faits précis », ils se proposent de les construire par la conduite d'« expérimentations aléatoires de terrain », lesquelles soulèvent un grand nombre de problèmes épistémologiques et méthodologiques, éthiques et politiques, qui sortent du cadre de cet article [Labrousse, Zamora, 2013][4].

Avec les faits statistiques d'une part et les faits expérimentaux d'autre part, on a deux exemples de « faits » construits à des fins gouvernementales qui tirent leur force probante de la scientificité des savoirs et outils mobilisés pour les construire. C'est cette scientificité qui les constitue en ressources d'intelligibilité du monde social et, indissociablement, de légitimité politique. Toujours par souci d'illustration et sans prétendre à l'exhaustivité, développons maintenant un troisième exemple de faits aiguillant les pratiques de gouvernement : il s'agit des *benchmarks* qui désignent à la fois des modèles de référence et des cibles chiffrées. Ils sont produits par un exercice d'étalonnage des performances, le *benchmarking*, dont le procédé a été mis au point dans le monde industriel au tournant des années 1980, notamment par les ingénieurs de la firme multinationale Xerox [Bruno, Didier, 2013]. Cette technique d'évaluation comparative est intéressante au regard de notre propos en ce qu'elle équipe un art de gouverner propre à désamorcer le politique – dans l'entreprise comme dans l'État – en arrimant les pratiques organisationnelles sur des « preuves » considérées comme irréfutables.

[3] *En France, cette résurgence est manifeste dans le domaine des politiques sociales, le RSA étant le cas d'étude emblématique à cet égard [Gomel, Serverin, 2009 ; L'Horty, Petit, 2010 ; Chauffaut, 2012].*
[4] *On peut également traduire* Randomized Controlled Trial *(RCT) par « essai contrôlé randomisé ».*

2.3. Le *benchmarking* comme technologie managériale de « gouvernement par les faits »[5]

Le *benchmarking* consiste en une démarche d'objectivation des « bonnes pratiques », par la mise en nombre et la mise en comparaison de leurs résultats. Il est conçu comme un procédé consistant à mesurer et comparer des performances afin d'« aider à la décision » ou, plus crûment, afin d'aider les plus hauts responsables à faire accepter leurs décisions par les cadres intermédiaires. *Comment emporte-t-il leur adhésion ?* Par l'administration de preuves chiffrées quant à l'existence de « meilleures pratiques » observables *ailleurs*, enregistrant des résultats supérieurs aux siens et creusant ainsi des écarts de performance qui sont autant de différentiels de compétitivité censés mettre en péril la survie de l'organisation. En cela, le *benchmarking* est une façon de gouverner par le réel : c'est dans le réel, par une méthode de recherche empirique des « meilleures pratiques », et non pas par des calculs de maximisation ou des projections comptables, encore moins par la négociation de normes, qu'on repère les *benchmarks* faisant figure de cibles à atteindre. Ceux-ci bornent ainsi le champ des possibles en délimitant ce qui est faisable par la mesure de ce qui a été fait, le souhaitable se réduisant alors aux meilleurs scores enregistrés. Le recours au *benchmarking* permet ainsi aux gouvernants d'assigner des objectifs chiffrés, dont le réalisme est indiscutable, puisqu'ils sont tirés du réel.

Cet art de gouverner en usant de données probantes, c'est ce qu'on appelle couramment dans l'entreprise l'*evidence-based management* ; chez Xerox, on parle plus volontiers de *management by fact*. Les faits tirés de l'environnement de l'entreprise fonctionnent ainsi comme des normes incitatives – non juridiques en l'espèce –, mais il faut bien noter que ces « faits » ne préexistent pas à leur traduction dans des données comptables et statistiques, comparables avec les résultats internes. Entre le marché et le travailleur, il y a donc toute une chaîne sociotechnique qui documente les « meilleures pratiques » et chiffre leurs performances. À travers cette chaîne, l'entreprise fabrique des normes qui tirent leur force de leur naturalité supposée et servent de point d'appui aux gouvernants pour mobiliser le registre imparable de la nécessité, de l'impérieuse réalité, au lieu de faire valoir leur autorité décisionnelle. L'enjeu n'est pas simplement d'extorquer l'obéissance des subordonnés. Tout comme la direction scientifique des entreprises prônée par Taylor prétendait instaurer une « discipline librement consentie » [1965, p. 259], le « *management by fact* » entend recueillir un consensus sur des cibles « réalistes », fixées en toute impartialité, et motiver ainsi une action volontaire, conduite sous une pression exogène et non pas hiérarchique, objective et non pas interpersonnelle[6]. Le *benchmarking* est en effet un mode de gouvernement qui fonctionne à la responsabilisation, à l'auto-évaluation, à l'implication personnelle, voire intime. Au lieu de nous soumettre à des ordres ou à des règles, il est censé orienter notre engagement dans l'action, gouverner ce que l'on a tendance à croire de plus personnel : nos initiatives. Tout se passe comme si ce n'était ni le contremaître, ni le patron, ni les financiers qui

[5] *Cette partie s'appuie sur le dépouillement des archives privées de la firme Xerox* (Xerox Historical Archives)*, ainsi que sur une série d'entretiens avec l'ancien responsable du* benchmarking *au sein de son bureau Qualité, Robert C. Camp, menés en 2010.*

[6] « It removes the subjectivity from decision making » *[Camp, 1989, p. 15].*

exerçaient leur autorité. Ce sont les états de fait qui sont censés commander, et non plus des subjectivités arbitraires. Les négociations politiques s'inclinent devant l'autorité des faits. Cette dépersonnalisation apparente des rapports de pouvoir, supposément amortis par l'administration de faits et de chiffres, fonde l'exercice du gouvernement sur des preuves tenues pour incontestables. Elle substitue aux normes négociables la « dure réalité » des performances concurrentes et, ce faisant, tend à paralyser au sein de l'entreprise comme de l'État les rouages collectifs de la démocratie sociale et politique qui fonctionnent au débat, au dissensus, au compromis.

En période de crise, une telle démarche a permis aux dirigeants industriels états-uniens de prendre appui sur le fait, présenté comme établi, que de plus hauts niveaux de performance étaient observables *ailleurs*, donc accessibles *ici*. Tout argument pour justifier une impossibilité pratique était *de facto* invalidé par l'existence d'un précédent, traduit en cible chiffrée à atteindre : le *benchmark*. En s'équipant du *benchmarking*, les cadres supérieurs de Xerox voulaient s'armer contre le conservatisme et le scepticisme des cadres intermédiaires – deux symptômes composant un syndrome bien connu en management : le NIH, « *Not Invented Here syndrom* » (NIH)[7]. D'après Robert C. Camp, l'ingénieur responsable de l'implantation du *benchmarking* chez Xerox, le NIH est un « mécanisme protecteur », tel un réflexe de défense naturel que le *benchmarking* permettrait de « soigner », car il ne se contente pas de pointer les différentiels de performance, d'identifier les problèmes (« *problem identification* »), il équipe les managers pour y remédier (« *problem-solving* ») en leur apportant des solutions (« *best practices* »)[8]. Si le *benchmarking* a été systématisé chez Xerox, selon lui, c'est avant tout pour vaincre les résistances au changement, pour surmonter la défiance à l'encontre des innovations, bref pour « faire taire les incrédules[9] ». En construisant la preuve tangible qu'une performance est accessible par la démonstration qu'ailleurs d'autres l'ont atteinte, le *benchmarking* apporte aux dirigeants des arguments d'autorité qui leur permettent de discréditer toute justification contraire. Le PDG de l'époque, David T. Kearns, l'exprime sans détour dans une interview : « C'est une des choses que fait le *benchmarking* : il désamorce les excuses[10]. » Un tel dispositif consiste ainsi à capter la « puissance irrésistible » du « fait accompli », renouant par là avec une tradition positiviste dont le fatalisme était déjà dénoncé en son temps par Auguste Blanqui : « [l]'esprit s'en trouve accablé et n'ose se révolter » [cité dans Bensaïd, 2009]. Un fatalisme qui n'épargne pas les sciences sociales dès lors qu'elles se font « enregistrement acritique des faits » [*ibid.*].

[7] *D'après un récent manuel publié par l'AFNOR, le* benchmarking *opposerait au NIH le NRIH : « Not Re-Invented Here ». Le premier serait affiché « avec arrogance », le second « avec fierté » [Achard, Hermel, 2010, p. 119-122].*

[8] *Entretien mené par l'auteur en 2009 à Ithaca (New York, États-Unis).*

[9] « Seeing the better practices in actual operation elsewhere is the most convincing approach to silencing the disbelievers. » In *« Best Practice Benchmarking: the path to excellence », communication de R. Camp en tant que directeur du* Best Practice Institute, *2010 (archive privée).*

[10] *Nous traduisons :* « That's one of the things that benchmarking does: it takes away the excuses », *in « Payment in Kind »,* Quality Progress, *April 1989, p. 16-20, p. 19. Il est intéressant de noter qu'en 1990, Kearns quitta son fauteuil de PDG pour devenir secrétaire adjoint de l'Éducation du président Bush senior. Il fut un actif promoteur du* benchmarking *des établissements scolaires aux États-Unis [Bruno, 2013].*

3. L'art de résister par les faits : faire parler les possibles

Après avoir esquissé sommairement comment les savoirs statistiques, économiques, managériaux, entre autres, avaient pu être enrôlés par l'exercice d'un pouvoir gouvernemental, qui les consomme autant qu'il les produit, il nous reste à considérer dans quelle mesure ces savoirs et d'autres, notamment l'histoire et la sociologie, peuvent – à l'inverse – travailler à objectiver des possibles qui ne se confondent pas avec la réalité corrélative de la gouvernementalité (néo)libérale. Le dossier de la revue *Tracés* sur les « réalités du possible » et les « possibilités réelles », telles qu'elles sont étudiées par les sciences humaines et sociales, est à cet égard éclairant [Jeanpierre *et al.*, 2013]. Par opposition à ce que Karl Marx appelait des « possibilités abstraites » ou générales, les auteurs définissent les « possibilités réalistes » comme « des possibilités dont la description est suffisamment contrainte pour avoir un intérêt cognitif et éventuellement critique. Tous les mondes possibles ne sont pas également descriptibles ni pertinents. Obtenir, dans la recherche, une meilleure détermination des possibles passe par la possession d'un appareil conceptuel précis et par une articulation étroite entre la description de possibilités alternatives et l'observation empirique » [*ibid.*, p. 8]. Mais l'exploration des « possibles réalistes » par les sciences sociales ne se limite pas à des entreprises intellectuelles visant à mieux concevoir les possibles ou à les capturer par des outils mathématiques de plus en plus sophistiqués. Elles peuvent ambitionner de *rendre possibles* certaines réalités : non pas *réaliser* certains possibles jugés souhaitables, mais « viser une articulation plus serrée entre le possible de la théorie et le possible de la pratique » [*ibid.*, p. 16]. Le « statactivisme » est une modalité de cette articulation. Les « utopies réelles » en sont une autre.

3.1. « Œil pour œil, nombre pour nombre » : statactivisme !

Le « statactivisme » est un néologisme forgé pour désigner une forme de militantisme par les statistiques que pratiquent déjà certains militants, artistes et chercheurs. En tant que concept descriptif, il qualifie diverses expériences visant à se réapproprier le pouvoir émancipateur des statistiques. Ce n'est pas simplement par coquetterie intellectuelle que ce concept a été formé, c'est aussi parce qu'il nous semblait utile de rassembler ainsi des luttes assez diverses par leurs objets, mais partageant un même procédé, de les rallier sous un même étendard pour qu'elles gagnent en visibilité et en force. Tel est l'objet de l'ouvrage collectif intitulé *Statactivisme* [Bruno *et al.*, 2014] qui réunit un ensemble de contributions portant sur des formes d'action militante ayant recours aux statistiques, soit pour rendre visibles et faire entendre des catégories de population victimes de l'indifférence bureaucratique, comme les intermittents, les précaires, les Noirs, les suicidés d'Orange, etc. ; soit pour construire d'autres indicateurs en vue de réorienter les politiques publiques ou les stratégies d'entreprise (c'est la vocation par exemple du Forum pour d'autres indicateurs de richesse – FAIR [11]) ; soit encore pour contourner les règles, voire tricher dans une compétition jugée illégitime (on parle à cet égard de « chanstique » dans la police).

[11] *Animé notamment par Jean Gadrey, Florence Jany-Catrice et Dominique Méda.*

Certes, d'une certaine manière, il n'y a là rien de nouveau. La période des années 1950 à 1970 est en effet riche de précédents historiques en la matière : l'information fournie par la statistique publique était alors vue comme un des piliers de la société démocratique ; elle armait la critique sociale qui prenait souvent appui sur des arguments statistiques pour exprimer et rendre visibles des exigences d'égalité et de justice. Les statistiques ont aussi, par le passé, montré qu'une autre réalité était possible ou ont rendu d'autres possibilités réelles. L'ouvrage en rend compte dans une première partie qui laisse la parole à l'artiste Hans Haacke ainsi qu'aux sociologues Luc Boltanski, Howard Becker et Alain Desrosières. Mais ce que met en évidence ce dernier, c'est précisément que la confiance accordée à ce type d'outils a été érodée, dans la période récente, par la montée en puissance des politiques de quantification d'inspiration néolibérale. Au cours de la recherche collective que nous avons menée sur le *benchmarking* et ses usages dans l'administration étatique et les organisations de service public entre 2009 et 2012, il est en effet apparu que les statistiques étaient de moins en moins perçues comme des ressources de résistance et d'imagination politiques, et de plus en plus considérées comme des techniques de pouvoir *du* pouvoir. À cet égard, Desrosières racontait volontiers une anecdote qui lui a été rapportée au printemps 2009 par une jeune statisticienne militante du « Comité de défense de la statistique publique » qui venait de se créer. Elle participait à une manifestation des syndicats contre l'une des multiples réformes engagées par le président Nicolas Sarkozy. Et, dans le cortège, elle interpellait les manifestants à qui elle demandait de signer une pétition de soutien au service public de la statistique. Sa surprise fut grande lorsqu'elle s'entendit dire : « Vos statistiques ne servent qu'à nous contrôler, à nous fliquer, à aggraver nos conditions de travail ! » Par cette anecdote, triste à ses yeux, Desrosières illustrait le retournement de perception opéré par les usages néolibéraux des indicateurs statistiques comme outils d'évaluation et de contrôle.

C'est de ce constat que nous sommes partis – constat selon lequel les acteurs du mouvement social reprochent de plus en plus aux statistiques leur connivence avec le pouvoir et la sanction, alors même que l'histoire de leurs liens avec la réforme sociale et l'émancipation est tout aussi longue et riche. En documentant diverses pratiques de « statactivisme » – artistiques, militantes, mais aussi scientifiques –, nous voulions montrer comment les statistiques pouvaient produire des collectifs et des catégories et, ce faisant, changer la réalité. Le « statactivisme » participe ainsi d'une approche réaliste des possibles en ce qu'il ne réduit pas l'objectivité – en l'occurrence statistique – à un instrument de pure domination. Il plaide pour une appréhension du travail d'objectivation comme un processus conflictuel pris dans une tension entre pouvoir et résistance. Or il faut bien voir que cette tension entre pouvoir et résistance ne se confond pas avec une autre polarisation, celle qui oppose les faits à l'imagination. L'imagination n'est pas par essence émancipatrice, tandis que les faits seraient par nature aliénants. L'art de « gouverner par les faits » coexiste ainsi avec des formes de « mythocratie », pour reprendre le concept d'Yves Citton [2010]. Autrement dit, l'arsenal des élites au pouvoir est composé à la fois des « données probantes » considérées dans la première partie de cet essai et de récits produits par les techniques de communication narrative. Qu'elles produisent des faits comme le *benchmarking* ou des fictions comme le *storytelling*, ces techniques de pouvoir sont aujourd'hui bien documentées. En revanche, on en sait beaucoup moins sur les ressources alternatives d'objectivation et de créativité mobilisées à des fins de résistance. Des travaux existent – par exemple ceux de l'anthropologue et politiste James Scott qui a écrit sur les arts de résistance ou l'art de ne pas être gouverné [2009 ; 2013] –, mais demeurent trop lacunaires. Il reste à établir une généalogie des savoirs et des pratiques politiques qui soit plus attentive aux expérimentations locales, aux pratiques minoritaires, aux acteurs micropolitiques.

3.2. Nourrir une culture des précédents micropolitiques

Nourrir une « culture des précédents » [Vercauteren, 2011] en documentant au long cours une expérience d'autogouvernement, telle est l'entreprise engagée par l'historien Jérôme Baschet. Celui-ci est parti du constat suivant : « Nous sommes englués dans la réalité. Elle nous colle à la peau, comme un vêtement impossible à arracher. Dans un monde qui se targue de flexibilité et de fluidité, la réalité s'est paradoxalement constituée comme une matière de plus en plus dense et pesante [...]. Elle multiplie les pièges de la contrainte, de l'urgence et de l'inéluctable adaptation à des processus globalisés sur lesquels nul ne saurait avoir prise. [...] Même une bonne dose de scepticisme, voire une solide capacité critique ne portent guère atteinte, le plus souvent, à cette adhésion à un système qui a peut-être renoncé à nous convaincre de ses vertus pour se contenter d'apparaître comme la seule réalité possible, hors du chaos absolu, ainsi que le résume la sentence emblématique de François Furet : "Nous sommes condamnés à vivre dans le monde dans lequel nous vivons." Il n'y a pas d'alternative : telle est la conviction que les formes de domination actuelles sont parvenues à disséminer dans le corps social. Au-delà des opinions de chacun, telle est la norme de fait, en vertu de laquelle l'agir se conforme à une implacable logique d'adéquation à la réalité socialement constituée » [2014, p. 7-8]. Pour se désengluer de cette « situation de fait », Baschet propose d'affiner la critique de l'existant et surtout de donner consistance à des univers alternatifs afin de faire vaciller et d'affaiblir le mode de production dominant de la réalité. Il s'agit par là de travailler à se détacher de la réalité environnante. Selon lui, d'« autres possibles ont déjà commencé à prendre forme et c'est dans le sol de ces expériences concrètes et de leur créativité qu'il convient d'enraciner la réflexion » [*ibid.*, p. 10-11]. C'est dans cette optique qu'il étudie les pratiques d'organisation et les savoirs développés par les communautés zapatistes du Chiapas. Ces communautés expérimentent une forme politique non étatique, fondée sur la dé-spécialisation et la réappropriation collective de la capacité à participer aux prises de décision. C'est une expérience qui n'a rien d'anecdotique dans la mesure où elle dure depuis plus d'une décennie et se déploie sur un territoire aussi grand que la Belgique.

Pour rendre compte de cette expérience d'autogouvernement, Baschet la conceptualise en termes d'« utopie réelle », en référence à Erik Olin Wright [2010], un sociologue états-unien qui s'attelle depuis deux décennies à penser à nouveaux frais l'articulation potentielle entre démarches *scientifiques* des sciences sociales et pratiques *politiques* de constitution de formes de vie alternatives au capitalisme. S'il a forgé le concept d'« utopies réelles », c'est pour s'opposer à deux manières dominantes de relier le présent au futur : le « réalisme réel » selon lequel « la possibilité de changer le monde a perdu toute signification » et l'« utopisme imaginaire » se ramenant à une simple critique de ce qui existe [in Jeanpierre *et al.*, 2013, p. 232-233]. Par contraste avec ces deux démarches, stériles selon Wright, l'approche en termes d'« utopies réelles » part en quête d'expériences réalistes en ce qu'elles ont déjà été mises en œuvre à une petite échelle, ou bien que leur « faisabilité sociale » a été pensée en profondeur sans avoir été encore testée. Cette approche participe d'une « science sociale fondée sur des preuves » qui travaille à « rassembler des données sur des projets utopiques réels, à analyser les variations dans les résultats et essayer de comprendre les conditions de succès et d'échec » [*in* Jeanpierre *et al.*, 2013, p. 238]. Mais il précise bien en quoi une telle « *evidence-based social science* » ne se confond pas avec les expérimentations randomisées mentionnées plus haut, ne serait-ce que parce que l'échantillonnage aléatoire ne s'applique pas au projet d'utopies réelles qui engagent des processus de construction institutionnelle se déployant à une échelle et dans une temporalité insaisissables par cette technique.

4. Conclusion : « le troisième âge des utopies »

« Nous sommes entrés dans un troisième âge des utopies. » Telle est la conclusion que tire Michel Lallement à partir de son étude des *hackerspaces* comme lieu d'expérimentation d'une autre manière de travailler et de vivre ensemble [Lallement, 2015]. Cette recherche éclairante sur le « mouvement faire » l'amène non seulement à rejoindre et conforter l'hypothèse de Wright, selon laquelle « le temps des utopies concrètes est advenu », mais encore à esquisser une « grammaire sociologique » permettant « d'étendre les investigations vers d'autres territoires de l'hétérotopie » et de « prendre sociologiquement au sérieux tous ceux que les rêves collectifs n'effraient pas » [*ibid.*, p. 415-418]. Elle explore des pistes encore trop rarement arpentées par les sciences sociales, celles étroites et sinueuses des expériences collectives qui contournent l'ordre socio-économique dominant pour ouvrir « l'horizon des possibles [12] ». Elle renoue par là, d'une certaine manière, avec le programme interdisciplinaire des théoriciens critiques visant à « dresser un diagnostic des tendances à l'émancipation et de ce qui les contrarie ; un diagnostic du présent qui est donc celui de ses possibilités et de ce qui en contrarie l'actualisation » [Guéguen, 2014, p. 273]. Le chantier est ambitieux. Il déborde les sciences sociales. D'autres disciplines – la philosophie au premier rang –, mais aussi les arts visuels et les spectacles vivants, la littérature et un certain journalisme [13] s'y attellent et font signe vers un décloisonnement du geste critique. *Ou comment (re)faire une réalité acceptable.*

Bibliographie

BANERJEE A, DUFLO E. (2009), « L'approche expérimentale en économie du développement », *Revue d'économie politique*, n° 5, p. 691-726.

BASCHET J. (2014), *Adieux au capitalisme. Autonomie, société du bien vivre et multiplicité des mondes*, La Découverte, Paris.

[12] *C'est en ces termes qu'une nouvelle collection aux éditions La Découverte, dirigée par Laurent Jeanpierre et Christian Laval, a été baptisée suivant l'argument qu'il faut « apprendre à voir la réalité du point de vue de ses possibilités » et « relier ces possibles de pensée à des possibles de luttes ».*

[13] *Citons entre autres Basta !, média indépendant en ligne qui entend à la fois « [d]onner une visibilité aux alternatives concrètes, aux actions citoyennes, aux revendications sociales, aux mouvements de solidarité et aux pistes de solutions proposées pour répondre aux grands enjeux sociaux et écologiques qui se posent » et « [m]ettre en avant les dynamiques globales de transformation dans lesquelles s'inscrivent ces mouvements, acteurs et alternatives » (URL : www.bastamag.net).*

Bensaïd D. (2009), « Walter Benjamin, thèses sur le concept d'histoire », en ligne : http://danielbensaid.org/Walter-Benjamin-theses-sur-le.

Bruno I. (2013), « Le Malcolm Baldrige National Quality Award : des "gourous" aux "missionnaires" de la qualité », *Sociétés contemporaines*, n° 89, p. 47-71.

Bruno I., Didier E. (2013), *Benchmarking. L'État sous pression statistique*, La Découverte, coll. « Zones », Paris.

Bruno I., Didier E., Prévieux J. (2014a), *Statactivisme. Comment lutter avec des nombres*, La Découverte, coll. « Zones », Paris.

Bruno I., Didier E., Vitale T. (dir.) (2014b), « Statactivism: State Restructuring, Financial Capitalism and Statistical Mobilizations », *Partecipazione e Conflitto. The Open Journal of Sociopolitical Studies*, vol. 7, n° 2.

Camp R. (1989), *Benchmarking. The search for industry best practices that lead to superior performance*, Quality Press, Milwaukee.

Chauffaut D. (2012), « Innovations et expérimentations sociales », *Informations sociales*, n° 174.

Chauvière M. (2013), « Esquisse d'une sociologie critique de la nouvelle norme d'évaluation », *Revue française d'administration publique*, n° 148, p. 953-966.

Citton Y. (2010), *Mythocratie. Storytelling et imaginaire de gauche*, Éditions Amsterdam, Paris.

Cohen Y. (2001), *Organiser à l'aube du taylorisme. La pratique d'Ernest Mattern chez Peugeot, 1906-1919*, PUFC, Besançon.

Daston L., Galison P. (2007), *Objectivity*, Zone Books, New York.

Del Rey A. (2013), *La tyrannie de l'évaluation*, La Découverte, Paris.

Desrosières A. (2008), *L'argument statistique. Pour une sociologie historique de la quantification (I)*, Presses de l'École des mines, Paris.

Desrosières A. (2000), *La politique des grands nombres. Histoire de la raison statistique*, La Découverte, Paris.

Dickens C. (1994), *Hard Times*, Penguin Books, London.

Durkheim É. (1912), *Les formes élémentaires de la vie religieuse*, Alcan, Paris.

Favereau J. (2014), « L'approche expérimentale du J-Pal en économie du développement : un tournant épistémologique ? », thèse en science économique, université Paris I Panthéon-Sorbonne.

Foucault M. (2004), *Sécurité, territoire, population. Cours au Collège de France. 1977-1978*, Gallimard/Seuil, Paris.

Garcia S., Montagne S. (2011), « Pour une sociologie critique des dispositifs d'évaluation », *Actes de la recherche en sciences sociales*, n° 189, p. 4-15.

Gomel B., Serverin E. (2009), « Expérimenter pour décider ? Le RSA en débat », document de travail du CEE, n° 119.

Grall B., Vatin F. (2004), *Économie de forces et production d'utilités. L'émergence du calcul économique chez les ingénieurs des Ponts et Chaussées*, Presses universitaires de Rennes, Rennes.

Gueguen H. (2013), « Choix, contingence et nécessité chez Platon et Aristote », *Revue de philosophie ancienne*, vol. 31, n° 1, p. 4-40.

Gueguen H. (2014), « La critique et le possible : le rôle de la catégorie de possible dans la critique des TNIC », in É. George, F. Granjon (dir.), *Critique, sciences sociales et communication*, Mare & Martin, Paris.

Gueguen H. (2015), « Du possible à l'événement : essai de typologie à propos de l'événement et de la contingence », *Nouvelle revue de psychosociologie*, n° 19, p. 79-92.

Habermas J. (1978), *Raison et légitimité. Problèmes de légitimation dans le capitalisme avancé*, Payot, Paris.

Hibou B. (dir.) (2013), *La bureaucratisation néolibérale*, La Découverte, Paris.

Jany-Catrice F. (2012), *La performance totale : nouvel esprit du capitalisme ?*, Presses universitaires du Septentrion, Villeneuve-d'Ascq.

Jeanpierre L., Nicodème F., Saint-Germier P. (dir.) (2013), « Réalité[s] du possible en sciences humaines et sociales », *Tracés*, n° 24 (URL : http://traces.revues.org/5606).

Labrousse A. (2010), « Nouvelle économie du développement et essais cliniques randomisés : une mise en perspective d'un outil de preuve et de gouvernement », *Revue de la régulation*, n° 7, 1er semestre.

Labrousse A., Zamora P. (2010), « Expérimentations de terrain et politiques publiques du travail et de l'emploi. Apports récents et mises en perspective », *Travail et Emploi*, n° 135, p. 5-13.

Lallement M. (2015), *L'âge du faire. Hacking, travail, anarchie*, Seuil, Paris.

Laufer R., Paradeise C. (1982), *Le prince bureaucrate. Machiavel au pays du marketing*, Flammarion, Paris.

L'Horty Y., Petit P. (2010), « Évaluation aléatoire et expérimentations sociales », Document de travail du CEE, n° 135.

Monnier E. (1987), *Évaluations de l'action des pouvoirs publics. Du projet au bilan*, Economica, Paris.

Normand R. (2011), *Gouverner la réussite scolaire. Une arithmétique politique des inégalités*, Peter Lang/ENS de Lyon, Berne/Lyon.

Ogien A. (1995), *L'esprit gestionnaire. Une analyse de l'air du temps*, EHESS, Paris.

Scott J. C. (2009), *La domination et les arts de la résistance. Fragments d'un discours subalterne*, Éditions Amsterdam, Paris.

Scott J. C. (2013), *Zomia ou l'art de ne pas être gouverné*, Seuil, Paris.

Skornicki A. (2008), « Fin de la violence ou fin de l'utopie ? La gouvernementalité entre libéralisme et socialisme », *Labyrinthe*, n° 29, p. 17-27.

Spenlehauer V. (1998), « L'évaluation des politiques publiques, avatar de la planification », thèse pour l'obtention du doctorat de science politique de l'université Pierre Mendès-France de Grenoble.

Taylor F. (1965), *La direction scientifique des entreprises*, Dunod, Paris.

Vercauteren D. (2011), *Micropolitique des groupes. Pour une écologie des pratiques collectives*, Les Prairies ordinaires, Paris.

Wright E. O. (2010), *Envisioning Real Utopias*, Verso, Brooklyn-Londres.

L'état de l'utopie

La question de l'État dans les pensées critiques contemporaines

Razmig KEUCHEYAN
Université Paris-Sorbonne, GEMASS
razmig.keucheyan@paris-sorbonne.fr

Comment la question de l'État se pose-t-elle dans les pensées critiques contemporaines ? Cet article vise à donner des éléments de réponse à cette question. Nous commencerons par un détour historique, et évoquerons la manière dont le problème de l'État s'est posé au sein du marxisme au xxe siècle, notamment chez Gramsci et Poulantzas. Nous en viendrons ensuite à la conjoncture intellectuelle actuelle. Nous aborderons d'abord les théories de l'« anti-pouvoir », un corpus de théories apparu dans les années 1980, qui met l'accent sur la dimension « extra-étatique » du pouvoir. Nous évoquerons ensuite le renouveau récent des théories marxistes de l'État, en nous attardant sur les approches de David Harvey, Giovanni Arrighi et James O'Connor. Nous verrons que l'une des voies de ce renouveau passe par la mise en rapport de l'État avec la question des espaces du capitalisme.

The state of utopia. The question of the state in contemporary critical theories

This article aims at understanding how the question of the State is dealt with in contemporary critical theories. We will start by going back to 20th century Marxist theories of the State, especially to Gramsci's and Poulantzas' approaches. We will then come to the current intellectual conjuncture. First, we will address theories of "anti-power", a set of influential theories that focus on the share of social power that is external to the State. We will then describe the current renewal of Marxist theories of the State, especially the approaches of David Harvey, Giovanni Arrighi and James O'Connor. One important dimension of this renewal is the connection contemporary Marxists establish between the analysis of the State and the issue of the spaces of capitalism.

Mots clés : État, Gramsci, Poulantzas, pensées critiques, espace

Keywords: state, Gramsci, Poulantzas, critical theories, space

DOI: 10.3917/rfse.hs1.0229

1. Introduction

Bringing the State Back In : c'est le titre d'un célèbre ouvrage publié par Peter Evans, Dietrich Rueschemeyer et Theda Skocpol en 1985, qui suggère qu'après des années de relatif désintérêt, la question de l'État soit réintroduite au cœur des préoccupations des sciences sociales [Evans *et al.*, 1985]. Au cours des décennies précédentes, celles-ci avaient progressivement renoncé à considérer l'État comme un problème en soi, ou avaient cherché à contourner les difficultés supposées insurmontables qu'il soulève en évitant d'employer ce concept [King, Le Galès, 2011]. Mais on ne se débarrasse pas aussi facilement d'une entité qui structure la vie sociale et politique depuis les origines de l'époque moderne, affirment les auteurs, qui invitent politistes et sociologues à renouer avec les questionnements des classiques en matière de théorisation de l'État.

Ce qui vaut pour les sciences sociales vaut aussi pour les pensées critiques[1]. L'importance accordée à la question de l'État au sein de ces dernières est cyclique, les périodes d'innovation théorique succédant à celles où d'autres problèmes – le capitalisme, les inégalités, le genre, la race… – occupent le devant de la scène [Jessop, 1981]. Les paramètres qui influent sur le déclenchement et la durée de vie de ces cycles sont difficiles à identifier. On peut faire l'hypothèse que les périodes de crise ou de transformation de l'État génèrent souvent, avec un temps de latence plus ou moins long, un renouvellement des théories critiques de l'État. Dans cette hypothèse, la crise de l'État « interventionniste » des Trente Glorieuses et sa transformation en État « néolibéral » devraient avoir produit des effets théoriques dans les décennies suivantes. Une autre hypothèse, compatible avec la première, est que ce renouvellement est dû à l'intensité des mouvements sociaux, qui donnerait lieu à des développements originaux dans le domaine des idées critiques.

Cet article a pour objet la question de l'État dans les pensées critiques contemporaines. Nous commencerons par un détour historique et évoquerons la manière dont s'est posé le problème de l'État au sein du marxisme au XXe siècle. Nous aborderons en particulier les deux « sommets » de la théorie marxiste de l'État que sont les conceptions d'Antonio Gramsci et de Nicos Poulantzas, élaborées respectivement dans les années 1920-1930 et 1960-1970. Nous en viendrons ensuite à la conjoncture intellectuelle actuelle. Nous aborderons d'abord les théories de l'« anti-pouvoir », un corpus de théories apparu dans les années 1980, qui met l'accent sur la dimension « extra-étatique » du pouvoir. Nous évoquerons ensuite le renouveau récent des théories marxistes de l'État, en nous attardant sur les approches de David Harvey, Giovanni Arrighi et James O'Connor. Nous verrons que l'une des voies de ce renouveau passe par la mise en rapport de l'État avec la question des espaces du capitalisme.

2. L'État dans le marxisme au XXe siècle

On a souvent dit de Marx et du marxisme que l'un de leurs principaux défauts était l'absence de théorie de l'État et de théorie « du » politique en général. Parmi d'autres,

[1] Pour une définition des pensées critiques, voir Keucheyan [2014a, 2014b]. Celles-ci se caractérisent notamment par l'élaboration d'approches (relativement) « totalisantes » du monde social, de concepts indissociablement analytiques et normatifs, et par l'articulation sous des formes diverses de la théorie et de la pratique politiques.

Claude Lefort a développé cet argument [Lefort, 1981]. Rien n'est plus faux si on prête attention aux textes et à leurs contextes de production. Dans leur volonté de renverser l'État capitaliste et d'engager une transition vers le socialisme, les marxistes n'ont cessé de se poser la question de la nature de l'État capitaliste moderne. Mais ils l'ont fait à leur manière, qui n'est pas celle des théories de l'État que l'on trouve dans les traditions libérales ou républicaines.

Karl Marx lui-même avait le projet de développer une théorie générale de l'État, qu'il n'a pas eu le temps de mener à bien. Dans son plan initial du *Capital*, datant de 1857, le livre 4 aurait dû être consacré à cette question [Rosdolsky, 1976, p. 38 ; voir aussi Artous, 1998]. Dans une lettre au socialiste allemand Louis Kugelmann, qui date du 28 décembre 1862, Marx affirme ainsi que la question « du rapport entre les différentes formes d'État et les différentes structures économiques » ne pourrait pas être aisément déduite par d'autres de sa critique de l'économie politique [Marx, 1964 [1862], p. 130]. C'est pourquoi il avait l'intention de clarifier cette question lui-même, ce qu'il n'a finalement pas eu le temps de faire.

Des éléments de théorie de l'État sont par ailleurs présents dans les écrits politiques de Marx. Par exemple, ce que Marx appelle « bonapartisme », notamment dans le *18 Brumaire de Louis Bonaparte*, participe de sa volonté de penser les formes d'État et de régime politique en lien avec l'évolution des structures socio-économiques [Carver, 2011]. Dans l'analyse de ce rapport, Marx accorde d'ailleurs une place importante à la contingence historique. Un élément à ne pas perdre de vue est que l'État encore peu développé – et peu démocratisé – que Marx observe au milieu du XIXe siècle, n'est pas l'entité qui régit tous les aspects de la vie sociale un siècle et demi plus tard. L'« étatisation » de la société ne sera actée par les approches marxistes que dans les décennies suivantes.

Dans le marxisme classique[2], d'Engels à Lukács et Gramsci, les théories de l'État sont nombreuses. Elles prennent toutefois rarement la forme d'une réponse à la question abstraite : « Qu'est-ce que l'État ? » C'est la raison pour laquelle on a pu dire, à tort donc, que le marxisme ne renfermait pas de « théorie de l'État ». Au sein du marxisme, les réflexions consacrées à l'État sont toujours menées en lien avec une ou plusieurs autres problématiques : non pas « Qu'est-ce que l'État ? », mais l'État et la révolution (chez Lénine), l'État et l'impérialisme (Rosa Luxembourg), l'État et la question nationale (chez les austromarxistes, Otto Bauer par exemple), l'État et la bureaucratie (chez Trotski), ou encore l'État et le droit (chez Evgueni Pachoukanis). Il semble par conséquent que l'une des caractéristiques des conceptions marxistes de l'État est de ne pas penser la question de l'État isolément.

3. La lignée Gramsci/Poulantzas

Dans le marxisme classique, la théorie de l'État atteint sans doute son sommet, en termes de sophistication, chez Antonio Gramsci. Aujourd'hui encore, la conception de l'État de Gramsci, élaborée entre 1929 et 1935, est l'une des plus influentes au plan international [Keucheyan, 2012]. Gramsci est un penseur de la même génération que

[2] *Sur la notion de marxisme classique, voir Anderson [1977].*

Karl Polanyi, il est né en 1891, alors que Polanyi est né en 1886. Tous deux tâchent de penser la même « grande transformation » du capitalisme, et en particulier le développement d'un espace social entre l'État et l'économie à partir de la seconde moitié du XIXe siècle [Burawoy, 2003].

Cet espace, Gramsci va l'appeler dans ses *Cahiers de prison* la « société civile », alors que Polanyi l'appelle la « société » – c'est la découverte de la « réalité de la société » que Polanyi attribue à Robert Owen dans *La grande transformation* [3]. L'émergence de cet espace modifie la nature des deux termes qu'il relie, et particulièrement l'État, qui devient comme dit Gramsci un « État intégral » dans les premières décennies du XXe siècle [Buci-Glucksmann, 1975]. L'intérêt de Gramsci se porte en particulier sur les transformations subies par l'État au cours de la crise des années 1920 et 1930. Les « grandes crises » du capitalisme, qu'il appelle « crises organiques », sont des moments par excellence où le système économique et l'État subissent des mutations.

Le principal concept que développe Gramsci, en lien avec sa théorie de l'État, est celui d'« hégémonie » [Burgio, 2014 ; Thomas, 2009]. L'hégémonie, c'est la forme de pouvoir qui a cours dans les sociétés capitalistes avancées. Au sein de ces sociétés, l'État ne cesse de se renforcer, mais avec l'émergence de la société civile se développent simultanément des formes « extra-étatiques » de pouvoir : dans ce que Gramsci appelle « appareils d'hégémonie » (écoles ou presse par exemple), mais aussi dans les entreprises ou les partis politiques, qui montent en puissance dans la seconde moitié du XIXe siècle, ou encore, à un niveau plus microsociologique, dans la culture et la sexualité, dont il est notamment question dans le cahier de prison n° 22, intitulé « Américanisme et fordisme » (Gramsci est l'un des premiers à utiliser le concept de « fordisme »). La notion d'« appareils d'hégémonie » sera l'objet d'une influente réélaboration par Louis Althusser dans les années 1970, qui la transformera en « appareils idéologiques d'État » [Althusser, 1976] [4].

Cet intérêt pour la façon dont le renforcement de l'État suscite, dans un même mouvement, le développement de formes extra-étatiques de pouvoir rapproche Gramsci de la « microphysique du pouvoir » que développera, plus tard dans le siècle, Michel Foucault. Tout ceci conduit Gramsci à formuler la définition suivante de l'État : « État = société politique + société civile, c'est-à-dire une hégémonie cuirassée de coercition » [Gramsci, 2012, p. 39-40]. Commentant cette formule célèbre, Juan Carlos Portantiero, l'un des meilleurs exégètes de la pensée de Gramsci, dit de ce dernier qu'il est le « Weber » du marxisme [5]. Il entend par là que si le marxisme pense la politique principalement sous la forme du conflit, Gramsci introduit en son sein, par l'entremise du concept d'hégémonie, un autre type de considération, qui renvoie à l'idée qu'un ordre social ne saurait « tenir » uniquement par la violence, fût-elle « symbolique ». Comme Weber, Gramsci pose donc la question de la « légitimité » de l'ordre social, même si c'est pour la contester.

[3] *Le concept de « société civile » a bien sûr une longue histoire avant Gramsci, qui remonte au moins au* De Cive *de Hobbes (1649). Voir sur ce point Rangeon [1986].*
[4] *Sur l'influence d'Althusser à l'échelle internationale, voir Kaplan et Sprinkler [1993].*
[5] *Voir Portantiero [1977].*

Après Gramsci, il faut attendre les années 1960 pour assister à un renouvellement significatif de la théorie marxiste de l'État [Jessop, 1981]. C'est à cette époque que des auteurs comme Nicos Poulantzas, Ralph Miliband, Claus Offe, Bob Jessop, Perry Anderson, Erik Olin Wright, Joachim Hirsch… adaptent la théorie marxiste de l'État à une conjoncture politique et intellectuelle nouvelle. À la lecture des cours sur l'État de Pierre Bourdieu, publiés en 2012 [Bourdieu, 2012], on s'aperçoit que c'est principalement avec cette génération de penseurs marxistes de l'État que Bourdieu dialogue et polémique [Batou, Keucheyan, 2014].

Le sommet de la théorie marxiste de l'État à cette époque se trouve sans doute dans l'œuvre de Nicos Poulantzas, et particulièrement dans son dernier livre, qui date de 1978, intitulé *L'État, le pouvoir, le socialisme* [Poulantzas, 2013]. Poulantzas est lui aussi un auteur influent aujourd'hui, par exemple en Allemagne ou en Grande-Bretagne [Gallas *et al.*, 2011]. Il fut l'un des protagonistes d'une célèbre controverse sur la nature de l'État capitaliste avec Ralph Miliband dans les années 1970 [Barrow, 2002].

Tout comme Gramsci cherchait à penser les transformations de l'État, approximativement de la mort de Marx à la crise des années 1930, Poulantzas tâche de comprendre la façon dont l'État a évolué lors des Trente Glorieuses. Il développe une théorie « relationnelle » de l'État, où l'État n'est pas une chose ou une substance, mais un ensemble de relations de pouvoir enchevêtrées de manière complexe. Ces relations, de surcroît, sont conçues par lui comme des processus, les rapports de force entre « centres de pouvoirs » étatiques et extra-étatiques évoluant en permanence, sous l'impulsion de ce que Poulantzas appelle un « bloc au pouvoir ». C'est ce qui le conduit à énoncer sa fameuse définition de l'État comme « condensation d'un rapport de force entre les classes et les fractions de classe » [Poulantzas, 2013, p. 191]. Pour Poulantzas, l'émergence de l'État n'est pas postérieure à celle des classes sociales et à leurs conflits, contrairement à l'idée que défendent des approches « instrumentalistes » de l'État, au sein du marxisme et dans d'autres courants. L'État construit les classes sociales en même temps qu'il est construit par leur antagonisme.

En somme, la question que soulèvent les théories marxistes de l'État est celle qu'évoque Marx dans sa lettre à Kugelmann : qu'en est-il du lien entre les différentes formes d'État et les différentes structures économiques, à l'échelle macrosociale ? Ce lien change de nature selon la période considérée, il n'est pas le même à l'époque de Marx, de Gramsci, de Poulantzas, ou à l'heure actuelle. Par ailleurs, un objectif politique sous-tend clairement la théorisation de l'État par le marxisme : se saisir du pouvoir de l'État lors d'un processus révolutionnaire et œuvrer à son dépérissement dans le contexte d'une transition vers le socialisme.

4. Les théories de l'anti-pouvoir

Une histoire nouvelle commence avec la chute du mur de Berlin. À partir du dernier quart du XXe siècle, le marxisme cesse d'être la théorie dominante au sein des pensées critiques [Keucheyan, 2014a]. Il continue à exister et innover, comme on va le voir, mais sur un mode minoritaire dans un ensemble plus vaste de théories critiques où dominent le « poststructuralisme » (ce qu'on appelle aussi la « French theory ») et ses dérivés : théorie postcoloniale, *cultural studies*, théories de la performativité (théorie *queer* par exemple), égalitarisme radical d'Alain Badiou et Jacques Rancière, etc. [Cusset, 2005].

Cette conjoncture intellectuelle se caractérise par un pessimisme radical. Avec la chute du bloc soviétique, et plus généralement la conscience des grands désastres du XXe siècle (fascisme, colonialisme), un pessimisme s'installe au sein des théories critiques quant à la possibilité même de faire émerger un ordre social post-capitaliste. Comme le dit Fredric Jameson, on s'imagine aujourd'hui plus facilement la fin du monde que la fin du capitalisme, ce dont témoigne selon lui la production filmique hollywoodienne récente, qui renferme nombre de scénarios catastrophes, mais aucun qui préfigurerait un au-delà du capitalisme [Jameson, 2003]. Ce pessimisme résulte notamment du fait que la stratégie révolutionnaire basée sur la prise du pouvoir d'État a, dans la plupart des cas, débouché sur des régimes politiques plus injustes que ceux qui étaient combattus, au premier rang desquels le stalinisme.

La reconnaissance de la faillite de cette stratégie donne lieu à l'émergence, dans les années 1980, d'un corpus de théories critiques que l'on désigne communément théories de l'« anti-pouvoir ». Par-delà leurs différences, des auteurs comme John Holloway, Hakim Bey, Toni Negri, Paolo Virno, Miguel Benasayag, Raul Zibechi, David Graeber, Giorgio Agamben, ou encore le « Comité invisible » peuvent être rangés dans cette catégorie. Ce corpus domine les théories critiques du pouvoir pendant une bonne partie des années 1990 et 2000. L'article « Douze thèses sur l'anti-pouvoir » de John Holloway est représentatif de cette approche [Holloway, 2003].

Les théories de l'anti-pouvoir rompent avec le « stato-centrisme » des théories marxistes de la période précédente. Elles soutiennent que les mouvements révolutionnaires doivent renoncer à prendre le pouvoir d'État, afin justement de ne pas risquer de donner lieu à des régimes « totalitaires ». Elles renoncent par là même à l'idée de « transition » vers la société post-capitaliste (socialiste, puis communiste), une idée centrale dans le marxisme, par exemple dans le « programme de transition » de Trotski.

Aux yeux des théoriciens de l'anti-pouvoir, les mouvements révolutionnaires doivent construire des « zones d'autonomie » à distance de l'État, qui échappent à son emprise. La théorie de l'exil et de la « nomadisation » développée par Gilles Deleuze et Félix Guattari, dans leur chapitre de *Mille plateaux* intitulé « Traité de nomadologie », est une référence très prisée dans ce corpus. Comme le dit Deleuze dans une phrase célèbre : « Fuir, mais en fuyant, chercher une arme » [Deleuze, Parnet, 1977, p. 163-164]. Par conséquent, on renonce à affronter l'État, et on met en œuvre ce que les militaires appelleraient des « stratégies indirectes ». Tout est dit dans le titre du best-seller altermondialiste de John Holloway (paru en 2002) : *Changer le monde sans prendre le pouvoir* [Holloway, 2008].

Une expérience politique en particulier nourrit la réflexion de ces théoriciens de l'anti-pouvoir : le zapatisme mexicain, et sa figure de proue le sous-commandant Marcos, apparu sur le devant de la scène au Chiapas début 1994. Le zapatisme est très différent des guérillas qui l'ont précédé dans l'histoire contemporaine [Baschet,

2005]. D'abord, il ne se réclame pas de la classe ouvrière ni même de la paysannerie, mais des indigènes (donc pas une classe sociale au sens classique du terme), dont il dénonce les conditions de vie de la colonisation à nos jours, et qu'il cherche à intégrer pleinement à la nation mexicaine. Ensuite, contrairement à la « guerre populaire prolongée » de Mao ou à la théorie du « foyer révolutionnaire » de Che Guevara (des stratégies de guérilla classiques du xxe siècle), la stratégie zapatiste n'a pas pour finalité la prise du pouvoir d'État. Comme le dit une phrase du sous-commandant Marcos : « Nous ne voulons pas le pouvoir, nous voulons pouvoir. »

Une référence littéraire revient souvent dans ce corpus des théories de l'« anti-pouvoir » : le personnage de Bartleby, d'Herman Melville. Dans la nouvelle de Melville *Bartleby le scribe. Une histoire de Wall Street* (1853), Bartleby le scribe répond systématiquement : « Je préférerais ne pas » (*I would prefer not to*) à chaque injonction de son patron, ce qui conduit progressivement le patron à renoncer à lui imposer quoi que ce soit.

Cette stratégie du refus, mais d'un refus qui relève plus du contournement ou de la subversion que de l'affrontement direct, est souvent considérée par les théoriciens de l'anti-pouvoir comme exemplaire des stratégies à mettre en œuvre aujourd'hui. Parmi d'autres, Gilles Deleuze, Giorgio Agamben, Slavoj Zizek et Toni Negri ont écrit à propos de Bartleby. Le « détournement » artistique, du type de celui pratiqué par les avant-gardes du début du siècle, de Dada aux situationnistes de Guy Debord, sont une autre source d'inspiration de ces théoriciens.

La transition du stato-centrisme aux théories de l'anti-pouvoir explique la place qu'occupe l'œuvre de Michel Foucault dans les théories critiques contemporaines. L'approche foucaldienne du pouvoir exerce, au sein des théories critiques actuelles, l'influence qui était celle du modèle léniniste lors des deux premiers tiers du xxe siècle. Foucault accorde une importance déterminante à l'idée de « micro-pouvoir » [Foucault, 1975]. Selon cette conception, le pouvoir est dispersé dans la société, et non concentré dans un État dont procéderait unilatéralement la domination. Cette conception « ascendante » met l'accent sur l'inscription du pouvoir dans des institutions « intermédiaires » telles que l'école, les hôpitaux, l'armée et les prisons, qui produisent des individus toujours déjà intégrés à des rapports de pouvoir. De ceci découle l'idée – typiquement structuraliste – selon laquelle le pouvoir n'a pas à proprement parler de sujet. Dans le modèle léniniste, le sujet du pouvoir est l'État, et en dernière instance la classe bourgeoise qu'il représente (de manière complexe).

Les implications stratégiques de l'approche foucaldienne sont considérables. L'affrontement avec l'État n'a de sens que lorsqu'il concentre une part significative du pouvoir. Dès lors que le pouvoir est dispersé aux quatre coins du monde social, la lutte contre lui est elle aussi dispersée. Pour Foucault, les espaces de la contestation sont multiples, de même que les acteurs qui les investissent (ce ne sont d'ailleurs pas à proprement parler des « acteurs »). Dans ce type d'approche, la lutte ne culmine jamais, c'est-à-dire qu'aucun des antagonistes n'emporte définitivement la mise. Au sein du mouvement ouvrier traditionnel, l'idée dominante est au contraire que, le moment venu, un affrontement décisif tranche dans un sens ou un autre, ce qu'illustre bien l'expression de « lutte finale » que l'on trouve dans l'*Internationale*.

La doctrine du pouvoir élaborée par Foucault est donc relationnelle, et non substantielle[6]. Les penseurs de l'anti-pouvoir défendent précisément des approches de ce type. Le concept de « rhizome » développé par Deleuze et Guattari, très influent lui aussi, participe de la même tendance [Deleuze, Guattari, 1980]. Le rhizome (un concept qui vient de la botanique) désigne un mode d'organisation qui n'a pas de centre, ou qui n'est pas hiérarchique.

L'influence des théories de l'anti-pouvoir est importante à l'heure actuelle. Ces théories sont intégrées dans les « répertoires d'action » militants. La stratégie des « ZAD », ou « Zones à défendre », qui consiste pour des activistes à occuper un territoire afin d'y empêcher la construction d'infrastructures nuisibles à l'environnement - comme l'aéroport de Notre-Dame-des-Landes - est un dérivé de la stratégie des « Zones autonomes temporaires » (TAZ) théorisées par Hakim Bey au début des années 1990[7]. La stratégie « Occupy », mise en œuvre à Wall Street fin 2011 ou à Istanbul au printemps 2013, est une autre forme de mobilisation inspirée de ces théories, cette fois-ci en milieu urbain. La notion d'« anti-pouvoir » renvoie donc à des modalités novatrices d'articulation de la théorie et de la pratique. Des individus disposant de la double casquette de producteurs de théories et d'organisateurs politiques, comme David Graeber dans le cas d'Occupy Wall Street, jouent sans doute un rôle important dans cette articulation.

5. Le renouveau des théories marxistes de l'État

Parallèlement, on observe aujourd'hui un renouveau des théories marxistes de l'État. Plus encore qu'une pensée du capitalisme, le marxisme est une pensée des *crises* du capitalisme. Historiquement, les grandes crises du système ont souvent donné lieu à des renouvellements en profondeur de ce paradigme[8]. La crise actuelle, celle dans laquelle nous sommes plongés depuis l'effondrement du marché des *subprimes* en 2007, ne déroge pas à cette règle. Une hypothèse possible est qu'à la faveur de cette crise, les approches qui cherchent à penser à nouveaux frais les liens entre l'État et l'économie, sur le modèle de la lettre de Marx à Kugelmann, opèrent un retour en force. L'intervention des États dans la crise, la crise des dettes souveraines notamment, est un trait marquant de la crise actuelle.

Ce renouveau des théories marxistes de l'État passe entre autres par la mise en rapport de la question de l'État avec celle des espaces du capitalisme. Au sein des théories critiques, les approches spatiales se sont multipliées au cours des dernières décennies [Merrifield, 2002 ; Gintrac, 2012]. La mondialisation, les transformations de la ville, les ségrégations socio-spatiales, ou encore la question des échelles de la politique, comptent parmi les thématiques abordées dans ces travaux. Nous évoquerons dans ce qui suit trois auteurs qui, chacun à sa façon, pensent l'État en lien avec les dynamiques spatiales du capitalisme : David Harvey, Giovanni Arrighi et James O'Connor.

[6] *Sur le lien entre les approches relationnelles de Foucault et Poulantzas, voir Jessop [2004].*
[7] *Voir Hakim Bey [1997].*
[8] *Pour une méditation sur ce thème, voir Kouvelakis [2012].*

5.1. Le matérialisme « géo-historique » de David Harvey

David Harvey développe un matérialisme « géo-historique », qui vise à compléter le matérialisme historique par une réflexion sur les espaces du capital. *Spaces of Capital* est d'ailleurs le titre de l'un de ses ouvrages les plus importants [Harvey, 2001]. Cette approche trouve son point de départ dans une reconstruction par Harvey de la théorie de l'espace de Marx. Comme tous les penseurs du XIXe siècle, Marx est un penseur du temps, qui a tâché de comprendre l'accélération de l'évolution historique à la suite de la double révolution française et industrielle [Hobsbawm, 2012]. Mais il existe également chez Marx une prise en considération de l'espace. Ainsi, dit Marx dans les *Grundrisse* :

> « Le capital doit tendre à abattre toute barrière locale au trafic, c'est-à-dire à l'échange, pour conquérir le monde entier et en faire un marché, il doit tendre, d'autre part, à détruire l'espace grâce au temps, c'est-à-dire réduire au minimum le temps que coûte le mouvement d'un lieu à un autre. Plus le capital est développé, plus vaste est donc le marché où il circule ; or plus est grande la trajectoire spatiale de sa circulation, plus il tendra à une extension spatiale du marché, et donc à une destruction de l'espace grâce au temps. » [Marx, 1968, p. 32]

Selon Marx, le capitalisme est d'emblée mondial. Sa tendance à conquérir et transformer en marché la planète lui est inhérente, elle n'est ni contingente ni récente. Comme le dit Marx dans un passage du *Capital*, « le marché mondial est contenu dans la notion même du capital ».

Cette expansion mondiale du capitalisme a toutefois un prix. Plus la distance entre le lieu de production et le lieu de vente (de « réalisation ») de la marchandise est grande, plus son coût augmente, puisque le transport par exemple n'est pas gratuit, ou que des obstacles géographiques et/ou politiques entravent la circulation des marchandises. Ceci implique que le capitalisme doit en permanence accélérer la « vitesse de circulation » des marchandises, afin de minimiser le coût de leur acheminement et de maximiser le profit. C'est ce phénomène que Marx désigne par l'expression de « destruction de l'espace grâce au temps ». Ce que Marx nomme ici « espace » inclut ce que nous appellerions aujourd'hui « environnement ». En régime capitaliste, « abolir » l'espace en accélérant la circulation des marchandises – c'est-à-dire en assujettissant toujours plus le temps – est une nécessité vitale.

La tendance du capitalisme à pénétrer et mettre à profit de nouveaux espaces a pour origine les crises qu'il traverse périodiquement. Du fait notamment de l'absence de coordination entre les producteurs, le système génère davantage de capitaux qu'il ne peut en absorber, ce qui conduit à leur dévaluation périodique. C'est ce que les marxistes appellent classiquement « crises de suraccumulation ».

Le capitalisme a toutefois les moyens de résoudre ces crises. Harvey a attiré l'attention sur un mode particulier de résolution des crises, qu'il désigne par le concept de *spatial fix* [Harvey, 2003]. Ce concept a deux sens, l'un littéral, l'autre métaphorique. Le sens littéral renvoie à l'idée que le capital est une entité spatiale ou « territorialisée », qui investit – se fixe – et transforme son environnement, en se matérialisant dans des machines, des transports et des modes de communication, ou en accaparant des ressources naturelles. Pour reprendre une expression chère à Henri Lefebvre (qui a beaucoup influencé Harvey), le capital « produit » de l'espace, de l'espace naturel et de l'espace social inextricablement mêlés.

Le sens métaphorique du concept de *spatial fix* renvoie à l'idée de « solution » – *to fix* signifie « arranger » ou « résoudre » – au problème de la suraccumulation. Harvey suggère que l'une des manières dont le capital résout ses crises passe par l'espace, c'est-à-dire plus précisément par l'installation de capitaux dans des espaces jusque-là vierges de rapports capitalistes, ou de rapports capitalistes anciens que le capitalisme va restructurer pour les régénérer. Selon une expression qu'il emprunte à Engels, le capitalisme ne résout jamais ses crises. Il ne fait que les déplacer dans l'espace.

À l'heure actuelle, la Chine est un *spatial fix* par excellence, à propos duquel Harvey a notamment écrit dans un livre récemment traduit en français, *Brève histoire du néolibéralisme* [Harvey, 2014]. Sa transition vers l'économie de marché à la fin des années 1970 a constitué un appel d'air pour des volumes colossaux de capitaux étrangers. Le développement économique de la Chine a des implications spatiales évidentes. La multiplication des mégapoles, mais aussi les dévastations écologiques (pollutions, surexploitation de certaines ressources, altération de la biodiversité), montrent que le capitalisme produit des espaces d'un certain type.

L'élément crucial est que le *spatial fix* chinois, comme tout *spatial fix*, implique le concours actif de l'État comme organisateur des espaces de l'accumulation. Le capitalisme, dit Harvey, a des conditions de possibilité – éducation des salariés, construction des infrastructures, cadres juridiques, gestion des ressources naturelles… – qu'il ne peut assumer seul et pour lesquelles il compte sur l'intervention de l'État. C'est d'autant plus vrai lorsqu'il prend possession de lieux jusque-là relativement vierges de rapports capitalistes, comme la Chine de Deng Xiaoping. Chez Harvey, la réflexion sur le rapport entre structures économiques et formes de l'État évoquées dans la lettre de Marx à Kugelmann est donc complétée par une analyse des dynamiques spatiales du capitalisme[9].

5.2. Giovanni Arrighi et les « cycles systémiques d'accumulation »

Giovanni Arrighi est quant à lui un théoricien des « systèmes-mondes », proche d'Immanuel Wallerstein. C'est un marxiste « braudélien », qui fait se croiser des thèmes marxiens avec des problématiques issues de l'œuvre de Fernand Braudel.

Selon Arrighi [1994], le capitalisme a connu depuis ses origines au XVe siècle quatre longs « cycles systémiques d'accumulation ». Chaque cycle est composé de deux phases, qu'il qualifie de « matérielle » et de « financière ». La première est une phase de développement dans l'économie réelle. Pendant cette période, un ensemble d'acteurs économiques privés, en collaboration avec des structures étatiques, parvient à enclencher une dynamique productive et commerciale vertueuse, sur la base d'une division du travail cohérente, qui génère des profits croissants.

[9] *L'action de l'État est également déterminante dans la réalisation d'un autre mécanisme mis en évidence par Harvey : l'« accumulation par dépossession »* (accumulation by dispossession)*, qui résulte de la généralisation du concept d'« accumulation primitive » de Marx. Voir Harvey [2003].*

Avec le temps, cette dynamique vertueuse tend toutefois inéluctablement vers la suraccumulation. Chaque fraction de capital investi génère un profit moindre, alors que la concurrence entre acteurs économiques, un temps canalisée par la division du travail, s'intensifie. C'est alors que le cycle systémique d'accumulation entre dans sa phase « financière ». Se fait jour une tendance, inhérente au capitalisme en période de crise du taux de profit, à se réfugier dans la sphère financière. Selon Arrighi, la financiarisation est toujours le signe du déclin d'un cycle systémique d'accumulation – le « signe de l'automne » est la belle formule qu'il emprunte à Braudel – et de son remplacement par un nouveau cycle. La financiarisation est donc étroitement liée à des paramètres géopolitiques.

Chaque cycle systémique est constitué d'un centre hégémonique. Les centres qui correspondent aux quatre cycles identifiés par Arrighi sont Gênes (qui a dominé du XVe au début du XVIIe siècle), les Pays-Bas (de la fin du XVIe à la fin du XVIIIe), la Grande-Bretagne (de la moitié du XVIIIe à la moitié du XXe) et les États-Unis (de la fin du XIXe à nos jours). Selon Arrighi [2009], la Chine est appelée à s'imposer comme le nouvel *hegemon* au cours du XXIe siècle. Chacun de ces centres hégémoniques a régné sur une phase du développement capitaliste, en combinant de façon originale une dimension « territoriale » (une politique de puissance), et une dimension « capitaliste » (une politique économique).

Par exemple, l'hégémonie génoise est pour l'essentiel capitaliste, elle s'est abstenue de toute conquête territoriale. Au XVIe siècle, la puissance impériale dominante est l'Espagne, alors que Gênes est politiquement instable et militairement faible. L'hégémonie génoise sur les premiers temps du capitalisme résulte pour l'essentiel des réseaux marchands et financiers internationaux qu'elle contrôle. La Grande-Bretagne est le premier centre hégémonique à avoir mis en œuvre simultanément une logique de conquête territoriale et une logique capitaliste.

Un argument mis en avant par Arrighi est que chaque centre hégémonique est géographiquement et démographiquement plus volumineux que le précédent. Le « diamètre » des systèmes-mondes successifs s'allonge au cours de l'histoire, en ce sens que la dynamique du capitalisme se mondialise. Par conséquent, leur centre de gravité, c'est-à-dire la puissance hégémonique, doit grossir également, de manière à soutenir et équilibrer l'ensemble. C'est ainsi que les Pays-Bas sont géographiquement et démographiquement plus volumineux que Gênes, la Grande-Bretagne que les Pays-Bas, les États-Unis que la Grande-Bretagne, et la Chine que les États-Unis.

Plus le diamètre du système-monde est long, et plus la population nécessaire pour en garantir le dynamisme et la productivité est importante. Le centre politique est aussi le centre de l'accumulation, ce qui suppose une force de travail disponible toujours plus importante et mieux formée. Être une puissance hégémonique suppose aussi de pouvoir compter sur un personnel militaire, et plus généralement des fonctionnaires impériaux, nombreux. Arrighi développe ainsi une « géométrie » – c'est son expression – du capitalisme et de l'impérialisme. Comme Harvey, il tâche de penser le rapport entre l'État et les processus économiques par l'intermédiaire de paramètres qui ont trait à la production de l'espace.

5.3. James O'Connor : crise fiscale de l'État et environnement

Si Arrighi est un marxiste braudélien, James O'Connor est un marxiste « polanyien », inspiré par la lecture de *La grande transformation*. O'Connor est l'inventeur à la fin des années 1960 d'une expression promise à une importante postérité : celle de « crise fiscale de l'État » [O'Connor, 2001]. Cette notion sera ensuite reprise et discutée par de nombreux auteurs marxistes et non marxistes, parmi lesquels Daniel Bell, Samuel Huntington, Greta Krippner, et Wolfgang Streeck.

Selon O'Connor, les États sont placés, depuis les années 1960, devant deux obligations de plus en plus contradictoires. D'une part, équilibrer leurs finances publiques, ce qui doit leur permettre notamment d'emprunter à des taux d'intérêt raisonnables. D'autre part, continuer à procurer à leurs populations des niveaux d'investissement public élevés dans l'éducation, la santé, les retraites… les attentes des populations en termes de bien-être, depuis la fin de la Seconde Guerre mondiale et les Trente Glorieuses, n'ayant cessé d'augmenter. En période de taux de croissance historiquement bas depuis plusieurs décennies, ces deux obligations sont quasiment impossibles à concilier. Ce constat conduit James O'Connor à affirmer que le capitalisme et la démocratie ne seront plus compatibles pour longtemps, une thèse que Wolfgang Streeck [2014] a récemment reprise à son compte.

Selon O'Connor, la crise fiscale de l'État est étroitement liée à une crise environnementale. À l'origine, l'exploitation de la nature par le capitalisme ne coûte rien ou presque. Avec le temps, l'épuisement des ressources conduit toutefois à leur renchérissement, alors que la gestion des « externalités négatives » – lutte contre les pollutions, frais liés à la santé des salariés, catastrophes industrielles… – coûte elle aussi de plus en plus cher. Cette tendance oblige l'État à intervenir de manière accrue dans l'entretien de l'environnement, notamment par la mise en œuvre de politiques de conservation ou de restauration. L'environnement est en ce sens de plus en plus « construit » par l'État.

Cette tendance pèse par ailleurs à la baisse sur le taux de profit, par exemple parce qu'elle conduit à une augmentation des dépenses de santé. Que fait alors le capitalisme ? Il transfère le coût croissant de la reproduction des conditions de production à l'État. C'est la logique de ce système : socialisation des coûts, privatisation des bénéfices. Bien sûr, ceci s'opère sur la base d'un rapport de force en partie contingent entre forces sociales en présence. Mais la tendance de fond est bien celle-là. L'augmentation des coûts relatifs à l'entretien des conditions de production accentue la crise fiscale dans laquelle l'État est plongé, puisqu'il en assume une part croissante. Les rentrées fiscales ne croissent pas au même rythme que les dépenses, ce d'autant plus qu'à partir des années 1970, le taux de croissance des pays anciennement développés est en berne. Les finances publiques sont par conséquent structurellement déficitaires.

Dernière pièce de ce puzzle : la financiarisation. La crise fiscale de l'État le conduit à emprunter de plus en plus, afin de financer ses dépenses, et de rétablir fictivement l'équilibre de ses comptes. Cette tendance est l'une des causes qui donnera lieu, dès la fin des années 1970, au processus de financiarisation du capital [Durand, 2014]. La financiarisation procède donc notamment du renchérissement des conditions de production, et des coûts croissants générés par l'exploitation de la nature, combinés bien sûr à d'autres facteurs. Le capitalisme exploite la nature, ce qui occasionne des dépenses de plus en plus importantes pour l'État, qui s'en remet dès les dernières décennies du xxe siècle aux marchés financiers pour y faire face.

La tendance la plus « abstraite » du capitalisme, la financiarisation, et ce que le capitalisme a de plus matériel et « concret », sa dimension environnementale, sont donc liées. O'Connor retrouve ainsi l'une des intuitions fondatrices de l'œuvre de Marx.

6. Conclusion

Nous avons présenté trois façons de concevoir l'espace comme « médiation » entre l'État et les processus économiques dans le marxisme contemporain. Ces théories, on a pu le constater, ont un point commun de plus : elles pensent cette médiation en rapport avec les crises que traverse le capitalisme. Pour Harvey, l'État assure les conditions matérielles de l'accumulation dans le cadre d'un mécanisme de déplacement des crises dans l'espace global ; pour Arrighi, les espaces du capital subissent des transformations à l'occasion de la succession des cycles systémiques d'accumulation ; pour O'Connor, l'État représente une interface entre le capitalisme et l'environnement, et assume les coûts croissants que génère l'exploitation de ce dernier, donnant lieu à une « construction » étatique accrue de la nature. État, processus économiques, espaces et crises doivent donc être pensés conjointement.

L'un des défis auxquels est confrontée la théorie marxiste aujourd'hui est de comprendre la façon dont l'État subit les effets des grandes innovations sociotechniques en cours à l'heure actuelle, par exemple les transformations dans le transport des marchandises (la révolution du porte-conteneurs notamment) ou dans le traitement de l'information (émergence du *big data*). Ces innovations influent de toute évidence sur la production des espaces du capitalisme. Elles ne sauraient par ailleurs laisser intacte la manière de théoriser l'État. Qu'elles doivent conduire à remettre en cause les fondements mêmes de la théorie marxiste de l'État reste toutefois à démontrer.

Bibliographie

Althusser L. (1976), « Idéologie et appareils idéologiques d'État (Notes pour une recherche) », in *Positions*, Éditions sociales, Paris, p. 67-125.

Anderson P. (1977), *Sur le marxisme occidental*, Maspero, Paris.

Arrighi G. (1994), *The Long Twentieth Century. Money, Power, and the Origins of our Time*, Verso, Londres.

Arrighi G. (2009), *Adam Smith in Beijing. Lineages of the 21st Century*, Verso, Londres.

Artous A. (1998), *Marx, l'État et la politique*, Syllepse, Paris.

Baschet J. (2005), *La rébellion zapatiste. Insurrection indienne et résistance planétaire*, Flammarion, Paris.

Barrow C. (2002), « The Miliband-Poulantzas Debate: An Intellectual History », in S. Aronowitz, P. Bratsis (dir.), *Paradigm Lost: State Theory Reconsidered*, University of Minnesota Press, Minneapolis.

Batou J. et Keucheyan R. (2014), « Pierre Bourdieu et le marxisme de son temps : une rencontre manquée ? », *Revue suisse de science politique*, 20, 1, p. 19-24.

Bey H. (1997), *TAZ, Zone autonome temporaire*, L'Éclat, Paris.

Bourdieu P. (2012), *Sur l'État*, Seuil, Paris.

Buci-Glucksmann C. (1975), *Gramsci et l'État. Pour une théorie matérialiste de la philosophie*, Fayard, Paris.

Burawoy M. (2003), « For a Sociological Marxism: The Complementary Convergence of Antonio Gramsci and Karl Polanyi », *Politics & Society*, vol. 31, 2, p. 193-261.

Burgio A. (2014), *Gramsci. Il sistema in movimento*, DeriveApprodi, Bologne.

Carver T. (2011), « Marx and Brumaire », in P. Baehr, M. Richter (dir.), *Dictatorship in History and Theory: Bonapartism, Caesarism, and Totalitarianism*, Cambridge University Press, Cambridge.

Cusset F. (2005), *French theory. Foucault, Derrida, Deleuze & Cie et les mutations de la vie intellectuelle aux États-Unis*, La Découverte, Paris.

Deleuze G. et Parnet C. (1977), *Dialogues*, Flammarion, Paris.

Deleuze G. et Guattari F. (1980), *Mille plateaux*, Minuit, Paris.

Durand C. (2014), *Le capital fictif. Comment la finance s'approprie notre avenir*, Les Prairies ordinaires, Paris.

Evans P., Rueschemeyer D., Skocpol T. (dir.) (1985), *Bringing the State Back In*, Cambridge University Press, Cambridge.

Foucault M. (1975), *Surveiller et punir*, Gallimard, Paris.

Gallas A. *et al.* (2011), *Reading Poulantzas*, Merlin Press, Londres.

Gintrac C. (2012), « Géographie critique, géographie radicale. Comment nommer la géographie engagée ? », *Carnets de géographes*, 4.

Gramsci A. (2012), *Guerre de mouvement et guerre de position*, textes choisis et présentés par Razmig Keucheyan, La Fabrique, Paris.

Harvey D. (2001), *Spaces of Capital. Towards a Critical Geography*, Routledge, Londres.

Harvey D. (2003), *The New Imperialism*, Oxford University Press, Oxford.

Harvey D. (2014), *Brève histoire du néolibéralisme*, Les Prairies ordinaires, Paris.

Hobsbawm E. (2012), *How to Change the World: Reflections on Marx and Marxism*, Yale University Press, New Haven.

Holloway J. (2003), « Douze thèses sur l'anti-pouvoir », *Contretemps*, 6, février, p. 38-44.

Holloway J. (2008), *Changer le monde sans prendre le pouvoir*, Syllepse, Paris.

Jameson F. (2003), « Future City », *New Left Review*, 21, mai-juin, p. 65-79.

Jessop B. (1981), *The Capitalist State: Marxist Theories and Methods*, Martin Robertson, Oxford.

Jessop B. (2004), « Pouvoir et stratégies chez Foucault et Poulantzas », *Actuel Marx*, 36 (2), p. 89-107.

Kaplan E. A., Sprinker M. (1993), *The Althusserian Legacy*, Verso, Londres.

Keucheyan R. (2012), « Vies de Gramsci », in Gramsci A., *Guerre de mouvement et guerre de position*, textes choisis et présentés par Razmig Keucheyan, La Fabrique, Paris, p. 9-30.

Keucheyan R. (2014a), *Hémisphère gauche. Une cartographie des nouvelles pensées critiques*, La Découverte, Paris.

Keucheyan R. (2014b), « Sociologie des pensées critiques contemporaines », in Granjon F., dir., *De quoi la critique est-elle le nom ?*, Mare & Martin, Paris, p. 95-114.

King D., Le Galès P. (2011), « Sociologie de l'État en recomposition », *Revue française de sociologie*, vol. 52, 3, p. 453-480.

Kouvelakis S. (2012), « Le marxisme au xxie siècle : formes et sens d'une résilience », in G. Bronner, R. Keucheyan (dir.), *La théorie sociale contemporaine*, Presses universitaires de France, Paris, p. 81-94.

Lefort C. (1981), *L'invention démocratique*, Fayard, Paris.

Marx K. (1964), *Lettres sur* Le Capital, Éditions sociales, Paris.

Marx K. (1968), *Fondements de la critique de l'économie politique*, Anthropos, Paris.

Merrifield A. (2002), *Metromarxism. À Marxist Tale of the City*, Routledge, Londres.

O'Connor J. (2001), *The Fiscal Crisis of the State*, Transaction Publishers, New York.

Portantiero J. C. (1977), *Los usos de Gramsci*, Pasado y Presente, Mexico.

Poulantzas N. (2013), *L'État, le pouvoir le socialisme*, 1re édition : 1978, Les Prairies ordinaires, Paris.

Rangeon F. (1986), « Société civile : histoire d'un mot », in J. Chevallier *et al.*, *La société civile*, Presses universitaires de France, Paris, 1986.

Rosdolsky R. (1976), *La genèse du « Capital » chez Karl Marx*, vol. 1, Maspero, Paris.

Thomas P. (2009), *The Gramscian Moment. Philosophy, Hegemony, and Marxism*, Brill, Leiden.

Revisiter la question de l'État à la lumière de la crise de l'Europe
État extérieur, situé ou absent

Robert SALAIS
IDHES (Institutions et dynamiques historiques de l'économie et de la société)
École normale supérieure de Cachan
salaisrobert2@gmail.com

La pensée de l'État doit être renouvelée : vers la pluralité de ses formes ; comme le produit conjoint des citoyens (et non comme une superstructure agissant de l'extérieur de la société) ; prenant au sérieux la pratique démocratique à tous les niveaux. L'article propose une lecture de l'État fondée sur l'économie des conventions. L'État n'est un État que s'il fait l'objet d'une convention entre les membres de la communauté politique quant à sa place dans la coordination sociale. On entend par convention de l'État un ensemble d'attentes mutuelles qui se développent au sein de cette communauté sur la distribution des responsabilités entre État et citoyens quant au bien commun, sa définition, sa réalisation et son évaluation. Trois conventions sont distinguées : État extérieur, absent, situé. Chacune de ces conventions pose à sa manière propre la question de la démocratie, de ses formes, ses moyens et sa pratique. Le projet européen a été construit sciemment à l'extérieur des communautés politiques nationales. Les peuples européens ont été mis dans l'impossibilité de le faire leur. Aucune convention de l'État ne peut émerger au niveau européen, d'où le risque de faillite du projet. L'article conclut sur les pistes futures de recherche.

Revisiting the Issue of the State in light of the European Crisis. Exterior, Situated or Absent State

State theory must be renewed. It's time to let aside old views of the State as a superstructure influencing society from the external. Instead one should consider the plurality of its forms, the role that citizens play in conjointly "producing" the State, the scope covered at all levels by democratic practice. This article develops a reading of the State based on the concept of convention of the state. It means that any state should be analysed with regards to the common good and to the mutual expectations citizens have for the role, versus the role of the state, they should play for the definition, realisation and evaluation of the common good. Three of such conventions are defined: external, absent and situated states, each of them formulating the question of democracy in its own way. Such theoretical framework points on the major failure, if not bankruptcy, of the European project, i.e. to have been deliberately constructed at the external of national

DOI: 10.3917/rfse.hs1.0245

political communities. European peoples have had no chance to make theirs the European project, so no convention of the state, no mutual expectations, no conventional agreement, could emerge between the Europeans with regards to the role European institutions should play in relation with common goods. The article concludes with some lines for research.

Mots clés : État, démocratie, convention, attentes mutuelles, bien commun, communauté politique, Europe

Keywords: State, democracy, convention, mutual expectations, common good, political community, Europe

1. Introduction

Une des nouveautés de la crise mondiale actuelle par rapport aux années 1930 est qu'elle met en question la forme sociale de l'État-nation. La globalisation, sous sa forme financière, installe la perspective d'un « dépérissement » de l'État-nation, mais non vraiment l'utopie qu'imaginait Marx avec l'avènement du communisme. Ce dépérissement vient de ce que les politiques des États sont de moins en moins évaluées et décidées de manière autonome par les communautés politiques nationales. Elles sont pilotées toujours plus par les marchés financiers internationaux via l'endettement extérieur, le besoin de financements et la spéculation. Ces marchés tiennent entre leurs mains le sort de nombreux États dans le monde et s'emploient à en disqualifier toute intervention économique, financière, sociale… et politique qui les entraverait. La conversion dans les années 1990 de la construction européenne à la libéralisation financière redouble ce phénomène pour les États membres. Déjà soumis à des transferts de souveraineté et de compétences au profit des institutions européennes, ils voient ces transferts mis au service, non d'un super-État prenant en charge et redéfinissant au niveau européen la dimension du « public » (biens communs, politiques publiques), mais d'une oligarchie bureaucratisée relayant au sein de l'Europe les pressions financières globales poussant au dépérissement de l'État-nation. Autrement dit, la construction de l'Europe est devenue une machine à détricoter l'État sans offrir de contrepartie au niveau européen. L'Europe, et trop d'organisations internationales, souffrent aujourd'hui des mêmes maux, le transfert des choix politiques à des agences techniques sans légitimité démocratique et la conversion au néolibéralisme, en un mot à un constructivisme politique qui détruit les stabilités politiques fondées sur des conventions de l'État.

Le concept est lâché : qu'est-ce qu'une convention de l'État ? Quels sont les fondements de leur pluralité ? Quel rapport avec la stabilité et la démocratie ? Pourquoi leur mise en question est-elle si redoutable et si incomprise ? Il s'agit dans cette contribution de rouvrir, face à la crise du projet d'Europe, une piste de travail que nous avions ouverte il y a vingt ans avec Michael Storper dans *Les Mondes de production* [1993] :

celle de la saisie de l'État dans une approche par les conventions [1]. Pour être complet, il nous faudra nous confronter par la suite avec les nombreuses autres tentatives de penser l'État, en France et plus largement en Europe. En conclusion, nous exposons nos hypothèses quant à ce qui nous distingue de l'approche dominante en France, celle qui voit l'État comme une superstructure qui agit de l'extérieur sur la société, et non comme le produit conjoint des citoyens dans leurs actions et interactions.

Qu'est-ce qu'une convention de l'État ?

Michael Storper et moi étions frappés – et la comparaison entre nos deux expériences de l'État, américaine et française, nous y aidait – par le constat de phénomènes paradoxaux. Un de ces paradoxes est que les politiques publiques censées lutter pour la réalisation d'un bien commun (comme le plein emploi) avaient aussi pour effet de stabiliser dans la durée le phénomène contre lequel elles étaient censées lutter (le chômage) et de contribuer ainsi à l'autoréaliser et à l'installer dans le paysage social. C'était – et c'est toujours – particulièrement visible pour la France. L'État est un producteur et consommateur de catégories générales, centralisées et administrables à l'identique en tous lieux et pour tous, comme, dans le domaine de l'emploi, les catégories de chômage, de préretraite, de sureffectif, de plan social, d'exonération de charges sociales, etc. Un autre phénomène paradoxal est que, malgré leurs oppositions politiques et sociales, la pratique et l'argumentaire des acteurs sociaux et de ceux qui agissent au nom de l'État révèlent qu'ils ne remettent pas en question ces catégories générales, ni les cadres à la fois cognitifs et pratiques qu'elles tracent et inscrivent dans le réel. Il s'agit davantage pour eux d'un *background* non questionnable à partir duquel ils bâtissent leurs conflits et négociations.

C'est ici typiquement un « accord conventionnel », de surcroît historiquement construit. Ce type d'accord consiste en un ensemble d'attentes mutuelles selon lesquelles chacun s'attend à ce que les autres utilisent pareillement ces catégories et cadres établis par l'État. En d'autres termes, tous manifestent par leur pratique, y compris lorsqu'ils s'opposent les uns aux autres, qu'ils sont d'accord pour mettre en œuvre ce que nous avons dès lors appelé une « convention de l'État ». Une convention de l'État installe ainsi durablement, non pas une domination, mais plus encore l'hégémonie d'un cadre cognitif et pragmatique au sein duquel les acteurs bâtissent leurs relations de toute nature, compréhensions, conflits, oppositions, négociations. La contestation politique et sociale n'est possible qu'à partir du point de vue d'une autre convention de l'État ; sinon, si elle s'inscrit dans le même cadre, elle n'aboutit qu'à en renforcer l'hégémonie.

L'exemple précédent relève d'une convention spécifique, celle de « l'État extérieur ». Dans cette convention, l'accord entre acteurs s'étend au choix d'une dévolution à l'État de tâches qu'ils considèrent de son ressort, et pas du leur, comme de définir le bien commun, de le réaliser et de mesurer les écarts entre la situation présente et la situation optimale. Comme pour toute convention [2], des régularités se créent

[1] *Spécialement le chapitre IV.1. Voir aussi Salais [1997] et [1998].*
[2] *La littérature est maintenant immense. Quelques références :* Revue économique *[1989], Boltanski, Thévenot [1991], Salais* et al. *[1998], Eymard-Duvernay [2006], Thévenot [2006], Diaz-Bone, Salais [2011], Diaz-Bone* et al. *[2015] et, pour ceux qui lisent l'allemand, la somme produite par Rainer Diaz-Bone [2015].*

qui la stabilisent et permettent aux acteurs de se coordonner sans peine dans une situation a priori incertaine. L'incertitude est surmontée par le fait que chacun fait l'« hypothèse » que les autres ont les mêmes attentes mutuelles et s'appuieront sur les mêmes conventions que lui. C'est une « hypothèse » d'une nature spéciale. Posée dans et par l'action, elle lui reste interne et relève d'une pragmatique, pour l'essentiel non extériorisée ni réfléchie. Du coup, si les acteurs (représentants de l'État y compris) s'attendent pragmatiquement à un mode déterminé de l'action de l'État dans la situation, ils autoréaliseront par leur coordination ce mode d'action spécifique. Car ils prendront, sans le chercher, des dispositions adéquates pour avoir prise sur la situation et pour concevoir leurs actions de manière à ce que place soit laissée au déploiement de ce mode d'action de l'État.

2. La pluralité des conventions de l'État et ses fondements

Tenter une approche par les conventions de l'État n'est pas bâtir, de l'extérieur ni d'en haut, une typologie de plus sur l'État et ses formes. C'est s'interroger sur ce qui fait un État, sa légitimité ou pas, ses formes d'action et leur efficace, en quoi il constitue plus qu'un symbole d'appartenance à une communauté ou une institution. Notre position de départ est qu'un État n'est un État que s'il fait l'objet d'une appropriation par les membres de la communauté politique. Ils le font leur, certes parce qu'ils réclament son aide (l'État social) ou, au contraire, le combattent, mais avant tout parce qu'ils en réalisent l'existence et son efficace par leurs actions et coordinations au quotidien. La stabilité de long terme d'une telle convention tient à son renouvellement constant et non questionné dans les actions quotidiennes. Néanmoins, comme toute convention, une convention de l'État est le produit d'un processus historique, global et sur le temps long. Comme produit historique, elle peut entrer en crise, être contestée ou concurrencée : d'une part, du fait de l'existence d'une pluralité possible et constatable de conventions de l'État ; d'autre part, par la mise en question de l'État comme forme sociale exprimant l'existence d'une communauté politique vivante.

Il nous faut donc, dans un premier temps, explorer le domaine des conventions de l'État. Ce sera l'objet de cette partie 2. Nous esquisserons, dans la partie 3, les rapports entre conventions de l'État et démocratie. Dans la partie 4, nous aborderons finalement le projet européen vu sous l'angle des conventions de l'État (en mobilise-t-il ? le devrait-il ?). La conclusion esquisse quelques perspectives pour un programme de recherches.

Quels sont les matériaux que travaille une convention de l'État, quelle qu'elle soit ? Notre élaboration s'est appuyée sur le contraste entre la pratique en France d'un État centralisé, intervenant d'en haut et de l'extérieur, et la philosophie de l'État subsidiaire et de ses différentes formes concevables. Le premier a constitué notre base de réflexion sur les conventions de l'État extérieur, la seconde sur les conventions de l'État situé. Enfin, la théorie néoclassique du marché parfait est la référence pour notre réflexion sur les conventions de l'État absent (lequel, malgré cette « absence », n'en est pas moins bien présent). Dans ce qui suit, nous allons utiliser librement le concept de bien commun. Nous entendons par là un objectif sociétal (tel que l'éradication de la pauvreté, le plein emploi, la sauvegarde de l'environnement, le développement de la nature, etc.) qui devient l'objet d'un accord et d'attentes mutuelles entre les personnes au sein d'une communauté. Il devient de connaissance et d'attentes communes qu'il faut faire quelque chose en sa direction. Reste pour cette communauté à définir ce quelque chose et à s'engager dans sa réalisation.

La confrontation de ces pratiques et approches révèle les matériaux relatifs au bien commun qu'elles travaillent, chacune à sa manière : la justification du bien-fondé politique de la convention, la définition et la connaissance du bien commun et des situations où il doit se déployer, la participation ou pas des membres de la communauté à cette entreprise, les prémisses de l'action de chacun quand il s'engage dans une coordination, le partage des responsabilités envers la réalisation du bien commun, le traitement des défaillances dans cette réalisation.

Toutes les conventions de l'État posent à leur manière propre la question de la démocratie, ses formes, ses moyens et sa pratique. Nous le verrons dans la partie 3. Notre objet est délimité, non pas toutes les formes concevables de l'État, mais celles qui se donnent comme justification l'instauration de la démocratie.

2.1. Les conventions de l'État extérieur

Commençons par les conventions de l'État extérieur au regard de la pratique dominante en France. Selon ces conventions, les acteurs délèguent à l'État central l'ensemble des opérations relatives au bien commun : définition, mesure des écarts à sa réalisation, définition et mise en œuvre des politiques publiques, et système légal autorisant cette délégation. Il s'ensuit que les membres de la communauté et leurs organisations politiques ou professionnelles ne prennent en rien part au bien commun (en dehors de sa construction rhétorique) ni ne coopèrent à sa réalisation. Il se crée ainsi un aléa, un écart par rapport au bien commun visé, car chacun conduit son action comme s'il n'avait que faire de son impact sur la réalisation du bien commun (par exemple, gaspiller l'énergie alors qu'il lui serait facile de réduire sa consommation sans perte de bien-être). Il y a là un cercle vicieux. Chacun anticipe à l'avance que l'État interviendra pour corriger ces écarts au bien commun et ne fait donc pas tout ce qu'il pourrait faire à son niveau. Ce faisant, il produit des manques (par rapport aux ressources qui devraient être apportées par lui et les autres) et des défaillances (par rapport aux engagements collectifs pris). L'État, qui mesure ces manques et ces défaillances, se voit dans la nécessité d'intervenir et, en même temps, voit son intervention politiquement justifiée par l'ampleur des corrections qu'il doit entreprendre. Ainsi de suite, le cercle vicieux peut se poursuivre dans une boucle autoréalisatrice. La convention se reproduit. La rhétorique bat son plein, mais la situation ne s'améliore pas, chacun des acteurs (y compris ceux qui représentent l'État) trouvant dans l'action des autres un encouragement à ne pas modifier ses manières de penser et de faire.

Dans un tel univers conventionnel, la gouvernance par les nombres trouve les conditions nécessaires à son épanouissement [Salais, 2010]. Le nombre, décontextualisé des situations qui l'engendrent, fournit fort à propos son objectivité incontestable pour asseoir la légitimité des revendications au bien commun (le nombre de chômeurs rapporté à la revendication du plein emploi, par exemple) et, dans le même temps, celle de l'interventionnisme de l'État. Ce dernier finit par prendre pour objectif non pas, dans cet exemple, l'amélioration de la situation de l'emploi, mais directement la minimisation de la cible (la baisse du chiffre, quel qu'en soit le moyen). Pour qu'il en soit autrement, il faudrait que d'autres conventions de l'État se soient installées. À suivre la mécanique décrite plus haut, on se rend compte que le point nodal est l'accord qui se fait dans la communauté sur le degré et le type de participation de ses membres à la définition et à la réalisation du bien commun, ainsi qu'à l'évaluation des résultats atteints : y répondent les conventions de l'État situé. Une autre option, radicale, est de considérer qu'il n'est de biens qu'individuels et que la production du « commun » résulte par inadvertance, sans être recherchée, de la maximisation des biens individuels : y répondent les conventions de l'État absent.

2.2. Les conventions de l'État situé

Notre réflexion sur les conventions d'un État situé provient de la philosophie sociale relative à la subsidiarité [Millon-Delsol, 1992]. Les autorités européennes ont acclimaté dans le langage politique une version biaisée du concept de subsidiarité, homologue à celui de décentralisation, en d'autres termes celle d'un État qui se démultiplie aux différents niveaux pour décider au plus près des citoyens. Mais il décide toujours *à la place* de ceux-ci, selon la conception *top down* propre aux conventions de l'État extérieur. Loin de faire fond sur l'autonomie collective et la liberté de ses concitoyens, il entend les contrôler au plus près pour les convaincre d'accepter les fins et les moyens qu'il a choisis, d'où les manipulations récentes de la « démocratie participative », où il s'agit de faire « participer » à des choix pour l'essentiel déjà décidés.

La subsidiarité, c'est tout autre chose. Le mieux pour le faire comprendre est de repartir de l'étymologie du mot. Celui-ci vient du latin « *subsidium* » qui désignait, dans l'art militaire romain, les troupes de réserve dans le champ de bataille. La réserve est faite pour ne pas être engagée dans la bataille. Si la réserve devait être engagée à tout bout de champ, elle ne servirait plus à rien. Elle est maintenue en réserve pour pouvoir, à un moment où le combat tourne mal ou devient indécis, être engagée et redresser le cours de la bataille. La décision relève du général en chef, en fonction de ce qu'il observe ou apprend et de l'expérience acquise. Mais l'analyse doit aller plus loin et intégrer les concepts d'engagement et de confiance mutuelle entre les troupes et leur chef. L'existence de la réserve et la confiance en son bon emploi par le chef ont pour vertu de stimuler l'engagement des soldats sur le champ de bataille. Car ils savent à l'avance que, si un problème sérieux survient, la réserve sera engagée au mieux et les aidera. Mais cette conjonction vertueuse ne se produira que s'ils demeurent dans l'incertitude quant au fait que le général utilisera ou pas la réserve, quant au moment, s'il y en a un, au lieu et aux circonstances. S'ils peuvent le prévoir, ils ne se mobiliseront pas avec la force nécessaire et l'engagement de la réserve deviendra une habitude et perdra ses potentialités. De même, s'ils doutent de la capacité du chef à décider à bon escient. En revanche, si un cercle vertueux se développe au fil du temps, la capacité du chef à bien décider et celle des soldats à bien agir, en rapport toutes deux à l'objectif commun, se renforceront mutuellement. Les troupes auront de plus en plus confiance en leur action et en leur capacité à agir convenablement en situation en direction de l'objectif commun. Le chef aura de moins en moins à décider d'en haut de l'intervention de la réserve. Il n'agira plus qu'en position de suppléance, au cas où l'action en cours s'écarterait de manière imprévue de la bonne trajectoire. Il suppléera en dernier ressort, une fois la défaillance constatée, et non *ex ante* et de manière prévisible. Les troupes, quant à elles, prendront conscience de la responsabilité qui leur est confiée et de leur capacité à agir au mieux[3]. Ce faisant, elles réduiront la probabilité d'occurrence de défaillances par rapport au cours nécessaire de l'action et apprendront à faire un usage de leur autonomie collective tourné vers la réalisation de l'objectif commun. Ainsi se met en place par la pratique ce qui est théorisé par le concept de subsidiarité, le principe de confier la réalisation du bien commun au niveau le plus bas qui en a la connaissance et la capacité requises.

Arrêtons là la métaphore militaire, elle serait trompeuse. Car, si les conventions de l'État situé mettent en œuvre un schéma homologue, elles placent au cœur de ce schéma la pratique démocratique, et non la volonté du chef.

L'État qu'attendent ceux qui, pour saisir le monde qui les entoure et pour y définir leur action, partent de cette convention est un État placé au cœur d'une aporie reconnue comme indépassable. Seule une pratique démocratique adéquate peut, non pas dépasser cette aporie, mais la mettre au service de la réalisation du bien commun. Cette aporie est la suivante.

D'une part, l'État doit reconnaître qu'il lui est impossible pour agir de manière pertinente de décrire a priori le bien commun d'en haut, et selon des catégories générales valant pour tout et pour tous dans le monde dans sa globalité. C'est typiquement le constat auquel est confrontée l'action de l'État aujourd'hui : la diversité et la complexité sont telles qu'il est impossible, sans perte irréparable de pertinence et d'efficacité, de les nier. Cela vaut encore plus pour une Europe aujourd'hui composée de 28 États membres ! La différence majeure entre État situé et les États extérieur et absent est que le premier fait de ce constat le point de départ de son action, alors que les deux autres n'en tiennent aucun compte. L'État situé place son action en situation, c'est-à-dire la conçoit et l'effectue en partant des singularités de lieux, de temps, de configurations, de personnes et acteurs propres à chaque situation. Seulement ainsi pourra-t-il viser une réalisation adéquate du bien commun visé.

D'autre part, l'État situé doit, par le cumul de ses actions en situation, assurer la nécessaire montée en généralité qu'attend la communauté politique. Que serait en effet un bien commun qui serait réalisé ici et pas là, qui serait abandonné aux caprices ou hasards politiques locaux ? Un bien commun qui serait si divers dans ses réalisations qu'il serait impossible d'y trouver la moindre unité, les moindres principe ou orientation communs ? Plutôt que de nier la tension irréductible entre généralité et singularité, l'État situé la prend comme fondement de son action. La clé est la différence entre uniformité (l'État extérieur) et unité. L'État situé est engagé dans un processus politique qui combine descente et montée en généralité. Il descend vers le niveau le

[3] *Il y a dans* La Guerre et la paix *de Léon Tolstoï [trad. de Henri Mongault, Gallimard, coll. « Les Classiques russes », Paris, 1945] un exemple typique de réalisation d'une subsidiarité en acte, dans lequel un groupe de soldats russes encerclés, par le fait qu'ils savent qu'ils ne peuvent compter que sur eux-mêmes, réussit à renverser le cours de la bataille. Un exemple identique – dont on peut parier qu'il renvoie à celui de Tolstoï – est pris dans la bataille de Stalingrad en 1943 contre l'armée allemande par Vassili Grossman [2008] dans* Pour une juste cause *(livre dont le tome 2, plus connu, est* Vie et destin*) avec la différence, significative, que l'autonomie prise par le groupe de soldats est vue avec méfiance par le commissaire politique qui tentera d'y mettre fin.*

plus bas, qui possède la connaissance et les capacités pour agir en direction du bien commun. Mais il n'y descend que pour « mieux » monter en généralité, pour avoir ainsi, par une prise en compte adéquate de la diversité, l'assurance d'une meilleure réalisation générale du bien commun.

Ces conventions de l'État mettent en place un État processuel qui adapte son action aux situations, ce qui lui impose de partir de la prémisse d'une capacité des personnes (et des acteurs collectifs) à agir en direction du bien commun. Il doit donc concevoir et mettre en œuvre son action – et ceci est l'objet d'attentes chez les personnes et les acteurs – de manière à développer effectivement cette capacité chez ceux-ci. Cet État fixe des principes fondamentaux qui lui servent d'étalons d'évaluation de ce qui se passe aux différents niveaux et collectifs qui élaborent et mettent en œuvre le bien commun. Il est ainsi en mesure de déterminer si des défaillances émergent et s'il lui faut y suppléer ou pas *ex post*. Il veille à ce que cette suppléance, si elle s'avère nécessaire, soit saisie par les acteurs comme une opportunité d'apprentissage de capacités, et non comme une sanction qui les disqualifierait et les exclurait.

Sa présence est assurée dans la situation d'action par l'attribution de ressources et de droits à délibérer et à décider. Le domaine où s'exercent ces droits est étendu. Il va de la production de connaissances sur la situation qui soient adéquates à la réalisation du bien commun, à la délibération entre les participants ayant une voix à faire entendre sur le sujet, jusqu'à l'investissement des ressources dans la production du bien commun, l'évaluation des résultats et l'ajustement en retour des moyens aux fins dont cette évaluation ferait apparaître le besoin. Par convention, tout ce domaine est posé comme relevant de la liberté et de l'autonomie des acteurs de la situation. Une fois qu'il a distribué les ressources et posé les droits, l'État situé suspend son action de manière que soient complets (et non soumis à des restrictions stratégiques) les apports de chacun à la réalisation du bien commun dans la situation. Il ne se manifeste ensuite qu'au moment de l'évaluation des résultats et de l'éventuel ajustement des moyens, car ils peuvent conduire à un réajustement des dotations initiales en ressources (nature, définition, financement) ou du contour des droits.

2.3. Les conventions de l'État absent

Ces conventions entre les personnes mettent en place un État paradoxal auquel est dévolue la tâche de s'absenter des situations de coordination. Pour ce faire, cet État absent est interventionniste, tout comme l'est l'État extérieur, mais de manière opposée. Là où l'État extérieur compense, corrige ou se substitue au marché parfait, l'État absent construit une régulation du marché parfait, qui doit faciliter le libre jeu de celui-ci, la concurrence de tous contre tous au nom de l'efficacité, l'absence de toute entrave, qu'elle vienne de la législation ou des comportements des acteurs. Il se déploie donc tous azimuts pour se retirer de la scène publique, supprimer les entraves et laisser le marché comme mode unique de coordination. Cet État absent ne disparaît pas pour autant ; il reste en surplomb de manière à surveiller ce qui se passe, spécifiquement tout manquement à la régulation mise en place, pour réintervenir si nécessaire. On verra que le constructivisme européen instrumente cette convention de l'État.

D'où une contradiction fondamentale interne. Au nom de la liberté, dont l'État absent fait sa justification, la convention tend à supprimer les conditions effectives pour l'exercice d'une liberté réelle, car cette liberté fait l'objet d'un soupçon systématique et préalable de non-respect des règles fixées. De ce fait, les attentes mutuelles qui s'installent entre les personnes qui se coordonnent sont celles d'un non-respect des règles par les autres. Arguant de ce non-respect des règles par l'autre, chacun se sent justifié de ne pas les respecter à son tour. D'où un cercle vicieux où les opportunismes individuels se renforcent mutuellement en une sorte de capacité perverse qui entraîne une inventivité individuelle et collective à contourner les règles en place. En retour, l'État absent est justifié dans le renforcement de sa suspicion, de ses contrôles et de sa stratégie d'étouffement des marges d'autonomie et de liberté.

Contrairement à celles des États extérieurs et situés, ces conventions installent les conditions institutionnelles et structurelles d'une a-démocratie [Salais, 2015b]. Nous avons encore les procédures formelles de la démocratie, mais la pratique démocratique effective de l'engagement envers la chose publique (ou le bien commun) qui devrait s'ensuivre a disparu au profit de tentatives générales de manipulation, chacun cherchant un profit politique, économique ou financier au détriment des autres et de la collectivité. Ces manipulations se traduisent peu à peu par la captation privée des ressources publiques. Et cet État absent, quoiqu'interventionniste et même dépensier, se voir frappé d'ineffectivité, au regard même des attentes de régulation du marché qui l'ont mis en place. La manière dont les marchés financiers se sont affranchis des règles nationales et internationales en est une illustration. Ces règles ne contrôlent plus ; elles créent une incitation à trouver les moyens de les contourner. Contrairement à la posture des théoriciens du marché parfait, le marché comme projet politique n'est pas axiologiquement neutre, mais dogmatiquement orienté.

3. Conventions de l'État et démocratie

L'enjeu propre à une saisie de l'État, selon une approche par les conventions, est ainsi de comprendre, puis de restituer de l'intérieur et en se mettant dans leur situation, comment et selon quelles conceptions, les membres d'une communauté politique s'approprient leur État en en faisant un prolongement d'eux-mêmes et une ressource. Seule cette appropriation constitue la communauté politique comme telle et achève aux yeux de chacun son appartenance à celle-ci. Elle se joue très largement dans les interactions ordinaires entre citoyens [Bidet *et al.*, 2015]. Dans le cours de ces interactions, elle tente de s'appuyer sur les ressources offertes par les institutions et les politiques publiques, quand c'est possible. C'est le cas quand celles-ci sont le produit de compromis spécifiques de nature pragmatique qui se sont créés entre conventions de l'État au sein de cette communauté.

Il demeure néanmoins une diversité des conceptions de l'État mobilisées et des attentes à son égard dans une même communauté politique, selon les acteurs, les problèmes de coordination posés, les biens communs, les lieux ou les niveaux d'action. Car l'État est en quelque sorte à la fois instituant et institué par chaque coordination entre personnes autour des questions d'intérêt commun. Il peut donc être « concrétisé » de manière plurielle.

La démocratie n'est pas qu'un système de procédures de représentation et de décision collectives. Pour devenir une pratique, elle doit placer en son cœur le besoin et la découverte (ou simplement la reconnaissance en temps utile de la légitimité d'une émergence) d'un chemin socio-historique menant à un compromis entre les diverses conventions possibles de l'État. C'est la tâche, toujours remise sur le métier, et en tous lieux, que doit se fixer toute communauté voulant acquérir et conserver en la développant une identité politique (au sens fort) qui lui soit propre.

3.1. Compromis ou consensus, délibération ou négociation ?

Un mot rapide sur quelques concepts de base où la confusion règne, stratégiquement installée. Le compromis n'est pas le consensus. Tous deux conservent le désaccord entre les parties quant aux conceptions du bien commun et de l'État à mettre en œuvre. Dans le compromis, chaque partie a obtenu que, dans la « matière » de ce compromis, des points d'appui demeurent pour ses conceptions et des actions futures en leur faveur. Chaque partie le sait et sait que les autres le savent ; c'est, de connaissance commune, une base d'accord solide, qui ouvre vers le futur. Le consensus en revanche est un accord de « façade », qui dissimule des arrière-pensées stratégiques bien présentes chez chaque partie. Le consensus n'engage pas pour le futur, il n'est qu'une trêve momentanée entre intérêts qui n'ont pas désarmé. Il est fait pour être contourné et violé à la première opportunité par la partie qui trouvera la première la faille pour pousser son intérêt plus loin.

Une autre distinction, liée à la première, doit être clarifiée, celle entre délibération et négociation. Le compromis engage et il est le fruit d'une délibération qui s'est engagée et déroulée dans la perspective d'une telle fin. Dans la négociation, chacun en reste à une satisfaction de ses intérêts et ne va pas plus loin. Il ne cherche pas le compromis, mais une trêve qui lui soit le plus favorable possible. La trêve n'est pas la paix, mais une pause avant la reprise des hostilités.

C'est dans l'émergence des compromis (non des consensus) que résident l'art du politique et la pratique de la démocratie. L'un ne va pas sans l'autre. Mais ils ne se présentent pas de la même manière selon les conventions de l'État.

3.2. Les variations de la démocratie selon les conventions de l'État

Les conventions des États extérieur et absent partagent une même vision, holiste, de la société. Car l'individualisme est un holisme qui ne veut pas s'avouer. Le bien commun y est défini par référence à une doctrine globale extérieure et un instrument considéré comme optimal : le socialisme et le plan pour les premières, le libéralisme et le marché pour les secondes. Sa description peut être faite a priori, partout et en tout temps. Elle a de ce fait le statut d'une vérité indiscutable, d'une norme optimale devant servir d'étalon général. Le bien commun, qu'il soit collectif pour l'État extérieur ou privé pour l'État absent, n'est donc pas à proprement parler imposé ; il est considéré comme faisant, de par son statut, l'objet d'un accord qui n'a pas besoin pour exister d'être reconnu et validé par chacun individuellement. La liberté et la démocratie y ont donc une signification particulière, au sens où leur déploiement n'est pas considéré comme nécessaire à la définition et la réalisation du bien commun. Dans les conventions de l'État extérieur, parce que cela relève de l'État, dans celles de l'État absent, parce qu'il n'y a de biens que privés. La démocratie s'y appuie sur des droits politiques pensés indépendamment des droits des autres domaines, social, économique ou financier, dont dépend pourtant nécessairement toute réalisation d'un bien commun. Elle relève donc d'un art, à la fois rhétorique et politique, de la persuasion qui trouve son accomplissement dans le système des élections au suffrage universel, où il s'agit avant tout de choisir ses gouvernants. La pratique démocratique y est donc fragile par essence, car il n'est pas prévu qu'elle s'incarne dans la réalisation de biens communs grâce auxquels chacun fait le lien entre son engagement et le réel qui l'entoure, et y trouve des raisons de poursuivre dans cette voie. Le glissement insidieux de l'État extérieur vers l'État absent en est facilité, comme on le constate aujourd'hui en France. De même, le glissement de la persuasion à la manipulation de l'opinion, donc à la dégénérescence de ces conventions vers l'a-démocratie.

Pour les conventions de l'État situé, en revanche, le bien commun n'est pas descriptible a priori d'en haut et de l'extérieur. On doit en passer par les capacités et les connaissances « de terrain » des personnes et des acteurs du niveau pertinent, donc par leur engagement en faveur du bien commun, de sa définition en situation et de sa réalisation. Sans cet engagement, qui relève de leur libre volonté, la chose ne peut se faire. Il ne peut donc être question de se passer d'eux ou, pire encore, de tenter de les manipuler à leur insu. Ceci peut être possible une fois, mais pas deux. Il y a donc vraiment, pour ces conventions de l'État, nécessité d'une pratique démocratique effective, laquelle implique non seulement le débat public et la participation de tous les porteurs de voix légitimes [4], mais aussi leur intervention dans tous les chaînons qui conduisent de l'élaboration des connaissances, pratiques et théoriques nécessaires à la délibération, au choix, y compris la conception des critères d'évaluation, la réalisation de l'évaluation, la discussion de ses résultats et de ce qu'ils impliquent comme ajustement en retour du projet. Comme nous l'avons relevé plus haut, cela implique le développement d'une culture du débat et de la délibération, de l'apprentissage de l'engagement responsable de sa liberté, du goût de la chose publique, le tout faisant partie d'un processus de développement des capacités à agir envers le bien commun.

4. L'Union européenne ou le constructivisme planifié et « hors sol » du marché

La faille originelle du projet européen, depuis son origine au lendemain de la Seconde Guerre mondiale, est qu'il a été construit de l'extérieur et d'en haut, isolé des communautés politiques nationales, sans leur participation démocratique. Et au projet politique originel de coopération entre les peuples a été substitué un autre projet politique, celui de faire de la construction du marché parfait l'instrument de pouvoir d'une oligarchie, aux niveaux national et européen, qui se vit comme de moins en moins comptable de ses actes [Salais, 2015b]. Non seulement l'appropriation de l'idée

[4] *Par exemple sur la question de l'environnement et de son intégration dans un projet d'investissement industriel : l'entreprise, les salariés, la collectivité territoriale, les services de l'État présents à ce niveau, les voix de la nature.*

européenne par les peuples d'Europe, donc la reconnaissance de la légitimité des institutions européennes, n'ont pu se faire, mais, bien plus, ont été sciemment rendues impossibles. Le Parlement européen demeure un *ersatz* dans la configuration actuelle de la gouvernance européenne. L'Europe et ses institutions sont aujourd'hui devenues non appropriables par les Européens. Ils ne peuvent les faire leurs. Aucune convention de l'État, comme lieu politique participant à la définition et à la réalisation du bien commun, partagée entre tous les Européens ne peut émerger au niveau européen. Là est l'abîme où se noie le processus politique.

4.1. Caractérisation

Le retour sur l'histoire de la construction européenne tenté dans *Le viol d'Europe* [Salais, 2013] met en lumière, parmi d'autres caractéristiques, le choix originel, dès l'immédiat après-guerre et poursuivi jusqu'à ce jour, d'institutions européennes, non pas seulement supranationales, mais extranationales. Elles seront tenues à l'abri des débats publics nationaux. Ces institutions seront des lieux d'instructions de problèmes s'adressant à tous les États membres, mais dont la solution dépasse le niveau national. Ces problèmes seront posés – par définition et dans leur mode de traitement européen – comme purement techniques. La réduction du politique au technique (un technique qui n'en reste pas moins politique, mais est exclu du débat démocratique) commence donc très tôt [Salais, 2015b]. Ce choix est, d'une part, celui de Jean Monnet et des planistes français, pour qui la décision politique doit être instruite par un aréopage de techniciens et d'ingénieurs à l'abri des « impuretés » de la délibération politique. Le non-recours à la pratique démocratique est, d'autre part, préconisé dès 1949 par l'administration américaine gérant le Plan Marshall. L'idée était que la construction d'une Europe unie représentait l'opportunité de se débarrasser de la forme État-nation tenue, au moins en partie, pour responsable des errements et des dérives totalitaires de l'avant-guerre. Cette conviction et cette orientation furent partagées dès le début par toute une fraction, plutôt social-démocrate d'un côté et libérale de l'autre, des élites européennes. Ces élites, d'un commun accord, ont accepté des pertes de souveraineté nationale et leur transfert à des instances techniques tenues à l'écart des débats politiques nationaux, acceptation qui perdure et avoisine aujourd'hui la capitulation politique.

L'Europe s'est resserrée, par ailleurs, dès les années 1950 sur un constructivisme de marché : le marché commun d'abord, puis à partir des années 1980, le marché unique et la libéralisation des mouvements de capitaux. Elle s'est engagée dans une construction du marché parfait par les règles : les règles de droit d'une part – concentrées sur la disparition des entraves à la libre circulation des marchandises, des services, des capitaux et, secondairement, des personnes – et, depuis le début des années 2000, la transposition dans la définition et le pilotage (*monitoring*) des politiques européennes, des règles privées de gestion par la performance quantitative. C'est ce qu'on appelle la nouvelle gestion publique (*new public management*). L'usage européen se caractérise par l'emploi d'indicateurs macroéconomiques très agrégés qui déterminent autant de cibles de performance quantitative à moyen terme vers lesquelles les États membres doivent converger par tous les moyens. Ensuite, une déclinaison *top-down* en indicateurs très détaillés par domaine est censée traduire ces objectifs globaux en lignes directrices. On peut montrer, dans l'exemple de la stratégie européenne de l'emploi dans les années 2000, donc bien avant la crise, que la définition par le centre de ces indicateurs, ainsi que la mesure faite et la stratégie employée par les États membres sont orientées vers la dérégulation du marché du travail, la mise en cause des protections sociale et juridique, la dégradation des conditions de travail et de rémunération, en un mot vers l'organisation de la précarité [Salais, 2004 ; 2007]. Les catégories « anciennes » d'emploi et de chômage sont instrumentalisées et dénaturées. Tout un pan de la population active qui, dans le modèle du plein emploi, aurait été catégorisé comme chômeur est considéré comme ayant un emploi, ce qui réduit d'autant le nombre mesuré de chômeurs. Bien entendu, d'autres modes de quantification sont concevables.

Ce n'est pas la quantification en soi qui est condamnable, mais la manière de la faire. L'intégration de la démocratie dans le choix des conventions de mesure, des indicateurs, de leur suivi et de leur interprétation est nécessaire de l'amont à l'aval du processus. Et, chose très importante et négligée, une question politique centrale est l'arbitrage entre ce qui doit être mesuré et ce qui *ne doit pas l'être* [Salais, 2015c]. Pour ménager des espaces de liberté et d'engagement réciproque entre acteurs, il est impératif que des espaces demeurent libres de toute quantification systématique et comparative. Sinon, au lieu d'un engagement vers la réalisation du bien commun, on assistera à des manœuvres opportunistes et rationnelles pour maximiser les scores sans, pour autant, contribuer à la réalisation du bien commun. La question de ce qu'on ne doit pas mesurer, ainsi que celle des niveaux plus ou moins agrégés auxquels mesurer sont des questions dont la validité politique et le juste traitement ne sont pensables et ne trouvent une solution que dans le cadre d'une convention de l'État situé.

Les deux mouvements vers l'a-démocratie et vers le marché parfait comme projet politique se sont combinés et renforcés mutuellement lors de l'arrivée de Jacques Delors à la présidence de la Commission européenne de 1985 à 1994. Dans la première moitié des années 1980, la poursuite de la construction européenne a eu à choisir entre deux voies : la démocratie (la démocratisation du processus européen) ou la libéralisation financière (à l'intérieur de l'Europe, comme dans ses rapports avec le reste du monde), via la création d'une monnaie unique.

Le premier Parlement européen élu au suffrage universel en 1979 avait de grandes ambitions quant à son rôle. À l'initiative d'Altiero Spinelli, député italien, fédéraliste, un groupe de parlementaires élabora un projet de constitution européenne qui s'organisait autour d'un poids accru de la démocratie et du Parlement, et qui fut voté à la quasi-unanimité [Menendez, 2007]. Malgré l'engagement de François Mitterrand devant le Parlement européen de soutenir le projet, celui-ci fut laissé au placard par le Conseil européen de Fontainebleau fin juin 1984, qui devait lancer la révision des traités européens. Jacques Delors, quand il arriva en 1985 à Bruxelles, laissa tomber le rapport Spinelli. Comme le rappelle Padoa-Schioppa [1998], son second et ami de toujours, Delors donna la priorité à la libre circulation générale des capitaux (ainsi qu'au marché unique). Sa première préoccupation fut de faire préparer une directive sur la libéralisation des mouvements de capitaux, au sein de la Communauté européenne et avec le reste du monde, et de la faire avaliser par les gouvernements ; et, après seulement, de réunir un Comité composé essentiellement de gouverneurs de Banques centrales pour définir les contours de l'Union économique et monétaire autour de la libéralisation financière et de l'euro. Cela a bien constitué un choix politique, et non un choix économique, comme le montre le livre de Dyson et Featherstone [1999] sur la route vers Maastricht. Mais il n'a pas été posé comme tel et s'est effectué sous une apparence de continuité.

Le néolibéralisme, financier de surcroît, s'est glissé dans la faille. On doit le définir, pour ce qui est de l'Europe, comme la combinaison entre une planification centrale du marché et la mise à l'écart de la démocratie (l'a-démocratie). Comme le soulignent Marty [2015] et Knoll [2015], les autorités européennes (Cour de justice des Communautés européennes et Commission), pour construire le marché parfait et le principe de libre concurrence qui doit aller avec, dupliquent certains mécanismes propres aux conventions de l'État extérieur et absent, mais en tant que règles de jugement posées *ex ante* pour inciter à, condamner ou autoriser certains comportements sur le marché. Il ne s'agit pas d'enclencher un processus vertueux d'apprentissage d'une convention de l'État au niveau européen, car les outils essentiels manquent pour susciter un engagement politique des peuples. Il s'agit plutôt de forcer les États membres à introduire dans leur droit des éléments normatifs qui, le plus souvent, contredisent les conventions de l'État sous-jacentes existant au niveau national. La perte générale de repères politiques et cognitifs qui s'ensuit au sein des peuples européens favorise une véritable crise existentielle de l'Europe. Cette crise se marque par un retour rapide des nationalismes, d'une absence de solidarité, d'une opposition de tous contre tous, qui font le lit, comme dans les années 1930, d'une montée des partis d'extrême droite.

4.2. Faire autrement : un projet européen situé ?

Le principe de concurrence, sous sa forme la plus sommaire, a été érigé par la construction européenne en vecteur d'arasement des spécificités de toutes natures qui empêchent la standardisation et l'uniformisation générales (« l'espace sans frontières »). Ce genre de tendance est à l'œuvre aussi bien dans les systèmes fondés sur le plan (l'État extérieur) que dans ceux fondés sur le marché (l'État absent). Le constructivisme européen cumule les deux. Puisque tout se vaut, et peut être ramené à la même aune, le résultat est que plus rien n'a de valeur intrinsèque. La confusion et l'informe règnent.

Faire autrement, c'est s'interroger sur la pertinence d'un projet européen fondé sur une convention de l'État situé. C'est-à-dire : dans tous les domaines où le choix du niveau européen ne s'impose pas, refuser la description a priori à ce niveau du bien commun ; limiter le niveau européen au choix, démocratiquement délibéré, de principes fondamentaux servant de guide aux actions des autres niveaux ; partir des singularités socio-historiques des configurations d'action ; prendre la tension entre généralité et singularité comme fondement de l'action européenne ; développer la connaissance et la capacité des différents niveaux à définir et agir en direction du bien commun ; attribuer des droits et des ressources adéquats à ces niveaux et, pour chaque problème, donner la priorité au niveau le plus bas en ayant la connaissance et la capacité (le vrai principe de subsidiarité fondé sur la liberté réelle et l'autonomie collective) ; etc.

Cette mise en capacité est une des aspirations les plus profondes des peuples et des citoyens européens. Refoulée, niée, sciemment détruite, cette aspiration se cherche une expression perverse dans la haine du voisin et l'affirmation de soi contre l'autre. Libérée, elle aurait engendré un projet européen fondé sur la solidarité et la coopération entre les peuples.

Car une des choses les plus terribles, qui en même temps entretient l'espoir, est l'existence, dans le processus européen, de traces de cette aspiration à la capacité politique, ainsi que de possibilités de mise en œuvre d'une convention de l'État situé. Même si, à chaque fois que le choix s'offrait, on s'est trompé de chemin, il est resté quelques réalisations. Rappelons rapidement quelques opportunités manquées ou refusées mentionnées dans *Le viol d'Europe* :

- un projet originel fondé sur la coopération entre les peuples et non l'intégration forcée dans le même moule qui a suivi [Salais, 2015a] ; il en reste une série de coopérations dans l'industrie, la culture, l'éducation par exemple ;
- une pression souterraine durable à la démocratisation du processus actuel, rejetée chaque fois qu'elle a pu surgir ; il en reste une mise en exergue des droits fondamentaux (lesquels devraient servir de *benchmark* aux politiques et au droit européens) ;
- l'inscription du principe de subsidiarité dans les traités, pervertie en justification d'un contrôle accru des niveaux inférieurs : cependant, les régions ou les grandes cités ont pu y trouver des marges de manœuvre et des possibilités de coopérations horizontales au travers de l'Europe ;
- la monnaie commune, réclamée dès 1948, envisageable dès les années 1950[5], écartée par la présidence Delors au profit de la monnaie unique. L'euro a mis les États membres en compétition pour le moins-disant social et sous contrôle des marchés financiers. La monnaie commune (en parallèle avec les monnaies nationales) aurait favorisé la coopération entre les États membres dans la gestion de leurs équilibres des balances de paiement[6] ainsi qu'un co-développement de leurs économies.

Ces possibles, dans la mesure où il en reste des traces inscrites dans le processus européen, demeurent des points d'appui pour la réflexion et la proposition.

5. Conclusions

L'approche de l'État par les conventions gagnera à se confronter avec les approches dominantes en sciences sociales en France et en Europe. C'est un chantier que je compte ouvrir. On pense, entre autres, à la tradition wébérienne, à Bourdieu [2012] ou aux théories de la régulation (par exemple Théret [1992]). Bruno Théret, tout en conservant une approche holiste, a de grands mérites, ceux d'introduire une pluralité de régimes de l'ordre politique, de s'intéresser aux droits public et constitutionnel, aux comparaisons entre pays. Une approche bien conduite des théories de la régulation devrait intégrer, comme le fait l'économie des conventions (EC), le fait qu'il ne suffit pas de créer des institutions pour qu'elles agissent : ceci requiert qu'elles soient

[5] *Au congrès des mouvements européens de La Haye en 1948, puis dans l'expérience de l'Union européenne des paiements (UEP) de 1950 à 1958.*
[6] *Voir Colletis, Robé et Salais [2015] quant à la recherche d'une solution coopérative pour résoudre le problème de la dette grecque.*

prises comme ressources de leur action par les citoyens, en somme qu'elles s'intègrent dans une convention partagée de l'État. Sous réserve d'inventaire, la distance de l'EC est beaucoup plus grande avec les approches qui considèrent l'État comme une superstructure qui impose ses vues à la société et qui agit dans un champ qui lui est propre. Malgré sa critique de l'État français, Bourdieu a-t-il vraiment rompu avec la conception qui sous-tend cet État, une intervention d'en haut et de l'extérieur ? L'EC me paraît avoir une approche plus subtile. Au concept de domination, elle préfère celui d'hégémonie ; à l'habitus, la capacité à agir et sa mise en œuvre en situation de coordination. La pluralité des conventions de l'État souligne qu'une critique est toujours possible et que le réel, malgré l'hégémonie, n'est pas univoque.

La variété des conventions de l'État ici retracée a comme ambition de constituer une grammaire de l'action publique. Notre hypothèse est que, malgré les différences de langage et de conceptualisation d'un pays européen à l'autre, la diversité des constructions institutionnelles, des lois et des droits, des politiques publiques peut devenir intelligible grâce à l'emploi du concept de convention de l'État, comme nous l'avons défini dans cet article. Le cadre développé d'une pluralité de conventions de l'État peut permettre de rendre compte dans chaque pays des compromis politiques et institutionnels qui se sont révélés viables pour la communauté politique. À nous, chercheurs, de décrypter les « textes », les procédures, les pratiques au sein desquels cette grammaire des conventions de l'État est déclinée. Il s'agit ainsi de produire un « sens commun » européen, un patrimoine commun de connaissances où le projet européen puisse, s'il survit, se ressourcer et trouver sa voie.

Mais, soulignons-le pour conclure, un projet européen viable requiert l'établissement de conventions entre Européens. Et ceci ne se décrète pas, ni ne peut être rationnellement planifié et construit. Toutes les tentatives historiques pour ce faire ont produit des monstres et des catastrophes. Cette dérive vers la démesure, alliée à une incapacité à faire les bons choix, est à l'œuvre en Europe au sein de l'élite dirigeante et produit des effets désastreux : observons le traitement indigne réservé au peuple grec, ou encore les milliers de migrants morts en Méditerranée alors qu'ils croyaient accoster à la Terre promise.

Les conventions sont des attentes mutuelles entre personnes, relativement à des entreprises collectives qu'il est impossible d'accomplir sans la participation des autres. Chacun doit pouvoir compter sur l'engagement des autres, et réciproquement. Ces attentes mutuelles naissent par accident, par inadvertance. Elles deviennent ainsi des pratiques, partagées à quelques-uns ou par un plus grand nombre, mais qui ne sont reconnues comme telles que rétrospectivement. Y a-t-il des modes d'action politique plus favorables que d'autres à ces émergences ? On peut faire le pari, tout comme pour l'innovation, que plus il sera offert d'espaces d'interprétation, d'innovation, d'ouverture vers le futur, en un mot d'espaces réels de liberté et de débat, plus un projet d'Europe a des chances de générer ces conventions qui lui sont indispensables.

Bibliographie

Bidet A., Boutet M., Chave F., Gayet-Viaud C., Le Méner E. (2015), « Publicité, sollicitation, intervention. Pistes pour une étude pragmatiste de l'expérience citoyenne », *SociologieS* [en ligne], Dossiers, Pragmatisme et sciences sociales : explorations, enquêtes, expérimentations, mis en ligne le 23 février 2015 : http://sociologies.revues.org/4941 (consulté le 25 août 2015).

Boltanski L., Thévenot L. (1991), *De la justification. Les économies de la grandeur*, Gallimard, Paris.

Bourdieu P. (2012), *Sur l'État*, Seuil, Paris.

Colletis G., Robé J-Ph., Salais R., (2015), « Comment sauver vraiment la Grèce. Convertir la dette en investissements », *Le Monde diplomatique*, n° 736, juillet, p. 4-5.

Diaz-Bone R., (2015), *Die « Économie des conventions ». Grundlagen und Entwicklungen der neuen französischen Wirtschaftssoziologie*, Springer, Wiesbaden.

Diaz-Bone R., Didry C., Salais R. (dir.) (2015), « Law and Conventions from a Historical Perspective », Special issue, *Historical Social Research*, 40, 1.

Diaz-Bone R., Salais R. (dir.) (2011), « Conventions and Institutions from a Historical Perspective », Special issue, *Historical Social Research*, 36, 4.

Dyson K., Featherstone K. (1999), *The Road to Maastricht: Negotiating Economic and Monetary Union*, Oxford University Press, Oxford.

Eymard-Duvernay F. (dir.) (2006), *L'économie des conventions, méthodes et résultats*, La Découverte, Paris.

Grossman V., (2008), *Pour une juste cause*, Librairie générale française, coll. « Le Livre de poche », Paris.

Knoll L. (2015), « The Hidden Regulation of Carbon Markets », in R. Diaz-Bone, C. Didry, R. Salais (dir.), « Law and Conventions from a Historical Perspective », Special issue, *Historical Social Research*, 40, 1, p. 132-149.

Marty F. (2015), « Towards an Economics of Convention-based Approach of the European Competition Policy », in R. Diaz-Bone, C. Didry, R. Salais (dir.), « Law and Conventions from a Historical Perspective », Special issue, *Historical Social Research*, 40, 1, p. 94-111.

Menendez A. J. (2007), *Altiero Spinelli. From Ventotene to the European Constitution*, Arena Report, 1/07.

Millon-Delsol C. (1992), *L'État subsidiaire*, Presses universitaires de France, Paris.

Padoa-Schioppa T. (1988), « Milan, Hannover 1992 », *Review of Economic Conditions in Italy*, vol. 3, p. 433-443.

Revue économique (1989), *L'économie des conventions*, numéro spécial, mars.

Salais R., Storper M. (1993), *Les mondes de production. Enquête sur l'identité économique de la France*, Éditions de l'EHESS, Paris.

Salais R. (1997), « Action publique, gouvernance et conventions de l'État : éléments d'un problème », in F. Godard (dir.), *Le gouvernement des villes. Territoire et pouvoir*, Descartes et Cie, Paris, p. 255-286.

Salais R. (1998), « Action publique et conventions : état des lieux », in J. Commaille, B. Jobert (dir.), *Les métamorphoses de la régulation politique*, LGDJ, Paris, p. 55-82.

Salais R. (2004), « La politique des indicateurs. Du taux de chômage au taux d'emploi dans la stratégie européenne pour l'emploi », in B. Zimmermann (dir.), *Les sciences sociales à l'épreuve de l'action. Le savant, le politique et l'Europe*, Éditions de la Maison des sciences de l'homme, Paris, p. 287-331.

Salais R. (2007), « Europe and the Deconstruction of the Category "Unemployment" », *Archiv für Sozialgeschichte*, 47 (Thema « Der Sozialstaat in der Krise. Deutschland im internationalen Vergleich »), p. 371-405.

Salais R. (2010), « La donnée n'est pas un donné. Pour une analyse critique de l'évaluation par la performance », *Revue française d'administration publique*, 3, 135, p. 497-515.

Salais R. (2013), *Le viol d'Europe. Enquête sur la disparition d'une idée*, Presses universitaires de France, Paris.

Salais R. (2015a), « Universal versus Strategic Paths for Building Europe: Is It Still Possible to Overcome that Dilemm? », *Politiche Sociali, social politics*, 1, p. 7-26.

Salais R. (2015b), « La construction européenne, un refus originel de la démocratie », *Idées économiques et sociales*, 179, mars, p. 8-18.

Salais R. (2015c), « Quantification and Objectivity. From Statistical Conventions to Social Conventions », in R. Diaz-Bone, E. Didier (dir.) (2015), « Conventions and Quantification », Special issue, *Historical Social Research*, 40, 4, à paraître.

Salais R., Chatel E., Rivaud-Danset D. (dir.) (1998), *Institutions et conventions. La réflexivité de l'action économique*, Éditions de l'École des hautes études en sciences sociales, Paris.

Théret B. (1992), *Régimes économiques de l'ordre politique*, Presses universitaires de France, Paris.

Thévenot L. (2006), *L'action au pluriel. Sociologie des régimes d'engagement*, La Découverte, Paris.

Tolstoï L. (1945), *La guerre et la paix*, trad. de Henri Mongault, Gallimard, coll. « Les Classiques russes », Paris.

Le néolibéralisme comme objet de recherche : autour de deux livres clefs William Davies, *The limits of neoliberalism: authority, sovereignty and the logic of competition*, Sage, London-Thousand Oaks-New Delhi-Singapore, 2014, 220 p. Pierre Dardot, Christian Laval, *La nouvelle raison du monde : essai sur la société néolibérale*, La Découverte, Paris, 2009, 498 p.

Jacques-Olivier CHARRON
IRISSO, Université Paris Dauphine
jacques-olivier.charron@dauphine.fr

Les recherches en sciences sociales qui portent sur le néolibéralisme ou la financiarisation de façon générale, ou sur certains aspects de ces phénomènes comme l'imposition de la norme de valeur actionnariale et de formes de gouvernance d'entreprise visant à la mettre en œuvre, la production de discours idéologiques néolibéraux, l'instauration d'une « culture du résultat » dans les administrations via des dispositifs d'évaluation, de normes comptables important la valorisation, obtenus sur les marchés ou via des modèles dans les comptes des entreprises, le développement de discours et de dispositifs incitant les individus à se « gérer » comme des entreprises et à se penser en « entrepreneurs » dans tous les aspects de leur existence, etc., ont connu un développement considérable ces dix dernières années. En même temps, s'ils ont fait progresser considérablement la compréhension de ces sujets, on peut remarquer, par-delà la réelle diversité de cadres théoriques et d'approches méthodologiques, un point commun à presque tous ces travaux : le fait de raconter l'histoire d'une ascension irrésistible, d'un succès qui finit par surmonter les obstacles et triompher des adversaires. Le discours ou dispositif néolibéral étudié a, à chaque fois, connu des débuts humbles et minoritaires. Il a dû affronter des controverses, trouver des alliés face à des discours ou dispositifs jadis dominants et que leur force et leur cohérence, que l'on retrouve souvent grâce à des descriptions solides et documentées, semblaient rendre inattaquables. La narration des multiples causalités, de l'enchaînement des faits, des diverses péripéties, peut varier d'un auteur à l'autre, d'une discipline à une autre, mais on retrouve en général la même trame : le succès peut être rapide, tirant parti d'un moment où les positions se cristallisent, il peut aussi être le fruit d'une longue patience, d'une évolution graduelle et souterraine, au cours de laquelle des reculs partiels interrompent provisoirement l'avancée, mais l'aboutissement est toujours le même.

Ces travaux, souvent d'inspiration critique, *expliquent donc comment ce qu'ils critiquent a réussi*. Et comme, bien souvent, ils n'explicitent pas ou peu de quel point de vue ils critiquent le néolibéralisme et ses diverses manifestations, la conclusion qui ressort implicitement de la lecture de ces travaux est que *c'était mieux avant*, et que c'est donc cet « avant » qui sert spontanément de point d'appui à la critique.

Le principal mérite du livre de William Davies est peut-être de réussir à s'extraire pour de bon de ce tropisme : en prêtant une attention particulière, comme l'indique le titre, aux contradictions internes du néolibéralisme, et en s'appuyant pour cela sur une analyse très solide de ce phénomène comme vu et compris de l'intérieur, indépendamment de ce à quoi il a pu s'opposer, il pose

DOI: 10.3917/rfse.hs1.0263

des jalons pour sortir du « c'était mieux avant » et commencer à penser de façon plus ouverte et imaginative à la question : « À quoi pourrait ressembler l'après ? »

Sur ce plan, on peut, dans une certaine mesure, le rapprocher du livre de Pierre Dardot et Christian Laval, *La nouvelle raison du monde*, paru cinq ans plus tôt. Il se trouve simplement que, l'étanchéité de l'univers intellectuel anglophone à tout ce qui n'est pas traduit en anglais étant ce qu'elle est, Davies n'a apparemment pas eu connaissance de ce travail. Nous nous sommes donc permis de faire ce rapprochement, justifié par l'intérêt que peut avoir la comparaison de deux travaux de recherche de grande ampleur portant sur le même objet et dans une perspective très proche, mais menés de façon totalement indépendante l'un de l'autre.

Une démarche commune : singulariser le néolibéralisme pour mieux le disséquer

Le principal point commun des deux démarches tient sans doute à leur détermination à en finir avec les confusions entre le néolibéralisme et le libéralisme dans ses différentes acceptions, et surtout à souligner que le premier non seulement n'est pas une idéologie du laisser-faire et/ou de la marchandisation généralisée, mais même qu'il s'est construit en grande partie contre cette idéologie. Son émergence intellectuelle, dont on peut repérer des moments clés comme le colloque Walter Lippmann à Paris en 1938 auquel Dardot et Laval consacrent un chapitre, ou la création de la Société du Mont-Pèlerin en 1947, se comprend comme une démarche de refondation du libéralisme, de construction d'une approche qui n'en est pas une nouvelle modalité idéologique, simplement parce qu'elle se situe d'emblée sur un autre plan, comme un mode de gouvernement. Le néolibéralisme ne s'oppose pas à l'État : il le redéfinit et redéfinit de fond en comble ses modes d'action, l'opposition du « marché » et de « l'État » ne relevant, dans les faits, que de la propagande et des justifications simplistes. Chez Dardot et Laval comme chez Davies, cette vision doit beaucoup à la redécouverte préalable de la réflexion élaborée par Michel Foucault sur le sujet à la fin des années 1970, depuis la publication en 2004 de ses cours au Collège de France des années 1977-1978 et 1978-1979[1], Davies se référant aux traductions anglaises parues respectivement en 2007 et 2008. Foucault écrit d'ailleurs ces textes au moment précis où le néolibéralisme devient l'idéologie et le mode de gouvernement dominants dans le monde développé, un avènement dont Dardot et Laval rendent compte en termes de « branchement » d'un projet politique sur « une dynamique endogène, tout ensemble technologique, commerciale et productive » [p. 278].

Les deux ouvrages décrivent aussi deux variantes du néolibéralisme, une distinction redevable elle aussi à Foucault : la branche ordo-libérale, allemande, dont la contribution essentielle à la formation du cadre des institutions et du débat politique en Allemagne, et plus tard au niveau de l'Union européenne, est clairement documentée et détaillée, et la branche que l'on peut qualifier d'« austro-américaine », formule qui condense le « passage de témoin » de Friedrich von Hayek à Milton Friedman. Quelques différences sont en effet repérables entre les deux : l'ordolibéralisme s'applique via une politique antitrust active promouvant la concurrence « libre et non faussée », selon la formule consacrée, au service de la souveraineté du consommateur ; il se caractérise aussi par un certain conservatisme social. L'école de Chicago, de son côté, et plus particulièrement tout le courant « *Law and economics* » analysé en détail par Davies, s'attache à évacuer toute « métaphysique » au profit d'une « physique » qui est celle de la méthodologie et de la modélisation néoclassique, seule juge de ce qui est efficient ou non [Davies, 2014, p. 103]. Le gagnant de la compétition est simplement celui qui surpasse et devance les autres dans la découverte de nouvelles occasions de gain. Dans les deux cas, il s'agit toujours de créer des situations de marché et de produire un sujet entrepreneurial via la pression de la concurrence, que celle-ci soit ou non régulée par un certain idéal normatif. L'idée d'« entreprise de soi » est présente aussi bien chez Röpke que chez Kirzner, pour citer deux auteurs assez représentatifs des deux courants [Dardot, Laval, 2009, p. 217 et 231 respectivement].

Aussi bien Dardot et Laval que Davies examinent le phénomène néolibéral dans toutes ses dimensions, mais avant tout comme un mode de gouvernement applicable tant à l'État qu'aux entreprises et aux individus, et centré essentiellement sur l'impératif de compétition et de compétitivité. Les premiers le définissent comme une « norme de vie » qui « enjoint à chacun de vivre dans un univers de compétition généralisée » [p. 5], le second à la fois comme « la quête du désenchantement de la politique par l'économie » [p. 4, notre traduction] et comme « la promotion

[1] *Sécurité, territoire, population : cours au Collège de France 1977-1978, Seuil, Paris, 2004 ; Naissance de la biopolitique : cours au Collège de France 1978-1979, Seuil, Paris, 2004.*

des principes basés sur le marché et des techniques d'évaluation correspondantes au niveau de normes assumées par l'État » [p. 6, notre traduction], tout en insistant tout au long de ses analyses concrètes sur l'importance de la promotion de la compétitivité comme objectif, et de la compétition comme norme de comportement. Les deux ouvrages abordent par exemple un aspect important et souvent négligé : les multiples prescriptions des comportements individuels portées par le néolibéralisme, ces injonctions faites aux individus de se penser comme des entrepreneurs d'eux-mêmes, capables, au moins potentiellement, de tout déterminer *individuellement* de leur existence. Le néolibéralisme, politique et mode de gouvernement, se comprend aussi comme un véritable mode de vie.

Une politique qui cherche à se nier comme telle...

Quelques différences méritent toutefois d'être mentionnées entre les deux ouvrages. Celui de Dardot et Laval s'ouvre sur une partie consacrée à la généalogie intellectuelle du néolibéralisme qui fait remonter les deux auteurs aux pères fondateurs du libéralisme classique ; on peut remarquer à ce sujet qu'ils font surtout ressortir, chez des auteurs qui vont de Locke à Bentham, leur extériorité au néolibéralisme. Le lecteur doit attendre la présentation des idées de Spencer pour commencer à voir apparaître un discours qui ait vraiment un air de famille avec le propos des néolibéraux contemporains, en particulier dans son expression du darwinisme social qui, comme le soulignent les auteurs, a transformé les bases théoriques de l'utilitarisme et s'oppose à la tendance réformiste de Bentham. Le néolibéralisme commence ainsi à se construire, à partir de là, pour résoudre un problème de gouvernementalité : comment construire politiquement la concurrence ?

Davies, de son côté, va plus directement au cœur du sujet, prenant appui il est vrai sur plusieurs travaux, notamment l'ouvrage collectif *The road from Mont Pèlerin* paru en 2009 sous la direction de Philip Mirowski et Dieter Plehwe, ouvrage qui en avait déjà exploré bien des aspects. Il souligne aussi, davantage que Dardot et Laval, le rôle clef des méthodes et modèles néoclassiques dans les dispositifs néolibéraux, même si l'on peut regretter qu'il n'en expose pas plus précisément le contenu : quand ces modèles sont utilisés pour tester ou évaluer des mesures en place ou proposées, il aurait été intéressant de mettre en évidence ce qui est effectivement testé ou évalué, de quelque peu « soulever le capot » de ces modèles. D'un autre côté, et c'est clairement un apport au regard de l'approche de Dardot et Laval, il explore plus en profondeur la dimension gestionnaire du néolibéralisme telle qu'elle fut développée par exemple par des « gourous du management » comme Michael Porter auquel il consacre d'importants développements. Plus généralement, c'est la fusion des logiques du management et de la politique qu'il explore, en analysant par exemple comment l'objectif de compétitivité s'est progressivement imposé au sommet de l'agenda des décideurs politiques. Davies adopte sur cette question une tonalité critique très claire, qui ne s'appuie pas sur une défense rétrospective de l'État social mais sur la nécessité, pour qu'un ordre politique soit légitime, de s'appuyer sur une justification solide. Tel n'est pas le cas d'un ordre qui relève selon lui, en termes boltanskiens, d'un « régime de violence » qui ne cherche même plus à parer la critique en se justifiant sur la base de la défense d'une forme de bien commun et ne repose en dernière analyse que sur l'accumulation de pouvoir.

Cela va de pair, chez lui, avec une interprétation de Schumpeter assez différente de celle de Dardot et Laval, insistant en particulier sur une vision de l'entrepreneur comme « surhomme » nietzschéen qui a incontestablement une grande importance dans l'idéologie dominante contemporaine. Celle-ci non seulement exalte en effet l'entrepreneur comme modèle humain et paradigme de toutes les conduites, mais aussi l'assimile continuellement à l'entreprise : c'est un culte de l'entrepreneur qui s'est développé et non un culte de l'entreprise, qui est toujours dans les faits un collectif humain avec des hiérarchies, des conflits, des contradictions, bref tout un prosaïsme que la focalisation sur l'individu-entrepreneur, totalité insécable, résiliente, héroïque, unique source de pouvoir et d'énergie, tente d'effacer magiquement. Le culte du chef d'entreprise ressemble fort à un culte du chef tout court.

Enfin, si aussi bien Dardot et Laval que Davies récusent très clairement l'idée que la crise de 2007-2008 a marqué la fin ou l'effondrement du néolibéralisme, Davies, avec cinq années de recul supplémentaire, analyse plus précisément la persistance du néolibéralisme en identifiant, derrière la continuation et bien souvent le renforcement des politiques néolibérales, l'essoufflement de la prétention à évacuer toute normativité. William Davies, pour caractériser la situation actuelle des économies les plus développées, emprunte à Giorgio Agamben la notion d'« état d'exception », mais pour montrer que l'« état d'exception de marché » est aussi le symptôme d'une réelle difficulté à réussir à se légitimer démocratiquement. L'échec effectif du néolibéralisme que représente la crise actuelle ne l'a nullement détruit, mais a rendu beaucoup plus difficile qu'auparavant la présentation des politiques qu'il inspire comme un ensemble de mesures purement techniques et neutres. C'est parce qu'il est à la fois de plus en plus apparent et exposé dans ses modes opératoires et toujours incapable d'apporter une issue convaincante à la crise économique et financière que le néolibéralisme prend un tour de plus en plus intolérant. Dardot et Laval avaient déjà souligné le caractère « a-démocratique » du néolibéralisme, qui ne voit dans la démocratie qu'une procédure de sélection des dirigeants et non, certes, des politiques à mener [p. 459-464].

... et pourrait bien ne plus y parvenir

La question des alternatives au néolibéralisme se pose donc, et l'on sait que Dardot et Laval ont, depuis, développé sous quelle forme ce qu'ils appellent le « commun » apporte, de leur point de vue, un début de réponse[2] permettant le développement de « formes de subjectivation alternatives au modèle de l'entreprise de soi » [Dardot, Laval, p. 475]. Davies, de son côté, s'appuie sur le modèle des cités de Boltanski et Thévenot, et plus généralement sur la théorisation boltanskienne de la critique pour souligner que la principale faiblesse du néolibéralisme, décrit comme « désenchantement de la politique par l'économie », est sa difficulté croissante à résister à la critique en se basant sur un cadre normatif crédible et à masquer sa dépendance, dans les faits, vis-à-vis de l'État et de son pouvoir souverain. S'il se perpétue, c'est sur le mode de la « contingence radicale », d'une façon ritualisée et presque cynique (à noter, p. 196, un parallèle avec la période brejnevienne du régime soviétique), et comme le résultat de l'indistinction patiemment construite entre décision politique et décision de gestion. L'issue possible peut se décrire alors comme un double découplage à réaliser : entre politique et entrepreneuriat, mais aussi entre le social et la psychologie, pour contrer le développement de démarches qui rabattent sur la psychologie l'explication de la faillite des mécanismes de valorisation. L'alternative, dans cette perspective, doit donc se baser sur la reconstruction d'un cadre normatif cohérent.

On peut d'abord remarquer à ce propos que, dans les années récentes, ce n'est pas tant le principe du marché qui est l'objet de critiques croissantes que les modes d'expertise sur lesquels s'appuie la gouvernementalité néolibérale, des modèles inspirés de la théorie financière classique aux modes d'évaluation des performances individuelles en passant par les pratiques des agences de notation. C'est une critique de l'expertise de l'ordre marchand plus qu'une critique de l'ordre marchand en soi qui se développe ainsi.

Par ailleurs, dans un ordre marchand cohérent, au sens de Boltanski et Thévenot, la concurrence n'est pas une fin, seulement un moyen. Le but est de satisfaire les désirs des individus, et l'accord se fait sur les biens et services objets de ces désirs, c'est un accord sur les objets désirables. On peut alors remarquer que les actifs financiers, et de manière générale les biens spéculatifs, parce qu'ils sont des promesses, tenues ou non, de gains futurs, ne sont pas, précisément, des objets désirables en soi. Si Davies, nous semble-t-il, passe à côté de cette dimension, c'est peut-être parce qu'il examine la question des hypothèses faites sur les individus et non celle des hypothèses faites sur les biens valorisés.

Cela nous conduit à pointer une faiblesse commune aux deux livres : l'insuffisante mise en avant du rôle crucial de la finance et des marchés financiers. Dès le tournant de la fin des années 1970, le déploiement concret du néolibéralisme s'est fait sur la base des « jugements » produits par les marchés financiers : le flottement des devises avait fait naître une « opinion du marché » déterminant les cours relatifs des monnaies, la dérégulation et l'ouverture tous azimuts des marchés de capitaux et des marchés de la dette publique des années 1980 ont soumis les entreprises et les États à ce type d'« opinion » d'une façon de plus en plus impérieuse. Peut-être faudrait-il donc partir d'une critique de la production de ces jugements pour fonder une alternative.

[2] *P. Dardot, C. Laval, Commun : essai sur la révolution au XXIe siècle, La Découverte, Paris, 2014.*

Sociologie des marchés : étudier les marchés autrement À propos de Franck Cochoy (dir.), *Du lien marchand : comment le marché fait société. Essai(s) de sociologie économique relationniste*, postface de Michel Callon, Presses universitaires du Mirail, coll. « Socio-logiques », Toulouse, 2012, 402 p., et de Philippe Steiner, Marie Trespeuch (dir.), *Marchés contestés : quand le marché rencontre la morale*, Presses universitaires du Mirail, coll. « Socio-logiques », Toulouse, 2014, 344 p.

Fabien ELOIRE
Clersé, Université Lille 1
fabien.eloire@univ-lille1.fr

La « nouvelle sociologie économique » a fait son temps, place aujourd'hui à la « sociologie des marchés ». Deux ouvrages collectifs viennent étayer cette affirmation, récemment parus dans la même collection « Socio-logiques » aux Presses universitaires du Mirail. Le premier, dirigé par Cochoy en 2012, intitulé *Du lien marchand : comment le marché fait société* ; le second, codirigé par Steiner et Trespeuch en 2014, baptisé *Marchés contestés : quand le marché rencontre la morale*. Tous deux très éclairants, ils présentent non seulement de nombreux travaux empiriques récents, mais ils s'efforcent aussi de faire des propositions pour avancer dans l'analyse des marchés en dépassant le découpage par branches d'encastrement, qui caractérisait encore il y a peu la nouvelle sociologie économique (NSE) : entre encastrement culturel, institutionnel, structural ou relationnel [1].

Né au milieu des années 1980, à la suite d'un article de Granovetter, ex-étudiant du professeur White [2], le courant dit de la NSE s'était constitué autour de la notion d'encastrement (*embeddedness*) et s'était donné pour grand ancêtre l'historien Polanyi, auteur de *La grande transformation* [1944]. Il avait ré-initié un dialogue interdisciplinaire quelque peu interrompu entre sociologues et économistes, et ainsi rendu aux premiers la légitimité de s'intéresser aux objets des seconds après une période d'éclipse de cette forme d'interdisciplinarité [3]. Les deux ouvrages dont il est question ici ont pour point commun de chercher à rompre avec l'héritage polanyien d'un « marché » exclusivement conçu comme autorégulateur et destructeur du lien social, véhiculant ainsi une conception par trop dichotomique faisant s'entrechoquer le marchand et le non-marchand : chez Cochoy *et al.*, le marché ne cesse ainsi de « faire, défaire et refaire société » ; tandis que Steiner,

[1] *Le Velly R. (2002), « La notion d'encastrement : une sociologie des échanges marchands », Sociologie du travail, 44 (1), p. 37-53.*

[2] *Convert B., Heilbron J. (2004), « Genèse de la « nouvelle sociologie économique » aux États-Unis », in J. Heilbron, R. Lenoir, G. Sapiro, Pour une histoire des sciences sociales, hommage à Pierre Bourdieu, Fayard, Paris.*

[3] *Gislain J.-J., Steiner Ph. (1995), La sociologie économique, 1890-1920, Presses universitaires de France, Paris.*

DOI: 10.3917/rfse.hs1.0267

Trespeuch *et al.* insistent sur le fait que la frontière est sans cesse « mouvante entre le marché et la morale ».

De ces deux constats de départ, les ouvrages tirent, d'un côté, la volonté de fonder l'approche « relationniste » centrée sur l'étude de l'association entre l'économique et le social au cours de l'échange ; de l'autre, le concept de « marchés contestés », qui place les luttes de légitimité autour de ce qui doit, ou ne doit pas, être une « marchandise » au cœur de la dynamique des activités économiques. Dans cette note, nous présentons successivement les deux ouvrages, étant bien conscient que notre texte ne pourra en retranscrire que très partiellement toute la richesse.

Comment le marché fait société

Au point de départ de l'ouvrage collectif dirigé par Cochoy se trouve donc la volonté de remettre en cause un préjugé profondément ancré, selon lequel le marché et la société s'opposent, tout comme s'opposent le lien marchand et le lien social, alors même qu'à l'évidence « lien et marché sont étroitement emberlificotés » [p. 9]. Il s'agit, en effet, d'une problématique à la fois classique et structurante de la sociologie économique que d'étudier ces interdépendances de l'économique avec tous les autres domaines relevant intuitivement du social (le religieux, le culturel, l'institutionnel, le relationnel, etc.). Cependant, l'ouvrage va au-delà de ce constat en proposant un programme de recherche original nommé « Sociologie économique relationniste, visant à « l'étude des associations que produit l'échange » [p. 12] et auquel participent à leur manière les contributions qui y sont réunies. Le recueil est ainsi organisé en trois volets : le premier propose de penser « la façon dont le lien s'inscrit au cœur du marché » ; le deuxième explore les différentes facettes du « marketing du lien » ; le troisième porte sur les relations entre « lien, affect et marché ».

Aux prémices de ce programme de recherche, il y a une rencontre : celle qui s'établit, à un moment donné, entre des objets de sociologie économique et une approche en termes de sociologie des sciences telle que l'envisagent Latour, Callon ou McKenzie, qui questionne la « vérité » des énoncés scientifiques, leur « performativité », et le rôle des objets et outils (tels que les dispositifs de calcul) dans l'action. À travers cette série d'extensions des problématiques, la volonté affichée dans l'ouvrage est de dépasser les approches désignées comme « classiques » et « constructivistes », présentées comme les deux premiers stades d'une évolution qui conduit vers l'approche « relationniste », et donc vers une redéfinition du « social » et de la sociologie elle-même[4] comme « processus d'association entre entités hétérogènes qui définit les contours du collectif dans lequel nous vivons » [p. 30]. Cette conception amène à instaurer, au sein du courant de la sociologie économique, un partage entre *une « sociologie du social »* qui serait adaptée à l'étude des structures sociales et de leur reproduction, mais qui laisserait place à une sociologie *relationniste* dès lors que « la société bouge, se recompose, s'hybride, se transforme » [p. 38-39].

Dans son article programmatique, Cochoy lance comme piste d'analyse l'étude de deux types d'opérations marchandes, la « sélection » (*i.e.* les mécanismes de choix sur les marchés) et la « collection » (*i.e.* les effets organisationnels sur les marchés), qu'il considère comme heuristiques en tant qu'elles constituent « deux ressorts d'une même activité socio-économique » [p. 53]. C'est cette piste, par exemple, que les contributions de Bruno, Mallard ou Calvignac semblent emprunter dans l'ouvrage. Bruno décrit ainsi la généalogie du concept de « coopétition », ce néologisme associant la « coopération à la compétition » ; elle montre qu'il s'agit, en fait, de deux « processus relationnels qui coexistent, interagissent, et ne laissent pas inchangé ce qu'[ils] associent » [p. 78] ; et conclut que c'est bien le marché qui fait société en faisant de la « solidarité compétitive » le liant de la société. Mallard réfléchit ensuite sur l'activité de vendeur, et sur l'encadrement de plus en plus prégnant des relations entre clients et vendeurs par des formes d'« organisation commerciale » ; il se pose finalement la question de l'avenir et de la place des « liens entre personnes » [p. 105] dans le monde marchand tel qu'il est en train d'évoluer. Calvignac interroge enfin ce qu'il nomme la « fibre communautaire » du lien marchand ; il décrit l'évolution de projets à la base « citoyens », qui peuvent se convertir et bifurquer, sans contradiction fondamentale, vers un modèle entrepreneurial et marchand.

La seconde partie de l'ouvrage est pour sa part consacrée à l'activité de *marketing* dès lors qu'elle s'applique à créer du *lien* sur le marché. Les vecteurs étudiés sont les plus divers : à travers le « web social 2.0 » et les « blogs », Internet occupe évidemment une place importante ; mais d'autres études sont aussi consacrées aux dispositifs de

[4] À ce propos, cf. Latour B. (2006), Changer de société, refaire de la sociologie, La Découverte, Paris.

fidélisation des clients tels les « cartes de fidélité » ou la pratique du « cadeau », avec un regard anthropologique. La troisième partie s'inscrit dans une optique assez proche du second ouvrage que nous abordons ci-après, puisqu'elle examine des biens et services très variés et qu'il semble difficile de faire entrer spontanément dans l'analyse en termes de marché et de marchandise, tant la question des *affects* et des *liens interpersonnels* semble primordiale dans les échanges dont ils font l'objet. Il s'agit par exemple de l'assurance-vie, qui fait évidemment écho au travail de Zelizer, du lien amoureux qui se noue à partir d'une rencontre sur Internet, ou de l'acquisition d'une voiture de collection.

Dans la postface à cet ouvrage, Callon insiste sur l'importance de mettre au centre de l'analyse sociologique, non pas le marché, mais les « agencements marchands » [p. 344] qui supposent de déplacer l'attention du chercheur « des agents vers les choses » [p. 346]. Ce déplacement invite à centrer l'analyse sur la façon dont se construisent, en continu, de nouveaux produits, ou, dit autrement, de nouvelles associations, à travers des processus de traduction, captation, séduction ou encore ajustement [p. 350]. Un lien apparaît alors entre la sociologie relationniste et la problématique de l'innovation, centrale entre autres chez Schumpeter. Cependant, une insistance apparaît sur la fabrication du lien social par le marché, car celui-ci ne s'encastre pas, comme on a coutume de le dire habituellement, dans des relations existantes, mais fait surgir de nouvelles liaisons et de nouveaux êtres : c'est ce qui se passe dans le cadre des processus de « coopétition », mais aussi lorsque sont utilisés les outils du *marketing relationnel*, telles les pratiques de profilage.

En dernière analyse, Callon considère comme essentielle l'analyse du travail marchand qui permet de faire exister le couple vendeur-acheteur, qui lui-même repose sur le couple attachement-détachement : créer l'*attachement* par les passions, les affects, les émotions, et organiser le *détachement* du produit, du vendeur vers l'acheteur, par acceptation du prix fixé : c'est, par exemple, tout le travail des *marketers*, aujourd'hui, que de réfléchir aux dispositifs stratégiques de *valuation* et de participer ainsi à l'émergence d'*agencements marchands* qui orientent la fabrique du social et y participent.

Quand le marché rencontre la morale

Dans une optique différente mais, selon nous, non contradictoire, l'ouvrage coordonné par Steiner et Trespeuch s'écarte aussi du postulat de l'opposition entre marché et société, entre lien marchand et lien social, pour s'interroger sur l'état de la frontière entre ces notions : est-elle hermétique, poreuse, se déplace-t-elle avec le temps, et si oui dans quel sens ? C'est à travers ces questionnements qu'ils sont capables de faire tenir ensemble des études de sociologie économique autour de thèmes aussi variés que : les enfants, le tabac, le poker *online*, les OGM, le haschich, les organes, les défunts, la pornographie, l'identité, Internet. Point commun entre tous ces thèmes ? Il s'agit de « marchandises contestées » du fait que leur commercialisation soulève des controverses morales. En effet, il y a une crainte – certainement légitime ? – de la part de « la société » de voir entrer ces *sujets-objets* dans la sphère marchande parce qu'ils touchent à l'intégrité, à l'intimité, à la santé des personnes, voire à l'ordre public.

Il résulte de cette crainte que, dès lors que des signes de marchandisation se font jour, ces marchés en création voient leur existence rapidement contestée, et leur émergence retenue ou bloquée par des courants d'opposition qui fondent leur argumentaire sur des principes moraux, et qui obtiennent la mise en place de dispositifs suspendant ou interdisant les transactions sur un marché. L'enquête sociologique trouve alors sa place et sa problématique dans l'étude de la forme prise, en chaque cas, par cette articulation entre contestation morale et dispositifs de marché. Cette place est rendue d'autant plus légitime aujourd'hui qu'avec le néolibéralisme[5], idéologie promue par la construction européenne par exemple, le marché concurrentiel est (re)devenu un idéal à poursuivre et à construire socialement (quelle que soit la marchandise) et la création de nouveaux marchés, un élément majeur de la vie sociale et politique[6].

C'est pourquoi, selon les auteurs, on voit se développer certains marchés en même temps que leurs contestations ; celles-ci concernent d'ailleurs tout autant des marchés qui existent (marchés effectifs) – soit de longue date : le tabac, les jeux d'argent en ligne, la pornographie ; soit plus récents : funérailles –, que des marchés qui n'existent pas (encore) en réalité (marchés potentiels), mais qui sont d'ores et déjà conçus et élaborés en théorie et en discours : le poisson OGM ; les données personnelles : les « biomarchés ». À

[5] *Lire par exemple : Denord F. (2007), Néolibéralisme version française : histoire d'une idéologie politique., Demopolis, Paris.*

[6] *Période à rapprocher du premier libéralisme de la seconde moitié du XIXe siècle.*

ce titre, Zelizer, sociologue américaine, apparaît comme l'inspiratrice principale des travaux qui composent ce recueil en ce qu'elle a été pionnière pour montrer comment soit des marchés ont émergé en dépit de contestations morales, soit des marchés ont disparu sous l'effet de ces mêmes contestations : en effet, ses premiers travaux ont porté notamment, premièrement sur le processus d'acceptation sociale de l'assurance-vie[7], qui contribue à donner un prix à l'existence de l'individu et, à l'inverse, deuxièmement sur le processus de sacralisation des enfants, qui acquièrent progressivement une valeur sociale contribuant à les rendre inutiles (économiquement) et à les faire sortir des univers marchands (marché du travail, adoption)[8].

Les avancées que connaissent « les » marchés, ou plus précisément les formes de mise en marché de marchandises potentielles, sont finement décrites dans l'ouvrage. Par exemple, Barrey décrit le processus lent mais, semble-t-il, inexorable de l'institutionnalisation des saumons OGM en tant que marchandise légitime car légitimée par le gouvernement, aux États-Unis, et ce malgré les contestations environnementales ou celles des pêcheurs de saumon sauvage ; Barraud de Lagerie et Kessous analysent la façon dont les institutions, notamment internationales, cherchent à établir un cadre réglementaire autour de la vente des données personnelles produites par l'explosion des pratiques et activités numériques sur la Toile, montrant que la logique de la marchandisation reste sous-jacente en dépit de toutes les velléités bienveillantes de légiférer en faveur de la protection de la vie privée ; Steiner revient, lui, sur les arguments des théoriciens d'un « biomarché » (où s'échangent des organes humains) à leurs yeux plus efficient que le système du don en vigueur, au moment où la France introduit une forme de marchandisation dans la collecte du sang[9].

Dans le cadre plus spécifique de la période actuelle, celui du néolibéralisme, il apparaît que nombre de ces formes de marchandisation s'effectuent au détriment de « bien publics » gérés, depuis 1945, comme des services publics – que l'on songe aux activités ferroviaires[10], à l'électricité[11], ou aux funérailles (article de Trompette dans cet ouvrage). Cependant, l'ouvrage ne manque pas de souligner aussi que des espaces de bannissement et de prohibition de la marchandise continuent d'exister. Le bannissement d'abord, il concerne par exemple toujours les enfants, que Roux analyse au prisme du cas de l'adoption internationale : en plein débat autour de la gestation pour autrui (GPA), il montre comment les institutions internationales bloquent tout retour de l'enfant dans l'espace de la transaction marchande. Quant à la prohibition, elle concerne, par exemple, les activités de transplantation d'organes étudiées par Steiner, le commerce de cannabis analysé par Bergeron et Nouguez, ou les controverses éthiques sur la vente de tabac et les jeux d'argent, évoquées respectivement par Frau et Trespeuch. À l'inverse, concernant la pornographie étudiée par Trachman, on est face à un cas original où l'État se refuse à interdire un secteur d'activité afin de ne pas le constituer en problème public, se bornant uniquement à réguler et sanctionner la diffusion des images qu'il produit.

D'une façon générale, les travaux présentés dans l'ouvrage interrogent les frontières entre transactions légales et illégales, légitimes et illégitimes ; ils montrent le rôle joué, en chaque cas, pour attiser, contenir et/ou refroidir autant que possible la contestation morale, par de multiples acteurs et groupes sociaux, tels les pouvoirs publics ou d'autres types de collectifs, qu'ils soient associatifs ou privés, politiques, scientifiques ou profanes. Ainsi, des « entrepreneurs de cause » (des pour et des contre) apparaissent et irriguent les débats publics de leurs argumentaires : ces experts, lobbyistes, militants s'affrontent autour de controverses produisant parfois des alliances inattendues (pêcheurs avec écologistes contre le saumon transgénique ; les progressistes du gouvernement de Giscard et les producteurs de films porno contre les féministes et les députés conservateurs). Finalement, le livre pose la question de savoir si le marché est redevable d'une approche morale, et y répond de deux façons : soit le monde marchand et celui de la morale sont deux mondes étrangers qui, lorsqu'ils se rencontrent, s'entrechoquent ; soit l'économie, le marché est, comme

[7] *Zelizer V. (1979), Morals and Markets: The Development of Life Insurance in the United States, Columbia University Press, New York.*
[8] *Zelizer V. (1985), Pricing the Priceless Child: The Changing Social Value of Children, Basic Books, New York.*
[9] *Une décision du Conseil d'État de juillet 2014 a forcé l'Établissement français du sang (EFS) à mettre fin à son monopole sur la fabrication d'un type de plasma thérapeutique (le plasma SD).*

[10] *Finez J. (2014), « La construction des prix à la SNCF, une socio-histoire de la tarification. De la péréquation au yield management (1938-2012) », Revue française de sociologie, vol. 55.*
[11] *Reverdy T. (2014), La construction politique du prix de l'énergie : sociologie d'une réforme libérale, Presses de Science Po, Paris (voir le compte rendu dans ce numéro).*

le dit Foucault, un opérateur de véridiction, traduisant une valeur morale spécifique, celle de l'efficience, ce qui pose alors une nouvelle question : est-il moral de ne pas être efficient au nom d'une morale publique ?

Les débats suscités ne manquent pas d'actualité : certains considèrent que certaines activités sont intrinsèquement immorales et qu'elles continueront de l'être même si elles sont encadrées et restreintes, car elles continueront d'engendrer des effets moraux indésirables. À l'inverse, d'autres pensent que plus on interdit, plus on encourage l'immoralité et les effets délétères des espaces d'échanges marchands informels et incontrôlés (jeux d'argent, salles de shoot, coffee-shops, prohibition, maisons closes, trafic d'organes, OGM, etc.), d'où une position « libérale » qui rejoint, parfois, les préoccupations néolibérales de dérégulation et de libre concurrence.

Pour conclure, si les deux ouvrages adoptent des points de vue différents sur « les marchés », ils s'accordent sur le constat que les frontières entre le marchand et le non-marchand sont mouvantes : d'un côté, Cochoy *et al.* considèrent que le marchand ne détruit pas le lien social, mais ne cesse de le nouer et renouer sur des bases nouvelles, obligeant la morale elle-même à se recomposer ; d'un autre côté, Steiner, Trespeuch *et al.* soulignent que les formes prises par la contestation évoluent au fil du temps, en lien avec le droit et avec les mœurs, qui eux-mêmes façonnent et sont façonnés par les usages et les pratiques. La principale différence reste sans doute la perspective adoptée : alors que les premiers prennent avant tout le parti d'insister sur les capacités d'extension des marchés en tant qu'ils sont producteurs de nouvelles formes de relations sociales, voire libérateurs [12], les seconds s'attachent plutôt à examiner les freins moraux, légaux et institutionnels à l'extension des marchés, et à opposer des populations fragiles, exposées aux marchés conçus comme des lieux dangereux [13], à des populations prédatrices, dont le marché « noir » pratiqué en des lieux peu recommandables constituerait une sorte d'archétype.

[12] *Dans une perspective proche, cf. L. Fontaine (2014), Le marché : histoire et usages d'une conquête sociale, Gallimard, Paris.*

[13] *Les enfants face aux drogues, à la pornographie, etc. ; les pauvres face au commerce d'organes humains ou aux jeux d'argent ; les consommateurs face aux saumons sauvages ; les fumeurs passifs ; les personnes en deuil, etc.*

Des logiques d'action entrepreneuriale aux limites de l'entrepreneuriat : un dictionnaire inachevé
À propos de Pierre-Marie Chauvin *et al.* (dir.), *Dictionnaire sociologique de l'entrepreneuriat*, Presses de Science-Po, Paris, 2014, 640 p.

Bernard CONVERT
Clersé, Université Lille 1
bernard.convert@univ-lille1.fr

Christian MAHIEU
Lem, Université Lille 1
christian.mahieu@orange.fr

Une sociologie qui ne va pas de soi

Qu'est-ce qu'un « entrepreneur » ? Qu'est-ce qu'une « logique d'action entrepreneuriale » ? Avec ce *Dictionnaire sociologique de l'entrepreneuriat*, des sociologues ont eu pour projet de fournir des clefs conceptuelles et des études empiriques pour décrire et comprendre ces réalités. Plusieurs éléments d'actualité donnent, selon eux, un intérêt nouveau à ces questions. Alors qu'on semblait aller vers une société du salariat généralisé et un déclin définitif du travail « indépendant », il semble qu'on assiste, en France en tout cas, à un renversement : on voit désormais se multiplier, dans un contexte de pénurie d'emploi, les situations de retour au travail indépendant ou de formes hybrides faites d'aller-retour entre le salariat et l'indépendance. Autre élément d'actualité : les secteurs d'innovation technologique, ceux des start-up, ont remis à l'honneur la figure de l'entrepreneur-innovateur. Enfin, les formes modernes de management s'émancipent des régulations collectives et invitent chaque individu à être « entrepreneur » de sa propre carrière. Dans le même temps se répand un discours normatif faisant de l'« esprit d'entreprise » la condition des performances d'une économie. En bref, des réalités objectives qui bougent, une nouvelle idéologie qui se diffuse… Il y a là du travail pour la sociologie.

Mais si l'intérêt de travailler de nouveau cette notion d'« entrepreneur » ou d'« entrepreneuriat » ne fait pas de doute, la tâche n'est pas facile pour la sociologie. La sociologie de l'entrepreneuriat est « une sociologie qui ne va pas de soi » disent les auteurs de l'introduction… D'abord parce qu'il n'existe pas un « monde social » des entrepreneurs, pas un « groupe professionnel » des entrepreneurs, mais des figures multiples, du grand patron du CAC 40 à l'auto-entrepreneur. Ensuite parce que « l'entrepreneur » est une notion qui invite ordinairement à un cadre d'analyse individualiste, comme celui que proposent en particulier les sciences de gestion, plutôt qu'à un cadre d'analyse sociologique. Si la sociologie de l'entrepreneur ne va pas de soi, la sociologie n'est pourtant pas avare de l'usage du mot, depuis les « entrepreneurs de morale » d'Howard Becker jusqu'aux « entrepreneurs académiques » en passant par les « entrepreneurs de réputation », les traités de sociologie sont pleins d'« entrepreneurs », au point que le sens se perd à mesure que le mot gagne en extension. Pour le resserrer, les auteurs de l'introduction, Pierre-Marie Chauvin, Michel Grossetti et Pierre-Paul Zalio proposent de faire porter le regard sociologique non plus principalement sur la figure individuelle de l'entrepreneur mais sur l'« activité entrepreneuriale » et ses logiques sociales. Par « activité entrepreneuriale », ils entendent une *logique d'action* spécifique caractérisée par la projection vers un avenir qui n'est pas inscrit dans l'action en cours, mais qui engage une « configuration souhaitée d'acteurs et de ressources » et implique une attitude réflexive

DOI: 10.3917/rfse.hs1.0273

et une prise de risque. Ils se proposent également, dans ce dictionnaire, de limiter l'usage de la notion au seul domaine économique.

Ce dictionnaire compte 32 entrées relevant : de l'analyse conceptuelle (Incertitude, Intermédiaires de marché, Marché et entrepreneuriat, Profit, Réputation, Réseaux sociaux, Singularisation), de la sociologie des figures classiques de l'entrepreneur (Capitaines d'industrie, Commerce et distribution, l'Entrepreneur chez Max Weber, Patrons du CAC 40, Travailleurs indépendants), de la sociologie des nouvelles formes ou des formes atypiques d'entrepreneuriat (Auto-entrepreneurs, Chômeurs créateurs, Créateurs et créations d'entreprise, Entrepreneurs du secteur informel, Femmes entrepreneurs, Entrepreneuriat social, Entrepreneurs pluriactifs), de la sociologie de l'innovation (Chercheurs créateurs, Innovation, Inventeurs entrepreneurs…). On trouve également des entrées spécifiques sur les motivations de la création d'entreprises (Entrepreneurs passionnés), sur ses aspects financiers (Business plan, Financement, Propriété industrielle…), sur l'encastrement familial ou social de l'entrepreneuriat (Entrepreneuriat et migration, Famille, Parcours biographiques et carrières entrepreneuriales, Réseaux sociaux…), sur le recrutement et la création d'emploi par les jeunes entreprises (Entrepreneuriat, recrutement et emploi), sur la création d'entreprises dans les anciens pays communistes (Entrepreneurs des transitions).

Un entrepreneur, une activité, une entreprise

Ce dictionnaire, par la qualité conceptuelle et empirique de ses rubriques, est utile. Il a cependant ses limites. La principale, à nos yeux, est que, malgré ce qui est annoncé dans l'introduction, les articles ne s'émancipent pas d'une analyse individualisante centrée sur l'entrepreneur, et ne se départissent pas d'une conception de l'entrepreneuriat fondée sur la relation entre un acteur (ou une équipe) et une activité, que celle-ci soit la production d'un service ou d'un produit avec un marché et générant une entreprise marchande, ou qu'elle soit viabilisée par un mixte de logiques de valorisation marchande et non marchande (redistribution, réciprocité) et générant une entreprise associative.

Dans ce schéma, les entrepreneurs préexistent à leur environnement et « contribuent à structurer ce qui va faire contexte pour leurs actions » [p. 26]. Ainsi lorsqu'il est question d'« appuis », de communautés d'appartenance ou de réseaux, les entrepreneurs préexistent à ces cadres qui opèrent moins comme des contextes de construction de positions et de postures que comme des dispositifs sociaux au service d'entrepreneurs dont les dispositions à entreprendre sont une donnée première.

Lorsque les entrées pourraient être l'occasion d'une distanciation d'avec le concept traditionnel d'entrepreneur, celle-ci n'est pas vraiment opérée. L'analyse de ce que les auteurs appellent la « pluriactivité », et qui devrait être pris comme un indice fort de la diversité et de la complexité des processus de création d'activités, est renvoyée à des questions de cumul de statuts sociaux [p. 259-274]. L'article qui traite de l'« entrepreneur social » [p. 191 sq.] ne permet pas non plus véritablement une prise de distance avec ce point de vue normatif. Les contextes de problématisation d'un tel entrepreneuriat ne sont qu'évoqués. Malgré une allusion à la problématique de l'« entreprise sociale », développée par le réseau européen EMES (« émergence des entreprises sociales en Europe ») qui, quant à elle, ne serait pas centrée sur la personnalité de l'entrepreneur [p. 195], et malgré la reprise de l'interrogation de Jean-François Draperi à propos de la situation du MOUVES (« mouvement des entreprises sociales »), à cheval sur deux mondes de l'entreprendre, ce qui est traité dans le dictionnaire ne représente que la partie émergée du monde de la création d'activités portée en modes alternatifs et solidaires, celle qui est seule visible au regard de l'idéologie entrepreneuriale. Le sujet n'est abordé qu'en une page [p. 200], après qu'ait été posée la question des qualités spécifiques de l'entrepreneur social. Enfin, si l'ouvrage traite de l'entrepreneur du secteur informel [p. 227 sq.], c'est d'abord et surtout en Afrique (à propos notamment des travaux de Serge Latouche). Comme si le caractère « informel » était lié à un moindre développement, mais dans le cadre d'une institutionnalisation économique qui ne peut être que celle dominante. Même s'il est dit que le phénomène représente une « réalité massive et croissante à l'échelle non plus seulement des économies en développement, mais aussi mondiale » [p. 227], cela ne se traduit pas dans le choix d'articles dédiés à ces questions dans l'ouvrage. L'informel ne serait-il que l'enjeu d'un développement économique uniforme ?

Les formes émergentes de l'« entreprendre »

Fondé sur cette conception traditionnelle de l'entrepreneur et de l'action entrepreneuriale, ce dictionnaire n'aborde donc pas (ou ne fait qu'effleurer) les formes émergentes de l'entreprendre et les nouveaux espaces de la création d'activité, espaces de *coworking* et autres tiers lieux, et plus généralement les modalités de la création d'activités telle qu'elle se développe dans le cadre de l'économie des communs. Il y a certes encore beaucoup d'utopies dans ce domaine, mais il est un aspect important de l'entreprendre contemporain et qui invite à penser à nouveaux frais l'activité entrepreneuriale.

À la lueur de ces dernières évolutions, et peut-être mutations de ce monde de l'entrepreneuriat, et des espaces sur lesquels se manifestent les nouveaux processus de l'entreprendre, apparaît une plus grande diversité des mondes contemporains de l'entreprendre que celle que couvre ce dictionnaire.

C'est ainsi que l'analyse des « appuis sociaux de l'entrepreneuriat » aurait pu être élargie. Nous pensons à toute la gamme des dispositifs d'incubation, des pépinières, des aides financières, et des ressources humaines posées en intermédiation dans les processus entrepreneuriaux, financées directement ou indirectement par l'État et/ou les collectivités territoriales. Nous pensons aussi aux appuis plus récents et aux dispositifs émergents qui sont en jeu dans les processus de création d'activité et de l'entreprendre aujourd'hui, notamment ceux qui construisent leurs argumentaires dans le champ de l'économie sociale et solidaire. Tout au moins serait-il intéressant de regarder si les appuis mobilisés dans ce champ diffèrent de ceux de l'entrepreneuriat ordinaire. On peut faire l'hypothèse qu'ils diffèrent beaucoup selon les logiques de valorisation économique et les processus, composites et pluriels, qui président à la construction des activités. L'article sur les « intermédiaires de marché » [p. 361 sq.] décrit des opérateurs concrets de ces fonctionnements proprement entrepreneuriaux au sens où ils jouent le jeu des relations entrepreneuriales en en sophistiquant les capacités stratégiques. Même lorsqu'une distance avec les modalités idéologiques de l'entrepreneuriat commence à s'affirmer, pointant l'analyse complexe des rapports entre marché et entreprises, cette analyse est menée au regret qu'elle ne fasse pas une place suffisante au rôle primordial de l'entrepreneur dans ces rapports (article « Marché et entrepreneuriat », p. 397 sq.).

Une sociologie du monde de l'entrepreneuriat devrait s'intéresser à l'ensemble des positions d'intermédiation existantes. L'ouvrage n'évoque que celles qui se positionnent en facilitation de l'acte entrepreneurial et du positionnement des acteurs entrepreneurs dans les processus de valorisation marchande. Il n'aborde pas l'ensemble de ces positions et de ces postures, employées ou financées, directement ou indirectement, par les institutions publiques. Ces métiers du soutien et de l'appui à l'entrepreneuriat sont pourtant nombreux. Ils représentent des effectifs importants, tant dans les Chambres de commerce et d'industrie, que dans des structures locales créées et/ou financées conjointement par l'État et les collectivités territoriales, souvent avec l'apport de fonds européens, ou encore dans les universités et en proximité des institutions de recherche. Lorsqu'il est question des institutions publiques en lien avec le monde de l'entrepreneuriat, c'est moins du fait du rôle de leurs agents en appui aux processus entrepreneuriaux que du fait qu'elles recèlent en leur sein des postures d'acteurs que l'on pourrait assimiler à celles de l'entrepreneur, au titre de l'entrepreneuriat institutionnel. Cela laisse de côté toutes les postures émergentes, mais déjà bien fournies, de l'« accompagnement » des processus de l'entreprendre alternatif. Cet espace nouveau de l'entreprendre, recoupant largement les processus mis au compte de l'économie sociale et solidaire mériterait tout autant une analyse sociologique. Ne serait-ce que pour savoir si l'on peut considérer ces processus comme participant du même monde de l'entrepreneuriat ou de mondes différents caractéristiques d'un entreprendre alternatif et solidaire, avec ses intermédiaires spécifiques œuvrant au croisement des modes de valorisation économique du marché, de la redistribution et de la réciprocité.

L'article « Innovation » [p. 345 sq.] manque également en partie sa cible si précisément il s'agit d'identifier ces émergences et ce qui est « nouveau ». La complexité actuelle des processus de l'entreprendre aurait alors pu être approfondie. Ici, l'innovation y est affaire, soit de position spécifique de l'entrepreneur, soit d'une écologie des entreprises aux normes standard, soit encore de l'effet des politiques publiques. L'action collective dans ses formes émergentes n'y est pas analysée, pas plus que la fonction idéologique d'une innovation qui se voit qualifiée de plus en plus d'innovation « sociale », à défaut d'expliciter plus avant les enjeux de rapports au travail, à la propriété et aux pouvoirs institués.

Des projets émergents, symptômes d'un monde alternatif à l'entrepreneuriat ?

L'ouvrage manque ainsi une analyse des relations complexes qui président aux processus de construction d'activités émergentes, et dont l'appartenance au monde de l'entrepreneuriat doit être examinée. Lorsqu'on les prend au sérieux, ces processus laissent entrevoir un ou plusieurs autres mondes de la création d'activités, à la recherche de leur viabilité économique, au croisement de différentes logiques de valorisation. Ce qui n'est pas décrit et analysé dans ce dictionnaire, ce sont les relations complexes entre projets et au sein des projets qui se présentent comme alternatifs aux logiques de valorisation dominante centrée sur le marché et/ou la redistribution. Ces projets de création d'activités, notamment ceux qui se basent sur la mise en commun d'usages construits en activités viables économiquement, sont portés par des collectifs au sein desquels les individualités singulières sont à différents niveaux d'implication et d'engagement. Mais même si certains porteurs sont plus investis que d'autres dans ces projets de création, un projet n'est pas réductible à un porteur créateur, ou même à cet « entrepreneur collectif » dont traite aussi la littérature entrepreneuriale. Ces mêmes porteurs peuvent être engagés simultanément dans d'autres projets adjacents ou emboîtés. Le jeu complexe des projets de création d'activités et d'entreprises qui associent, dans différentes configurations, collectifs et individus, n'est pas envisagé alors qu'il constitue une caractéristique de nombre de phénomènes de création actuels. L'article intitulé « Singularisation » [p. 507 sq.] aurait pu aborder ces relations complexes qui se jouent dans les épreuves individuelles et collectives de ces processus de création. Mais pour riche et documenté qu'il soit, cet article demeure centré sur la vision dominante de l'entreprise et des entrepreneurs. Des hypothèses se font jour concernant les processus alternatifs de création d'activités composites et pluriels. Elles mettent en avant la création d'organisations économiques – des coopératives, par exemple – formant des « configurations entrepreneuriales » parallèles les unes aux autres tout en étant en interaction entre elles (cf. Michel Bauwens et la Peer-to-Peer Foundation [1]). Ces différentes entités positionnent différemment les activités créées par rapport aux trois modes de valorisation économique polanyiens, le marché, la réciprocité, la redistribution. On sort alors du modèle entrepreneurial type centré sur un acteur et une activité (qu'elle soit marchande ou « mixte »).

En effet, peuvent se créer simultanément des activités portées en commun(s) par un collectif et plus ou moins structurées sur le plan organisationnel et statutaire (souvent sur un mode associatif, ou d'une entreprise associative, coopératif, recourant aux structures émergentes de SCIC, par exemple), et une ou plusieurs entités présentant d'autres combinaisons de ces modes de valorisation. Ces dernières en particulier peuvent être des entités qui, quant à elles, relèvent d'une logique entrepreneuriale classique, mais dont la dynamique, même si elle s'identifie dans une gouvernance spécifique, distincte de celle de l'activité portée en commun, ne peut être dissociée de celle de l'activité et de la gouvernance que se donne le collectif porteur de l'activité dans son ensemble. Et c'est la mise en interaction de ces configurations de projets d'entreprendre qui peut permettre la viabilité économique des projets et de leurs porteurs. Ce sont ces dynamiques de coopération que l'on retrouve dans l'instauration des pôles territoriaux de coopération économique (PTCE), encouragés par la loi de juillet 2014 sur l'économie sociale et solidaire (ESS). La dimension territoriale est alors essentielle dans ces processus de l'entreprendre.

Le schéma semble complexe parce qu'il prend à revers les processus entrepreneuriaux classiques, mais on en trouve de nombreux exemples dans différents domaines depuis celui, classique déjà, du développement de l'informatique *open source* et du logiciel libre, jusqu'à celui de l'économie circulaire ou des soins à la personne. Les entités sont potentiellement créées dans une dynamique collective même si elles impliquent des porteurs clairement individualisés. Les institutions supports de l'idéologie entrepreneuriale éprouvent d'ailleurs des difficultés à percevoir ce phénomène que les porteurs peinent eux-mêmes à problématiser. L'opportunité de bénéficier des dispositifs d'appui et d'aide peut les conduire à dissocier ces différents niveaux de projets emboîtés et dépendants. Séparés de leur dynamique collective, ces projets individualisés et normalisés à l'aune de l'entrepreneuriat ordinaire sont alors recevables par le « monde de l'entrepreneuriat » et peuvent entrer dans la grille d'évaluation des dispositifs d'appui basée sur le nombre de créations d'entités portées par des entrepreneurs identifiés comme tels.

Une des façons de s'interroger et de problématiser ces phénomènes émergents de pluralité des processus de création d'activités aurait pu être de s'intéresser au contexte particulier des secteurs de la création artistique et de la culture. Les pouvoirs publics se font les promoteurs d'un « entrepreneuriat culturel » pour favoriser l'insertion des processus de création d'activités dans ces secteurs au sein du monde de l'entrepreneuriat, sur fond de réductions massives des logiques de redistribution par le financement public. Des réflexions se font jour à ce sujet parmi les acteurs culturels. Il aurait été intéressant d'en faire état.

En résumé, tous les aspects d'un entrepreneuriat vu sous l'angle ordinaire des positions et postures de l'entrepreneur sont certes passés en revue et référencés dans ce dictionnaire. Et, de ce point de vue, l'ouvrage présente un intérêt qui n'est pas que documentaire. Il révèle toute la complexité d'une exploration fine de ce monde de l'entrepreneuriat. Néanmoins, il n'est pas parcouru sous toutes ses latitudes. Les mondes émergents ne sont qu'évoqués. Il reste à les explorer.

[1] *http://p2pfoundation.net/*

Comptes rendus d'ouvrages

Pierre Alary et Elsa Lafaye de Micheaux (dir.)

Capitalismes asiatiques et puissance chinoise : diversité et recomposition des trajectoires nationales

Presses de Sciences Po, coll. « Académique », Paris, 2015, 304 p.

Avec la publication de cet ouvrage collectif, une nouvelle étape est franchie dans la tradition régulationniste d'étude de la diversité des capitalismes. La théorie de la régulation (TR) s'est tout d'abord forgée dans l'observation des États-Unis et de l'Europe occidentale des Trente Glorieuses. Elle fut rapidement prolongée par les travaux de Bernard Chavance et Jacques Sapir sur l'analyse de la comparaison des systèmes (ACS) en Europe de l'Est, *de facto* ramenée à la comparaison des systèmes capitalistes après la chute du mur de Berlin. L'attention portée par la TR à l'analyse des crises l'a ensuite amenée presque naturellement à se tourner vers l'Amérique latine frappée par les déséquilibres macroéconomiques et l'instabilité financière. À l'exception notable du Japon et de la Corée du Sud, l'Asie était cependant restée jusqu'à présent pratiquement en dehors des écrans radars des chercheurs de ce courant. C'est en effet sur ces deux pays uniquement que se basait Bruno Amable pour caractériser la famille du « capitalisme asiatique », laissant alors de côté la diversité des modes de développement déjà en place d'Oulan-Bator à Jakarta. Il fallut attendre 2011 pour que Robert Boyer, Hiroyasu Uemura et Akinori Isogai abordent la diversité des capitalismes asiatiques, les auteurs intégrant l'étude de la République populaire de Chine (RPC) aux côtés du Japon et de la Corée du Sud.

La place grandissante occupée par les pays asiatiques dans le système capitaliste mondialisé contemporain – à l'exception notable de la Corée du Nord – appelait pourtant à une meilleure connaissance de cette aire géographique. L'ouvrage de Pierre Alary et d'Elsa Lafaye de Micheaux – qui reprend des contributions de deux numéros de la *Revue de la régulation* consacrés à l'« économie politique de l'Asie » – a vocation à prolonger cet agenda de recherche. Compte tenu de son importance dans la région, la première partie est consacrée à la seule Chine continentale et la seconde élargit la réflexion à cinq autres pays d'Asie de l'Est et du Sud-Est (Taiwan, Laos, Cambodge, Malaisie et Indonésie).

Le second mérite de cet ouvrage est de renforcer le dialogue entre l'économie et d'autres sciences sociales (histoire, sociologie, sciences politiques, droit), contribuant ainsi à confirmer l'ancrage pluridisciplinaire de la TR. Chaque auteur prend généralement le soin de situer les concepts qu'il mobilise sur un territoire et dans un cadre socio-historique particuliers. Le premier chapitre de contextualisation et de présentation du cadre théorique par Elsa Lafaye de Micheaux est donc le bienvenu pour rappeler les avancées que représente pour la TR l'exploration de nouveaux territoires, et le souci de pluridisciplinarité qui anime chacune des contributions regroupées ici.

La première partie de l'ouvrage vient inaugurer ce qu'il convient désormais de qualifier de « géopolitique régulationniste ». Robert Boyer (chapitre 2) propose une tentative d'élargissement de la problématique régulationniste généralement confinée à l'étude d'une configuration nationale, en interprétant le positionnement des États dans les relations internationales comme le prolongement de la lutte contre les contradictions internes au mode de développement. La politique extérieure des États est ainsi comprise comme une « fuite en avant » qui s'inscrit dans l'obsession de maintien de la viabilité de leur configuration institutionnelle. Un retour historique sur le développement économique du Japon, un temps annoncé comme le nouvel hégémon aux dépens des États-Unis, le conduit à tempérer les discours laudateurs aujourd'hui formulés à l'égard de la Chine. Boyer voit plutôt se dessiner un monde multipolaire dans lequel la Chine est en train d'acquérir, au même titre que les États-Unis, la capacité de reporter sur ses voisins une partie des contradictions de son système. Les pays de « second rang » doivent quant à eux composer avec cette nouvelle donne.

DOI: 10.3917/rfse.hs1.0277

Jean-Paul Maréchal (chapitre 3) se focalise ensuite sur la place de la Chine dans les négociations internationales sur le climat, faisant le constat que ni elle ni les États-Unis n'ont réellement intérêt à promouvoir la mise en place d'une régulation trop contraignante. Ce spécialiste de la question offre une mise en perspective avisée des différents traités visant à limiter les émissions de gaz à effets de serre et des blocages provoqués par les deux plus gros pollueurs mondiaux. On peut néanmoins regretter l'absence d'éclairage sur les rapports de force internes à la société chinoise – entre l'État, les capitalistes et certaines ONG environnementales particulièrement dynamiques – qui conduisent le gouvernement à défendre une telle position en externe.

Muriel Périsse (chapitre 4) s'appuie quant à elle sur l'approche fonctionnaliste du droit développée par John R. Commons pour étudier les processus d'élaboration et d'application des règles qui encadrent l'usage du travail en Chine. Elle montre le décalage entre des normes juridiques ambitieuses – le droit du travail s'étant considérablement développé depuis 1995 – et leur faible degré de mise en œuvre. En particulier, les travailleurs-migrants, pourtant essentiels au développement industriel des dernières décennies, bénéficient très peu de ces avancées. Conscient des risques d'instabilité sociale liés à la persistance des « problèmes du travail », l'État chinois instrumentalise selon elle le droit comme un outil de gouvernance sociale propice à un « capitalisme raisonnable ». La multiplication récente des conflits liés au travail démontre cependant la volonté des travailleurs d'exercer des droits collectifs jusqu'à présent non couverts par la législation.

La seconde partie de l'ouvrage déporte ensuite l'analyse vers d'autres pays asiatiques, tout en gardant à l'esprit l'influence du puissant voisin sur les transformations internes de ces derniers. Le cas de Taiwan est à cet égard éloquent (Ming-hua Chiang, Bernard Gerbier, chapitre 5). Les grandes firmes de l'île ont certes su profiter de la puissance industrielle chinoise pour acquérir un nouveau statut international (Foxconn, Compal, Quanta Computer), mais cette prospérité se fait au détriment de l'industrie taiwanaise elle-même. Le basculement du rapport de force économique qui lui était jadis favorable se traduit par une dépendance commerciale accrue et largement subie, tandis que la part de Taiwan dans le commerce extérieur chinois est décroissante. À terme, cette dépendance expose l'île à un risque de perte de sa souveraineté politique.

François Bafoil (chapitre 6) propose ensuite de remettre au goût du jour la notion wébérienne de « capitalisme politique » pour qualifier les configurations institutionnelles en vigueur au Laos et au Cambodge. Cette situation se traduit d'après lui par un contrôle autoritaire d'un groupe politique restreint sur l'ensemble de la société et de ses ressources. La faiblesse des institutions encadrant l'activité économique, le déficit d'infrastructures et la dépendance aux aides et investissements étrangers limitent les capacités de développement de ces États « très en retard ». Ainsi, la mise en place de stratégies de dérégulation et de défiscalisation dans les zones économiques spéciales n'est pas en mesure de jouer le rôle d'avant-poste de la modernisation industrielle, comme ce fut le cas en Chine.

David Delfolie (chapitre 7) s'inspire lui aussi de Max Weber, mais pour explorer cette fois-ci la place de l'Islam dans la trajectoire du capitalisme malais. L'auteur s'intéresse en particulier à l'action de l'État dans la promotion de la finance, symptomatique selon lui de la volonté de conjuguer « modernité capitaliste » et « conservatisme sociétal ». Ce volontarisme se traduit notamment par le dynamisme de la recherche fondamentale dans le domaine, l'élaboration d'un cadre juridique favorisant les innovations techniques, avec la mise sur le marché de titres de dettes « charia-compatibles » rencontrant un succès important dans les pays musulmans et enfin par le rôle influent de la Malaisie dans les institutions internationales édictant les normes en la matière. Cet exemple permet ainsi d'illustrer une stratégie nationale bien particulière de réappropriation du capitalisme, permettant aujourd'hui à cet État de bénéficier d'un « avantage comparatif » déterminant dans son insertion économique régionale.

L'ouvrage se termine sur un chapitre rédigé par Stéphanie Barral consacré au processus d'institutionnalisation du rapport salarial dans les firmes agro-industrielles indonésiennes. Cette étude est menée sous l'angle de la politique salariale, l'échelle nationale étant mise en perspective avec une enquête de terrain menée dans six grandes plantations. Le système de protection sociale y est qualifié de « libéral-paternaliste ». Un droit du travail « minimal » laisse en effet d'importantes marges de manœuvre aux dirigeants des grandes firmes et légitime la mise en place de tutelles paternalistes aux côtés de la rémunération, tandis que le régime des retraites en place depuis plus de trois décennies a recours au marché. Localement, le niveau de protections salariales est en réalité tributaire non seulement de la situation du marché du travail, mais également du rapport foncier, la possibilité pour les ouvriers d'accéder à la propriété foncière pouvant jouer en leur faveur dans les négociations salariales. L'auteure met ainsi en évidence de fortes variations d'une firme à l'autre. Dans les plantations récentes, les dirigeants en quête de main-d'œuvre proposent des rémunérations attractives. En revanche, dans les plantations d'héritage colonial, la massification du mouvement migratoire a fait basculer le rapport de force en faveur des propriétaires, qui peuvent dorénavant se permettre de ne proposer au mieux que les *minima* exigés par la législation du travail.

Pour conclure, la lecture de cet ouvrage doit être recommandée, tant pour des raisons factuelles que théoriques. Sur le plan empirique, il offre en effet une contribution inédite en langue française sur les trajectoires empruntées par les diverses formes de capitalismes d'Asie de l'Est et du Sud-Est. Ne pouvant prétendre à l'exhaustivité, il appelle à élargir les recherches à de nouveaux territoires asiatiques (et au-delà) inexplorés par la TR. Sur le plan théorique, l'ensemble des contributions est traversé par l'idée que les objets économiques sont façonnés par l'histoire, au contact des sociétés et de leurs caractéristiques propres. La richesse et la diversité des approches et des auteurs mobilisés (Weber, Castel, Commons, etc.) offrent des perspectives stimulantes pour approfondir l'ancrage de l'école régulationniste dans un pluralisme vivifiant.

Clément SÉHIER
Clersé, Université Lille 1
clement.sehier@gmail.com

Robert Salais

Le viol d'Europe : enquête sur la disparition d'une idée

Presses universitaires de France, Paris, 2013, 432 p.

Dans cet essai, Robert Salais affiche un double projet : d'une part, faire une histoire de l'Europe dépouillée de l'histoire héroïque que l'Union européenne raconte sur elle-même, que l'auteur appelle « le Grand Récit » ; d'autre part, comprendre, du point de vue d'un Européen convaincu comment et pourquoi on ne retrouve dans l'Union européenne de 2013 à peu près rien de l'« Idée d'Europe », cet élan politique né de l'immédiat après-guerre, aspiration à une communauté des peuples européens ; un projet auquel Salais reste fidèle.

Adoptant une démarche d'« économiste historien », Salais s'appuie essentiellement sur des archives écrites (rapports publics, écrits politiques, minutes de débats), pour en extraire à la fois les représentations, les conceptions, mais plus encore le dessein d'Europe que portaient les différents acteurs de la construction européenne à chaque grande étape de son histoire. Il restitue notamment à chaque époque les termes du débat concernant l'avenir de l'Europe tels qu'ils étaient alors posés par les élites administratives et politiques. Le tout compose un ouvrage relativement long et extrêmement dense qui rend la lecture exigeante.

Du point de vue historique on peut résumer la thèse en disant que l'Europe, dont l'idée était de faire une union politique d'États-nations souverains et démocratiques, s'est tourné le dos à elle-même en adoptant le projet d'un marché néolibéral, administré par-dessus les États démocratiques. L'uniformisation institutionnelle des structures économiques a été, selon l'auteur, le produit d'une hybridation idéologique entre néolibéraux et technocrates planistes. Ces deux courants dominants des élites européennes d'après-guerre partageaient la croyance mystique qu'un fonctionnement économique parfait peut résulter de la mise en œuvre centralisée d'une abstraction, qu'ils auraient conjointement définie comme la meilleure configuration institutionnelle possible.

Selon un schéma historique emprunté à Walter Benjamin, Salais indique que la construction européenne n'a cessé de ressasser un épisode originel survenu entre 1945 et 1951 : l'effacement de l'Idée d'Europe et son remplacement par un grand marché européen. L'auteur situe la principale occasion manquée à la conférence des Européens de La Haye en 1948, sorte de congrès des organisations politiques favorables à la construction d'une Europe politique. Depuis, l'Europe ne se serait construite que par renoncements successifs à cette idée. Toutefois, si le renoncement à l'Idée d'Europe est présent dès la CECA (1951), le basculement hypothéquant tout espoir d'une Europe démocratique se situe sous les deux commissions Delors (1985-1995), notamment par l'instauration d'une libre circulation des capitaux au sein de l'Europe et à ses frontières. C'est à cette époque qu'est entériné par les gouvernements, notamment sociaux-démocrates, et par les syndicats le schéma d'une harmonisation européenne *a minima*, par le marché et pour la concurrence. C'est également à cette époque qu'est définitivement abandonnée la possibilité d'une convergence par la coopération politique librement consentie.

En regard de cet échec ressassé, des « lucioles », lueurs dans l'obscurité de l'histoire, signalent que d'autres embranchements auraient pu être choisis ; une autre Europe, plus conforme à l'idéal européen aurait été possible à plusieurs reprises. Dans la conclusion de l'ouvrage, Robert Salais s'appuie sur ces lucioles pour suggérer des perspectives pour l'avenir, pour que la construction européenne renoue avec son projet originel auquel elle a presque systématiquement tourné le dos. Il s'agirait de « libérer l'Europe » par la reconstitution d'un mouvement européen ; l'auteur trace ainsi quelques perspectives telles que le contrôle des capitaux spéculatifs ou l'instauration de coopérations bilatérales entre États, qui rendraient conjointement responsables les États des déséquilibres de leur balance commerciale. Enfin, associant étroitement les échecs de l'Union européenne au centralisme planificateur (néolibéral), l'auteur en appelle à constituer une fédération d'États au sein de laquelle l'autonomie politique des niveaux nationaux et infranationaux serait renforcée (il suggère une organisation proche de l'organisation des Länder allemands, y compris avec un bicamérisme intégrant une chambre des États à l'image du Bundesrat) : le fédéralisme et la régionalisation démocratique pour sortir du planisme néolibéral centralisé et autoritaire.

Un récit érudit, alternatif à l'histoire officielle

Au fil de l'essai, Salais poursuit deux objectifs de front : il nous livre simultanément une connaissance érudite du processus de construction européenne et sa lecture des échecs et abandons idéologiques à chaque étape. L'auteur accorde une grande importance à des réunions ou des rapports qui n'ont pas ou peu eu de conséquences institutionnelles (mais qu'il juge importants sur le plan des idées) et passe parfois rapidement sur les processus de négociation et de rédaction des traités européens, qui constituent eux le cadre formel de la construction européenne ; mais c'est justement cette forme subjective propre à l'essai qui produit un effet de connaissance et restitue avec une grande familiarité des débats du passé qui sans cela resteraient inaccessibles.

Une excellente raison de lire l'ouvrage (parmi bien d'autres) est qu'il permet ainsi de s'approprier l'histoire de la construction européenne d'un point de vue différent de celui offert par les manuels, en insistant à chaque instant sur les hésitations (et non dans l'apparence d'avancées graduelles dans un chemin déjà tracé). Le livre rappelle par exemple (p. 108-125) que, de 1950 à 1958, alors que les monnaies européennes n'étaient pas convertibles en dollars, les pays de l'OECE participèrent à l'Union européenne de paiement (UEP), chambre de compensation qui présente bien des traits de la monnaie commune présentée par certains comme une alternative à l'euro. On y découvre également (p. 170-174) que, dès la négociation du traité de Rome, les socialistes au gouvernement (en l'occurrence Guy Mollet), peu soutenus par les hauts fonctionnaires, posent comme condition à la mise en place d'un marché commun une démarche conjointe d'harmonisation sociale et fiscale, pour n'obtenir finalement que des concessions marginales. On lit ailleurs le rôle important des États-Unis comme moteur initial de la construction européenne (contre le « Grand Récit » de pères fondateurs européens puisant leur seule inspiration en eux-mêmes) ou les doutes des banquiers centraux, y compris les plus libéraux, lors de la création de l'euro à marche forcée.

Une vision idéaliste de l'histoire ?

La grille d'analyse historique de Salais se place essentiellement sur le plan du débat d'idées. Celles-ci sont généralement associées par l'auteur à un personnage, à un groupe de fonctionnaires ou aux représentants d'une nation dans le cadre de débats intergouvernementaux (le mauvais rôle étant alors systématiquement endossé par l'Angleterre dont les représentants ne participeraient à la construction européenne que pour empêcher le moindre développement d'une réelle construction politique). Mais toutes les idées, du moment qu'elles ont été formulées, sont présentées comme pouvant advenir avec la même probabilité. Pour Salais, si une orientation n'est pas mise en œuvre, c'est tantôt parce que les acteurs se sont trompés, tantôt parce qu'ils n'ont pas su convaincre, tantôt parce que les négociateurs ne se comprenant pas se sont entendus sur une formulation absconse. Partant, l'Union européenne telle qu'elle fonctionne aujourd'hui n'est pas le produit d'un grand dessein, mais de ruses de l'histoire, des phantasmes de technocrates et des erreurs de Jacques Delors.

Or il y a quand même de bonnes raisons de penser que la diffusion et plus encore la mise en œuvre d'un projet politique ne s'abstraient pas de rapports de force matériels (idéologie comprise) et de forces organisées (partis, administrations, lobbies, etc.). Ainsi, si le congrès des Européens de 1948 ne débouche pas dans les faits sur l'Europe qu'attendait Robert Salais, ce n'est pas seulement parce qu'ils n'ont pas réussi à se mettre d'accord et à convaincre, mais c'est peut-être aussi parce qu'ils étaient des représentants non des États et de leurs gouvernements, mais de groupements politiques minoritaires en Europe et dans la plupart de leurs pays. De même, si le traité constitutionnel européen bien que non ratifié en 2005 s'est trouvé presque intégralement retranscrit dans le traité de Lisbonne de 2007, c'est bien parce que les idées dont ils étaient porteurs avaient su trouver des relais politiques et économiques suffisamment puissants pour faire rentrer par la fenêtre des dispositions que les citoyens avaient rejetés par la porte.

Il faut enfin dire un mot du titre, car il est très présent dans l'ouvrage. Alors que le sous-titre « Enquête sur la disparition d'une idée » expose clairement la démarche du livre, le titre « Le viol d'Europe », qui fait référence à la mythologie grecque, introduit une métaphore assez longuement filée qui devient vite encombrante, parfois répugnante[1] et en tout cas peu utile : son usage fait essentiellement référence à une déesse Europe (métaphore de l'Idée d'Europe), dont la pureté originelle lui aurait été détournée par la ruse ou par la force – selon la version retenue du mythe –, ce qui n'est ni très subtil ni très convaincant.

Tirer l'idée d'Europe du cachot ?

En plus de son intérêt proprement historique, l'autre perspective du livre est sa thèse, voire sa vision militante. L'auteur, dès le début du livre, présente l'Idée d'Europe comme la perspective du souhaitable et originellement souhaité, l'Europe des peuples, fédérale et respectueuse de l'autonomie politique. Cette idée n'aurait jamais été réellement mise en œuvre, mais c'est en son nom que le pouvoir politique a construit une autre Europe, l'Europe du marché total.

De ce point de vue, le livre s'apparente aux enquêtes rétrospectives sur les grandes défaites politico-historiques (pour en parodier d'autres, le livre aurait pu prendre pour titre « L'étrange défaite de l'Idée d'Europe » ou encore « La révolution européenne trahie »). Mais cette posture prend le risque de la reconstruction a posteriori. En effet, constatant l'impasse et l'échec économique et social de l'Europe économique tels qu'ils sont, l'auteur s'efforce en permanence de montrer qu'ils n'ont rien à voir avec l'ambition initiale de l'Idée d'Europe. Et en pratique, le lecteur finit par se demander si toutes les qualités prêtées rétrospectivement à l'Idée d'Europe (démocratie, harmonisation sociale « par le haut », convergence patiente dans la coopération), a réellement une substance propre (au-delà d'une simple aspiration), ou au contraire si ce n'est pas l'image miroir de tous les défauts que l'auteur constate dans l'Union européenne telle qu'elle est (gouvernance autoritaire, mise en concurrence sociale et fiscale, convergence nominale précipitée…).

Il faut attendre les pages 310-311 pour voire expliciter ce qui de toute évidence est une des clefs de lecture de l'ouvrage et qui aurait pu figurer dans le prologue : il ne s'agit pas simplement d'une œuvre d'analyse historique, mais du travail rétrospectif d'un acteur intellectuel qui, avec d'autres, a défendu un processus politique, « séduit » par l'« europhorie » des années 1980-1990. Robert Salais écrit ainsi :

> « Il y a […] une dimension d'excès dans la séduction opérée, qui en dit long sur les espoirs d'une vraie "Europe" et à l'inverse sur l'humiliation refoulée. Le choc de la déception est difficile à surmonter, l'autocritique (le terme vient spontanément sous la plume), pénible bien que nécessaire, car, comme nous allons le voir, les acteurs sociaux ont été partie prenante "à l'insu de leur plein gré" comme l'on dit et il est difficile de se l'avouer. Les chercheurs eux-mêmes dont j'étais ont été séduits. Pourtant, il aurait dû paraître évident que la très petite coalition d'acteurs qui portent le néolibéralisme (intérêts financiers, dirigeants de multinationales, hauts fonctionnaires des banques centrales et des ministères des Finances) n'était pas mue par le souci du social. Commençant fin des années 1990 à m'intéresser à la construction européenne, j'ai fini par m'étonner de l'inaction des partis sociaux-démocrates face aux orientations de cette construction, alors qu'ils étaient dans les années 1980 majoritaires au sein des gouvernements d'Europe. Je n'avais pas compris que c'était un des leurs [Delors], un des meilleurs, qui avait mis en œuvre cette orientation au niveau européen. »

Comme souvent, l'autocritique (puisque c'est le mot de l'auteur) contient une part d'autojustification, et on se demande parfois si un des enjeux idéologiques du livre n'est pas, en condamnant les faits, de sauver à tout prix l'intention initiale de ceux qui ont soutenu le processus politique.

[1] *En fait, dès la première ligne du prologue qui commence ainsi : « Entre deux tournantes, Europe les entendait discuter de choses étranges : le déficit, l'austérité, les dérivés de crédit, la privatisation, la dette publique, les licenciements, la compétitivité, l'efficacité des marchés… Mais quels monstres étaient-ils pour déguiser ainsi sous des termes barbares leurs appétits, pour se cacher à eux-mêmes leur besoin de jouissance sans frein, leur volonté sans limites de puissance et de profit ? ». Si la forme de ce prologue est volontairement satyrique, la métaphore comme l'emploi du terme « tournante » (euphémisation du viol collectif) était largement dispensable.*

Le lecteur qui, pour des raisons politiques ou par effet de génération, n'a pas partagé cette expérience d'un élan européiste déçu, se demande quel est le véritable enjeu politique de ressusciter aujourd'hui l'idée d'Europe, si celle-ci, née dans l'immédiat après-guerre, n'a pas de lien avec la réalité européenne présente. Même si l'entreprise historique est utile pour mieux comprendre le présent et le passé récent, le problème européen n'est-il pas mieux posé par l'analyse des rapports de force économiques et idéologiques aujourd'hui en présence (par exemple la tension décrite par Dani Rodrik entre État-Nation, démocratie et libéralisation financière, ou par la description du clivage européen comme un clivage politique orthogonal à l'axe gauche-droite) que par la référence à l'Idée d'Europe ? D'autant que, contrairement à ce qu'avance Robert Salais, cela fait maintenant plus d'une décennie (au moins depuis le référendum de 2005 en France) que l'adhésion à la construction européenne est présentée sans fard par ses promoteurs comme la seule stratégie de développement économique viable à laquelle il faudrait se rallier par réalisme, et non plus comme la marche patiente faite de compromis vers un idéal européen.

Michael ZEMMOUR
michael.zemmour@univ-lille1.fr

Thomas Reverdy

La construction politique du prix de l'énergie : sociologie d'une réforme libérale

Presses de Sciences Po, coll. « Domaine Gouvernances », Paris, 2014, 319 p.

L'ouvrage de Thomas Reverdy retrace un des fils de notre histoire collective récente, celui qui a vu le secteur de l'énergie se confronter, voire s'affronter, aux réformes néolibérales. En sociologue mêlant sociologie économique néo-institutionnaliste et sociologie des sciences et des techniques, et au terme d'une enquête de longue haleine (de 2004 à 2010), l'auteur revient, avec précision et finesse, sur les étapes qui ont jalonné le processus de libéralisation des secteurs, principalement de l'électricité, mais aussi du gaz et du carbone (échanges de quotas d'émission de CO_2), en France et en Europe. Découpé en dix chapitres, le livre parvient à faire avancer son lecteur sur deux axes simultanément, l'un chronologique, l'autre analytique. La problématique, explicitement rattachable à la sociologie économique, interroge la question de la construction sociale, mais aussi économique et politique, des marchés : elle débute par un récit de la genèse des politiques libérales en matière d'énergie, et se clôt sur la façon dont s'est effectuée, au terme d'un processus (d'une quinzaine d'années) d'essais-erreurs, une reconfiguration des marchés de l'énergie, notamment de celui de l'électricité, elle-même découlant d'un changement profond de leur conception. Ce récit permet à l'auteur de poser différentes questions : comment se fixent les prix de l'énergie, comment la concurrence joue-t-elle sur ces prix, et quels sont les bienfaits (ou méfaits) réels de la forme « marché » dans ce domaine ?

Le récit que propose Thomas Reverdy démarre dans les années 1980, au moment où se fissure un consensus international, qui prévalait depuis 1945, concernant les industries de réseau. En effet, c'est le moment charnière où est remise en cause l'idée selon laquelle le gaz et l'électricité seraient des « monopoles naturels » devant nécessairement être produits et distribués dans un cadre fortement administré (au sein duquel les États planifient leurs investissements et fixent politiquement les tarifs). En s'affaiblissant, cette conception elle-même adossée à une représentation keynésienne de l'économie laisse de plus en plus place à une autre conception, néolibérale, de ces secteurs, largement appuyée sur l'exemple des nouvelles industries en réseau que sont les technologies de l'information et de la communication (téléphonie, Internet). Ces dernières semblent faire la preuve qu'il est possible d'organiser la concurrence entre plusieurs producteurs utilisant un même réseau. Dans les années 1990, des privatisations d'industries de réseau ont lieu dans le monde entier, et c'est sous le gouvernement Jospin (1997-2002), particulièrement actif en ce domaine, qu'elles commencent à être initiées en France.

La construction politique de la concurrence

Les réformes « néolibérales » des industries énergétiques s'appuient sur la théorie économique néoclassique devenue entre-temps dominante. Elles émanent d'économistes et de certains gros consommateurs industriels qui accusent les États et leurs monopoles publics d'être inefficaces, et plaident pour un changement des règles. Cette nouvelle « politique de la concurrence » postule non seulement que c'est le libre jeu de la concurrence qui est la principale source de régulation des marchés, mais aussi que pour pouvoir fonctionner pleinement et être efficace, cette concurrence doit être pilotée par une autorité indépendante. Mise en place d'abord aux États-Unis et au Royaume-Uni (dans les années 1980), elle va être promue, en Europe par l'Union européenne (dans les années 1990).

La première expérience de privatisation du secteur électrique intervient donc en Angleterre, dans un contexte de restructuration industrielle qui est celui de l'abandon du charbon pour le gaz. La réforme conçue par le gouvernement de Margaret Thatcher obéit aux prescriptions de la théorie économique : la séparation entre la production et la gestion du réseau pour former un marché « contestable », c'est-à-dire ouvert à de nouveaux entrants. Et les prix se mettent à baisser. Cependant, ce n'est pas dû à l'effet de la mise en marché puisqu'aucune attaque frontale n'est venue déstabiliser les producteurs dominants du secteur. Un autre facteur sous-jacent est à l'œuvre : la conversion du charbon vers le gaz a bien fonctionné. Les producteurs ont remplacé les centrales à charbon par des centrales à cycle combiné gaz, et bénéficié de nouvelles ressources en gaz issues de la mer du Nord à prix très bas répercutés sur l'électricité. Par ailleurs, les coûts sociaux de la restructuration des industries minières ont été sévères : M. Thatcher y a gagné son surnom de « dame de fer ».

Bien que cette conception politique néolibérale anglo-saxonne n'ait pas été au pouvoir partout en Europe à cette époque, le même mouvement de libéralisation a pourtant aussi eu lieu ailleurs, efficacement initié par la Commission européenne présidée par Jacques Delors dès 1985 (à une époque où l'intégration européenne est en panne). S'appuyant sur l'une de ses seules ressources, le droit de la concurrence, la Commission fait paraître le *Livre blanc sur l'achèvement du marché intérieur* qui vise à entamer les discussions sur la libéralisation des télécoms, de la finance, de l'énergie, des postes et des transports ferroviaires, routiers et aériens. La concrétisation de ces nombreux chantiers interviendra plus ou moins rapidement selon les secteurs et les pays.

La première directive sur l'électricité paraît en 1996 avec, comme mécanisme régulateur le droit de la concurrence, et comme relais institutionnel le Conseil européen de la concurrence, qui va peu à peu harmoniser les règles de la concurrence dans toute l'UE et pour tous les secteurs. Progressivement, l'Europe impose « la concurrence libre et non faussée » comme principe unique d'organisation de la vie économique. En France, c'est le gouvernement Jospin qui s'engage dans la voie de la privatisation d'EDF-GDF par souci de cohésion avec les voisins européens : la directive européenne transposée dans la loi française en 1999, l'ouverture du marché se fait par étapes : 2000 pour les « grands comptes » industriels, 2004 pour les entreprises, 2007 pour les particuliers. Depuis la fin des années 1990, EDF a joué le jeu du marché, en rachetant notamment de nombreux producteurs européens. Il devenait compliqué pour la France de ne pas ouvrir son propre marché.

Comment fixer un prix à l'énergie ?

En 2000, un consensus se dessine pour créer une bourse européenne de l'électricité : des bourses nationales voient le jour ; elles permettent de développer les échanges transfrontaliers au sein de plates-formes informatisées d'enchères. Celles-ci sont construites sur le modèle de celle organisée, dès 1993, par la Norvège, qui reproduit le schéma d'un marché walrassien centralisant offres et demandes pour aboutir à un indice de prix de marché. Le marché en France est, à ce moment-là, largement artificiel. La Commission de régulation de l'énergie (CRE) oblige EDF à vendre son électricité sur le marché *spot*, c'est-à-dire au comptant, à ses concurrents tels que *Poweo* ou *Direct Energy*, en s'alignant sur les prix de marché des pays voisins. Les « grands comptes » industriels peuvent s'y fournir tandis que les tarifs réglementés continuent d'exister pour les PME et les particuliers.

En 2009, après l'ouverture complète du marché, celui-ci reste encore très peu développé en raison de l'échec des concurrents à s'implanter (sur 519 térawattheures produits, seuls 38 sont vendus sur le marché). Cependant, EDF a adapté sa politique tarifaire, proposant dès 2004 aux entreprises de choisir entre rester au tarif régulé ou acheter l'électricité au prix du marché. Cette décision à prendre n'a rien d'évident pour les entreprises qui voient s'ajouter, avec la libéralisation, une nouvelle forme d'incertitude et d'expertise. En effet, elles se doivent de développer de nouvelles capacités de calcul et de *trading*, d'apprendre à mettre en concurrence et à décrypter les offres des différents opérateurs (qui remplacent les tarifs par des formules mathématiques, faisant varier en permanence les prix d'approvisionnement), et de connaître les évolutions du marché électrique.

Finalement, dans un tel contexte de confrontation au marché *spot* où le prix varie instantanément, les entreprises industrielles sont conduites à adopter une nouvelle logique comptable, passant d'une logique budgétaire de calcul, en amont, des coûts de production, à une logique financière où ces derniers ne peuvent plus être connus à l'avance. La culture du *trading* pénètre peu à peu, et une dépendance s'instaure soit vis-à-vis de leur conseiller (en interne ou externe – sociétés de *trading*), soit directement vis-à-vis de leur fournisseur d'énergie.

Quel est l'effet du marché sur les prix ?

Cependant, contrairement à ce que prévoit la théorie de la concurrence, l'ouverture du marché de l'énergie va provoquer une crise car, non seulement les prix sont très instables, peuvent varier brutalement, et ne convergent jamais naturellement vers un équilibre, mais en plus ils vont se mettre à augmenter jusqu'à dépasser le niveau des anciens tarifs régulés. En France, entre 2002 et 2008, ils vont ainsi être multipliés par quatre. Et tous les industriels, qui avaient pourtant réclamé le marché, vont se retrouver pris au piège de l'ouverture à la concurrence. Mise en cause, EDF réagit, arguant que « quand on passe au prix de marché, il faut en accepter les lois » : comme la demande a augmenté au sein du marché de gros, il semble logique que les prix aient augmenté. D'autres explications sont avancées dans les rapports produits par la CRE, qui font état de mauvaises anticipations, de la part d'EDF, de certaines baisses de la température. Mais ce n'est pas tout : l'organisation du travail chez les *traders* de l'électricité est aussi évoquée comme facteur explicatif. Et, plus inquiétant, la CRE ne sait pas faire la part entre des faiblesses organisationnelles conduisant à des décisions erronées et des possibles stratégies de manipulation délibérées des prix.

Un effet supplémentaire, largement imprévu, va également intervenir : celui du marché du carbone mis en place en 2005. Un couplage entre les deux marchés va se créer du fait que l'électricité est aussi produite à partir d'énergies fossiles (charbon, gaz), et que les producteurs vont tenir compte du coût des quotas supplémentaires à acheter en cas de volume d'électricité à produire en plus si la demande augmente. Ainsi, non seulement les mécanismes de prix fonctionnent de façon chaotique, mais en plus, lorsque les marchés se couplent entre eux, ils deviennent encore plus difficilement contrôlables. On aboutit au paradoxe suivant : étant surveillée étroitement par la CRE (qui vérifie qu'elle ne propose pas des prix trop bas qui empêcheraient l'entrée de nouveaux entrants), EDF ne cherche en rien à enrayer la hausse des prix ; de ce fait, non seulement l'introduction de la concurrence n'a pas pour effet de faire baisser les prix, mais elle les laisse augmenter pour protéger la concurrence.

La « reconception » du marché de l'électricité

La controverse qui va naître autour des niveaux de prix atteints par l'électricité ne va pas pour autant remettre en cause le fait que le marché reste l'institution de référence. Cependant, les critiques formulées par les industriels vont être jugées légitimes. L'objectif de l'État français va alors consister à stabiliser une valeur de l'électricité par un tarif qui ne soit pas étroitement couplé au prix de marché. Ainsi, en 2006, il instaure le Tartam (Tarif réglementé et transitoire d'ajustement au marché), s'exposant à une lourde amende devant la Commission européenne. Puis, en 2010, il fait voter la loi dite NOME (Nouvelle organisation du marché de l'électricité). La solution adoptée à la suite des travaux de la commission présidée par Paul Champsaur consiste à exclure du marché toute la production électrique provenant du nucléaire, favorisant ainsi une forme de « découplage » et établissant de nouvelles frontières au marché.

Faisant de l'électricité un « bien intermédiaire essentiel », la loi NOME institue trois tarifs distincts : le tarif réglementé pour les particuliers ; le tarif de marché pour ceux qui le souhaitent ; et l'ARENH (Accès régulé à l'électricité nucléaire « historique ») pour remplacer le Tartam. Le gouvernement Fillon se montre alors très actif pour démontrer la validité de ce nouveau tarif que la Commission finit par valider, tout en émettant réserves et inquiétudes concernant de possibles entraves à la concurrence. Reste à fixer le montant du mégawattheure, qui va faire l'objet d'une négociation rude entre le gouvernement, l'administration, EDF et ses concurrents : il sera fixé à un niveau supérieur au tarif réglementé historique, mais inférieur au prix du marché. Finalement, au terme de ce long processus, l'ouvrage aura permis, d'une part, de comprendre en quoi la loi NOME trahit explicitement les préceptes libéraux pour préserver les fondamentaux de l'intervention publique. Et d'autre part, de souligner, à travers le rappel des débats politiques qu'elle a suscités, le profond attachement qui existe en France pour le contrôle des prix de l'électricité par un acteur public, et la méfiance vis-à-vis du marché.

Fabien ELOIRE
fabien.eloire@univ-lille1.fr

Susi Geiger, Debbie Harrison, Hans Kjellberg, Alexandre Mallard

Concerned Markets: Economic Ordering for Multiple Values

Edward Elgar, Cheltenham, 2014, xv-269 p.

La construction sociale des marchés constitue un objet d'étude privilégié pour la sociologie économique depuis son renouveau dans les années 1980 (incarné notamment par les travaux de Granovetter, Fligstein, Garcia-Parpet ou Zelizer). En réponse aux théories néoclassiques porteuses du modèle de l'*homo œconomicus*, certains sociologues avancent l'idée que les marchés seraient en fait socialement construits et profondément encastrés dans un substrat social. Marquées par des enjeux disciplinaires, ces discussions ont largement contribué à renforcer l'opposition courante entre économie et social. Néanmoins, cette décennie a vu fleurir de nouvelles approches qui tentent d'en finir avec ce « grand partage » en symétrisant l'étude des relations entre marché et société. Par exemple, de récents travaux[2] mettent l'accent sur la capacité des marchés à générer du lien social et affirment ainsi que le développement du marché n'aboutit pas nécessairement à la destruction du social comme pouvaient l'annoncer Karl Polanyi ou les critiques habituelles de la *commodification*.

C'est dans la veine de ces approches que s'inscrit cet ouvrage collectif, qui offre une relecture stimulante de ces problématiques. Les marchés concernés y sont définis comme « les marchés où simplement l'économique et le social sont intimement liés [et] qui prennent en compte les diverses préoccupations qui sont associées au déroulement des transactions économiques » (p. 2, notre traduction). Les dix chapitres qui composent l'ouvrage dirigé par Susi Geiger, Debbie Harrison, Hans Kjellberg et Alexandre Mallard, (re) mettent ainsi au cœur de l'analyse la capacité des marchés à porter des considérations « sociales » et entendent, de cette manière, mettre fin à l'opposition (conceptuelle, mais aussi disciplinaire) entre société et économie.

Comme le rappelle justement l'introduction de l'ouvrage, intitulée « Being Concerned about Markets » (chapitre 1), cette réflexion semble bienvenue dans un contexte où les avancées scientifiques et technologiques suscitent de plus en plus souvent d'âpres polémiques. En effet, en tant que supports privilégiés de diffusion des innovations, les marchés sont au cœur de nombreuses controverses publiques actuelles. Celles-ci conduisent des acteurs aux profils diversifiés à revoir le fonctionnement des marchés afin d'intégrer de nouvelles préoccupations (ou des « *matters of concern* » pour reprendre les termes de Bruno Latour auquel cet ouvrage se réfère abondamment).

C'est ici que l'ouvrage contraste avec des thèses plus anciennes : dans *Concerned Markets*, ces débordements du marché sur la société sont considérés comme des « conséquences ordinaires » de l'activité marchande. Ils ne doivent pas inciter à repousser la logique marchande, ni même à souhaiter à l'inverse une organisation économique purifiée de tout substrat social. En d'autres termes, les multiples controverses autour de l'huile de palme, de ses conditions de production ou de son utilisation alimentaire ne devraient pas, selon les auteurs, conduire à un refus complet de la marchandisation de l'huile de palme (marché banni), ni même à ignorer les revendications dont ce marché fait l'objet. La notion de « marchés concernés » offre au contraire la possibilité de penser la capacité des marchés à intégrer, agencer, organiser les différentes préoccupations qui entourent leur fonctionnement. C'est là le véritable apport de ce livre : le marché y est considéré comme intrinsèquement politique, et plus encore, comme un véritable outil de gouvernement des *concerns*.

L'ouvrage collectif se structure de la manière suivante : l'introduction des coordinateurs pose le cadre théorique et offre ainsi un fil conducteur aux contributions empiriques qui suivent. Ces dernières sont plutôt représentatives de l'interdisciplinarité des *markets studies* actuelles dans la mesure où elles empruntent à la fois à la sociologie économique, au marketing, à l'économie, à la philosophie, au management et à la finance. On notera aussi la diversité des cas empiriques traités qui couvrent des objets aussi divers que l'éducation, avec le travail de G. Dix sur l'introduction d'incitations marchandes dans le système éducatif danois (chapitre 2), la santé avec le chapitre de L. J. Krafve sur les premiers soins (chapitre 3), l'alimentation, avec les contributions de F. Azimont et L. Araujo sur les aliments fonctionnels (chapitre 6), de R. Chakrabarti et K. Mason sur les marchés « bottom-up » (chapitre 7), de W. I. Onyas et A. Ryan sur le café ougandais (chapitre 8) et enfin l'environnement, appréhendé par J. Hauber et C. Rupper-Winkel sous l'angle de l'utilisation du maïs comme bioénergie (chapitre 5), par

[2] *Cochoy F. (dir.) (2012), Du lien marchand : comment le marché fait société. Essai(s) de sociologie économique relationniste, Presses universitaires du Mirail, Toulouse.*

Kjelberg et Stigzelius via les pratiques culinaires « vertes » (chapitre 9) ou encore par S. D'Antone et R. Spencer dans leur étude sur la marchandisation de l'huile de palme (chapitre 4). La démonstration introductive s'organise autour de trois axes, pensés autour des trois sens du mot *concern* : référer à, affecter et inquiéter.

La première partie, intitulée « *Refer, relate to: markets uncut* », rappelle que les marchés ne peuvent rester « froids » (c'est-à-dire des espaces de calcul désencastrés du social) qu'au prix de nombreux efforts et investissements. Le processus d'économisation produit nécessairement des débordements, qui invitent des acteurs aux intérêts et valeurs diverses (y compris économiques) à se sentir concernés par le fonctionnement du marché et à le « réchauffer ». Ce fut le cas sur le marché du café ougandais décrit par W. Ikring Onyas et A. Ryan (chapitre 8) où les producteurs de café locaux ont pu faire entendre leurs inquiétudes concernant l'éducation de leurs enfants (que l'agriculture finance directement) à l'exportateur *Good African Company* qui ne prenait alors en considération que les qualités matérielles du café et non les conditions de vie de ses producteurs.

Ainsi, les marchés concernés mobilisent une pluralité de valeurs et de justifications qui oblige les acteurs à trouver un compromis, à définir un bien commun puisque la compétition n'est plus un principe suffisant pour résoudre les conflits. Ce processus est parfois long et complexe : l'exemple de l'alimentation fonctionnelle illustre bien (Azimont et Araujo, chapitre 6) à quel point il est difficile et surtout coûteux de s'assurer de la « crédibilité » de nouveaux procédés de qualification (promouvoir les effets bénéfiques de certains aliments sur la santé : améliore le transit, réduit le risque de maladie, diminue le cholestérol, etc.) face à des publics qui sont souvent sensibles à d'autres formes de justification. En effet, les aliments fonctionnels doivent séduire des consommateurs devenus méfiants vis-à-vis de la mention « scientifiquement prouvé », en même temps qu'ils ont à se faire une place au sein d'une industrie alimentaire réglementée, concurrentielle, qui oblige les entreprises qui s'y risquent à investir massivement pour prouver le caractère sain de leurs produits. Ce cas atteste bien (autant qu'il la relativise) la capacité des marchés à intégrer la critique (Boltanski et Chiapello) en montrant comment des préoccupations sociales (la santé) donnent lieu à l'émergence de nouveaux marchés (les aliments fonctionnels).

La deuxième partie, baptisée « *Affect, influence: markets, heterarchie, hybrid forums* » questionne les processus et instruments envisageables pour trouver des compromis et introduire durablement les *matters of concerns* dans les marchés. La première solution repérée par les auteurs est le « marché civilisé » (concept proposé par Michel Callon), qui consiste à organiser au sein même des agencements marchands la discussion et le traitement des préoccupations et débordements. Sur ce point, le chapitre de S. D'Antone et R. Spencer sur la table ronde pour l'huile de palme durable (RPSO) offre une belle illustration de ce type de dispositif, en même temps qu'il en souligne les limites. La seconde solution évoquée par les auteurs est l'hétérarchie. Tirée des travaux de David Stark, cette notion renvoie à la capacité d'une organisation à prendre en charge simultanément plusieurs biens communs, par exemple en diversifiant ses critères d'évaluation. Tant pour le marché civilisé que pour l'hétérarchie, force est de constater que, dans un marché concerné, l'ambition majeure est toujours de réconcilier et de réarticuler des intérêts jugés (à tort ou à raison) divergents (public/privé par exemple).

Mais cette réconciliation n'est pas toujours évidente et c'est sur ces difficultés que revient la troisième partie, intitulée « *Trouble, worry: controversies ongoing* ». En effet, comme le laissent entrevoir les chapitres sur la santé (chapitre 3) et sur l'éducation (chapitre 2), certains marchés sont hautement controversés. Il est ici tentant de faire le parallèle entre *Concerned Markets* et le récent ouvrage de P. Steiner et M. Trespeuch sur les marchés contestés[3], et c'est d'ailleurs ce que se propose de faire Franck Cochoy dans sa postface (chapitre 10). Si, à première vue, les deux ouvrages couvrent une thématique commune, leurs approches et leurs ambitions sont en réalité bien distinctes. Alors que l'ouvrage de P. Steiner et M. Trespeuch se donne pour objectif de définir et de décrire un type de marché particulier, le « marché contesté », le projet de S. Geiger et de ses collègues est tout autre. Pour eux, le marché concerné ne désigne pas un type particulier de marché, et encore moins une exception. Il est et devient de plus en plus la norme dans le paysage économique : « Les chapitres empiriques et notre analyse antérieure suggèrent la conclusion audacieuse qu'il n'existe pas de marché dépourvu de préoccupations » (p. 14, notre traduction). Comme le souligne Franck Cochoy, le défi actuel n'est pas de savoir comment contester les marchés, ni même de tracer des frontières entre le marchand

[3] *Steiner P., Trespeuch M. (dir.) (2014) Marchés contestés : quand le marché rencontre la morale, Presses universitaires du Mirail, Toulouse.*

et le non-marchand. Le véritable défi consiste à trouver les bons agencements qui permettront de répondre aux multiples préoccupations qui peuplent les marchés contemporains.

Ainsi, *Concerned Markets* ne représente pas seulement une contribution importante pour les *markets studies*, c'est également un appel à repenser positivement la fonction politique des marchés et leur capacité à gouverner les divers intérêts dans notre société. Dans une perspective citoyenne, voire engagée, les auteurs de l'ouvrage soulignent d'ailleurs à plusieurs reprises que tout individu (même le moins doté) peut participer à l'émergence et à la prise en compte de nouvelles préoccupations et donc à l'émergence d'une gouvernance des marchés plus démocratique. Il semblerait qu'une telle conclusion vienne largement faire écho au désir de Michel Callon de développer une ingénierie politique des marchés, où la sociologie aurait toute sa place. Après avoir « jeté les fondements d'une théorie qui ouvre la voie à la performation de marchés conçus comme des compromis entre des exigences contradictoires au lieu de vouloir les contenir par des réglementations plus ou moins contraignantes[4] », la sociologie des agencements marchands peut effectivement « rendre possible le débat sur la conception des marchés[5] » et permettre ainsi l'émergence de marchés plus « aimables ».

Anaïs DANIAU
CERTOP, Université Jean-Jaurès
anais.daniau@univ-tlse2.fr

Philippe Batifoulier

Capital Santé : quand le patient devient client

La Découverte, coll. « Cahiers livres », Paris, 2014, 192 p.

C'est au chevet d'une septuagénaire que nous mène l'ouvrage de Philippe Batifoulier : la Sécurité sociale. Pour l'auteur, c'est en repartant de la construction de cette dernière dans l'immédiat après-guerre qu'il nous est possible de comprendre l'évolution contemporaine du champ de la santé, et en particulier sa transformation sous l'emprise du capitalisme néolibéral. À travers son essai, l'économiste résume ici en moins de deux cents pages plusieurs années de recherche autour de la santé et de la question de sa mise en marché. À rebours des économistes accompagnant les réformes du système de soin et de l'assurance maladie, qu'il s'agisse de la mise en place d'une tarification à l'acte dans les hôpitaux[6], de l'autonomie croissante des établissements de santé ou encore du remboursement par l'assurance santé sur la base de paniers de soins[7], Ph. Batifoulier s'inscrit dans une critique radicale de la réforme libérale du système de santé. Contrairement à eux, il cherche à rompre avec les fondements néoclassiques de la théorie économique et à réhabiliter une approche de la santé résolument ancrée dans l'économie politique. Destiné à un large public et rédigé dans un style accessible, l'ouvrage n'en demeure pas moins solidement appuyé sur une riche documentation de l'évolution du système de santé et de ses effets sur les populations.

Si l'auteur choisit de revenir soixante-dix ans plus tôt, c'est parce que les discours et les enjeux qui marquent aujourd'hui le système de santé et de l'assurance-maladie reprennent, sous des formes à peine différentes, les débats extrêmement vifs qui ont accompagné la constitution de la Sécurité sociale en 1945. Les dénonciations de l'« inefficacité » de la dépense de santé, des « abus » des patients ou encore le risque de déficits de financement des caisses, ont en effet marqué la construction de l'assurance sociale santé dès ses débuts. Les opposants à la construction d'une assurance universelle, à financement socialisé et assis sur la cotisation sociale, ont ainsi toujours mobilisé ces arguments pour tenter d'enrayer la socialisation des dépenses de santé. Le retour aux débats fondateurs de la Sécurité sociale est donc salutaire en ce qu'il montre la permanence des oppositions de conception politique de l'assurance santé, mais également celle des acteurs qui se sont érigés contre la socialisation de la dépense de santé et l'universalité de l'assurance-maladie.

L'auteur montre ainsi comment la conception libérale de l'exercice de la médecine (dominante en France) a constamment freiné l'essor de l'assurance santé universelle. Pour ne citer qu'un seul des nombreux exemples qu'il mobilise pour asseoir son propos, c'est sûrement dans la tarification des soins de médecine de ville que la conception libérale de la médecine s'est le plus farouchement opposée à la construction d'une assurance santé universelle. Préférant répondre aux exigences de revalorisation des revenus des

[4] *Callon M. (2013), « Qu'est-ce qu'un agencement marchand ? », in M. Callon et al., Sociologie des agencements marchands, Presses des Mines, Paris, p. 327.*
[5] *Ibid., p. 328.*
[6] *Mougeot M. (2000), « La tarification hospitalière : De l'enveloppe globale à la concurrence par comparaison », Annales d'économie et de statistique, n° 58, p. 195-213.*
[7] *Kervasdoué (de) J. (2009), Très cher santé, Perrin, Paris.*

médecins par la création d'un secteur à honoraires libres, plutôt qu'en relevant les tarifs du secteur conventionné, l'État a fini par créer une brèche au début des années 1980 dans l'édification d'un système universel qui ne sera ainsi jamais achevé. En raison des différents échecs pour maîtriser la tendance aux dépassements d'honoraires – et donc la privatisation croissante des dépenses de santé –, cette brèche ne fera par la suite que s'étendre, la réforme du parcours de soin cordonné en 2005 constituant le point d'orgue de la libéralisation des tarifs. Trente années plus tard, la fissure s'est transformée en véritable gouffre.

Derrière l'affrontement sur la tarification et le tournant qui s'amorce au début des années 1980, c'est une transformation profonde de la conception et de l'organisation du système de santé qui se réalise. Tandis qu'une logique de prise en charge des patients et de développement du système de soins débouchait sur un principe d'ajustement des finances par les recettes, le débat portant sur le coût du travail qui s'intensifie avec la montée du chômage, et celui autour des déficits publics, ont amené à remettre en cause le principe d'ajustement par les recettes et à placer au cœur des politiques de santé la logique de maîtrise des dépenses. Cette réorientation va s'appuyer sur les deux piliers d'un système de soin renouvelé : d'une part, une privatisation multidimensionnelle du système de soin et, d'autre part, une fiscalisation de l'assurance santé.

Sans y consacrer un développement très important, Ph. Batifoulier revient néanmoins sur le rôle de la fiscalisation des recettes dans l'inflexion de la conception du système de santé. Marquant un tournant à partir de la création de la Contribution sociale généralisée (CSG) par le gouvernement Rocard en 1991, la fiscalisation des recettes de l'assurance santé constitue une rupture conceptuelle forte dans le système de solidarité voulu par le Conseil national de la résistance (CNR). Alors qu'il s'agissait, par le système de cotisation, de financer la protection sociale par le prélèvement direct à la source de la création de valeur, et faire ainsi contribuer les employeurs aux côtés des salariés via la cotisation patronale, la fiscalisation des recettes transfère la solidarité des producteurs vers les citoyens dans le cadre d'une répartition des revenus non plus primaire mais secondaire. Les entreprises, pourtant directement concernées, d'une part par les effets positifs sur la productivité de salariés en bonne santé et, d'autre part, par les conséquences négatives du travail sur la santé des salariés, se voient de ce fait doublement dédouanées de la solidarité qui incombe désormais de plus en plus aux contribuables, quelle que soit leur place dans les rapports sociaux de production. Alors qu'elles représentaient 80 % des recettes de la Sécurité sociale entre 1950 et 1980, les cotisations n'en constituaient plus que 58,4 % en 2012. Aujourd'hui, le « retour » des employeurs dans le financement de la santé accompagne sa privatisation, puisqu'elle se fait dans le cadre de la souscription aux mutuelles complémentaires devenues obligatoires. L'auteur explique ainsi que si l'assurance santé universelle a été combattue par la médecine libérale et le patronat, son troisième adversaire historique est le secteur mutualiste, jusqu'alors détenteur du monopole de la gestion fonds collectifs de prévoyance, qui a toujours été opposé à l'apparition puis à l'extension de l'assurance sociale universelle.

Au-delà de son financement, le système de santé connaît également une autre forme de privatisation avec le développement des méthodes de gestion privée dans les hôpitaux publics, ainsi que par le transfert de l'activité de soin du secteur public vers le secteur privé. Ce transfert s'opère à travers le développement de cliniques privées et le développement de consultations et de cabinets privés au sein des hôpitaux publics. Il s'incarne, avec la loi « Hôpital patient santé territoire » de 2007 et la création des Agences régionales de santé (ARS), dans le passage du service public hospitalier à la notion de « mission de service public », qui peut dès lors faire l'objet de contrats de délégation avec différents opérateurs de santé privés. Enfin, la privatisation se déploie dans une troisième dimension dont l'analyse constitue un axe de recherche privilégié de l'auteur depuis maintenant plusieurs années : la transformation identitaire des acteurs de la relation de soin.

Sous l'effet du développement des incitations tarifaires et de la nouvelle structure institutionnelle qui se met en place, ces acteurs, et notamment les patients, sont ainsi incités à calculer, arbitrer et optimiser, à l'image du consommateur modélisé par l'analyse économique standard. Extrait (dans les discours) des rapports sociaux dans lesquels il s'inscrit, le patient est « responsabilisé » et doit devenir entrepreneur de lui-même pour maintenir et développer son « capital santé ». Cet étiolement des responsabilités collectives conduit au partage de la prise en charge des soins de santé entre le « petit risque », assumé par les patients et leurs assurances ou mutuelles privées, et le « gros risque », assumé par la collectivité publique et l'assurance sociale. Ce partage des responsabilités entre « gros » et « petit » risque, constituant le socle de la séparation entre financement socialisé et financement privé, a été défendu par le patronat dès l'origine de la Sécurité sociale. Tandis que la rhétorique de la responsabilisation des patients fait fi des réalités sanitaires et du poids des origines sociales dans la détermination de l'état de santé des individus, elle offre en revanche un espace de déploiement fantastique au capitalisme sanitaire. Elle participe à la libéralisation-privatisation à grande vitesse de la médecine de ville et du secteur du médicament, une transformation qui, contrairement aux principes de la théorie économique dominante, ne permet pas de baisser les prix ou d'améliorer le service rendu.

La principale originalité de l'ouvrage de Ph. Batifoulier se trouve peut-être, paradoxalement, dans l'absence d'originalité des solutions qu'il préconise. Ce n'est pas par l'inventivité et l'astuce que l'auteur se distingue, mais il s'en remet de façon salutaire à ce qui avait été préconisé par le CNR et qui fit du système de santé français l'un des plus performants et des plus enviés au monde. Accomplir réellement le programme du CNR et atteindre une assurance universelle socialisant la totalité des dépenses de santé nécessiterait néanmoins de changer de cadre de réflexion. Il faudrait affronter les questions éminemment politiques et ne pas s'en remettre à la théorie économique dominante et ses promesses d'optimisation politiquement neutre. Les soins de santé génèrent des recettes (pour les praticiens, les hôpitaux, les pharmacies…), mais ces recettes pour les uns constituent également des dépenses pour les autres. La question est de savoir qui doit assumer ces dernières et, comme le montre l'auteur, la réponse implicitement apportée aujourd'hui consiste à les faire reposer de plus en plus sur les seuls malades (qu'il faut « responsabiliser ») et non sur les bien-portants, ainsi que sur les contribuables plutôt que les entreprises.

Le livre de Ph. Batifoulier offre en fin de compte une plongée au cœur de l'échec économique, social et politique du néolibéralisme en matière sanitaire. Il en dissèque les origines, en analyse les ressorts théoriques et politiques et en identifie les principaux soutiens historiques à des degrés divers. En assumant de rompre avec les fondements de la théorie économique dominante et de revenir aux questions politiques majeures qui ont structuré le programme du CNR, l'ouvrage de l'économiste constitue une voix dissonante au discours généralement entendu concernant le système de santé. On ne peut donc qu'en recommander la lecture.

Sylvain VATAN
Adees Rhône-Alpes, Clersé
sylvain.vatan@adeesra.org

Bruno Boidin

La santé, bien public mondial ou bien marchand ? Réflexions à partir des expériences africaines

Presses universitaires du Septentrion, coll. « Capitalismes, éthique, institutions », Villeneuve d'Ascq, 2014, 183 p.

Parce que l'accès aux soins de santé est considéré comme un facteur important de développement, les pays riches ont accordé une aide à la santé substantielle aux pays pauvres. Pourtant, cette aide ne se traduit pas par davantage de développement, particulièrement en Afrique. En s'appuyant sur de nombreuses enquêtes de terrain, notamment au Bénin, Gabon, Mali et Sénégal, Bruno Boidin démonte les mécanismes de l'aide et révèle ses carences structurelles. L'ouvrage se nourrit d'une réflexion théorique stimulante, articulant économie de la santé et du développement et mobilisant aussi les enseignements des autres sciences sociales pour appréhender l'un des problèmes socio-économiques les plus importants. Toutefois, le livre va bien au-delà de son sujet d'étude et intéressera ainsi tous ceux qui considèrent que l'économie ne se réduit pas à une réflexion technique, mais est profondément politique.

Le propos général s'articule étroitement autour de la notion de « Bien public mondial » (BPM), expression née dans les années 1990 et popularisée tant par les organismes internationaux que par la communauté des chercheurs. Il existe trois façons de considérer que la santé constitue un BPM. La première n'est en fait qu'une extension au niveau mondial de la notion de bien public développée par l'approche économique standard. La deuxième relève d'une approche sécuritaire, pour laquelle l'aide à la santé pour les pays pauvres serait motivée par la peur que les maladies arrivent chez les pays riches. Enfin, dans la troisième conception, poser la question de la santé comme BPM renverrait aux droits humains fondamentaux et permettrait de ce fait d'aller au-delà de l'approche utilitariste.

Sans doute parce que, dans ses travaux antérieurs, Bruno Boidin avait déjà largement développé sa critique de la notion de bien public appliquée à l'aide à la santé, le présent ouvrage n'y consacre que quelques pages. Il est vrai que la notion de bien public n'a pas plus d'intérêt au niveau mondial qu'elle n'en avait au niveau national (ou en économie fermée). Considérer qu'il existerait des biens dont les caractéristiques techniques empêcheraient un traitement par le marché ne vise rien moins qu'à naturaliser les caractéristiques de la santé. Or la santé est un objet social. Sa gestion et son financement ne peuvent ignorer les processus sociaux historiques et les rapports de force. L'insistance sur les externalités pour justifier les défaillances de marché repose sur l'idée d'un optimum technique marchand ignorant la délibération politique.

La deuxième interprétation dite « sécuritaire » poursuit la stratégie marchande, mais par d'autres moyens. Cette vision de la santé comme BPM est dominante, car elle est portée par les acteurs dominants que sont les bailleurs de fonds, mais aussi les laboratoires pharmaceutiques pour lesquels la promotion de la santé comme BPM constitue en fait un outil de communication. Ces derniers affichent ainsi que l'amélioration de l'accès aux soins est un défi majeur, entendre un marché majeur. L'ouvrage soutient que la captation de la notion de santé comme BPM par les intérêts privés réduit la santé à « un bien quasi marchand sans régulation transnationale commune ». Il montre comment s'exprime cette conception et en dresse un bilan.

Le risque est grand, dans certains pays d'Afrique en particulier, que l'aide à la santé soit accaparée par des groupes dominants ou s'évapore sous l'effet de la corruption. Au nom d'une « bonne gouvernance », les bailleurs de fonds ont en effet imposé des critères pour que l'aide soit efficace : la bonne gestion des ressources doit être validée par des indicateurs de performance. Cette conception de l'aide est qualifiée par l'auteur de « verticale », car elle est imposée par les bailleurs selon leur propre conception du besoin des populations et leurs options politiques. À noter que la démonstration de Bruno Boidin s'appuie principalement sur des analyses de cas. Ainsi, il montre qu'au Sénégal la bonne gouvernance se traduit par la responsabilisation du patient via le paiement d'un forfait à un réseau de soins qui est une communauté d'assurance. Cette conception s'appuie sur la critique de la gratuité des soins qui ne serait pas efficace (ce que ne montrent pas du tout les études citées p. 134) et à laquelle il faudrait privilégier le « marketing social », c'est-à-dire l'incitation à l'achat direct des traitements par les ménages afin de soutenir une demande durable. La promotion de l'assurance privée est ainsi menée au Sénégal au nom du programme de « santé communautaire » qui vise à impliquer les populations dans les programmes de santé au nom d'une approche coopérative.

Celle-ci s'exprime aussi par l'argumentaire classique « gagnant-gagnant » entre les firmes (pharmaceutiques) et les États et qui a été médiatisé par la réussite de l'antipaludéen ASAQ, fruit d'un partenariat multi-acteurs entre l'OMS, la fondation Bill Gates et Sanofi notamment. Ce partenariat a tenté de dépasser le verrou du brevet dont « Big Pharma » revendique la légitimité, mais qui nuit gravement à la santé publique en mettant des barrières tarifaires à l'accès aux soins. « L'approche coopérative » promeut l'accès des populations aux traitements, mais sous contrainte de respect de la logique du profit. Ainsi, la lutte contre la dengue, valorisée par les firmes pharmaceutiques comme BPM leur permet de se positionner comme bienfaitrices de l'humanité en luttant contre les maladies tropicales. Dans le même temps, elles se rapprochent des malades des pays pauvres en délocalisant partiellement leur production, mais sans pour autant accepter le développement des médicaments génériques. L'auteur montre toute l'ambivalence d'un discours sur l'accès aux soins des pauvres qui, sous couvert de termes consensuels comme « bonne gouvernance » ou « coopération », sous-tend une intervention tous azimuts pour graver dans le marbre le modèle du brevet avec des législations plus dures pour contrecarrer la volonté de certains pays émergents à imposer des prix faibles ou des licences obligatoires.

Le bilan de cette approche verticale de l'aide est en fin de compte mitigé, explique Bruno Boidin. L'aide ne s'est en effet pas traduite par une amélioration notable des indicateurs d'état de santé et le développement ne s'est pas non plus accéléré. La thèse de l'ouvrage est que ces mauvais résultats sont à mettre au débit de cette conception de l'aide, qui ignore délibérément le tissu institutionnel et évite de réformer structurellement le système de santé. Ainsi, on veut faire la promotion de la santé, mais sans réduire les inégalités. Les plus pauvres sont alors faiblement bénéficiaires de l'aide à la santé. On prétend vouloir permettre l'accès aux soins, mais sans faire évoluer le système de santé dans son ensemble. Au Mali, l'aide à la santé se heurte structurellement au sous-paiement des personnels médicaux alors qu'ils remplissent le plus souvent des tâches surqualifiées. Ils sont alors conduits à délaisser l'activité médicale pour gagner leur vie autrement.

Cette analyse conduit l'auteur à plaider pour une approche « éthique » de l'aide à la santé en considérant que la norme éthique est une métanorme, car elle dépasse le critère d'efficience.

La référence à l'éthique dans l'aide à la santé n'est certes pas originale. Cependant, dans le modèle sécuritaire, elle est au mieux sur le même plan que l'injonction à l'efficacité. Dans le modèle proposé par Bruno Boidin, la défense des valeurs prime sur l'efficacité tandis que les seuils de santé sont des seuils de développement humain. Ils sont considérés comme des pré-requis à la « bonne gouvernance ». Aussi, il convient de garantir un niveau de seuil de santé minimal permettant à une personne de mettre en œuvre ses capabilités. La faiblesse des libertés de choix et des opportunités offertes à chacun constitue un blocage pour le développement humain. Or l'aide à la santé, telle qu'elle est construite, est incapable d'atteindre des seuils de santé compatibles avec un développement humain.

L'approche défendue par Bruno Boidin tend à faire de la santé un droit humain en considérant que l'atteinte par tous d'un seuil de santé minimal est un droit imprescriptible. On peut se demander si le vocabulaire du droit et la référence à la tradition humaniste restent compatibles avec la notion de BPM. L'auteur ne veut pas abandonner cette expression pour plaider pour « une économie politique de la santé comme BPM » en renvoyant à la conception « maximaliste » des BPM, selon l'expression de Philippe Hugon. Il est alors amené à tordre la notion de BPM pour y faire entrer une « économie politique internationale de la santé », un « projet commun » pour la santé, un « modèle de régulation commune » ou encore « un projet de coordination globale de la santé ».

Dans la conception défendue ici d'un droit universel à la santé, le « bien » de BPM renvoie davantage à la justice qu'au bien économique du consommateur. Il ouvre sur la définition du « commun » avec laquelle l'auteur semble mal à l'aise. La référence au « bien commun », que mobilise l'ouvrage, est utile parce qu'elle souligne l'encastrement de la santé dans une normativité fondamentale. Le soin de santé est une ressource dont chacun doit pouvoir disposer pour vivre dignement dans une communauté donnée. La façon dont on peut assurer cette ambition fait appel à des règles de gouvernance qui garantissent la façon dont les droits sont distribués. C'est davantage la référence au « commun » – à entendre comme une revendication davantage qu'un état de fait – qui permet de concilier gouvernance et bien commun. Encore faut-il que des forces politiques puissent soutenir l'institution de l'accès à la santé comme commun.

Le travail de Bruno Boidin est donc consacré à l'accès à la santé dans les pays pauvres. Mais les problèmes qu'il affronte sont les mêmes dans les pays riches où domine la même promotion des mécanismes de marché et des comportements entrepreneuriaux. C'est aussi une approche sécuritaire qui domine la prise en charge de maladies liées à l'obésité ou au tabagisme quand la sécurité financière des bien-portants impose que l'on prenne en charge ces maladies avant que leur coût explose. Le cas d'école de l'antiviral « Sofosbuvir », vendu en France au prix de 41 000 euros la cure de 12 semaines et qui oblige, à ce tarif, les médecins à opérer des « choix » parmi les patients victimes de l'hépatite C, rappelle que le modèle du brevet et la logique du profit sont aujourd'hui très présents. Le modèle d'affaire des firmes rend en fait aujourd'hui « pauvres » tous les pays, car tous rencontrent toujours plus de difficulté pour « se payer » les innovations fondées sur les biotechnologies. Enfin, la référence à la santé comme droit humain fondamental montre que les priorités de santé ne peuvent avoir comme motivation principale le durcissement de la contrainte budgétaire. Au contraire, si un soin de santé est considéré comme prioritaire, alors il devrait être insensible à la contrainte budgétaire.

Plus encore, le travail de Bruno Boidin ouvre sur la conception que l'on se fait de l'analyse économique. Au nom de la scientificité, la conception dominante de l'analyse économique évite soigneusement d'affronter la question des valeurs, qui ouvrirait la porte au relativisme et au dogmatisme. Pourtant, le primat accordé au marché et à l'efficacité se défend au nom de valeurs, en l'occurrence celle de la souveraineté individuelle. On peut ainsi y opposer d'autres valeurs sans pour autant considérer celles-ci comme des vérités indiscutables, ainsi que le fait *a contrario* l'économie *mainstream* pour fuir la controverse. Introduire la question des valeurs doit indissociablement mener à introduire le débat sur les valeurs. En ce sens, l'économie, toute l'économie, ne peut être que politique.

Philippe BATIFOULIER
EconomiX, Université Paris Ouest, UMR CNRS 7235
philippe.batifoulier@u-paris10.fr

Anne Eydoux, Bernard Gomel (dir.)

Apprendre (de l'échec) du RSA : la solidarité active en question

Éditions Liaisons, coll. « Liaisons sociales », Rueil-Malmaison, 2014, 275 p.

Le RSA, mis en place le 1er décembre 2008, est un dispositif hybride, alliant un revenu minimum garanti dans sa version « socle » et un complément de revenus d'activité, le cas échéant. En 2005, le rapport de la commission « Familles, vulnérabilité et pauvreté » remis au ministère des Solidarités, de la Santé et de la Famille qualifie ces changements de « nouvelle équation sociale » permettant de cumuler revenus du travail et de solidarité. Le nouvel outil est alors doté d'objectifs ambitieux : réduction de la pauvreté (en particulier « laborieuse », c'est-à-dire celle qui concerne les agents en emploi), incitation à la reprise d'activité et amélioration des dispositifs d'accompagnement pour garantir l'insertion des bénéficiaires.

L'ouvrage collectif dirigé par Anne Eydoux et Bernard Gomel prend comme point de départ le rapport final du comité d'évaluation paru en 2011 qui, malgré des résultats mitigés, « se refuse à conclure à l'échec du dispositif » (p. 19). Cinq ans après la mise en place du RSA, les auteurs concluent quant à eux à un échec dont les indicateurs seraient notamment l'absence de baisse du taux de pauvreté et le non-recours massif au RSA activité par ceux qui y sont éligibles. L'intérêt du livre est renforcé par l'annonce en avril 2015 de la mise en place de la prime d'activité. Les débats entre chercheurs toujours vifs sur ce sujet[8] témoignent de la nécessité de comprendre et d'« apprendre (de l'échec) du RSA ».

La quinzaine de contributions émane de chercheurs venant de disciplines variées (économistes, sociologues, juristes, statisticiens), mais aussi d'acteurs de « terrain » appartenant notamment à la CNAF, à l'Agence nouvelle des solidarités actives (ANSA)[9]. Alternant des chapitres à vocation théorique, analysant l'évolution du système de protection sociale français, et des études empiriques résultant d'enquêtes de terrain, cet ouvrage présente à nos yeux un intérêt double. D'une part, il constitue un apport pertinent pour la recherche académique. D'autre part, il est un outil clef pour mieux appréhender ce que les auteurs nomment la « solidarité active ». Le livre s'adresse ainsi à un public beaucoup plus large, que le public universitaire.

L'introduction revient sur la genèse du RSA. Comme le réaffirment Anne Eydoux et Bernard Gomel, son « échec » n'est pas uniquement dû à des raisons conjoncturelles (crise économique, fusion de l'ANPE et des ASSSEDIC) ou à la lenteur de la mise en place du dispositif, mais bien à des défauts originels de conception, que les auteurs présentent en première partie. Les quatre parties suivantes reviennent sur les trois objectifs initiaux du RSA et les raisons pour lesquelles ils paraissent aujourd'hui difficiles à atteindre. Sont alors évoqués la faiblesse du retour à l'emploi (partie 2), le système de redistribution ne permettant pas de diminuer le taux de pauvreté (partie 3), la politique d'insertion dont la gouvernance est mise en difficulté (partie 4), pouvant alors conduire un accompagnement parfois inefficace (partie 5).

La première partie du livre montre que le RSA s'inscrit dans la continuité de ce que les auteurs appellent « la grande transformation » des politiques sociales. Dans le premier chapitre, Anne Eydoux montre comment à la fin des années 1990 les objectifs changent et il convient maintenant de « rendre la protection sociale favorable à l'emploi » (p. 27). Dans les deux contributions suivantes, Bernard Gomel insiste plus particulièrement sur l'impact du RSA concernant l'équilibre entre activation et sécurisation, dont le curseur se déplace de plus en plus du côté de l'activation. Pour les auteurs, cette inscription dans l'évolution générale des politiques sociales et ce choix de l'incitation fondent les raisons de l'échec du dispositif.

Après cette remise en contexte historique et théorique, la deuxième partie aborde les rapports entre protection sociale et marché du travail. En théorie, le RSA se positionne comme un instrument pouvant influer sur le marché du travail en « activant » l'offre tout en évitant les effets d'aubaine de la demande (développement des emplois précaires) (Eydoux, chapitre 1). En pratique, le RSA ne semble avoir que très peu d'impact. La situation des allocataires change peu par rapport à l'emploi (Simmonet, chapitre 3). Du côté de la demande, aucun détournement du RSA n'est visible, mais c'est principalement dû à la méconnaissance du dispositif par les entreprises et à l'image négative associée aux bénéficiaires du RSA et à leur faible productivité supposée (Béraud, Eydoux, Fretel, Higelé, chapitre 5).

La troisième partie, au titre explicite « Redistribution, chroniques d'un échec annoncé », aborde les différentes problématiques relatives à la redistribution. Plus particulièrement, Anne Eydoux (chapitre 1) évoque la complexité du dispositif mêlant logique d'assistance et logique d'incitation et donc deux types de populations différentes. Dans cette partie plus « technique », les auteurs abordent des propositions de réformes : baser la redistribution sur les revenus individuels (Eydoux, chapitre 1), articuler un RSA dégressif avec un SMIC élevé et un allégement des cotisations (Allègre, chapitre 2). Après avoir comparé

[8] *Voir le premier numéro des Débats du LIEPP, Duvoux N., Palier B. (2014), « Quelle réforme pour la PPE et le RSA », Débats du LIEPP, n° 1, octobre.*

[9] *L'ANSA est une association créée en janvier 2006 par Martin Hirsch pour promouvoir l'expérimentation sociale. Cette agence a ainsi piloté les expérimentations du RSA en 2007.*

la logique sous-tendue par le RSA, la prime pour l'emploi et la future prime d'activité, Évelyne Serverin (chapitre 4) propose quant à elle une définition plus étroite des cercles de pauvreté [10] (p. 162). Les deux autres chapitres abordent de manière empirique le non-recours (Obkani, chapitre 3) et le cas particulier des étrangers hors Union européenne (Math, chapitre 5).

Les deux dernières parties se focalisent enfin sur la question de l'insertion. Si le RSA a eu peu d'effets sur la redistribution et sur le marché du travail, son impact sur la gouvernance est réel (partie 4). Les lois de décentralisation de 2003 et 2004 avaient déjà fait du Conseil général le « chef de file de l'insertion ». Depuis 2008, il est chargé de l'orientation et de l'accompagnement obligatoire des bénéficiaires du RSA. Mêlant des contributions de chercheurs et d'acteurs de terrain, cette partie met en exergue les deux principales difficultés de la gouvernance : les contraintes budgétaires toujours accrues émanant de restrictions financières venant de l'État et la complexité du dispositif d'insertion dont Isabelle Blanchemanche (chapitre 2) témoigne à partir de son expérience de chargée de mission d'insertion. La division stricte entre orientation sociale et professionnelle, remise en cause depuis 2014, et le rapport Iborra [11] créent des situations complexes, notamment pour deux acteurs clefs que sont les CAF (Eydoux et Pacifico, chapitre 1) et Pôle Emploi (Gomel, chapitre 3).

L'ouvrage se termine par l'enjeu de l'accompagnement. La division entre insertion sociale et professionnelle nécessite de la part des différents partenaires de pouvoir déterminer l'employabilité des futurs bénéficiaires afin de leur proposer la meilleure orientation possible. Pour Julie Garda (chapitre 2), l'évaluation de l'employabilité s'est transformée aujourd'hui en l'évaluation de « l'accompagnabilité », où les situations individuelles doivent s'adapter aux pratiques professionnelles et non l'inverse. À partir de leur étude de cas concernant Paris, Bernard Gomel et Dominique Méda (chapitre 1) soulignent le manque de cohérence entre une orientation majoritairement effectuée vers l'insertion professionnelle et les futurs bénéficiaires « qui ne sont pas en situation objective et subjective de reprise d'emploi » (p. 228). Les deux derniers chapitres abordent, pour l'un, la situation d'une frange des bénéficiaires (les artistes au RSA, Arvaguez *et al.*, chapitre 3) et, pour l'autre, la question de la participation des allocataires aux politiques d'insertion (Drouault, chapitre 4).

Sans conclure explicitement sur des propositions de réformes, les auteurs réaffirment à la fin de l'ouvrage que l'échec du RSA provient selon eux de la conception même du dispositif. Le RSA a en effet transféré une partie des responsabilités au niveau local, or « le niveau d'emploi ne dépend ni des allocataires ni des acteurs locaux, qui disposent de peu de moyen pour insérer "leurs" allocataires » (p. 260). Les quelques pistes de réflexion évoquées en conclusion et dans la partie 3 ne semblent pas être entendues au niveau politique aujourd'hui. En effet, en avril 2015, le projet de loi relatif au dialogue social et à l'emploi prévoit la mise en place au 1er janvier 2016 de la prime d'activité. Ce nouveau dispositif, préconisé par le rapport Sirugue [12], doit pallier à la fois les difficultés du RSA activité (avec un taux de non-recours important) et celles de la prime pour l'emploi (manque d'immédiateté, « saupoudrage » de l'aide). Le choix d'une prime d'activité relevant du droit social et non du droit fiscal comme la PPE permet de résoudre l'effet d'immédiateté, mais le risque de non-recours n'en est que plus grand puisque les demandes devront être faites auprès des CAF. L'ouvrage publié avant même le projet de 2015 mettait déjà en garde de façon prémonitoire contre ce nouveau dispositif : « Une telle réforme permettrait certes à l'État de réaliser des économies, mais ce serait aux dépens des travailleurs pauvres et modestes » (p. 263).

Laura NIRELLO
LEMNA, Université de Nantes
laura.nirello@univ-nantes.fr

Annie Jolivet, Anne-Françoise Molinié, Serge Volkoff (dir.)

Le travail avant la retraite : emploi, travail et savoirs professionnels des seniors

Éditions Liaisons, coll. « Liaisons sociales »/CEE, Rueil-Malmaison, 2014, 225 p.

Cet ouvrage collectif présente l'intérêt de fournir un éclairage pluridisciplinaire sur une vaste thématique, le travail avant la retraite. Cette période ne peut se définir par un strict critère d'âge, celui ouvrant droit à la retraite étant reculé

[10] *C'est-à-dire les personnes autour de l'individu, dont les ressources sont prises en compte pour calculer les prestations sociales.*

[11] *Iborra M. (2013), Rapport d'information déposé en application de l'article 145 du règlement par la Commission des affaires sociales en conclusion des travaux de la mission sur Pôle emploi et le service public de l'emploi.*

[12] *Sirigue C. (2013), Réforme des dispositifs de soutien aux revenus d'activité modestes, Rapport au Premier ministre.*

progressivement au fil des réformes successives, ni par l'appartenance à une catégorie « senior », car cette dernière peut considérablement varier selon la qualification de l'emploi occupé. Si ces salariés sont plutôt concentrés dans certains métiers (enseignants ou employés administratifs par exemple) et sous-représentés dans d'autres (ceux de l'informatique ou de l'hôtellerie-restauration), ils sont devenus depuis une quinzaine d'années une cible des politiques publiques visant à augmenter leur taux d'emploi. L'ouvrage passe également en revue les stéréotypes sur les seniors, tant positifs tels que la fidélité ou la stabilité, que négatifs (santé fragile, faible mobilité…) qui peuvent – ou non - les mettre en difficulté sur le marché du travail, à la sortie du chômage ou lors de l'accès à la formation notamment. Les idées reçues sur le vieillissement au travail sont ainsi battues en brèche. Au fil de ses trois grandes parties, cet ouvrage synthétique et fort bien préfacé par Jean-Louis Dayan, pointe les grands enjeux du travail avant la retraite. L'objectif actuel des politiques publiques visant à maintenir dans l'emploi les salariés âgés gagne a être remis dans une perspective historique, afin de bien comprendre pourquoi il est devenu nécessaire de transformer l'emploi, en agissant sur sa qualité, et de changer le contenu du travail, les conditions de travail et la pénibilité particulièrement. Les méthodes d'observations mobilisées dans l'ouvrage sont variées, quantitatives et qualitatives et font intervenir différentes échelles d'analyse : celles des salariés, des entreprises, des secteurs d'activité ou encore des politiques publiques.

Dans la première partie intitulée « Emploi, activité, retraite », la contribution d'Annie Jolivet traite de l'emploi des seniors sous l'angle des politiques publiques. Elle rappelle que les incitations à l'allongement de la durée de vie active ont commencé dès les années 1990 et se sont poursuivies et accentuées sur la période récente, via les réformes des régimes de retraites de 2003 puis de 2008. Les travailleurs âgés sont ainsi devenus de véritables objets des politiques de l'emploi, car l'augmentation de leur taux d'emploi constitue l'un des objectifs phares de la stratégie européenne pour l'emploi (SEE) depuis le début des années 2000. À cette fin, les différents dispositifs de préretraites ont été drastiquement réduits, tant ceux financés par l'État que par le système d'assurance chômage. Si ces différentes réformes sont détaillées avec précision, on peut cependant regretter que les enjeux en termes de relations professionnelles ou de rapports de force entre les acteurs (syndicats/patronat/État) ne soient pas plus clairement mis en évidence. Les préretraites ont longtemps été utilisées par les entreprises pour se séparer des salariés âgés à moindres frais et par l'État pour limiter la montée du chômage ou pour négocier la paix sociale en période de fortes restructurations.

Un autre outil des politiques dites « passives » de l'emploi concerne les systèmes d'indemnisation du chômage qui ont été aménagés pour les chômeurs âgés, ces régimes vont alors servir de substitution aux préretraites en voie d'extinction. Autre mesure emblématique, les dispenses de recherche d'emploi (DRE) qui permettaient aux chômeurs âgés de percevoir l'indemnisation du chômage sans avoir à justifier d'une recherche active d'emploi ont été supprimées en 2012 afin d'inciter ces personnes à reprendre un emploi. Ici, l'intérêt est surtout de voir comment les acteurs s'emparent des différents dispositifs, comment les chômeurs âgés ont été pénalisés par les réformes récentes ou encore, comment la charge se reporte sur les régimes d'assistance (et sur le RSA notamment). Les réformes des systèmes de retraite qui se sont succédé entre 1993 et 2014 ont joué sur les différents paramètres possibles, du relèvement de l'âge du départ à la retraite aux incitations au prolongement de la vie active jusqu'au cumul emploi/retraite réformé en 2014. Les modes de gestion des âges par les employeurs ont-ils été modifiés par ces séries d'incitations ? On peut en douter au regard de la montée du chômage, notamment de longue durée des personnes âgées de plus de 50 ans depuis la crise financière et la nette dégradation de la situation sur le marché du travail en 2009. L'accord national interprofessionnel (ANI) de 2013 marqué, entre autres, par la création du contrat de génération visant à favoriser l'embauche d'un jeune et le maintien d'un salarié âgé dans l'emploi, a introduit de nouvelles obligations de négocier sur l'emploi des salariés âgés. Or le bilan des années écoulées montre qu'elles ont été peu suivies d'effets et que le contrat de génération n'est, à ce jour, guère monté en charge. Ces politiques publiques peuvent générer des effets contradictoires bien soulignés par A. Jolivet, car une partie des anciens préretraités se trouvent maintenant du côté des chômeurs âgés souvent sans perspective de retour à l'emploi.

Les motifs de la rupture conventionnelle des seniors sont abordés par Raphael Dalmasso et Bernard Gomel sous forme de bilan coût/avantage pour les parties prenantes. La rupture conventionnelle représente-t-elle une menace pour le maintien des seniors dans leur emploi ? Créée en 2008, cette possibilité de rupture du contrat de travail à durée indéterminée a fait rapidement l'objet de suspicion de détournement vers une « préretraite de type Unedic » par les employeurs qui peuvent ainsi aisément se séparer des salariés âgés et reporter le coût sur le système d'assurance chômage. Les auteurs soulignent la bonne sécurité juridique et les atouts financiers que la rupture conventionnelle procure à l'employeur. Pour le salarié senior, cette forme de rupture du CDI présente aussi certains avantages compte tenu de la quasi-suppression des dispositifs de préretraite, mais aussi des inconvénients. Du côté de l'indemnisation du chômage, si l'allocation de retour à l'emploi a une durée maximale plus longue passé 50 ans (de 36 mois au lieu de 24 mois), en revanche ces demandeurs d'emploi doivent maintenant effectuer des actes positifs de recherche d'emploi. Par ailleurs, le régime fiscal est défavorable au salarié par rapport à celui des retraites. Au total, les auteurs listent les « sept bonnes raisons juridiques pour les employeurs de recourir à cette forme de rupture et six pour les salariés », mais il existe beaucoup plus de raisons dissuasives pour le salarié (huit) que pour l'employeur (deux). Cette rupture est donc moins favorable juridiquement aux salariés qu'aux employeurs. De plus, des effets de seuils interviennent : si le salarié atteint 58-59 ans, l'employeur a intérêt à pratiquer la rupture conventionnelle. Pour le salarié, ceci dépend de l'âge où il pourra toucher sa retraite à taux plein et de son besoin de continuer à cotiser, ce qui l'incite à rester en emploi.

Yannick Fondeur, Guillemette de Larquier et Géraldine Rieucau s'intéressent ensuite aux entreprises qui ne recrutent pas de seniors. Il s'agit ici de cerner les mécanismes de sélectivité du marché du travail et les discriminations, en combinant une approche quantitative et qualitative. L'enquête OFER (offre d'emploi et recrutement, Dares, 2005) montre, en première analyse, la faible place des seniors dans les recrutements tandis que les monographies concernant deux secteurs des services (grande distribution et services informatiques) éclairent plus finement les logiques qui conduisent à préférer les jeunes aux candidats plus âgés. En termes de qualification, les seniors recrutés sont surreprésentés à la fois parmi les salariés non qualifiés tels que les ouvriers et les plus qualifiés – cadres notamment. Les auteurs proposent une interprétation de cette polarisation en termes de segmentation du marché du travail dans la mesure où les marchés internes jouent toujours pour les salariés âgés de cette génération déjà en poste tandis que ceux non diplômés restent cantonnés sur les marchés secondaires. Ainsi, les entreprises qui recrutent des seniors sont plutôt des petites structures et passent plus souvent que les autres par les réseaux de relation. Les emplois dans la grande distribution, particulièrement en magasin, sont typiques du secteur secondaire et les seniors y sont fréquemment écartés en raison des contraintes de pénibilité physique ou selon une discrimination fondée sur le « goût du client » qui justifie l'embauche de jeunes. Au mieux, dans ce secteur, certains aménagements de poste en fin de carrière peuvent être proposés aux anciens. Les qualités supposées des seniors (maturité, stabilité, etc.) seraient privilégiées pour l'embauche sur certains métiers en tension tels que les boulangers ou les bouchers. Dans les services informatiques (SSII), les salariés deviennent seniors très vite, dès 35 ans, ce qui écarte *de facto* les candidats âgés de ces emplois de manière implicite, voire explicite. Dans ce secteur, ces personnes sont aussi victimes d'un faisceau de stéréotypes où les représentations des clients sont mobilisées pour justifier les critères de recrutement sur l'âge.

La deuxième partie de l'ouvrage aborde le problème des conditions de travail en fin de carrière qui génèrent souvent des départs anticipés. Valérie Pueyo et Valérie Zara-Meylan proposent une approche ergonomique et conditionnelle du vieillissement au travail, afin de mieux comprendre les relations entre âge et travail compte tenu des transformations des secteurs et des métiers. Ces auteures insistent sur le caractère relatif de la notion de vieillissement puisqu'aux mêmes âges, les salariés ne seront pas considérés de la même façon par les entreprises et donc sur l'idée que le vieillissement est une réalité socialement modelée. L'intensification du travail et les nouvelles normes de changement permanent risquent de produire encore plus d'effet sur les salariés âgés en renforçant les problèmes qu'ils peuvent rencontrer et en fragilisant les acquis de leurs expériences. Les évolutions biologiques liées à l'âge qui peuvent avoir un effet sur le travail (baisse de la force musculaire, de certaines fonctions cognitives, etc.) se caractérisent aussi par de fortes différences interindividuelles. De plus, il est difficile, voire impossible, de mesurer ce qui est relatif à l'âge proprement dit et ce qui tient aux différences de générations qui ont été marquées par les mêmes événements ou les mêmes conditions de travail. Dans les métiers du bâtiment ou des hôpitaux, certaines conditions de travail ont des effets avérés sur la santé qui progressent avec l'âge ; il en est de même pour ceux ayant travaillé avec des horaires décalés. L'organisation du travail peut donc jouer un rôle important dans la façon dont les troubles de santé se manifestent et sont – ou non – aggravés par le travail. Les auteures font ici référence au vieillissement « en miroir », c'est à dire révélé par les exigences du travail. Bien sûr, tout dépend si les salariés ont pu développer et faire valoir leur expérience avec le temps. Les auteures expliquent aussi comment les salariés arrivent à déployer des stratégies en lien avec leurs expériences et susceptibles de valoriser leurs compétences. Des exemples bien choisis viennent à l'appui de la démonstration : dans les chaînes de montage de l'industrie automobile, chez les guichetiers de la Poste ou les autocontrôleurs dans la sidérurgie qui arrivent à conquérir des zones d'initiatives et d'autonomie. Ces stratégies restent toutefois fragiles et peuvent être brisées par des exigences de polyvalence et de turnover. Bien que ce chapitre commence par resynthétiser les apports des précédents, ce qui lui donne un caractère un peu répétitif, son apport ressort plus particulièrement dans l'analyse de certains contextes de travail précis.

Le chapitre d'Anne-Françoise Molinié est centré sur les salariées seniors en Europe, notamment sur la progression de leur taux d'emploi, en soulignant au préalable que leurs situations en la matière sont plus hétérogènes que celles des hommes. Le croisement entre taux d'emploi et temps partiel s'avère très pertinent pour différencier des groupes de pays. Des travaux comparatifs ont ainsi fait ressortir des « contrats sociaux de genre », car les femmes travaillant actuellement au-delà de 50 ans ont connu d'importantes transformations des modèles de références, de celui de monsieur « Gagne-pain » à celui de madame « Gagne-petit ». La question du travail soutenable se pose avec une acuité particulière lorsqu'il s'agit de rester dans l'emploi ou de s'en éloigner. Deux aspects sont ici questionnés : les femmes de plus de 50 ans sont-elles à l'abri de certaines exigences professionnelles ? Quelles sont les caractéristiques du travail qui font qu'elles puissent rester ou partir ? L'utilisation de l'enquête européenne sur les conditions de travail (Eurofound) permet de cerner des aspects de la qualité du travail appréhendée sous l'angle des conditions de travail. L'auteure construit un indicateur d'horaires décalés mieux adapté au travail des femmes que celui, plus restrictif, de travail posté ou alternant. Pour les femmes, les contraintes liées aux horaires décalés ne se réduisent qu'avec un âge vraiment tardif, soit après 55 ans, elles restent donc longtemps exposées à des pénibilités professionnelles. Les seniors ont aussi moins d'occasions de se former, surtout les femmes travaillant à temps partiel. « Tenir au travail » suppose certains ajustements qui se sont produits au cours du temps. Plus les femmes s'approchent des 60 ans, plus elles pensent pouvoir rester dans leur emploi jusqu'à la retraite, en lien avec les marges de manœuvre qu'elles ont pu créer. Il s'agit ici du sens qu'elles peuvent donner au travail, cette notion faisant référence à la compatibilité avec la vie hors travail, la latitude, la richesse du contenu du travail ou encore aux possibilités de formation. Les comparaisons européennes en fin de chapitre suggèrent d'intéressantes pistes d'ouverture en termes de modèles d'emploi, où le sentiment d'être capable de rester dans le même travail jusqu'à 60 ans joue beaucoup, la France étant plutôt mal placée en la matière.

Dans leur contribution portant sur les « accords seniors : quelles actions sur les conditions de travail ? », Annie Jolivet et Serge Volkoff s'interrogent d'emblée sur un paradoxe : comment retarder les départs de la vie professionnelle alors que certaines conditions de travail les rendent plus difficiles avec l'avancée en âge ? D'autant que le nombre de seniors concerné s'accroît quantitativement ces dernières années. La voie la plus générale consiste à améliorer les conditions de travail de tous et d'autres, plus ciblées, peuvent porter sur les réaffectations ou protections des travailleurs qui ont été les plus touchés par la pénibilité du travail. Une troisième voie peut s'appuyer sur une valorisation des acquis de l'expérience et des stratégies de protection développées par les salariés et enfin une quatrième, proche à mon sens de la précédente, propose d'adapter les itinéraires. Suite à la loi de 2008 qui incite à la négociation sur l'emploi des salariés âgés, ces problèmes ont été mis sur le devant de la scène et les auteurs s'intéressent à certaines bonnes pratiques des entreprises en matière de conditions de travail. En s'appuyant sur des monographies d'entreprises, l'accent est mis sur certains métiers qui sollicitent particulièrement les seniors, avec une comparaison entre les personnes âgées de moins de 50 ans et celles plus âgées. Les auteurs insistent sur la pertinence de l'approche « conditionnelle » du vieillissement abordée dans le chapitre précédent. Les horaires de nuit posent des problèmes particuliers aux seniors en raison de la fatigue accumulée, d'où l'importance des modes de gestion collective de ces situations dans les entreprises où le travail en continu impose des horaires de nuit structurels (exemple de la chimie où des solutions ont été recherchées). Les marges de manœuvre sur les parcours professionnels montrent l'étendue des possibles et des contraintes qui peuvent s'articuler, par exemple sur l'évolution de la santé liée à l'âge qui ne permet plus de supporter certaines contraintes dans un établissement hospitalier. Ces établissements peuvent développer des fonctions nouvelles ou spécialiser leur personnel soignant pour alléger leurs charges psychologiques ou physiques et redonner une « ouverture » en fin de carrière. Autre expérience intéressante observée ici, celles des actions individuelles permettant d'adapter les situations de travail en fonction de l'âge, des contraintes physiques et de la spécialisation des salariés. Les plans seniors les plus cohérents sont alors ceux qui associent des actions de prévention de la pénibilité à celles de reclassement/réaffectation des salariés vieillissants.

La dernière partie de l'ouvrage porte sur l'expérience et la transmission des savoirs professionnels. Jeanne Thébault s'intéresse plus particulièrement à la question du tutorat prévu dans les accords seniors de la loi de 2008 et dans les contrats de génération qui posent directement la question de la transmission des compétences. Or le contexte sociodémographique fait qu'en proportion, les seniors sont maintenant plus nombreux dans les entreprises et avec des parcours professionnels très hétérogènes. Pour les entreprises, l'un des enjeux est de favoriser cette transmission des savoirs professionnels, lorsque cela est possible et souhaitable, car ces savoirs peuvent être frappés d'obsolescence et, par ailleurs, les anciens peuvent avoir développé des formes de résistances au changement. De plus, les entreprises peuvent percevoir ces temps de transmission comme inutiles car non productifs. Les difficultés de montée en charge des contrats de génération attestent bien du cumul de contraintes qui pèsent sur ce type de politiques de l'emploi. L'auteure applique sa problématique centrée sur les « interactions formatives » aux personnels soignants. Il s'agit de montrer que ces savoirs dépassent largement le savoir-faire technique, car les soins combinent du technique et du relationnel : savoir parler d'autre chose que des soins proprement dits pour les aides-soignants, de banalités par exemple qui peuvent créer du lien avec le patient. Beaucoup de ces savoirs sont supposés innés, or l'auteure démontre l'importance de la co-construction de la relation entre les agents dans un contexte où l'intensification du travail incite à ne pas « perdre de temps » dans les transmissions. De plus, le nouveau salarié apparaît comme une charge supplémentaire pour les anciens, ce qui génère des tensions et des arbitrages, surtout si le tuteur n'a pas de statut officiel, ce problème étant signalé comme fréquent. La transmission peut ainsi être mise entre parenthèses, s'effectuer en fonction des opportunités ou encore en dehors du binôme. Cette analyse atteste donc de la complexité de la transmission professionnelle, au-delà des stéréotypes véhiculés.

La contribution de Nathalie Greenan et Pierre-Jean Messe porte sur un autre aspect de la transmission informelle en fin de carrière. L'enquête COI sur les changements organisationnels et l'informatisation qui permet d'identifier qui est « formateur » en entreprise est ici mobilisée. Après avoir rappelé les enjeux d'une bonne transmission des savoirs accumulés pour l'entreprise, les auteurs s'interrogent sur certains problèmes soulevés par la mise en œuvre des contrats de génération dans les « entreprises innovantes » : en effet, les seniors ne sont pas toujours les tuteurs des jeunes et leur complémentarité n'est pas évidente. Se pose alors la question de la sélection des « formateurs » par l'entreprise puisque les seniors y sont sous-représentés. Ceci peut s'expliquer par différentes raisons : un effet mécanique lié au faible nombre de jeunes à intégrer, un mauvais état de santé des salariés vieillissants, mais cette hypothèse est réfutée par de nombreux travaux, ou encore par une dépréciation du savoir des anciens du fait des changements technologiques récents. Ce dernier effet semble jouer plus que les autres. Le senior a plus de chances d'être formateur si son savoir accumulé au cours de l'expérience n'a pas été déprécié. Avoir bénéficié d'une formation dans des entreprises ayant connu des changements est aussi un facteur qui joue positivement sur cette probabilité, ceci intervenant comme une mise à jour des compétences. Les auteurs préconisent d'accompagner le contrat de génération d'un volet formation ciblé sur les travailleurs âgés de 50 ans et plus, ce qui permettrait de restaurer leur rôle de transmetteur de savoirs. Ces éléments pourraient expliquer pourquoi cette politique de l'emploi ciblée sur l'âge des bénéficiaires est peu utilisée dans les entreprises innovantes.

Alex Alber, Danièle Guillemot et Anne-Marie Waser prolongent ces réflexions en s'interrogeant sur la place des « compétences relationnelles » des anciens. Cette contribution s'appuie sur une enquête qualitative par entretiens et s'intéresse au rapport aux changements des salariés âgés de 40 à 58 ans, en montrant que ceux-ci veulent surtout préserver une qualité relationnelle au travail. Les auteurs invitent ici à relativiser la prétendue « résistance au changement » des seniors. La question de l'appauvrissement des contacts humains, voire de leur disparition, est au centre de l'analyse, en lien avec le développement de l'informatique - des courriels notamment – ou encore des fréquentes réorganisations des services. De ce fait, les rapports humains dans le travail deviennent de plus en plus souvent distanciés. Pour les auteurs, les interstices de la technique (souvent informatique) servent en quelque sorte de « niche » aux salariés expérimentés âgés. Cette lecture des réticences exprimées par les salariés vieillissants face aux changements signale aussi un travail invisible aux yeux de la hiérarchie et en opposition avec les nouvelles pratiques managériales. Par ailleurs, ces salariés vieillissants peuvent aussi combler les lacunes des organisations défectueuses en termes de circulation de l'information ou de relations humaines. Or ces compétences relationnelles sont attachées à la personne et non au poste, elles sont difficilement transférables. Ces salariés ont acquis une utilité économique et sociale certaine pour l'entreprise, mais qui n'est souvent pas reconnue, ils ne seront donc souvent pas remplacés lors de leur départ à la retraite.

Au total, cet ouvrage collectif ouvre de nombreuses pistes de réflexion sur cette période de transition, souvent critique, entre le travail salarié et la retraite. Cet objet d'étude ne risque pas de se tarir étant donné que les fins de carrière vont forcément s'allonger avec le report progressif de l'âge de départ à la retraite. La lecture de cet ouvrage est facilitée par sa construction : les introductions de parties synthétisent bien le contenu et les bibliographies complètes par chapitre fournissent des ouvertures pour qui souhaite aller plus loin. D'un contenu très empirique, l'ensemble est fort bien documenté, avec des tableaux statistiques et des encadrés précis. Comme souvent dans les ouvrages collectifs, chaque contribution peut être lue indépendamment des autres. Il manque parfois une cohérence d'ensemble, même si des liens entre les chapitres ont été quelquefois habilement établis. De mon point de vue, l'accent mis sur les inégalités sociales face au vieillissement au travail s'avère pertinent et permet de mieux comprendre les objectifs explicites et surtout implicites des politiques publiques visant à allonger la durée de vie active, notamment la multiplicité des problèmes que cet objectif pose aux acteurs – individus, entreprises, partenaires sociaux et État. On peut toutefois regretter le manque d'éclairage sur les politiques d'emploi visant à allonger la durée d'activité mises en œuvre dans certains pays européens ou encore sur le travail avant la retraite pour ceux qui ont un statut d'indépendant, dans un contexte de développement de l'auto-entrepreneuriat.

Laurence LIZÉ
Centre d'économie de la Sorbonne, Université de Paris 1
laurence.lize@univ-paris1.fr

Sonia Rocha

Allocations sociales et pauvreté au Brésil : le bon combat ?

Préface de Pierre Salama, traduit du portugais par Pascal Reuillard, Éditions de la Maison des sciences de l'homme, coll. « Le (Bien) commun », Paris, 2014, 232 p.

Il existe assez peu d'ouvrages en France sur les systèmes de protection sociale dans les pays du Sud et celui-ci, de l'économiste brésilienne Sonia Rocha, permet de combler un vide en analysant la mise en place et la consolidation de différents programmes d'allocations au Brésil et, en particulier, le plus célèbre d'entre eux, *Bolsa Familia* (Bourse-Famille). Il s'agit d'une traduction d'un livre paru en portugais chez Elsevier en 2013, qui ne s'adresse donc pas spécifiquement à un lectorat français, ce qui pourra rendre sa compréhension parfois malaisée pour un lecteur qui connaîtrait peu ou pas le Brésil.

Le sous-titre « Le bon combat ? » est finalement assez trompeur, car Sonia Rocha ne remet pas en cause le bien-fondé de ces programmes, bien qu'elle appelle de ses vœux une transformation des politiques d'assistance. L'objet de l'ouvrage réside dans son analyse du ciblage de deux grandes catégories d'allocations sociales, les premières nées dans les années 1970 et ciblant principalement les personnes âgées et les handicapés pauvres, les secondes étant plus récentes – à partir des années 1990 – et davantage ciblées sur les plus pauvres (et les ménages avec enfants). L'auteure revient sur la genèse et la transformation progressive de ces programmes et en discute la pertinence du ciblage dans une perspective de réduction de la pauvreté.

Avant toute chose, il nous faut décrire ces différents programmes. La première allocation a été mise en place dans les années 1970, sous la dictature et en période de forte croissance économique, et a ciblé les plus de 70 ans et les personnes handicapées pauvres. Moyennant certaines conditions, celles-ci se voyaient verser une allocation égale à la moitié du salaire minimum (très bas à l'époque) et pouvaient accéder aux prestations médicales de la sécurité sociale brésilienne. Ces Prestations continues d'assistance[13] (PCA) étaient particulièrement novatrices dans les années 1970, quand l'aide aux pauvres était encore organisée de façon largement paternaliste ou clientéliste. Avec la nouvelle Constitution de 1988, un changement important se produit puisque ces PCA sont revalorisées à hauteur du salaire minimum (qui devient leur plancher). Cette revalorisation, associée à une hausse importante du Salaire minimum (SM) lors de la dernière décennie, a rendu ces prestations attractives pour les personnes âgées qui en sont les principaux bénéficiaires.

Les « nouveaux » programmes sociaux naissent quant à eux dans les années 1990. Plusieurs ont été mis en place (Bourse-École, Carte-Alimentation, Bourse-Alimentation et Allocation

[13] *Beneficio de Prestação Continuada.*

Gaz, Bourse-Famille[14]) ; pour des raisons de clarté, nous nous focaliserons sur les deux plus connus, Bourse-École et Bourse-Famille, ce dernier fusionnant tout ou partie des autres programmes.

Leur initiative a d'abord été locale. Les programmes de Bourse-école les plus célèbres naissent en 1995 dans la ville de Campinas et dans le District fédéral (qui abrite Brasilia), soit deux zones aisées au regard du reste du Brésil. À Campinas, le programme ciblait principalement les enfants de moins de 14 ans en situation de risque, par le biais d'une allocation versée à leur famille. Cette allocation était conditionnée (en fonction du revenu par tête) et au bout d'un an, le montant moyen versé était de 100 reais[15] par famille, dont le revenu moyen était de 65 reais. Le coût de ce programme est resté modeste, ne dépassant pas 1 % du budget municipal. Dans le District fédéral, différentes conditionnalités étaient également fixées – scolarisation dans le public, résidence dans le DF depuis plus de 5 ans, revenu par personne inférieur à un demi-SM. Devant la réussite de ces programmes, d'autres municipalités vont reprendre l'idée, mais sans connaître le même succès – pour Sonia Rocha, dans des villes plus pauvres et ne disposant par d'une administration efficace, le programme était voué à l'échec. En outre, ces allocations directes étaient encore mal vues dans la société brésilienne, où les prestations en nature étaient privilégiées.

Dans ce contexte, le gouvernement de Fernando Henrique Cardoso a fait voter une loi en décembre 1997 permettant le soutien financier de l'État fédéral aux municipalités qui mettraient en œuvre un programme inspiré de Bourse-École. La gestion était décentralisée aux communes, lesquelles étaient chargées de sélectionner les familles et de compléter l'aide fédérale. Conditionnées à la fréquentation scolaire (et également au revenu), les allocations étaient alors d'un faible montant (en moyenne, les allocations versées atteignaient 33 reais par famille en 2000). Surtout, la contrepartie municipale a découragé nombre de communes et les problèmes de gestion ont limité l'impact du programme sur la pauvreté. Devant cet échec, le gouvernement fédéral a alors simplifié les conditions du programme avec la création d'un montant unique de 15 reais par enfant, l'abandon de la contrepartie financière des communes et la mise en place d'une carte bancaire magnétique, remise aux familles (quasi systématiquement aux femmes), afin qu'elles puissent toucher l'argent fédéral sans intermédiaire.

L'arrivée au pouvoir de Luiz Inacio Lula da Silva (élu en 2002, réélu en 2006) va donner une nouvelle impulsion au programme. Lors de sa campagne, Lula élabora le programme « Faim Zéro », qui embrassait une trentaine d'actions ciblées sur les pauvres. Ce programme fut un échec retentissant, faute notamment de préparation suffisante du ciblage et il fut abandonné au bout de quelques mois, mais il permit de poser les jalons du programme le plus célèbre de la présidence Lula, à savoir Bourse-Famille. Ce programme a unifié les programmes existants en procédant à un ciblage très clair, en mettant en place un cadastre unique, et en faisant preuve d'une grande transparence sur les bénéficiaires (dont le nom est depuis 2006 accessible à tous sur Internet).

Ce programme Bourse-Famille s'est progressivement consolidé. Les allocations initiales variaient en fonction du revenu et du nombre d'enfants, allant de 15 reais à 95 reais (montant maximal en 2003). Fin septembre 2004, plus de 11 millions de prestations des « nouveaux » programmes étaient versées, dont presque la moitié par Bourse-Famille. On ne reviendra pas sur les transformations successives du programme, très bien décrites par l'auteure, et notamment l'importance de son extension aux jeunes de 16 et 17 ans. Pour donner une idée de son importance, en 2011, plus de 13 millions de ménages touchaient cette allocation, avec un montant moyen de 119 reais (le SM étant alors de 545 reais) pour un coût modique (0,4 % du PIB) Le coût total de ce(s) programme(s) équivalait à prix constant à 21 fois le montant de ce qui était versé en 2001. Sonia Rocha estime que ce programme réduit de 3,3 % le nombre de pauvres au Brésil.

On peut souligner plusieurs points importants qui sont mis en évidence par l'ouvrage. D'abord, contrairement aux idées reçues, ces programmes d'allocations sociales ont un impact assez limité sur la pauvreté. Si cette dernière a fortement reculé au Brésil depuis 10 ans, c'est en raison de l'augmentation de l'emploi formel et du montant du salaire minimum. Ces programmes tendent par contre à rendre les pauvres moins pauvres et à les éloigner des situations de misère. Ils ont ainsi largement contribué à faire disparaître (en partie) du paysage ces enfants dépenaillés qui erraient dans les métropoles brésiliennes jusqu'au début des années 2000. L'impact est également modeste en ce qui concerne la réduction des inégalités, mesurée par le coefficient de Gini du revenu des ménages. Les allocations ne représentant en

[14] Il faut également mentionner le Programme d'éradication du travail infantile.
[15] Soit une trentaine d'euros.

moyenne que 1,4 % du revenu des familles brésiliennes en 2011, elles contribuent bien moins, malgré leur bon ciblage, à la diminution des inégalités de revenu que l'augmentation des revenus du travail dans les catégories populaires. Pour autant, l'auteure estime qu'elles sont responsables de « 18 % de la chute du degré d'inégalité de revenu » de 1995 à 2012[16].

Ensuite, ces allocations sociales, bannière du lulisme, se sont imposées progressivement comme des composantes légitimes du système de protection sociale, ce qui n'était pas une tâche facile au Brésil où, comme ailleurs, elles sont accusées à tort de stimuler la natalité des pauvres ou de les maintenir dans l'oisiveté. Cependant, l'efficacité de ces allocations en termes de ciblage ne doit pas faire oublier que les politiques de lutte contre la pauvreté sont bien plus amples et qu'elles font encore largement défaut. L'auteure insiste sur le fait que le système éducatif public brésilien présente des faiblesses majeures. De même, les politiques visant à favoriser l'emploi (formel) au sein des classes populaires restent limitées, comme en témoignent les grandes difficultés du Secrétariat national à l'économie solidaire au sein du gouvernement Dilma Rousseff (élue en 2010, réélue en 2014)[17].

Sonia Rocha considère qu'il existe aujourd'hui une vraie injustice entre les PCA (destinées aux personnes âgées et aux handicapés) et le programme Bourse-Famille. Les premières, dont on rappelle qu'elles permettent de toucher un SM, coûtent 50 % de plus que le programme Bourse-Famille pour 4 fois moins de bénéficiaires. Elle appelle de ses vœux une refonte de ses programmes, qu'elle considère comme « incompatibles », puisque traitant différemment des sous-groupes de pauvres (les PCA étant perçues comme une sorte de retraite alors que la Bourse-Famille est perçue comme un revenu). Cette inégalité, rarement évoquée dans le débat public, semble renvoyer à un imaginaire social où l'aide aux pauvres n'a pas la même légitimité selon l'âge des bénéficiaires.

Enfin, comme le souligne Pierre Salama dans sa préface, le programme Bourse-Famille a fait preuve d'une grande flexibilité et d'une grande efficacité pour absorber, au fur et à mesure, des transformations importantes (l'allocation est d'abord proportionnelle au Salaire minimum, avant d'être définie monétairement – le nombre d'enfants maximal pris en charge augmente). Le gouvernement de Dilma Rousseff a dénommé son programme phare « Brésil sans misère », pour souligner son objectif d'éradiquer l'extrême pauvreté, calculée sur une base monétaire, ce qui montre le chemin accompli depuis 2002.

L'ouvrage se lit très bien, pour autant qu'on s'habitue aux nombreux sigles et acronymes et l'auteure arrive à passionner le lecteur sur des questions de ciblage. Certains points auraient cependant pu faire l'objet de développements plus conséquents, notamment une mise en perspective de Bourse-Famille au regard d'autres initiatives sur le continent sud-américain. On regrette également quelques absences importantes.

Il en va d'abord de l'illustration de la transformation concrète des existences pour les familles touchant ces allocations. Certes, les statistiques présentées par l'auteur nous informent sur des seuils, mais on aurait aimé quelques références à des travaux ethnographiques soulignant combien ces allocations ont pu permettre aux familles de sortir de la misère, en leur donnant droit à un revenu régulier. Cette absence confère parfois aux propos de l'auteure un aspect technocratique assez désagréable et surtout une confiance exagérée dans les statistiques officielles.

On regrette aussi que Sonia Rocha n'insiste pas suffisamment sur les difficultés rencontrées par ce programme à ses débuts (même si elle explique l'échec du programme Faim Zéro) et les multiples polémiques sur les bénéficiaires illégitimes qui avaient scandé les premiers pas du programme. Ces résistances se sont à tel point affaissées que Bourse-Famille est présentée, à tort, comme le principal responsable de la réduction de la pauvreté au Brésil. Or Lula (et Dilma dans une moindre mesure) ont beaucoup joué de cette ambiguïté, en associant souvent les bénéficiaires de ce programme à la nouvelle classe moyenne émergente, avide de consommation, ce qui est une contre-vérité. L'importance du poids du Nordeste (où se concentrent les bénéficiaires) dans l'élection de Dilma en 2010 et 2014 est très largement éludée, comme, d'ailleurs, le positionnement des différents partis politiques sur cette expérience.

Enfin, la question des inégalités est, de notre point de vue, insuffisamment mise en perspective, au profit d'une approche se concentrant sur la mesure de la pauvreté et des inégalités de revenu. Depuis deux ans, les inégalités de revenu ont en effet cessé de se réduire au Brésil, ce qui n'est pas sans lien avec la faible croissance économique du pays. Ce coup d'arrêt a d'ailleurs coïncidé avec d'importantes mobilisations populaires. En effet, les inégalités au Brésil sont

[16] *Le coefficient de Gini passant de 0,599 à 0,526.*
[17] *Cf. l'article de Coraggio dans ce numéro.*

présentes dans bien d'autres dimensions – droit à la ville, accès différencié à la santé et à l'éducation, grandes disparités dans les services publics, etc. La Bourse-Famille a rendu de la dignité à certaines familles et elle dispose aujourd'hui d'une aura considérable certainement parce qu'elle est devenue un vecteur fondamental de la citoyenneté des plus pauvres, traités également par le biais d'un programme national. Elle a donc fortement concouru à rendre moins acceptables des inégalités dont le niveau demeure extrêmement élevé. Or ce que nous disent les différentes mobilisations populaires de 2013 et 2014 (autour des transports publics notamment), c'est que nombre de citoyens brésiliens n'acceptent plus les passe-droits et les scandales de corruption à répétition, mais surtout le mépris dont ils font l'objet et qui se matérialise par le biais de services publics inefficaces ou d'insécurité constante dans les lieux publics. D'une certaine manière, les individus, les groupes sociaux (et partant, les classes sociales) sont les grands absents de l'ouvrage de Sonia Rocha pour qui les programmes sociaux semblent être le reflet de programmes de gouvernement, indépendamment des mobilisations sociales qui ont pu concourir à leur mise en place. Cette « désincarnation » est certainement le point faible de l'ouvrage.

Pour conclure, cet ouvrage nous éclaire sur les transformations contemporaines du Brésil et il se révèle indispensable pour comprendre les politiques d'assistance et leurs évolutions récentes, dont l'auteure révèle patiemment et minutieusement les enjeux. Il permet d'objectiver la question des inégalités de revenu au Brésil, dont le niveau encore très élevé est un des obstacles majeurs à la dynamique démocratique comme processus d'égalisation des conditions.

Paul CARY
Université Lille 3 – CERIES
cary.paul@club-internet.fr

Jean-Michel SERVET

La vraie révolution du microcrédit

Odile Jacob, coll. « Économie », Paris, 2015, 256 p.

Au cours des quatre dernières décennies, le microcrédit s'est diffusé à travers le monde. On entend généralement sous ce terme une offre de prêt de faible montant qui serait destinée avant tout aux pauvres et qui mobiliserait des réseaux de solidarité interpersonnels comme caution. Considéré souvent comme un instrument révolutionnaire, permettant à ses bénéficiaires de s'extirper de leur condition économique grâce à leur propre force et aux investisseurs de faire fructifier leurs placements tout en les diversifiant, le microcrédit est ainsi présenté comme une « solution miracle » érigée sur les cendres des politiques publiques de développement. C'est parce que la pauvreté est principalement envisagée dans le paradigme néolibéral comme une conséquence de l'impossibilité d'accéder au marché, que « cet avatar populaire du capitalisme » a pu obtenir un tel succès auprès des institutions internationales, de coopérations bilatérales et de fondations privées. Plus précisément, dans cette perspective, c'est essentiellement l'absence de liquidité qui empêcherait les pauvres de pouvoir utiliser d'une énergie entrepreneuriale dont ils seraient naturellement dotés afin de monter de petites affaires, puis, par effet de cascade, de plus amples *business*. Logiquement, ses partisans ont soutenu qu'il s'agissait là d'une révolution.

Jean-Michel Servet s'attaque à cette idée dans cet ouvrage. Économiste et anthropologue, l'auteur s'appuie dans ce livre tant sur une expérience de terrains variés que sur des considérations plus théoriques. L'ouvrage est divisé en quatre parties. La première analyse le consensus et l'idéologie soutenant le microcrédit. L'auteur explique que, selon ses promoteurs, celui-ci aurait permis de satisfaire les intérêts des prêteurs et emprunteurs, les deux apparaissant par conséquent comme gagnants *in fine*. Plus encore, le microcrédit devait permettre d'après ses défenseurs l'accès à l'éducation des enfants pauvres, l'*empowerment* des femmes ou encore un niveau élevé de développement sanitaire. Plus qu'une révolution, il était question d'un véritable miracle. Pourtant, une multitude d'institutions et d'acteurs ont soutenu cette fable par intérêt ou par coercition structurelle. Et ce n'est qu'à partir du moment où le microcrédit est entré en crise, crise qui a entraîné par exemple une vague de suicides en Inde ou encore des manifestations violemment réprimées de mineurs en Afrique du Sud, que la critique est devenue possible. En réalité, comme le soutient l'auteur, nous avons assisté à une contre-révolution. Car, derrière un personnage comme Muhammad Yunus ou les différentes figures (mobilisées aujourd'hui par le *storytelling*, le microcrédit a été le cheval de Troie de l'expansion de la concurrence et de la propriété privée aux marges des sociétés, c'est-à-dire là où elles avaient sans doute moins d'emprise initialement. Le principe de concurrence (sauvage) – consubstantiel au néolibéralisme – a en effet contraint les structures de microcrédit à se convertir aux services financiers commerciaux. La recherche de rentabilité les a pour partie détournées des populations les moins solvables ou, pire encore, les a conduites à proposer des taux d'intérêt littéralement usuraires afin de couvrir des frais élevés de distribution et d'attirer des capitaux à la recherche de diversification des risques. D'où ici et là des révoltes d'emprunteurs et une baisse des taux de remboursement.

Dans la deuxième partie de l'ouvrage, cette évolution du microcrédit est analysée sur les quatre dernières décennies. Elle débouche sur ce que l'on a coutume désormais d'appeler le *social business* (et l'*impact financing*), dernier avatar de la philanthropie néolibérale qui, selon M. Yunus lui-même, réconcilie deux tendances humaines « naturelles », à savoir : d'un côté, la volonté de s'enrichir et de l'autre, celle de vouloir aider. À la vérité, dans la mesure où est ainsi mise en scène une société qui se passe d'État et de politiques publiques, c'est à un projet post-politique, dominé par de grands groupes économiques, que nous mène cette « innovation ». Le troisième chapitre analyse pour sa part les causes de l'échec du microcrédit dans la mesure où il a échoué à réduire significativement la pauvreté. L'auteur y met en lumière les onze conditions nécessaires pour que le microcrédit soit réellement un instrument efficace d'augmentation des revenus. On en déduira que les capacités intrinsèques du microcrédit sont, en pratique, très limitées. Le quatrième chapitre se concentre sur le passage du microcrédit à la microfinance, la microfinance étant un champ beaucoup plus large que le seul microcrédit. Il montre la diversité des pratiques, mais aussi des besoins en termes d'instruments financiers, leur structuration, leur succès, etc. Dans cette partie de l'ouvrage, l'auteur a une réflexion très intéressante sur la micro-assurance, les liens entre épargne et microfinance, les services de transfert et de paiement. Le dernier chapitre, peut-être plus théorique, pose la question de l'articulation des logiques sociales, politiques et économiques avec celle de ces instruments financiers. Ce n'est pas l'instrument qui est en lui-même en cause, mais bien les logiques néolibérales qui l'ont animé jusqu'à aujourd'hui. Jean-Michel Servet propose de reconnaître la finance comme un « commun » par articulation des logiques de solidarité, de concurrence et d'administration.

Écrit de manière très pédagogique, cet ouvrage, qui s'adosse à une expérience de quatre décennies dans le domaine de l'inclusion financière, est tout à fait remarquable par la richesse des discussions et des terrains qu'il mobilise. À une époque de financiarisation généralisée, c'est un travail qui mérite une grande attention, bien au-delà du cercle des seuls spécialistes.

Antoine HEEMERYCK
CESSMA, Université de Paris 7 et Institut national pour la recherche et la formation culturelle (Roumanie)
antoine.heemeryck@gmail.com

Michel Lallement

L'âge du faire : hacking, travail, anarchie

Seuil, coll. « La Couleur des idées », Paris, 2015, 441 p.

Michel Lallement poursuit ses réflexions sur les utopies concrètes en abordant dans cet ouvrage un terrain au sein de l'écosystème numérique dans la région de San Francisco. L'auteur se fonde sur une observation participante conduite entre août 2011 et août 2012 auprès d'une communauté de hackers baptisée « *Noisebridge* » près de la baie de San Francisco. L'objet de son livre est de décrire le « nouveau » modèle d'activité construit à l'initiative de hackers, comme une « contre-culture » par rapport à celle des grandes organisations bureaucratiques. Plus exactement, l'auteur cherche à répondre à la question de savoir si l'émergence de ce contre-modèle ne s'inscrirait pas à la confluence de plusieurs évolutions. L'auteur reconstitue les racines historiques du *hacking* (« l'art de bidouiller ») et la généalogie des *hackerspaces*, particulièrement celle de *Noisebridge*. Il s'interroge sur la signification concrète de ce type de lieu et examine en quoi son développement et les pratiques qui s'y mettent au point bousculent nos représentations habituelles du travail. Reprenant le fil de ses précédentes recherches sur l'utopie et sur les enjeux contemporains du travail – dans *Temps, travail et modes de vie* (2003) et dans *Le travail sous tensions* (2010) –, M. Lallement regarde le travail comme un rapport social à part entière et mobilise un cadre d'analyse inspiré des réflexions de Max Weber. Au-delà de l'image consensuelle généralement donnée du fonctionnement de ces lieux, l'auteur examine, dans la dernière partie du livre, les tensions et oppositions rencontrées dans ces *hackerspaces* et décrypte la manière dont les intéressés les résolvent.

À travers le concept de « faire », M. Lallement reconstitue la vision du travail, de la production et de l'économie qui caractérise le mouvement hacker. Le faire désigne « une pratique productive qui trouve en elle-même sa propre fin : une activité qui, à la condition de répondre à l'exigence première de conformité aux désirs personnels, peut être gouvernée par un souci d'efficacité » (p. 23).

L'auteur précise que le mouvement « faire » n'est pas « qu'une opportunité marchande ou une pure invention discursive d'entrepreneurs en mal d'idées nouvelles. Il est bien plus que cela. En rupture avec les anciennes représentations du travail, il constitue un foyer de recomposition multiforme où des acteurs d'horizons variés agissent en direction d'un nouveau modèle de société dont les contours exacts restent à définir » (p. 73).

L'auteur ne se limite pas aux définitions convenues du *hacking* mais en soulève au contraire l'ambiguïté. Par hacker, il désigne en effet « un ensemble d'individus organisés autour d'une activité primaire (le *hacking*), dotés de technologies (l'ordinateur, l'imprimante « trois D » et les machines-outils), structurés à l'aide de communautés et de réseaux (les espaces collaboratifs, les associations de hackers...) et susceptibles de gérer en leur sein une division des activités » (p. 16).

Il révèle la recherche de sens qui traverse ces collectifs, avec une dimension politique et militante : être hacker, « c'est vouloir reprendre la main sur son destin, agir sur le monde matériel pour mieux tenter d'agir sur soi-même » (p. 334). Nous retrouvons là une tendance plus générale et multiforme visant à avoir prise sur son quotidien, à (re)trouver un certain pouvoir d'agir, dans un monde où les activités sociales (professionnelles, éducatives, de soin, etc.) se heurtent aux effets de l'industrialisation, de la rationalisation gestionnaire et de la bureaucratisation. Pour être et se sentir hacker, l'objectif est « d'ouvrir la boîte noire des savoirs, y compris les plus abscons », « de travailler la prospérité pour tous sur la base de technologies distribuées et décentralisées ». Il semble y avoir, en somme, une certaine homologie entre les valeurs des hackers et les objectifs de certaines institutions internationales (Unesco, CE, etc.) prônant l'avènement d'une société du savoir, par le partage des connaissances autour des technologies informatiques.

L'auteur partage l'interprétation extensive et inclusive de Chris Anderson, rédacteur en chef du magazine *Wired* (fondé en 1993 et spécialisé sur les NTIC) et auteur de *La Longue Traîne* (2006), ouvrage qui a connu un certain retentissement, dans lequel il insiste sur les pratiques de mise en commun des idées et des connaissances au sein de ces communautés, acquérant ainsi un immense savoir collectif.

Pour M. Lallement, le mouvement hacker, au-delà de son discours d'ouverture et de sa survalorisation du bidouillage, correspondrait à une forme d'élaboration intellectuelle, de projet utopique, caractéristique de la pensée technicienne, d'une pensée d'ingénieur qui voudrait s'extirper des effets de la rationalisation instrumentale, rationalisation pourtant conçue par des ingénieurs. Veulent-ils s'émanciper des effets de la marchandisation en conservant néanmoins les « acquis » des sciences de l'ingénieur ? À *Noisebridge*, 60 % des hackers ont un profil d'ingénieurs informaticiens et consultants. 6 % d'entre eux sont artistes. Moins de la moitié travaillent dans une grande entreprise, 10 % dans une start-up, 10 % sont des travailleurs indépendants, les autres étant soit étudiants, soit sans emploi. M. Lallement constate que ces hackers ont « presque tous entretenu en revanche des rapports heurtés avec le système scolaire ». De plus, l'auteur remarque qu'en comparaison aux noisebridgiens, les hackers de la Silicon Valley ont expérimenté une plus grande mobilité professionnelle et sont plus nombreux à avoir créé leur propre entreprise. Très peu (à peine 2 %) en revanche affichent un engagement politique, contre près d'un quart (anarchisme féminisme au premier chef) à *Noisebridge* (p. 308).

Dans la perspective des travaux typologiques de Weber, M. Lallement identifie quatre profils types : les *virtuoses* ne sont pas motivés « par l'accumulation de gains financiers, mais par le plaisir du faire et par l'inclinaison au prosélytisme » (exemple de Mitch, cofondateur de *Noisebridge*). Le second type a pour particularité « que le travail de création n'est pas gouverné par un impératif de profit. La réussite économique n'est qu'une conséquence, indirecte mais bienvenue, du faire. » Le troisième type de hacker articule éthique et pratique : « extrêmement actifs dans la communauté, ce sont typiquement eux que l'on trouve en situation de responsabilité dans le bureau de *Noisebridge* ». Le dernier profil de hacker, « celui du converti, présente cette singularité d'avoir initialement pratiqué le *hacking* sur un mode stratégique avant d'en faire, plus tardivement, l'expression d'une conviction éthique » (p. 310). M. Lallement propose ensuite de revenir aux sources du mouvement et esquisse la définition d'un *hackerspace* en trois dimensions (p. 38) : 1) « Une organisation ouverte qui rassemble des personnes désireuses de mener à bien des projets de fabrication de nature multiple : découpage et assemblage de pièces, fabrication d'objets variés, montage, programmation informatique, couture, cuisine » (p. 38) ; 2) « Un lieu où des individus partagent des ressources : machines, outils, matériaux, connaissances, information, Wifi » (p. 38) : 3) « Une association à but non lucratif gérée collectivement [...] appliquant des valeurs issues de l'éthique hacker dont les principes sont : la libre coopération, le refus de la hiérarchie, la liberté d'échanger des informations et des heures de connaissances, le rejet de la discrimination, la conviction que les techniques ont des potentialités à valeur émancipatrice, ou encore l'importance conférée à la "do-ocratie" (pouvoir du faire) » (p. 38)… Il complète cette approche en considérant qu'à *Noisebridge*, l'organisation est fondée sur le rejet du mode de régulation des grandes bureaucraties (p. 284).

Alors que d'autres *hackerspaces* adoptent un modèle plus classique d'entreprise (responsabilités exercées par un directeur nommé par les actionnaires ou par un petit groupe de personnes clairement identifiées chargées de prendre les décisions), l'organisation de *Noisebridge* repose essentiellement sur le consensus. M. Lallement met en lumière les systèmes de régulation mis en place à *Noisebridge* dès ses origines : la « répartition des tâches et des responsabilités, toujours placée sous le contrôle du collectif » et « l'énervement n'y est jamais de mise » (p. 180). Le rejet du conformisme et des valeurs conservatrices se concrétise à *Noisebridge* par un lieu ouvert, organisé sans hiérarchie formelle, sur « un fonds de valeurs anarchistes explicitement revendiquées ». Lorsque des oppositions ouvertes se manifestent, les parties sont invitées à s'exprimer devant le collectif. Des processus de médiation (appel aux anciens) se mettent en place occasionnellement. Pour les noisebridgiens, la recherche de consensus reste le meilleur moyen comme mode de régulation au sein du collectif, mais se révèle chronophage et facteur de conflits. Aussi, l'auteur présente l'expérience de *Noisebridge* comme un parcours tourmenté : « Lorsqu'il s'agit de faire coopérer des hackers ailleurs que sur l'espace virtuel de la toile, le modèle vanté par Eric Raymond[18] se heurte rapidement à des obstacles de taille » (p. 278). Des modalités « de recrutement jusqu'à la manière de représenter *Noisebridge* à l'extérieur, de multiples normes s'imposent à tous ». Ces normes précisent par exemple « comment il convient d'agir : ne pas dormir dans les locaux, consulter les livres sur place uniquement, inscrire son nom… » (p. 178).

Les hackers ne travaillent qu'à la condition de « pouvoir assigner à la tâche à laquelle ils se consacrent un statut de finalité et non de moyens », selon l'auteur. Travailler, « c'est d'abord et avant tout refuser d'accomplir ce qui, de près ou de loin, s'apparente à une corvée ou peut provoquer de l'ennui » (p. 216). Le travail peut être répétitif, s'il est nécessaire. Et le résultat qui en découle doit être porté à la connaissance des autres membres de la « communauté », pour en retirer une reconnaissance. L'auteur reprend les propos de Richard Barbrook[19] (p. 228) : « Le don qu'il [le hacker] fait de son travail est récompensé par la reconnaissance qu'il reçoit au sein de la communauté des utilisateurs développeurs. » Ainsi, le hacker, en tant que travailleur du libre, qui échange des informations et réalise de la coproduction avec et sous le contrôle des pairs, reste un idéal régulateur. Les noisebridgiens formalisent le faire avec davantage d'exigences « que d'autres acteurs du même mouvement, en associant le travail au plaisir, à la libre coopération, au geste esthétique » (p. 407). *Noisebridge*, comme la plupart des autres *hackerspaces* de la baie, mêle « intérêts individuels et intérêt collectif, pratique désintéressée et valorisation marchande, dont le contre-don » (p. 394).

Au-delà de son grand intérêt, cet ouvrage n'en présente pas moins selon nous plusieurs aspects qui méritent discussion. Pourquoi, parmi le vaste ensemble de lieux possibles, le choix de *Noisebridge* ? Et quels accès au terrain l'auteur a-t-il utilisés ? Questions d'autant plus importantes qu'au fur et à mesure de la lecture, ce lieu se révèle être l'*hackerspace* idéal-typique, regroupant les « purs » hackers. Ils apparaissent comme les « meilleurs » représentants de cette nouvelle catégorie de « travailleurs », les plus importants et médiatiquement parmi les plus connus (fondateur Mitch Altman). Surtout, l'auteur révèle que les noisebridgiens s'inscrivent mieux que les autres hackers dans une culture militante, altermondialiste, ce qui soulignerait à la fois leur singularité individuelle et leur appartenance communautaire. Toute la question est alors de savoir quel est le degré de représentativité des résultats dégagés par M. Lallement : ce terrain emblématique constitue-t-il une sorte de modèle archétypal auquel confronter les autres *hackerspaces* ? Par ailleurs, en consacrant une monographie dédiée principalement à *Noisebridge*, l'auteur ne prétend pas évoquer un modèle généralisable. Ce qui pose, tout compte fait, la question de la portée heuristique de ses analyses, aussi riches et documentées soient-elles. Les situations décrites ne pointeraient-elles pas particulièrement le caractère plus fermé qu'ouvert de ces collectifs et plus élitiste que démocratique du mode de production qu'il entend promouvoir ?

[18] *Eric S. Raymond, Bob Young, The cathedral and the bazaar, O'Reilly, Sebastopol, Ca, 1999.*

[19] *« L'économie du don high-tech », in O. Blondeau-Coulet, F. Latrive (dir.), Libres enfants du savoir numérique : une anthologie du « Libre », Éditions de l'Éclat, Paris, 2000.*

La lecture de l'ouvrage est passionnante : l'écriture est rythmée, très poétique (avec notamment une « grammaire hacker », évoquée par petites touches légères et fort suggestives, ou bien encore un hommage à Goethe et ses « affinités électives ») et le sujet est très motivant (disons, très actuel). Pourtant, l'auteur (peut-être n'est-ce pas son objet) décrit succinctement les modèles économiques des lieux évoqués : allusion aux exemptions fiscales (p. 253), aux cotisations versées, aux cours dispensés (rivalité entre *Noisebridge* et *The Crucible*). Or, précisément, la dimension économique ne peut pas être occultée dans le pays du capitalisme faiblement régulé. La question de la survie économique de ce type de lieu mériterait d'être examinée plus en détail ainsi que les effets de la contrainte économique sur les pratiques qui se déploient dans ces lieux. L'auteur décrit très bien les différentes personnes fréquentant *Noisebridge* : les *tastebridgers* (personnes « aux fourneaux »), les *freegans* (contraction de *free* et *vegan*, végétariens). Mais les interactions ne sont expliquées que lors de tensions (expulsions, interdiction de dormir sur les lieux) ou de réinterrogation de la définition de « hackers ». Il aurait été intéressant qu'une analyse complémentaire précise les interactions positives entre ces différents acteurs pour mieux en comprendre les hétérogénéités.

Cet ouvrage étudie une réalité contemporaine, emblématique, non seulement du travail de l'utopie – les utopies sociales sont toujours à l'œuvre dans nos sociétés apparemment désenchantées et rationalisées – mais également des formes utopiques de travail. Mais le grand intérêt, au-delà sans doute des intentions de l'auteur, c'est qu'il pointe les limites que pourrait représenter l'extension à l'ensemble des secteurs d'activité de cette utopie concrète.

Lara ALOUAN
Université d'Évry, Centre Pierre Naville
lara.alouan@orange.com

Comptes rendus de thèses soutenues

Aline Conchon

Les administrateurs salariés en France. Contribution à une sociologie de la participation des salariés aux décisions de l'entreprise

Thèse de Sociologie, réalisée sous la direction de Michel LALLEMENT, Professeur, titulaire de chaire, Cnam, et Annette JOBERT, Directrice de recherche CNRS, ENS Cachan, *soutenue le 2 décembre 2014 au Conservatoire national des arts et métiers de Paris.*

Jury composé de Sylvaine LAULOM, Professeure, Université Lumière Lyon 2 (rapporteure) ; Arnaud MIAS, Professeur, Université Paris Dauphine (rapporteur) ; Roland ERNE, Senior lecturer, University College Dublin ; Udo REHFELDT, Chercheur senior, Institut de recherches économiques et sociales.

Qu'elle soit impérative dans les entreprises publiques, d'obligation au moins temporaire dans les entreprises privatisées ou facultative dans les entreprises privées hors grandes entreprises, la représentation du personnel avec droit de vote au conseil d'administration [CA] ou de surveillance [CS] figure depuis plus d'un demi-siècle parmi les dispositifs de participation des travailleurs aux décisions de l'entreprise en France. Elle en demeure pourtant l'un des volets les moins connus alors même que l'actualité de ces dernières années (nous pensons en particulier aux débats autour du gouvernement d'entreprise menés notamment dans l'optique d'identifier de nouvelles voies de sortie de crise) a conduit à interroger l'opportunité d'une telle participation aux décisions stratégiques. C'est ainsi que l'obligation d'ouverture des CA ou CS aux administrateurs salariés a été étendue en juin 2013 aux grandes entreprises du secteur privé.

Prenant pour point de départ cet objet de recherche original, cette thèse interroge la régulation sociale qui se joue dans les entreprises ainsi dites « démocratisées ». Dans une volonté de prolongement des rares études antérieures et avec l'ambition d'offrir une généralisation des résultats, la méthodologie de recherche procède d'un croisement de différentes techniques d'enquête : une analyse documentaire d'archives et de documents syndicaux et parlementaires ; deux études monographiques d'entreprises accueillant des administrateurs salariés au sein desquelles 58 entretiens semi-directifs ont été conduits ; une enquête par questionnaire à laquelle ont répondu 148 administrateurs salariés ; des observations participantes de 27 réunions de collectifs syndicaux d'administrateurs salariés. Les résultats sont mis à profit pour éclairer la mise en musique de cette modalité singulière de participation des salariés aux décisions.

Parce que le sujet prête encore à confusion, nous commençons par une double mise en contexte : conceptuelle, d'un côté, en opérant un retour sur la définition de la « participation des salariés aux décisions » pour souligner la singularité du CA ou CS comme espace participatif ; historique, de l'autre, en analysant la dynamique de l'institutionnalisation saccadée des administrateurs salariés pour en éclairer sa dimension *de jure*.

Nous nous intéressons ensuite à sa dimension *de facto*. Nous interrogeons en premier lieu l'effectivité de la règle et constatons d'une part que son application est directement dépendante de son ancrage dans une source de droit contraignant et, d'autre part, que la singularité de ce dispositif se reflète dans le profil des syndicalistes appelés à siéger au CA ou CS qui, selon les données du recensement inédit des administrateurs salariés en France (545 individus a minima) que nous avons effectué, présentent un capital militant particulièrement développé. Et ce parce que l'action de l'administrateur salarié, que nous observons en second lieu, a pour particularité de s'inscrire à la fois au sein du système de gouvernement d'entreprise et des relations professionnelles. Si sa capacité d'action dans le premier est le plus souvent limitée à la sphère de l'influence, le CA, ou CS, peut néanmoins constituer un espace pertinent de l'action collective à la condition d'un effort d'articulation des différentes scènes de

DOI: 10.3917/rfse.hs1.0307

représentation du personnel par l'organisation syndicale. Nous montrons ainsi que la participation des salariés aux décisions stratégiques ne conduit pas mécaniquement à un rééquilibrage des pouvoirs dans l'entreprise, mais qu'elle peut produire une reconfiguration des relations professionnelles pour peu que les différents acteurs en présence s'en saisissent.

Aline CONCHON, Chercheure, Institut syndical européen, aconchon@etui.org

Anaïs Albert

Consommation de masse et consommation de classe. Une histoire sociale et culturelle du cycle de vie des objets dans les classes populaires parisiennes (des années 1880 aux années 1920)

Thèse d'Histoire, réalisée sous la direction de Christophe CHARLE, Professeur, Université de Paris 1 Panthéon-Sorbonne et Anne-Marie SOHN, Professeure émérite, École Normale Supérieure de Lyon, *soutenue le 28 novembre 2014 à l'Université de Paris 1 Panthéon-Sorbonne.*

Jury composé de Florence BOURILLON, Professeure, Université Paris-Est Créteil (rapporteure) ; Dominique KALIFA, Professeur, Université de Paris 1 Panthéon-Sorbonne ; Olivier SCHWARTZ, Professeur, Université Paris Descartes (rapporteur).

Cette thèse a eu comme point de départ la volonté d'affronter le silence de la recherche historique récente sur les classes sociales en général et sur les classes populaires en particulier. Or l'analyse de la consommation de ce groupe social, dans une période de croissance économique et dans une ville – Paris – qui s'impose comme une capitale du luxe, permet d'aborder des questions restées ouvertes sur la construction d'une classe sociale et sur son existence au quotidien, appréhendées par le biais de la vie privée, des échanges économiques ordinaires et des relations de sociabilité. La consommation dévoile à la fois des distinctions internes et la position des individus dans la société englobante : elle est un champ complexe, traversé de rapports de pouvoir et de liens de solidarité, qui vient reposer la question classique de la domination et de la résistance. Cette thèse, à la croisée de l'histoire sociale et de l'histoire de la consommation, a donc pour ambition à la fois de revoir la périodisation de l'entrée de la France dans la « consommation de masse » et de mettre à jour ce que recouvre – et dissimule – cette notion, c'est-à-dire la complexité de l'achat, de la circulation et de l'utilisation des biens dans un groupe social très divers qui ne peut simplement être réduit à sa composante ouvrière.

Des années 1880 aux années 1920, la capitale française est le théâtre d'un élargissement significatif de l'accès aux biens, rendu possible par l'augmentation globale des revenus des classes populaires et par la mise en place de médiations nouvelles (le crédit et la publicité). On peut en ce sens parler d'une première phase de la consommation de masse. Cependant, ces objets, les manières de se les procurer et de les user restent intégrés au sein des modes de vie et des quartiers populaires. Il s'agit donc toujours d'une consommation de classe qui se manifeste à la fois dans l'usage de choses et dans la conception de la valeur des biens. Les objets dans les classes populaires sont souvent des « consommations transitoires », pris entre le crédit à l'achat et le prêt sur gage. Leur possession est fragile et les transactions qui les concernent sont au point de jonction de multiples rapports de domination.

Cette consommation de classe s'exprime également dans la coexistence temporelle, spatiale et sociale de deux modèles : d'une part, se met en place progressivement un système de consommation nouveau fondé sur le développement des grands magasins de crédit et l'achat d'objets neufs, à prix fixe. Cette modernité commerciale coexiste néanmoins pendant toute la période avec des pratiques de circulations, d'usages et d'acquisitions alternatives, celles des objets d'occasion, usés, réparés, récupérés ou marchandés. La ligne de partage n'est pas simplement sociale, passant entre la fraction supérieure et la fraction inférieure des classes populaires. Il s'avère plutôt que ces deux rapports à la culture matérielle et marchande subsistent côte à côte, si bien que les membres des classes populaires peuvent passer rapidement de l'un à l'autre en cas de difficultés, car les savoirs pratiques associés à la nécessité sont toujours mobilisables pour l'ensemble du groupe social. C'est ce que prouve la résurgence d'un rapport traditionnel aux choses dans la période de grande difficulté qu'est la Première Guerre mondiale. L'articulation étroite de ces deux modèles est, à notre sens, ce qui définit la configuration spécifique de la consommation populaire parisienne, des années 1880 aux années 1920.

Anaïs ALBERT, ATER Université de Paris-Est Marne-la-Vallée, affiliée au Centre d'Histoire du XIXe siècle, anaisalbert@yahoo.fr

Boris Deschanel

Négoce, espaces et politique. Les recompositions socio-économiques du commerce dauphinois dans la Révolution (années 1780 – années 1820)

Thèse d'Histoire, réalisée sous la direction de Dominique MARGAIRAZ, Professeure, Université Paris 1, *soutenue le 5 décembre 2015 à l'Université Paris 1 Panthéon-Sorbonne.*

Jury composé de Gilbert BUTI, Professeur, Université Aix-Marseille (rapporteur) ; Pierre GERVAIS, Professeur, Université Paris 3 (rapporteur) ; Jean-Pierre JESSENNE, Professeur émérite, Université Lille 3 ; Silvia MARZAGALLI, Professeure, Université de Nice ; Philippe MINARD, Professeur, Université Paris 8.

À travers l'observation des commerçants dauphinois et des circuits marchands dans lesquels ils se situaient, en Europe, en Méditerranée et dans les Caraïbes, cette thèse examine le rapport entre dynamiques révolutionnaires et milieux négociants. L'enquête s'inscrit dans le cadre plus large d'une réflexion sur les retombées économiques de la Révolution et sur le passage d'un capitalisme commercial à un capitalisme industriel. Ce travail s'efforce de dépasser l'opposition classique entre les conséquences destructrices et positives du processus révolutionnaire, selon une approche qui emprunte à l'histoire économique, sociale et politique, mais aussi à la sociologie critique et à la sociologie économique.

À partir de la mobilisation de plusieurs fonds privés, de documents administratifs ou fiscaux, de la littérature consacrée au commerce, il s'agit d'abord de décrire les structures sociales et spatiales du négoce dauphinois à la fin de l'Ancien Régime. L'étude s'étend aussi aux attentes des milieux d'affaires, conciliant promotion de la liberté du commerce et volonté de protections économiques. Les recherches effectuées conduisent à reconsidérer la vision du négoce préindustriel, souvent véhiculée par l'historiographie. Loin de l'image d'une aristocratie mercantile consciente de soi, le groupe apparaît comme un ensemble aux contours incertains, dont la définition s'enracine dans des enjeux statutaires propres à la société d'ordres.

Ce sont ces structures que le processus révolutionnaire a modifiées à court et à long terme. Pourtant, en dépit des difficultés conjoncturelles qui marquent les années 1790, les négociants dauphinois les plus influents parviennent dans l'ensemble à préserver leurs positions. Dès les débuts de la Révolution, les entrepreneurs s'impliquent directement ou indirectement dans la sphère politique et administrative, selon des modalités d'engagement variées. Ils renforcent en outre leur influence grâce aux fonctions économiques assumées après les déclarations de guerre de 1792-1793 et à l'époque du Blocus continental.

Par-delà la séquence révolutionnaire, une analyse statistique démontre ainsi la remarquable stabilité des principales familles issues du négoce, dont la puissance se perpétue, malgré un profond remaniement de leur environnement institutionnel, social et géographique. Si les acteurs observés se maintiennent, ce n'est toutefois qu'au prix d'une réorganisation de leurs activités et d'une requalification de leurs fonctions, dans un espace social en mutation. Nombreux sont les individus qui abandonnent le commerce, pour accéder au statut de propriétaire, acquérir des charges administratives ou politiques, créer de nouvelles sociétés bancaires et manufacturières. Les transformations du négoce s'inscrivent en ce sens dans une évolution plus générale des structures économiques et des représentations collectives, qui caractérise le début de l'âge industriel.

Boris DESCHANEL, ATER Université de Limoges, Chercheur associé IDHÉS, bdeschanel@orange.fr

Céline Remy

La relation partenariale sous l'angle de la confiance : de l'autonomisation à la capacitation

Thèse en Sciences politiques et sociales, réalisée sous la direction de Jean-François ORIANNE et de François PICHAULT, Professeurs, Université de Liège, Belgique, *soutenue le 15 avril 2014 à Liège.*

Jury composé de Jean-Michel BONVIN, Professeur, Haute École de travail social et de la santé, EESP de Lausanne (rapporteur) ; Abraham FRANSSEN, Professeur, Université Saint-Louis de Bruxelles ; Bruno FRÈRE, Chercheur qualifié du FNRS, Université de Liège/Sciences Po Paris ; Albert OGIEN, Chercheur qualifié du CNRS, EHESS de Paris.

Cette recherche porte sur les partenariats publics-privés (PPP) dans le champ de l'emploi et, plus précisément, sur la relation partenariale entre les Services publics de l'emploi (SPE) et les opérateurs privés (marchands et non marchands) qui développent des projets d'accompagnement et de formation pour les demandeurs d'emploi. Son objectif était d'examiner les processus d'autonomisation (conçue comme passage d'un niveau interpersonnel de la confiance à un niveau systémique) et de capacitation (acquisition de capacités supplémentaires) d'un partenariat afin de comprendre les liens qui s'établissent entre ces deux processus et ce, en regard du « vécu » des acteurs et des « variables de contexte ».

Le premier chapitre situe notre recherche par rapport à la littérature sur les PPP. Nous y proposons un modèle original d'analyse de la relation partenariale fondé sur l'articulation de la théorie de la justification, de la sociologie de la confiance et de la théorie de la capacitation, où la confiance apparaît comme un outil d'analyse de la relation entre les parties prenantes du partenariat.

Le deuxième chapitre est consacré à la méthodologie de recherche et aux enquêtes de terrains réalisées au sein de trois Services publics de l'emploi, deux en Belgique (Actiris à Bruxelles et le Forem en Wallonie) et un en Suisse (Office cantonal pour l'emploi à Genève). La description des données empiriques recueillies à partir d'un long travail d'observation des pratiques des acteurs et de la réalisation d'entretiens semi-directifs avec les agents des SPE et les prestataires met en lumière les gains heuristiques du recours à la démarche « abductive » qui a été privilégiée.

Le troisième chapitre explore la sélection des prestataires par les SPE. Nous nous centrons sur les débats entre les agents autour des dossiers critiques. L'analyse fait émerger les principaux registres de justification utilisés par les agents, ce qui nous permet d'établir une sorte de « cartographie cognitive » de leur manière de juger.

Le quatrième chapitre est centré sur la « vie des partenariats ». Il est découpé en trois grandes parties : le conventionnement ; le suivi des projets par les agents du SPE ; l'évaluation de ces projets. Notre analyse s'intéresse aux « épreuves » vécues par les parties prenantes et à la manière dont elles sont résolues afin de comprendre la dynamique interne de la relation partenariale. Nous articulons cette analyse à une description des « formes logiques de la confiance » afin d'identifier les conditions d'autonomisation d'un partenariat.

Les chapitres cinq et six présentent l'analyse des « variables de contexte » et la comparaison internationale. Nous établissons comment les techniques de génération et de gestion du PPP ont, par des combinaisons spécifiques des variables qui les caractérisent, une influence sur le destin des partenariats. Contrairement à notre hypothèse initiale, selon laquelle les processus d'autonomisation et de capacitation se développent de façon simultanée, il apparaît que ceux-ci ne sont pas liés de façon automatique. La thèse montre en effet qu'ils peuvent être inversement proportionnels, au sens où un partenariat autonomisé peut être peu capacitant ou, à l'inverse, peu autonomisé et fortement capacitant pour les membres qui le composent.

Céline REMY, Chercheure associée au Centre de recherche et d'interventions Sociologies (CRIS), Université de Liège, et au Centre d'étude des capabilités dans les services sociaux et sanitaires (CESCAP), EESP de Lausanne, celineremy9@gmail.com

Irène BERTHONNET

De l'efficacité à la concurrence. Histoire d'une synthèse entre économie néoclassique et néolibéralisme

Thèse d'Économie, réalisée sous la direction de Nicolas POSTEL, Maître de conférences, Université de Lille 1, et Florence JANY-CATRICE, Professeure, Université de Lille 1, *soutenue le 8 décembre 2014 à l'Université de Lille 1.*

Jury composé de Olivier FAVEREAU, Professeur émérite, Université Paris Ouest (rapporteur) ; Laurent LE MAUX, Professeur, Université de Bretagne Occidentale (rapporteur) ; Philippe STEINER, Professeur, Université Paris-Sorbonne ; André ORLEAN, Directeur de recherches CNRS, École Normale Supérieure.

L'efficacité constitue aujourd'hui un argument récurrent dans la légitimation de toute activité économique, depuis l'élaboration des politiques économiques jusqu'à la réforme de l'action publique. Son invocation semble permettre une objectivation technique des enjeux politiques, une rationalisation incontestable de nature gestionnaire plutôt que politique. Considérant que cet aspect objectivé et dépolitisé rend le concept d'efficacité suspect, la thèse part d'une réflexion sur les enjeux de ce concept en économie.

La démarche mobilisée est historique et consiste à retracer l'histoire du critère de Pareto depuis 1894 jusqu'à la période contemporaine. Ce critère, initialement introduit comme « maximum d'ophélimité pour la collectivité » a subi plusieurs transformations sémantiques, épistémologiques et théoriques avant de s'imposer comme le critère d'efficacité largement hégémonique en économie. La thèse propose ainsi une « histoire du discours scientifique », c'est-à-dire une histoire qui couvre un large champ chronologique et thématique, de manière à faire ressortir les homogénéités du discours scientifique en économie plutôt que les particularités des approches individuelles. La lecture de l'histoire des idées proposée ici est une lecture désindividualisée, qui permet de retracer une histoire longue qui s'étend sur plus d'un siècle, dans laquelle sont identifiés des éléments de continuité en même temps que des déplacements théoriques, épistémologiques et sémantiques.

Cette histoire fait émerger deux conclusions. D'une part, la thèse montre que la question de l'efficacité dans la théorie économique standard est consubstantielle de celle de la concurrence. Les deux notions sont systématiquement pensées et mobilisées conjointement, même si elles peuvent l'être selon des modalités différentes dans les multiples branches qui constituent la théorie économique standard, et dans les différents moments de l'histoire de l'économie politique. Ainsi, au cours du XXe siècle le lien entre efficacité et concurrence a d'abord pris la forme spécifique d'un énoncé qui affirme l'efficacité théorique et pratique de la concurrence (comme mécanisme et comme modalité de régulation des marchés), avant de se transformer en véritable identité des deux notions d'efficacité et de concurrence.

D'autre part, la thèse montre que cette identité entre efficacité et concurrence est le produit de glissements, déplacements, approximations, et changements terminologiques successifs, et qu'en tant que telle, elle doit être considérée comme une doctrine plutôt que comme le résultat d'une analyse scientifique qui pourrait être clairement identifiée. Cet aspect doctrinal est le résultat d'un processus de co-construction dans lequel sont engagés la théorie néoclassique et le néolibéralisme, qui sont appréhendés comme deux discours qui s'établissent sur des registres différents, mais compatibles. Les interactions entre théorie néoclassique et néolibéralisme aboutissent à la définition d'une économie standard contemporaine qui se présente comme une synthèse de ces deux approches.

Irène BERTHONNET, Maître de conférences, Université Paris 7, LADYSS, irene.berthonnet@univ-paris-diderot.fr

Julien Brailly

Coopérer pour résister : interactions marchandes et réseaux multiniveaux dans un salon d'échanges de programmes de télévision en Europe centrale et orientale

Thèse de Sociologie, réalisée sous la direction d'Emmanuel LAZEGA, Professeur, CSO-Sciences Po Paris et Albert DAVID, Professeur, DRM-Université Paris-Dauphine, *soutenue le 13 décembre 2014 à l'Université Paris-Dauphine.*

Jury composé d'Hervé DUMEZ, Directeur de Recherche, CRG-Polytechniques ; Claire LEMERCIER, Directrice de Recherche, CSO-Sciences Po Paris (rapporteur) ; Tom A.B. SNIJDERS, Professeur, Université d'Oxford (rapporteur) ; Philippe STEINER, Professeur, GEMASS-Université Paris-Sorbonne.

Aujourd'hui, dans de nombreux pays, les programmes de télévision de quelques entreprises américaines, les *Majors*, sont les plus populaires auprès des téléspectateurs. Cette thèse propose d'étudier le processus d'uniformisation culturelle qui a rendu ce phénomène possible en se concentrant sur les interactions commerciales sur le marché de la distribution de programmes de télévision. Nous avons choisi d'observer à la fois les acteurs qui portent cette uniformisation, les *Majors*, et les autres qui essaient de résister. Plus spécifiquement, nous nous sommes demandé comment les acteurs les moins bien dotés en termes de ressources peuvent résister aux stratégies (agressives) des plus forts ?

Pour ce faire, nous avons privilégié une entrée par les salons. En effet, ce secteur est structuré par un ensemble de salons et festivals, rythmant l'année. La stratégie de captation des *Majors* consiste à pratiquer des contrats exclusifs et à adopter un comportement de passager clandestin sur les salons. Durant ces derniers, ils sortent de la place de marché officielle, tout en restant à proximité, afin d'attirer les plus gros acheteurs. Ces comportements sont tolérés, car, pour un salon, la participation des *Majors* est une condition nécessaire à son succès du fait de leur popularité auprès des acheteurs.

Afin d'explorer comment les acteurs marchands peuvent résister, nous avons adopté une position multiniveaux visant à regarder simultanément l'individu et l'organisation, et multimilieux, visant à regarder simultanément les acheteurs et les vendeurs. Nous avons reconstruit les réseaux d'échanges d'informations, de rendez-vous et de contrats sur le principal salon en Europe centrale et orientale.

Ces réseaux nous ont permis d'explorer des mécanismes de coopération locale, c'est-à-dire des relations de type triadique à la fois multiplexes, multimilieux et multiniveaux. Selon la séquence dans laquelle s'enchaînent ces relations, nous en avons alors différencié six : l'*échange d'opportunités*, la *prescription*, la *présentation*, la *recommandation*, la *mise en concurrence* et le *recoupement de l'information*. Si, dans de nombreux travaux, ces mécanismes peuvent être évoqués plus ou moins explicitement, rarement sont-ils avancés et classifiés comme des mécanismes génériques permettant et soutenant l'action économique à un niveau local.

Nous avons dès lors montré que les logiques de coopération sont multiples, et contingentes de la structure de contraintes pesant sur l'individu. Les individus inexpérimentés sont ceux qui utilisent fortement les mécanismes d'*échange d'opportunités*, de *prescription* et de *présentation*. Les individus dans de petites organisations sont ceux qui utilisent fortement les mécanismes de *recommandation*, de *mise en concurrence* et de *recoupement de l'information*.

Si les mécanismes de coopération locale témoignent de la dimension collective de l'apprentissage sur un marché, ils révèlent aussi des inégalités que certains essayent de compenser. Surtout, ceux qui les mobilisent le plus sont ceux qui réussissent à résister à la logique du *winner-take-all* des plus forts. Ainsi, contrairement à certains résultats de l'orthodoxie en théorie économique, la coopération sur la scène marchande n'est pas un danger menaçant la diversité de l'offre ou au moins le nombre d'offreurs, mais bien la condition nécessaire à ce que les plus petits puissent survivre. *Coopérer pour résister*.

Julien BRAILLY, Attaché temporaire d'enseignement et de recherche (ATER) à l'IRISSO-Université Paris-Dauphine, Chercheur associé au CSO-Sciences Po Paris, j.brailly@cso.cnrs.fr

Nicolas Brisset

Performativité des énoncés de la théorie économique : une approche conventionnaliste

Thèse d'Économie, réalisée sous la direction de Roberto BARANZINI, Professeur, Centre Walras-Pareto, Université de Lausanne et de Jérôme LALLEMENT, Professeur, Université de Paris 1 Panthéon-Sorbonne, *soutenue le 11 décembre 2014 à l'Université de Lausanne*.

Jury composé de Olivier FAVEREAU, Professeur, Université Paris Ouest Nanterre La Défense (rapporteur) ; Harro MAAS, Professeur, Universiteit Utrecht ; Emmanuel PICAVET, Professeur, Université Paris 1 Panthéon-Sorbonne ; Philippe STEINER, Professeur, Université Paris Sorbonne (rapporteur) ; Alessandro VILLA, Professeur, Université de Lausanne (président du jury) ; Dominique VINCK, Professeur, Université de Lausanne ; Bernard WALLISER, Ingénieur général des ponts et chaussées, École nationale des ponts et chaussées, directeur de recherche, EHESS.

La notion de performativité fait l'objet d'une grande attention depuis qu'elle a été utilisée par Michel Callon afin d'étudier le rôle structurant des économistes dans la constitution du monde social. J'irai jusqu'à dire que l'on sent un certain malaise vis-à-vis de cette approche. D'une part, il est pour le moins délicat pour les tenants d'une discipline, prétendant peut-être plus que les autres sciences sociales à l'objectivité scientifique, de s'entendre dire que leurs théories ne sont pas vraies, mais qu'elles le deviennent à mesure qu'elles sculptent le monde social à leur image. D'autre part, la possibilité de toute critique positive (descriptive) vis-à-vis des théories dominantes (au sens le plus sociologique du terme) qui semble s'évanouir. Callon a d'ailleurs souligné à maintes reprises que le rôle de la sociologie économique telle qu'il la concevait n'était pas de contester les descriptions des économistes (programme historique de l'école durkheimienne), mais bien de suivre la construction de l'économie réelle, construction à laquelle les économistes participent de manière active. Dans les deux cas, c'est bien l'objectivité scientifique (rappelons que Popper fonde cette objectivité sur la possibilité de la critique) qui est remise en cause. On comprend bien que certains sociologues et économistes critiques se soient dès lors opposés à l'approche callonienne de la performativité.

Ce malaise constitue le point de départ de ma thèse. La première partie est précisément consacrée à la problématisation de ce dernier. Sa conclusion est celle-ci : si la thèse de la performativité callonienne dérange, c'est fondamentalement parce qu'elle abandonne un élément important issu de la théorie langagière de la performativité des énoncés développée par John Austin. Ce dernier a en effet pris le parti de définir la performativité par ses échecs potentiels : un énoncé performatif est un énoncé qui peut échouer à influencer le monde extérieur. Et Austin de produire une définition de la performativité par ses échecs, prenant la forme d'un ensemble de conditions de félicité qu'un acte langagier se doit de respecter pour quérir sa force illocutoire. On trouve donc chez Austin des critères aux noms desquels un énoncé peut échouer à performer le monde social. Perspective absente de l'approche callonienne, d'où une vision extrêmement malléable du monde social.

Dans une perspective proche de celle d'Austin, je tente, dans la deuxième partie de la thèse, de construire une approche de la performativité des théories économiques par ses conditions : quelles conditions doivent être remplies pour qu'une théorie « performe » le monde social dans un contexte particulier ? Pour y répondre, la thèse entend proposer un moyen de revenir à une perspective austinienne de la performativité dans le cadre des études du monde social en remettant au centre l'idée de conditions de félicité. L'établissement de ces conditions ne peut cependant se faire dans le strict cadre austinien, et c'est bien plus les travaux de David Lewis qui servent de cadre théorique : une théorie devient performative dans la mesure où elle devient une convention au sens de David Lewis. J'identifie d'abord deux conditions de forme, *i.e.* deux conditions se référant aux caractéristiques de la théorie et une condition externe. Premièrement, *pour performer le monde social, une théorie doit pouvoir servir à la formulation de propositions empiriques (c'est-à-dire produire une description du monde permettant d'identifier une voie qu'il s'agirait de suivre ou d'éviter)*. Deuxièmement, *pour performer, une théorie doit être autoréalisatrice*. J'identifie ensuite une condition contextuelle : *pour performer, une théorie doit être compatible avec l'ensemble conventionnel au sein duquel elle s'insère*. Ce cadre d'analyse, il est important de le préciser, ne prétend pas s'opposer frontalement à l'approche callonienne de la performativité, mais s'offre plutôt de la compléter par certains éléments heuristiquement pertinents.

Ces trois conditions, qui ne prétendent pas à l'exhaustivité, sont utilisées dans la troisième partie de la thèse afin d'étudier trois « scènes de performativité » différentes, à savoir trois lieux où l'état du monde semble indiquer qu'il y a eu performation (donc mise en place d'une convention sociale sur la base d'une théorie économique), mais où tout reste à prouver. Ces trois scènes de performativité sont les politiques de *nudging*, destinées à performer la théorie économique de la rationalité ; les marchés financiers, dont on considère souvent qu'ils ont été façonnés à l'aide des théories financières ; et enfin la tentative de mise en place de marché aux organes. Dans chacun de ces cas, la théorie économique a buté sur une des trois conditions, devant être amendée pour que l'acte performatif puisse se poursuivre. Au carrefour des disciplines, cette thèse se veut une contribution à la fois à la théorie économique, à la sociologie économique ainsi qu'à la philosophie des sciences.

Nicolas BRISSET, Chercheur postdoctoral, Collège d'études mondiales, Fondation Maison des sciences de l'homme de Paris (Bourse Fernand Braudel), brissetni@gmail.com

Nicolas Da Silva

Instituer la performance. Une application au travail du médecin

Thèse d'Économie, réalisée sous la direction de Philippe BATIFOULIER, Maître de conférences HDR, Université Paris Ouest Nanterre La Défense, *soutenue le 9 décembre 2014 à l'Université Paris Ouest Nanterre La Défense.*

Jury composé d'Olivier FAVEREAU, Professeur, Université Paris Ouest Nanterre La Défense ; Maryse GADREAU, Professeure émérite, Université de Bourgogne ; Florence JANY-CATRICE, Professeure, Université Lille 1 (rapporteur) ; Bruno VENTELOU, Directeur de recherche au CNRS, GREQAM et INSERM Marseille (rapporteur) ; Corinne VERCHER, Professeure, Université Paris 13, Sorbonne Paris Cité.

L'émergence d'une logique de « performance totale » marque un changement majeur dans les stratégies publiques ou privées de gestion des ressources humaines. La relation médicale est exemplaire de cette évolution. Alors qu'historiquement les négociations entre l'État et les médecins portaient exclusivement sur des problématiques de prix, depuis le début des années 1990, la régulation publique se fait par les pratiques. L'objectif du contrôle est alors de promouvoir la qualité des soins – notamment sur les enjeux de santé publique – et la réduction des dépenses – en évitant le développement des maladies chroniques et en favorisant la prescription de médicaments génériques. L'introduction d'un dispositif de paiement à la performance médicale nommé Rémunération sur objectif de santé publique, en 2011, est l'étape ultime de ce tournant métrologique de la profession qui conduit à multiplier les dispositifs d'évaluation chiffrée de la pratique médicale et à mettre en indicateurs le travail du médecin. Dans une perspective d'économie politique institutionnaliste, notre thèse propose d'interroger la pertinence de cette réforme visant à instituer la performance.

Méthodologiquement, en plus du recours à des textes juridiques et à des données historiques permettant de situer le propos, notre recherche développe une analyse économétrique inspirée par une épistémologie constructiviste des objets statistiques. Ainsi, à partir de l'analyse du dispositif de rémunération sur objectif de santé publique des médecins d'Île-de-France et de quelques entretiens exploratoires, nous cherchons à mettre en perspective les résultats économétriques par la discussion approfondie des nomenclatures de la « performance » médicale.

Notre thèse est que la régulation par les pratiques, mise au point par la puissance publique, en niant l'existence de rapports de force propre au capitalisme et en acceptant une naturalisation de la définition de la « bonne » santé, se fait au détriment des intérêts des patients et des médecins de première ligne. L'injonction à la performance ne conduit pas à améliorer la qualité des soins et à renforcer la maîtrise des dépenses de santé, contrairement aux objectifs annoncés. Par contre, dans l'esprit du néolibéralisme contemporain, la santé est assimilée à un bien comme un autre autour duquel il est possible de mettre en concurrence les producteurs et les consommateurs.

En effet, la logique de performance implique une définition univoque et uniforme du produit médical – le soin – qui n'est pas possible. Le soin apporté par le médecin à son patient est un service singulier dont la définition se nourrit des représentations normatives que se font les acteurs sur la santé. Notamment parce que la santé est un besoin et non une préférence, les acteurs ont développé des représentations excluant le soin du domaine marchand. Dans cette configuration, l'éthique médicale est une ressource indispensable pour l'action, mais elle est menacée par l'industrialisation de la production des soins en germe dans la politique de régulation des pratiques. En désingularisant les soins et en érodant les valeurs hippocratiques de la médecine, cette politique de santé participe au néolibéralisme sanitaire visant à une mise en concurrence généralisée.

Nicolas DA SILVA, Post-doctorant, Université Paris Ouest Nanterre La Défense, EconomiX, niconds@hotmail.fr

Sébastien Durand

Les entreprises de la Gironde occupée (1940-1944). Restrictions, intégrations, adaptations

Thèse d'Histoire contemporaine, réalisée sous la direction de Christophe BOUNEAU, Professeur, Université Bordeaux Montaigne, *soutenue le 8 décembre 2014 à l'Université Bordeaux Montaigne.*

Jury composé de Dominique BARJOT, Professeur, Université Paris-Sorbonne (Paris 4) ; Marcel BOLDORF, Professeur, Université Lyon 2; Alexandre FERNANDEZ, Professeur, Université Bordeaux Montaigne ; Hervé JOLY, Directeur de recherche CNRS, UMR Triangle-ENS Lyon (rapporteur) ; Michel MARGAIRAZ, Professeur, Université Paris 1 Panthéon-Sorbonne (rapporteur).

Tandis que la Drôle de Guerre est l'occasion d'une première confrontation avec la réglementation et la réquisition, la signature de l'armistice marque pour les entreprises de la Gironde occupée le début d'un dialogue complexe et constant avec le gouvernement de Vichy et les occupants. L'analyse d'une large documentation, qui associe archives publiques et privées, archives locales et nationales, archives françaises et allemandes, permet de dresser les contours d'une *polycratie* franco-allemande, imposant de nouveaux cadres, administratifs et territoriaux, à l'activité. La ligne de démarcation, en particulier, devient un outil redoutable d'emprise spatiale et de sujétion économique. L'entreprise devient même un *enjeu de pouvoir* : apparaissent autour d'elle des réels points de convergence et moments de collaboration (aryanisation des entreprises « juives »), mais aussi d'importantes surfaces de tension (rémunérations du travail, concentration de la production, départ d'ouvriers outre-Rhin).

Par ailleurs, le régime de Vichy ne lésine pas sur les moyens, en vue de faire de l'entreprise une vitrine idéologique (Révolution nationale) : cérémonies collectives, structures d'entraide, corporatismes, associations politiques, mouvements collaborationnistes. Armé d'un arsenal législatif et répressif, il parvient – avec le soutien des Allemands – à en faire un lieu d'*exclusion*, d'où sont violemment extraits les éléments jugés indésirables, que ce soit pour leurs activités militantes (les communistes) ou pour leur appartenance religieuse abusivement qualifiée de « raciale » (les juifs). À l'inverse, la stratégie consistant à faire de chaque établissement un lieu d'*intégration* à ses idéaux ne rencontre qu'un succès mitigé. L'attachement des acteurs de l'entreprise à la personne même du maréchal Pétain, réel au début de la période, s'estompe sous l'effet des épreuves dont sont victimes les Girondins. De ce point de vue, la politique sociale de l'État français (Charte du travail et comités sociaux) ne lui permet pas – sauf exception – de ramener patrons et ouvriers dans le giron vichyste.

Dans un contexte de graves *restrictions* (matières premières, main-d'œuvre, transports), les entreprises girondines cherchent bien des alternatives à la « collaboration économique » : utilisation de produits de remplacement, reconversion des activités, réadaptation de l'appareil productif, essor des pratiques illicites (marché noir). Mais rares sont les patrons à ne pas devoir se poser la question de l'opportunité de proposer une *offre de travail à l'occupant*, quelle que soit sa forme (*imposée, assumée, induite*). En misant sur une *exploitation* systématique du facteur humain, en procédant à une orchestration sélective des pénuries et en tirant profit des atouts pluriséculaires du tissu économique local, les occupants parviennent à *intégrer* à leur économie de guerre les industries anciennement mobilisées pour la Défense nationale et plus encore les richesses tirées du sol girondin : le bois, la résine, le vin.

À la Libération, les patrons girondins sont tenus de rendre compte de leurs actions, devant l'opinion, d'abord, devant les institutions en charge de l'épuration, ensuite. Très tôt émerge à Bordeaux l'image d'une épuration économique « manquée ». Si les sanctions judiciaires et professionnelles semblent modestes, la confiscation des « profits illicites » connaît en Gironde une ampleur certaine. L'existence d'une épuration *réelle*, mais *contrastée* est le fruit d'un compromis, assumé sur le moment par la puissance publique, permettant de concilier le temps de l'épuration et la phase de reconstruction, dont les impératifs font de l'entreprise un acteur incontournable.

Sébastien DURAND, Docteur en histoire, professeur au collège Anatole France de Cadillac (Gironde) et chargé de cours à l'Université Bordeaux Montaigne, sebastien.durand@u-bordeaux-montaigne.fr

Stève BERNARDIN

La fabrique privée d'un problème public. La sécurité routière entre industriels et assureurs aux États-Unis (années 1920 à 2000)

Thèse de Science politique, réalisée sous la direction de Michel OFFERLÉ, Professeur, ENS Ulm, *soutenue le 21 novembre 2014 à l'Université Paris 1 Panthéon-Sorbonne.*

Jury composé de Brigitte GAITI, Professeure, Université Paris 1 (présidente) ; Emmanuel HENRY, Professeur, Université Paris Dauphine (rapporteur) ; Sheila JASANOFF, Professeure, Université Harvard ; Michel OFFERLÉ, Professeur, ENS Ulm ; Antoine PICON, Professeur, École des Ponts et Université Harvard (rapporteur).

La sécurité routière fait office de cas d'école pour l'analyse des problèmes publics. Elle permet d'étudier comment des questions d'ordre privé, initialement, deviennent des enjeux d'action publique, au nom de la collectivité. Des recherches importantes ont ainsi mis en lumière le rôle décisif de scientifiques dans la définition juridique d'un problème de lutte contre l'alcool au volant, aux États-Unis. L'analyse a été approfondie en explicitant des logiques médiatiques contribuant à la mise à l'agenda politique de la sécurité routière. Peu de travaux ont en revanche traité du rôle spécifique des acteurs économiques dans la définition du problème des accidents. Constructeurs automobiles ou assureurs pourraient-ils participer à la mise en forme des priorités à traiter ?

La question fait écho à un chantier de recherches plus général, relevant de la sociologie des groupes d'intérêt. Il invite à dépasser le présupposé d'acteurs n'agissant que dans l'ombre ou dans le secret, pour étudier des formes peut-être sous-estimées de mobilisation en public des entrepreneurs. Cette thèse s'inspire d'une même démarche, en cherchant à saisir un travail concret de fabrique privée de problèmes publics. Pour cela, elle s'appuie sur quatre-vingts entretiens menés outre-Atlantique, s'ajoutant à six mois d'enquête ethnographique au sein de l'administration fédérale de sécurité routière, à Washington. Elle repose aussi sur un large corpus de sources écrites, issues des archives nationales et de fonds privés, consultés à Boston, à Chicago et à New York.

L'analyse permet d'isoler des formes distinctes de fabrique privée de problèmes publics. La première d'entre elles est exposée dans une partie de la thèse traitant d'industriels en appelant à la morale, des années 1920 à 1940. Ils parviennent de la sorte à éviter toute remise en question de l'activité de conduite pour la grande majorité des conducteurs, en insistant sur la nécessité d'un contrôle d'une minorité de déviants présumés. Une approche différente est mise en lumière dans une deuxième partie de la thèse. Elle renvoie à une mobilisation d'assureurs arguant de la science face à la morale, des années 1950 à 1970. Ils défendent ainsi le projet d'un réaménagement en profondeur des véhicules, en partant du constat d'accidents parfois inévitables, dont la gravité pourrait être limitée par l'installation d'équipements de sécurité, réduisant la sévérité des blessures et donc le montant des indemnisations à verser. Les deux approches sont initialement opposées. Elles en viennent cependant à coexister, des années 1980 à 2000, comme en atteste la troisième partie de la thèse.

Le comprendre permet d'insister sur des savoir-faire distincts, pas nécessairement incompatibles, de fabrique privée de problèmes publics. L'analyse invite alors à tenir compte de trajectoires variées, pour des acteurs aux ressources potentiellement importantes, déployées dans des configurations sociales et politiques à expliciter. Elle amène aussi à souligner un invariant essentiel. Dans chacun des trois cas de figure, les acteurs économiques n'en viennent pas naturellement à l'enjeu de publicisation de leurs demandes. L'option paraît en effet incertaine et coûteuse. Elle implique notamment d'engager un travail complexe de légitimation morale ou savante des propositions avancées. La fabrique de problèmes publics peut cependant avoir d'importants effets sociaux et politiques. Elle contribue en particulier à l'instauration d'un consensus durable quant à la définition des priorités à traiter. Le mettre en lumière incite à prendre au sérieux l'activité de fabrique privée des problèmes publics, au-delà même du cas de la sécurité routière.

Stève BERNARDIN, Docteur en science politique, Université Paris 1 Panthéon-Sorbonne, bernardin.s@gmail.com

Tiana Smadja-Rakotondramanitra

Approche économique de la qualité d'un bien intermédiaire : application au cas de la filière rizicole dans l'Alaotra-Mangoro (Madagascar)

Thèse d'Économie, réalisée sous la direction d'Olivier FAVEREAU, Professeur, Université Paris Ouest Nanterre La Défense, *soutenue le 3 décembre 2014 à Nanterre.*

Jury composé de Christian BESSY, Directeur de recherche CNRS, École Nationale Supérieure de Cachan (président) ; Jérôme BALLET, Maître de conférences HDR, Université de Bordeaux (rapporteur) ; Jean-Marc TOUZARD, Directeur de recherche INRA (rapporteur) ; Marie-Hélène DABAT, Chercheure au CIRAD ; Guillemette de LARQUIER, Maître de conférences, Université Paris Ouest Nanterre La Défense.

Tandis que les enjeux de sécurité alimentaire dans les pays en développement portent habituellement sur les questions de disponibilités (associant production et importation) et d'accessibilité (traitée souvent à partir des seuls enjeux des ménages urbains), la thèse s'attache à montrer que la question de la qualité sur un marché agricole est fondamentale pour le passage de la sécurité à la souveraineté alimentaire. Cela nécessite une théorie de marché bâtie autour de la dimension qualité d'un bien, à appliquer à un cas concret précis. Ainsi, la thèse mobilise le modèle de marché de Harrison White (2002) appliqué au cas de la filière rizicole dans la région d'Alaotra-Mangoro (Madagascar).

La situation du riz à Madagascar, aliment de base de la population, constitue en effet un paradoxe au regard du contraste entre, d'une part, les faibles performances de la filière rizicole et la dépendance chronique de celle-ci en riz importé et, d'autre part, les fortes potentialités agricoles du pays et les perspectives de développement de la filière offertes par celles-ci. L'analyse des enjeux autour du riz (relatifs à la production, l'importation et la consommation) depuis l'adhésion du pays à la « Coalition for African Rice Development » en 2008 pointe que la production est souvent suffisante en termes de volume pour satisfaire la demande contrairement à la production commercialisée fortement déficiente. L'insuffisance de la disponibilité du riz sur les marchés est ainsi liée à un problème de commercialisation en lien avec la qualité, plus qu'à un problème de production.

Pour mettre en lumière ce problème, la thèse reprend et prolonge le modèle de marché de White (2002), après un examen critique de la littérature sur l'économie de la qualité (confrontations entre littératures françaises et anglo-saxonnes, approches orthodoxes et hétérodoxes, travaux appliqués et théoriques, analyses à différentes échelles…). Ayant pour variable centrale la qualité du bien échangé sur un marché, ce modèle offre la possibilité d'analyser conjointement les marchés « aval » et « amont » qui lient les consommateurs d'un bien final aux fournisseurs du bien intermédiaire nécessaire à la production de celui-ci. Une relecture du modèle par l'Économie des conventions montre la viabilité des échanges autour des questions de qualité, dont les conditions passent par l'existence d'un ordre de qualité fondé sur les perceptions ressenties par les différents acteurs.

L'analyse des échanges dans l'Alaotra-Mangoro donne trois résultats principaux. Premièrement, trois circuits de commercialisation du riz sont théoriquement viables. Le circuit « dominant » et le circuit « à la marge » sont dominés respectivement par une convention de qualité « domestique » basée sur la qualité nutritive du paddy et une autre « industrielle » basée sur la qualité esthétique du riz blanchi. Sur le circuit « transitionnel » coexistent les deux conventions de qualité, « domestique » en amont et « industrielle » en aval. Deuxièmement, l'ordre de qualité sur ce circuit résulterait d'un compromis entre conventions matérialisé par un référentiel de qualité esthétique et nutritive du riz (paddy et blanchi). Troisièmement, la reconnaissance de ces deux conventions de qualité et de la nécessité d'un compromis entre celles-ci rendrait les échanges viables et lèverait l'actuelle « crise de la qualité » dans la filière.

Tiana SMADJA-RAKOTONDRAMANITRA, Post-doctorante, l'Université Paris Ouest Nanterre La Défense, tiana.rkt@gmail.com

Yi ZHENZHEN

Dynamiques des relations professionnelles dans les entreprises publiques en Chine : le cas de deux entreprises de Shanghai

Thèse de Sociologie, réalisée sous la codirection de Claude DIDRY, Directeur de recherche CNRS, IDHES et WEN Jun, Professeur, ECNU, *soutenue le 9 octobre 2014 à l'ECNU de Shanghai.*

Jury composé de HAN Wenjui, Professeur, New York University ; Annette JOBERT, Directrice de recherche CNRS, IDHES ; HE Xuesong, Professeur, ECUST, East China University of Science and Technology (rapporteur) ; ZHANG Wenhong, Professeur, Shanghai University (rapporteur) ; LUO Guozhen, Professeur, ECNU, East China Normal University.

Dans le contexte chinois de la transition d'une économie planifiée à une économie de marché, on pourrait penser que le processus dominant est celui d'une libéralisation des activités économiques remettant en cause les régulations étatiques. Ainsi, la distinction entre dirigeants d'entreprise et salariés est de plus en plus claire, mais en l'absence de la liberté syndicale, il paraît difficile de parler d'un véritable « système de relations professionnelles » au sens défini par Dunlop. Les conflits sociaux qui se développent aujourd'hui n'apparaissent ainsi que comme des formes de révolte contre une oppression générale résultant de la généralisation des mécanismes du marché. En ce sens, les réformes ouvrent la voie à l'émergence d'un système de relations professionnelles spécifique à la Chine. Pour le montrer, la thèse revient sur les profondes transformations qui ont touché les entreprises publiques chinoises depuis les réformes des années 1980. Elle indique que l'existence de ces entreprises publiques s'accompagne de rapports de travail spécifiques, dont certains sont hérités de la période de la planification et d'autres les produits des régulations nouvelles qui ont émergé des réformes.

La dynamique des relations professionnelles est examinée à partir de deux monographies réalisées dans des entreprises publiques situées à Shanghai. La thèse s'attache à l'analyse des politiques du personnel dans ces entreprises, marquées par une autonomisation croissante à l'égard des autorités publiques, à la transformation du rôle du syndicat et à l'action collective des salariés notamment dans le contexte de restructurations et d'incertitude sur l'avenir de l'entreprise.

La thèse met en évidence les formes de segmentation des marchés du travail qui sont notamment issues des règles du *hukou* limitant l'accès au marché local. Ces règles conduisent à une augmentation des mobilisations sociales ces dernières années. L'analyse de ces mobilisations fait apparaître des différences marquées entre les deux cas étudiés. Les travailleurs de KDS sont peu mobiles et expriment leur insatisfaction en choisissant une stratégie de « *voice* » que manifestent les conflits du travail, le recours aux syndicats et à l'action judiciaire. En revanche chez ALS, l'existence d'un marché professionnel dans le secteur des télécommunications en pleine expansion permet aux travailleurs insatisfaits – ingénieurs et ouvriers – d'être mobiles et de recourir à une stratégie d'« *exit* ». Mais ces entreprises publiques se distinguent aussi des entreprises privées, notamment en étant relativement plus soucieuses que les entreprises privées du « bien-être » de leur personnel. Mieux implanté dans les entreprises publiques que dans celles du privé, le syndicat demeure un « service » plus ou moins lié à la gestion des ressources humaines, mais sans reposer sur une adhésion large des salariés. Il est de ce fait peu présent dans l'expression des revendications de ces derniers, ou encore dans l'expression de leur point de vue lors des restructurations. Il en résulte une dynamique des relations professionnelles faiblement articulée à des institutions représentatives, dans laquelle il est difficile de dépasser le niveau des revendications individuelles pouvant par ailleurs se porter devant les tribunaux.

YI ZHENZHEN, Maîtresse de conférences, Institute of Urban Development, ECNU (East China Normal University), jenny850313@163.com

CERISY

Le Centre Culturel International de Cerisy propose, chaque année, de fin mai à début octobre, dans le cadre accueillant d'un château construit au début du XVIIe siècle, monument historique, des rencontres réunissant artistes, chercheurs, enseignants, étudiants, acteurs économiques et sociaux, mais aussi un vaste public intéressé par les échanges culturels et scientifiques.

Une longue tradition culturelle

- Entre 1910 et 1939, Paul Desjardins organise à l'abbaye de Pontigny les célèbres **décades**, qui réunissent d'éminentes personnalités pour débattre de thèmes littéraires, sociaux, politiques.

- En 1952, Anne Heurgon-Desjardins, remettant le château en état, crée le **Centre Culturel** et poursuit, en lui donnant sa marque personnelle, l'œuvre de son père.

- De 1977 à 2006, ses filles, Catherine Peyrou et Edith Heurgon, reprennent le flambeau et donnent une nouvelle ampleur aux activités.

- Aujourd'hui, après la disparition de Catherine, puis celle de Jacques Peyrou, Cerisy continue sous la direction d'Edith Heurgon grâce au concours d'Anne Peyrou-Bas, de Christian Peyrou et de Dominique Peyrou, également groupés dans la Société civile du château de Cerisy, et à l'action de toute l'équipe du Centre.

Un même projet original

- Accueillir dans un cadre prestigieux, éloigné des agitations urbaines, pendant une période assez longue, des personnes qu'anime un même attrait pour les échanges, afin que, dans la réflexion commune, s'inventent des idées neuves et se tissent des liens durables.

- La Société civile met gracieusement les lieux à la disposition de l'**Association des Amis de Pontigny-Cerisy**, sans but lucratif et reconnue d'utilité publique, présidée actuellement par Jean-Baptiste de Foucauld, inspecteur général des finances honoraire.

Une régulière action soutenue

- Le **Centre Culturel,** principal moyen d'action de l'Association, a organisé près de **700 colloques** abordant, en toute indépendance d'esprit, les thèmes les plus divers. Ces colloques ont donné lieu, chez divers éditeurs, à la publication de près de **500 ouvrages**.

- Le **Centre National du Livre** assure une aide continue pour l'organisation et l'édition des colloques. Les **collectivités territoriales** (Conseil régional de Basse Normandie, Conseil général de la Manche, Communauté de Communes de Cerisy) et la **Direction régionale des Affaires culturelles** apportent leur soutien au Centre, qui organise, en outre, avec les **Universités de Caen** et de **Rennes 2,** des rencontres sur des thèmes concernant la Normandie et le Grand Ouest.

- Un **Cercle des Partenaires,** formé d'entreprises, de collectivités locales et d'organismes publics, soutient, voire initie, des rencontres de **prospective** sur les principaux **enjeux contemporains**.

- Depuis 2012, une nouvelle salle de conférences, moderne et accessible, propose une formule nouvelle : les **Entretiens de la Laiterie**, journées d'échanges et de débats, à l'initiative des partenaires de l'Association.

Renseignements : CCIC, Le Château, 50210 CERISY-LA-SALLE, FRANCE
Tél. 02 33 46 91 66, Fax. 02 33 46 11 39
Internet : www.ccic-cerisy.asso.fr ; Courriel : info.cerisy@ccic-cerisy.asso.fr

COLLOQUES DE CERISY
(Choix de publications)

- **Les Animaux : deux ou trois choses que nous savons d'eux**, Hermann, 2014
- **Déterminismes et complexités (autour d'Henri Atlan)**, La Découverte, 2008
- **L'Auto-organisation : de la physique au politique**, Seuil, 1983
- **Gaston Bachelard : science et poétique, une nouvelle éthique**, Hermann, 2013
- **Yves Bonnefoy : poésie, recherche et savoirs**, Hermann, 2007
- **Le symbolique et le social (autour de P. Bourdieu)**, Université de Liège, 2005
- **Les pluriels de Barbara Cassin**, Le Bord de l'eau, 2014
- **Civilisations mondialisées ? De l'éthologie à la prospective**, L'Aube, 2004
- **Communiquer/transmettre (autour de Régis Debray)**, Gallimard, 2001
- **Connaissance, activité, organisation**, La Découverte, 2005
- **L'analyse stratégique. Autour de Michel Crozier**, Seuil, 1994
- **Jean-Pierre Dupuy : l'œil du cyclone**, Carnets nord, 2008
- **L'économie de la connaissance et ses territoires**, Hermann, 2010
- **L'empathie au carrefour des sciences et de la clinique**, Doin, 2014
- **L'entreprise, point aveugle du savoir**, Ed. Sciences humaines, 2014
- **Annie Ernaux : le temps et la mémoire**, Stock, 2014
- **Les fins de l'Homme (Jacques Derrida)**, Galilée, rééd. Hermann, 2013
- **Individualismes contemporains et individualités**, PU de Rennes, 2010
- **L'Industrie, notre avenir**, Eyrolles, 2015
- **Intelligence de la complexité**, L'Aube, rééd. Hermann, 2013
- **Renouveau des Jardins : clés pour un monde durable ?**, Hermann, 2014
- **Au prisme du Jeu**, Hermann, 2015
- **Des possibles de la pensée (l'itinéraire de François Jullien)**, Hermann, 2015
- **Logique de l'espace, esprit des lieux**, Belin, 2000
- **Marx, Lacan, l'acte révolutionnaire, l'acte analytique**, Érès, 2013
- **Modernité, la nouvelle carte du temps**, L'Aube, 2003
- **La Nuit en question(s)**, L'Aube, 2005
- **Lieux et liens (2 tomes)**, L'Harmattan, 2012
- **Les sens du Mouvement**, Belin, 2004
- **La démocratie à l'œuvre : autour de Pierre Rosanvallon**, Le Seuil, 2015
- **S.I.E.C.L.E., 100 ans de rencontres: Pontigny, Cerisy**, IMEC, 2005
- **De Pontigny à Cerisy: des lieux pour penser avec ensemble,** Hermann, 2011
- **La philosophie déplacée : autour de Jacques Rancière**, Horlieu, 2006
- **Prendre soin : savoirs, pratiques, nouvelles perspectives**, Hermann, 2013
- **Du risque à la menace : penser la catastrophe**, PUF, 2013
- **Les Sentiments et le politique**, L'Harmattan, 2007
- **La Sérendipité. Le hasard heureux**, Hermann, 2011
- **Lectures contemporaines de Spinoza**, Presses universitaires Paris Sorbonne, 2012
- **Penser le sujet (autour d'Alain Touraine)**, Fayard, 1995
- **Universités populaires, hier et aujourd'hui**, Autrement, 2012
- **Villes, territoires, réversibilités**, Hermann, 2013

REVUE FRANCAISE
DE SOCIO-ECONOMIE

ABONNEMENT 2016-2017
FORMULAIRE D'INSCRIPTION

Nom .... Prénom ....
Institution de rattachement ou entreprise ....
Adresse postale ....
CP .... Ville .... Pays ....
Adresse électronique...

France métropolitaine

ABONNEMENT 1 AN : ○ 2016 ○ 2017

Prix unitaire	Quantité	Total
Institution : 50,00€ (frais d'envoi inclus) / 2 numéros pour l'année		
Particulier : 44,00€ (frais d'envoi inclus) / 2 numéros pour l'année		

ABONNEMENT 2 ANS : (2016-2017)

Prix unitaire	Quantité	Total
Institution : 93,00€ (frais d'envoi inclus) / 2 numéros pour l'année		
Particulier : 82,00€ (frais d'envoi inclus) / 2 numéros pour l'année		

Hors métropole

ABONNEMENT 1 AN : ○ 2016 ○ 2017

Prix unitaire	Quantité	Total
Institution : 54,00€ (frais d'envoi inclus) / 2 numéros pour l'année		
Particulier : 50,00€ (frais d'envoi inclus) / 2 numéros pour l'année		

ABONNEMENT 2 ANS : (2016-2017)

Prix unitaire	Quantité	Total
Institution : 100,00€ (frais d'envoi inclus) / 2 numéros pour l'année		
Particulier : 93,00€ (frais d'envoi inclus) / 2 numéros pour l'année		

Je paye la somme de .... € (euros) à l'ordre de l'Association « *Les amis de la Revue Française de Socio-Economie* ». Le paiement peut être effectué soit par chèque, soit par virement bancaire. Par virement bancaire, la somme dans sa totalité est attendue, en conséquence la RFSE n'a pas à supporter de frais bancaires. Il est important aussi de spécifier lors du virement le nom de votre institution (par exemple : Université de l'Arizona/ RFSE) ou pour un particulier votre nom (par exemple : Mr Carpentier / RFSE). Merci pour votre compréhension.

Nom de la banque	La Banque Postale
Adresse de la banque	Centre de Lille 59900 Lille Cedex 9 FRANCE
IBAN	FR43 2004 1010 0517 2172 2G02 692
BIC	PSSTFRPPLIL
Détenteur du compte	Les amis de la Revue française de Socio-Economie 9, rue des bouchers 59000 Lille FRANCE

Souhaitez-vous recevoir une facture ?
Oui ☐ ou Non ☐

Date : Signature :

Veuillez noter svp que le formulaire d'inscription doit être dûment complété et renvoyé par la poste ou par courrier électronique à l'adresse de la revue. Parallèlement, le paiement doit être effectué.

Revue Française de Socio-Economie (RFSE)
Secrétariat de rédaction
Clersé - USTL - Faculté des sciences économiques et sociales
Bâtiment SH2
59655 Villeneuve d'Ascq Cedex
FRANCE
rf-socioeconomie@univ-lille1.fr

Achevé d'imprimer en novembre 2015
sur les presses de la Nouvelle Imprimerie Laballery
58500 Clamecy
Dépôt légal : novembre 2015
Numéro d'impression : 511027

Imprimé en France

La Nouvelle Imprimerie Laballery est titulaire de la marque Imprim'Vert®